WŁADYSŁAW M. TURSKI

# DATENSTRUKTUREN

ELEKTRONISCHES RECHNEN UND REGELN

*Herausgegeben von*

Prof. Dr. HANS FRÜHAUF · Prof. Dr. WILHELM KÄMMERER
Prof. Dr. KURT SCHRÖDER · Prof. Dr. HELMUT THIELE
Prof. Dr. HORST VÖLZ

*Sonderband 21*

# DATENSTRUKTUREN

*von*

WŁADYSŁAW M. TURSKI

AKADEMIE-VERLAG · BERLIN
1975

WŁADYSŁAW M. TURSKI

# DATENSTRUKTUREN

In deutscher Sprache herausgegeben

von

Prof. Dr. Helmut Thiele, Berlin

Dipl.-Math. Gerhard Paulin, Berlin

*Mit 47 Abbildungen*

AKADEMIE-VERLAG · BERLIN

1975

Władysław M. Turski, Struktury Danych
Wydawnictwa Naukowo-Techniczne · Warszawa


Deutsche Übersetzung: Dipl.-Math. Bernhard Mitulla,
Dipl.-Math. Erwin Ludwig,
Dipl.-Math. Peter Doering, Berlin

Erschienen im Akademie-Verlag, 108 Berlin, Leipziger Str. 3 – 4

Lizenznummer: 202 · 100/404/75
Gesamtherstellung: VEB Druckerei „Thomas Müntzer", 582 Bad Langensalza
Bestellnummer: 761 866 8 (6125) · LSV 1085
Printed in GDR
EVP 48, –

# VORWORT DES AUTORS ZUR DEUTSCHEN AUSGABE

Ich freue mich, daß der bekannte und angesehene Akademie-Verlag es für zweckmäßig hielt, die Leser der Deutschen Demokratischen Republik mit meinem Buch über die Morphologie von Daten bekanntzumachen.

Die Zeit von fünf Jahren seit der Orginalbearbeitung des Textes hat mich in der Überzeugung bestärkt, daß dieser hervorgehobene Aspekt der Informatik ein begründetes Recht auf thematische Selbständigkeit besitzt. Ein besonders wesentliches Argument, das für die Richtigkeit dieses Standpunktes spricht, ist eine sehr intensive Entwicklung von Arbeiten auf dem Gebiet sogenannter Datenbanken, die in der Praxis eine breite Anwendung finden.

Als Verfasser, der die deutsche Sprache nicht in dem Grade beherrscht, um die Übersetzung zu autorisieren, bin ich den Bearbeitern dieses Buches, Herrn Prof. H. Thiele und Herrn G. Paulin, zu aufrichtigem Dank verpflichtet für die Mühe, den Text mit der in der DDR üblichen Terminologie und den Gepflogenheiten der Verlagsreihe in Übereinstimmung zu bringen sowie für die Ergänzung des Literaturverzeichnisses mit Arbeiten, die den Lesern der DDR leichter zugänglich sind.

Prof. Dr. hab. Władysław M. Turski

# VORWORT DER DEUTSCHEN BEARBEITER

Nachdem die Rechentechnik in nahezu alle Gebiete wissenschaftlicher Forschung Eingang gefunden hat, erscheinen laufend Veröffentlichungen über Erfahrungen und mögliche Modifikationen und über rechentechnische Realisierungen dieser Erfahrungen.

Je komplexer die Rechner werden, in um so stärkerem Maße sind theoretische Untersuchungen über die Objekte der Informationsverarbeitung, die Daten, erforderlich, Untersuchungen zur formalen Beschreibung von Datenstrukturen und der Repräsentation dieser Strukturen in Speichermedien.

Zur Formalisierung der Notationen von Algorithmen sind unterschiedliche Hilfsmittel entwickelt worden. Trotz der Fülle der Arbeiten, die weltweit durchgeführt worden sind und durchgeführt werden, sind Untersuchungen von Datenstrukturen (Informationsstrukturen) nicht über ein gewisses Anfangsstadium hinausgekommen. So gibt es nach wie vor höchstens Ansätze für eine theoretisch geschlossene Darstellung von Datenstrukturen und wohl auch keine systematische Darstellung nichtnumerischer Algorithmen.

Lassen sich für dieses offensichtliche Mißverhältnis Gründe aufführen? Es fällt schwer anzunehmen, daß Gründe im Objekt selbst liegen sollen. Man kann aber meinen, daß die letzten Jahrzehnte im wesentlichen dadurch gekennzeichnet sind, daß nach praktischen Lösungen für den Einsatz moderner Informationsverarbeitungssysteme gesucht wurde. Die Arbeiten auf heterogenen Gebieten brachte es mit sich, daß gleiche Beziehungen für unterschiedliche Inhalte verwendet wurden; erst mit der Ansammlung von Erfahrungen und nachdem sich der Umfang dessen, was mit Rechenanlagen erreicht werden kann, klarer abzeichnet, sind Arbeiten zur Systematisierung und Formalisierung von Daten-und allgemeinen Informationsverarbeitungsprozessen denkbar. Das vorliegende Buch ist eines der ersten, in denen ein einheitlicher Zugang zu Datenstrukturen vorgetragen wird, ferner wird die Abbildung dieser Datenstrukturen in Datenträgermedien mit unterschiedlichen Eigenschaften behandelt. Auf der Grundlage dieser Definitionen werden die prinzipiellen nichtnumerischen Verfahrenstechniken formal eingeführt und durch Algorithmen konkretisiert.

Wir sind davon überzeugt, daß das Buch einerseits theoretische Unterssuchungen auf dem Gebiet der Datenstrukturierung anregen wird und andererseits dem Praktiker die theoretischen Aspekte vorführt, deren Kenntnis erforderlich ist, um schöpferische Praxis und Praktizismus zu trennen.

Wir danken dem Autor für das sorgfältige Lesen des deutschsprachigen Manuskriptes und seine Hinweise zu terminologischen Fragen, die sich immer ergeben, wenn Bezeichnungen übersetzt werden, die entweder noch nicht eindeutige Entsprechungen in der Zielsprache haben oder für die mehrere Synonyme üblich sind. Wir danken außerdem den Übersetzern, den Herren Doering, Ludwig und Mitulla für die Mühe und Sorgfalt bei der Übersetzung des schweren Textes und nicht zuletzt dem Akademie-Verlag für die Aufnahme des Buches in das Veröffentlichungsprogramm und das Entgegenkommen bei allen Wünschen des Autors und der Herausgeber.

Berlin, April 1975 H. Thiele G. Paulin

# VORWORT ZUR ORIGINALAUSGABE

Das vorliegende Buch ist der Versuch einer systematischen Darlegung eines Themenkomplexes, der Datenstrukturen und ihre Verteilung in Datenspeichern von Rechnersystemen betrifft.

Die Behandlung von Datenstrukturen gehört der Kategorie von Problemen an, die gewöhnlich nur im Rahmen allgemeiner Erwägungen erscheinen. Von einer Datenstruktur spricht man gelegentlich in Programmiersprachen und bei der Methodik der Anwendung von Rechnersystemen und ihrer Software. In dem vorliegenden Buch werden Datenstrukturen als Hauptgegenstand behandelt. Man stellt sie zuerst unabhängig von den möglichen Zusammenhängen dar, in denen sie auftreten können. Diesem Zweck dienen sowohl die Einleitung, in der ein allgemeiner Standpunkt zum Problem der Datenstrukturen bezogen wird, als auch die beiden folgenden Abschnitte. Der Abschnitt 2 umfaßt die wesentlichen Voraussetzungen, die sich aus den aktuellen Gerätelösungen ergeben. Im Abschnitt 3 wird ein theoretisches Modell für Datenstrukturen vorgeschlagen. Dieses Modell gestattet es, eine Klassifikation von Datenstrukturen durchzuführen, die die aus der Praxis gut bekannten Differenzen widerspiegelt. Ferner läßt sich nachweisen, welche Eigenschaften von Datenstrukturen bei der Benutzung zu Besonderheiten führen.

Die weiteren drei Abschnitte sind drei Arten von Datenstrukturen gewidmet. In jedem dieser Abschnitte treten unterschiedliche Probleme in den Vordergrund, die aus praktischer Sicht die wichtigsten für die gegebene Strukturart sind. Im Abschnitt über reguläre Strukturen sind es Probleme der Abbildungsfunktion, im Abschnitt über halbreguläre Strukturen sind es die Probleme eines effektiven Ordnens und im Abschnitt über nichtreguläre Strukturen die Probleme der sogenannten Speicherverwaltung. Der letzte Abschnitt gibt eine kurze Übersicht über die Art der Behandlung von Datenstrukturen in Programmiersprachen.

Das vorliegende Buch ist von der Konzeption her kein Lehrbuch, es soll keine fertigen Verfahren liefern. Insbesondere beschränke ich mich auf die notwendigen Hinweise, wenn ein bestimmtes Problem sich ähnlich wie an einer anderen Stelle des Buches lösen läßt. Aus demselben Grunde sind die Algorithmen, die das Wesentliche erläutern, mit wenigen Ausnahmen in beschreibender Form angegeben. Es wurde dabei auf Organisationseinzelheiten, die zwar beim Programmieren wichtig sind, aber den allgemeinen Überblick über das Verfahren erschweren, verzichtet. Aus der Tatsache, daß das Buch kein Lehrbuch ist, ergibt sich ferner eine unterschiedliche Ausführlichkeit in der Behandlung einzelner Probleme. Von mehreren Problemen ähnlicher Natur wurde gewöhnlich das Interessanteste ausgewählt, und nur dieses ist eingehender entwickelt worden.

Das Buch soll nach den Absichten des Autors vor allem eine Hilfe beim Studieren der Fragen sein, bei denen das Problem der Datenstrukturen eine wesentliche Rolle spielt. Dieses Ziel wäre erreicht, wenn der Leser bei der Konfrontation mit einem konkreten Problem über Datenstrukturen nach diesem Buch greift, um in ihm nicht nur Lösungshinweise, sondern auch eine Erklärung der Natur des ihn intersesierenden Problemes zu finden.

Die Lektüre dieses Buches erfordert im Prinzip keine speziellen vorbereitenden Kenntnisse außer den Elementen der höheren Mathematik und den Grundlagen der Programmiertechnik. Jedoch werden sich Leser, die über Erfahrungen im Umgang mit Ziffernrechenmaschinen verfügen, den Inhalt des Buches leichter aneignen.

Der Anhang B enthält mathematische Grundlagen, die zum Verständnis dieses Buches notwendig sind und in der Mathematikausbildung an einigen Hochschulen nicht enthalten sind. In diesem Anhang wird auch die allgemeinmathematische Symbolik dargestellt, die im vorliegenden Buch benutzt wird.

Das vorliegende Buch stützt sich auf monographische Vorlesungen zu demselben Thema, die ich in den Jahren 1968—1970, anfangs an der Universität in Lexington und danach an der Warschauer Universität, gehalten habe. Die vorliegende Form des Buches ist wesentlich von den Reaktionen dieser Hörer beeinflußt worden. Die sehr geringe Anzahl von monographischen Publikationen zu Themen, die mit dem in diesem Buch behandelten Thema in Zusammenhang stehen, mag zum Teil die didaktischen Unvollkommenheiten und die in gewissem Grade willkürliche Anordnung seines Inhalts rechtfertigen.

Den Herren Dr. Stanisław Waligórski und Mgr. Jan Małuszynski bin ich für wesentliche Bemerkungen und wohlwollende Kritik einzelner Teile dieses Buches zu Dank verpflichtet.

Die Durchsicht des Manuskripts diese Buches und besonders die Überprüfung der Formeln und Zeichnungen führte Frau Mgr. Helena Dryzek aus. Ihr und auch Frau Magda Rochowicz, die die aufeinanderfolgenden Varianten abgeschrieben hat, sage ich an dieser Stelle herzlichen Dank.

Ich möchte gern auf diesem Wege den Wissenschaftlich-Technischen Verlagen für die schnelle und sorgfältige Vorbereitung des Buches für den Druck sowie der Redakteurin, Frau Barbara Osuchowska, für die wesentliche redaktionelle Hilfe meine Dankbarkeit zum Ausdruck bringen.

Warschau, im Oktober 1970 W. M. T.

# INHALTSVERZEICHNIS


**1. Einführung** . . . . . . . . . . 1

**2. Datenträgermedien** . . . . . . . . . . 11

2.1. Funktionelle Charakteristik . . . . . . . . . . 12
2.2. Adressierung in homogenen Medien . . . . . . . . . . 20
2.3. Gemischte Datenträgermedien . . . . . . . . . . 33

**3. Abriß einer einheitlichen Theorie von Datenstrukturen** . . . . . . . . . . 47

3.1. Definitionen und Klassifikation . . . . . . . . . . 47
3.2. Operationen der Extraktion und Konstruktion . . . . . . . . . . 57
3.3. Verteilung von Datenstrukturen in Datenspeichern. Abbildungsfunktionen 61
3.4. Graphentheoretische Darstellung von Datenstrukturen . . . . . . . . . . 64
3.5. BOSAK'sche Informationsalgebra . . . . . . . . . . 67

**4. Reguläre Datenstukturen** . . . . . . . . . . 72

4.1. Namen von Daten, die in regulären Strukturen auftreten . . . . . . . . 72
4.2. Verteilung regulärer Strukturen in einem homogenen Datenspeicher. . . . 76
4.3. Dynamische reguläre Datenstrukturen . . . . . . . . . . 88

**5. Halbreguläre Datenstrukturen** . . . . . . . . . . 94

5.1. Datennamen in halbregulären Strukturen . . . . . . . . . . 95
5.2. Methoden zur Konstruktion der charakteristischen Funktion . . . . . . . 98
5.3. Das Bilden halbregulärer Strukturen . . . . . . . . . . 108
5.3.1. Einleitende Bemerkungen . . . . . . . . . . 108
5.3.2. Methoden des internen Ordnens . . . . . . . . . . 110
5.3.3. Methoden des externen Ordnens . . . . . . . . . . 121
5.3.4. Integration und Ordnen durch Einteilung . . . . . . . . . . 139
5.4. Methoden der Verteilung halbregulärer Strukturen . . . . . . . . . . 141
5.5. Das Ordnen halbregulärer Strukturen in halbregulären Medien . . . . . . 147

**6. Nichtreguläre Datenstrukturen** . . . . . . . . . . 152

6.1. Die Verteilung nichtregulärer Strukturen im homogenen Datenträger . . . 152
6.1.1. Die Namen der Daten aus nichtregulären Strukturen . . . . . . 155
6.1.2. Die Speicherung der Daten . . . . . . . . . . 159
6.1.3. Wichtige Arten der Speicherung nichtregulärer Strukturen . . . . 152
6.2. Einige Operationen auf nichtregulären Strukturen, die im homogenen Datenträger verteilt sind . . . . . . . . . . 165
6.3. Speicherverwaltung und die Rückgewinnung von Speicherplatz . . . . . . 174
6.4. Die Speicherverwaltung im System AED — ein Beispiel einer plexen Lösung 187

**7. Datenstrukturen in Programmiersprachen** . . . . . . . . . . 195

7.1. Datenstrukturen in ALGOL 68 . . . . . . . . . . 195
7.2. Datenstrukturen in speziellen Programmiersprachen . . . . . . . . . . 204

Anhang A. Aufbau eines Plattenspeichers . . . . . . . . . . . . . . . . . . . . . 210
Anhang B. Mathematische Ergänzungen . . . . . . . . . . . . . . . . . . . . . . 214
Bibliographische Anmerkungen . . . . . . . . . . . . . . . . . . . . . . . . . . 220
Literaturverzeichnis . . . . . . . . . . . . . . . . . . . . . . . . . . . . . . 222
Sachwortverzeichnis . . . . . . . . . . . . . . . . . . . . . . . . . . . . . . 227

# 1. EINFÜHRUNG

Der aufmerksame Leser der Fachliteratur auf dem Gebiet der Digitalrechner und vor allem ihrer Anwendungen wird zweifellos seit einigen Jahren ein zunehmendes Suchen nach synthetisierenden und verallgemeinernden Gesichtspunkten bemerkt haben, die möglichst viele Probleme einheitlich zu behandeln erlauben. Damit wird auch gleichzeitig nach primären Elementen gesucht, die eine Grundlage für solche Verallgemeinerungen bilden können. Eine so intensive Entwicklung von analytischen Untersuchungen und Versuchen einer Synthese begleitet gewöhnlich die Entstehung der Anfänge einer Theorie und führt oftmals zu einer anderen Art der Formulierung von Forschungsproblemen als in der Phase der anfänglichen Ansammlung von empirischem Wissen. So geschah es auch auf dem uns interessierenden Gebiet. Deckten sich in den ersten zwei Jahrzehnten der Anwendung der elektronischen Informationsverarbeitung, d. h. in dem Zeitraum, den wir verabredetermaßen als empirische Phase betrachten können, die Grenzen der Forschungsprobleme im Prinzip mit den „natürlichen" Grenzen der konkreten Anwendungen, so sind gegenwärtig die Forschungsprobleme vielmehr durch gemeinsame Aspekte vieler verschiedener konkreter Anwendungen bestimmt. Ein derartiger — für die Mehrzahl der aktuell wichtigen Anwendungen gemeinsamer — Aspekt ist das Problem des Aufbaus, der Speicherung und der effektiven Nutzung von Informationsmengen.

Der Reiz und auch die realen Vorteile, die sich aus der Konzentration der Forschung auf die aus konkreten Anwendungen abgeleiteten Probleme ergeben, bestehen darin, daß wir die Möglichkeit gewinnen, eine einheitliche Beschreibung zu finden. Auf dieser Grundlage ergäbe sich dann eine Klärung der konkreten auftretenden Besonderheiten. Vor allem aber gewinnen wir die Möglichkeit, einen leistungsfähigen Begriffs- und Prozedurapparat aufzubauen, der Behandlungsmethoden eines gewählten Aspekts nicht nur von bekannten, sondern auch künftigen konkreten Anwendungen generiert. In die Sprache der Praxis übersetzt bedeutet dies: Der Vorteil aus der Einteilung der Probleme nach ihren signifikanten und reproduzierbaren Elementen (nicht nach den Anwendungen allein) besteht darin, daß wir bei einer Konstruktion eines neuen informationsverarbeitenden Systems nicht Kräfte verschwenden für das erneute Lösen aller Teilfragen von Anfang an, sondern dafür allgemeine Lösungen (selbstverständlich für jeden Anwendungsaspekt spezifische) benutzen, die wir nur dem konkreten Fall anpassen. Das Vorhandensein und die Kenntnis einer abstrakten

Beschreibungsmethode der einzelnen Aspekte erleichtern bedeutend die dabei geforderten Modifikationen.

Die besondere Bedeutung von Problemen der Organisation der Speicherung und der leistungsfähigen Nutzung von Informationsmengen ergibt sich aus dem praktischen Lösungsversuch solcher informationsverarbeitender Aufgaben, bei denen der Arbeitsaufwand für die Vorbereitung der Eingangsinformation so groß ist, daß er einerseits im Prinzip die Möglichkeit von strukturellen Veränderungen in schon fertigen Mengen ausschließt, was mehrmals zur Anpassung des Algorithmus (und manchmal auch der informationsverarbeitenden Geräte) an Eigenschaften dieser Mengen zwingt, andererseits zu einer sehr sorgfältigen Planung des Prozesses der Informationssammlung veranlaßt, damit die Art der Datengruppierung möglichst viele Regelmäßigkeiten widerspiegelt, die der informationsverarbeitende Prozeß benutzen wird. Man kann also sagen, daß die Art der Informationssammlung viele Aspekte des Prozesses der Informationsverarbeitung determiniert, besonders diejenigen, die wir manchmal Organisationsaspekte nennen.

Das intuitive Herangehen an das Problem, mit dem wir uns im vorliegenden Buch beschäftigen, ist also hinreichend einfach: Aus vielen konkreten Anwendungen von Digitalrechnern betrachten wir gerade die Probleme, die mit Informationssammlung zusammenhängen und untersuchen, welche Ähnlichkeiten und welche Unterschiede man in ihnen erblicken kann, in welcher Sprache man sie ausdrücken kann und welche Grundbegriffe dafür notwendig sind, um eine weitgehend konzentrierte Beschreibung der uns interessierenden Fakten und wichtigsten Prozesse vorzulegen. Wir müssen also überlegen, welche Fakten und Prozesse uns am meisten interessieren.

Jeder, der sich mit automatischer Informationsverarbeitung beschäftigt hat, wird bemerkt haben, daß sich die auftretenden Informationsmengen in drei Grundarten einteilen lassen. Erstens haben wir es mit sehr regulären Gebilden zu tun, die durch Zahlentabellen (Matrizen) dargestellt sind und bei denen ein Verweis auf die geforderte Information in der Regel durch Angabe der Koordinaten (z. B. „das zweite Element der fünften Zeile") geschieht. Zweitens können wir es mit weniger regulären Gruppierungen zu tun haben, mit solchen wie alphabetisch geordneten Listen oder Verzeichnissen, bei denen ein Aufsuchen der geforderten Information auf Grund eines Verweises auf einen Teil dieser Information, einen sog. Schlüssel, geschieht, den man mit Schlüsseln (nicht notwendig allen — aber das ist schon eine Realisierungseinzelheit) der einzelnen Elemente einer derartigen Gruppierung vergleicht. Drittens sind Informationen so strukturiert, daß ein Aufsuchen der geforderten Information eine Analyse der Struktur erfordert (ein Beispiel für solche Gruppierungen können Sätze in irgendeiner natürlichen Sprache sein). Jede dieser drei Arten von Informationsgruppierungen hat ihre feste Begründung in der entsprechenden Problemklasse, mit jeder verbinden sich auch spezifische Probleme. Zum Beispiel ist bei Gruppierungen der ersten Art ein wesentliches Problem die weitgehende Ausnutzung der Adressierungsmechanismen, die in Rechengeräten eingebaut sind, um die Suchzeit der geforderten Information maximal zu verkürzen und um den Speicher der Maschine wirtschaftlich zu nutzen. Eine zusätzliche Eigenschaft solcher Informationsgruppierungen, die recht allgemein benutzt wird und die aus der Natur der Probleme hervorgeht, in denen sie auftritt, ist die Tatsache, daß im Verarbeitungsprozeß Gruppierungen dieser Art gewöhnlich weder die Gestalt noch den Umfang ändern; mehr noch, die Anzahl derartiger Gruppierungen und ihr Aufbau sind im Prinzip für jeden Informationsverarbeitungsprozeß bekannt, in dem sie eine wesentliche Rolle spielen. Anders sieht die Situation aus, wenn wir es mit einem informationsverarbeitenden Prozeß zu tun haben, bei dem Gruppierungen der zweiten Art eine wesentliche Rolle spielen: Bekannt sind Regeln für die Organisation dieser Gruppierungen, aber die konkrete Gestalt entsteht gewöhnlich erst während des Verarbeitungsprozesses selbst. Oft ist sogar das Ziel des Verarbeitungsprozesses die Konstruktion einer derartigen Gruppierung die nach einem gegebenen Schlüssel aus zahlenmäßig kleineren (nicht notwendig in demselben Sinne angeordneten) Gruppierungen angeordnet ist. Unser Interesse konzentriert sich dann nicht so sehr auf Probleme einer optimalen Ausnutzung von fertigen Adressierungsmechanismen und eines sparsamen Umgehens mit dem Speicherplatz (obwohl man das natürlich nie ganz vernachlässigen sollte), als mehr auf das Problem eines Aufbaus von optimalen Algorithmen zur Konstruktion derartiger Gruppierungen[1]).

Noch andere Probleme verbinden sich mit der Verarbeitung einer in Form von Gruppierungen der dritten Art gegebenen Information: Das Fehlen von Regularitätsmerkmalen erlaubt hier im Prinzip keine der traditionell eingebauten Geräteerleichterungen; das Speichern derartiger Gruppierungen (sowie abgeleiteter Gruppierungen, die während ihrer Analyse entstehen) nimmt ziemlich viel Speicherplatzeinheiten ein, wobei der Bedarf dafür sowohl hinsichtlich der zeitlichen Reihenfolge als auch der Zahl der verlangten Einheiten schwierig vorauszusehen ist. Ebenso tragen einen nichtregulären Charakter die häufigen „Rückgaben" eines durch nicht mehr benötigte Information besetzten Speicherbereichs. Unsere Aufmerksamkeit konzentriert sich daher auf das Problem der Speicherverwaltung: Lieferung und Wiedererlangung von (Speicher-) Inhalten mit einem überaus verschiedenartigen Aufbau. Da weder Koordinaten noch Schlüssel als Mittel zum Auffinden der geforderten Information dienen können, sollte man sich wirksame Algorithmen zum Durchmustern nichtregulärer Informationsgruppen überlegen.

Das oben skizzierte Bild könnte die Glaubwürdigkeit unseres Hauptziels — des Findens von gemeinsamen Grundlagen eines so differenzierten Problemkreises — in Zweifel ziehen. Zum Glück ist dieses Bild noch unvollständig und die

[1]) Den in diesem Satz verwendeten Ausdruck „optimale Algorithmen" sollte man wegen der beschränkten Anzahl von Magnetbandeinheiten mit einer großen Dosis guten Willens betrachten. — In der Praxis kennen wir hier selten Optimalitätskriterien, nicht selten dagegen müssen wir Algorithmen suchen, die überhaupt eine Aufgabe auf den vorhandenen Geräten zu realisieren gestatten.

übergangenen Teile gestatten gerade, derartige gemeinsame Grundlagen einzuführen.

Eine erste und weniger wichtige Quelle eines synthetisierenden Herangehens sind die einheitlichen Grundlagen des Aufbaus der Geräte der Informationsverarbeitung, genauer: der Datenträgermedien. Man sollte natürlich nicht meinen, daß wir, wenn wir von gemeinsamen Grundlagen des Aufbaus von Datenträgermedien sprechen, an technische Grundlagen oder auch an konkrete Firmenlösungen denken. Es geht uns um solche Grundlagen wie den Speicherzellenaufbau, hardwaremäßig festgelegte Arten der Adressierung, die, obgleich in verschiedenen Formen, in einer Mehrzahl von Rechnersystemen auftreten (der Entwicklung dieses Gedankens ist der zweite Abschnitt gewidmet).

Eine zweite, wichtigere Quelle eines synthetisierenden Herangehens an verschiedene oben erwähnte Probleme sind gewisse gemeinsame Eigenschaften aller besprochenen Informationsgruppierungen. Da der dritte Abschnitt die formalen Betrachtungen zu diesem Thema enthält, verwenden wir die Fortsetzung dieser Einführung für eine nichtformale Darstellung der Theorie der Datenstrukturen und für eine Begründung der gemachten Voraussetzungen.

Aus dem Wesen eines Informationsverarbeitungsprozesses geht hervor, daß eine in einen derartigen Prozeß eingeführte Information, sog. Eingangsinformation, im Laufe der Ausführung des Prozesses gewissen Umbildungen unterliegt. Ohne Beschränkung der Allgemeinheit können wir voraussetzen, daß diese Umbildungen sinnvoll sind, wodurch wir soviel (und nur soviel) verstehen, daß die im Ergebnis entstehende sog. Ausgangsinformation, in der geforderten Beziehung zur Eingangsinformation bleibt. Man kann auch voraussetzen, daß die Ausgangsinformation von der Eingangsinformation verschieden ist — wir werden daher keine trivialen Prozesse der Informationstransmission untersuchen. Die Festlegung von Beziehungen zwischen zwei Informationen, der Eingangs- und Ausgangsinformation (ohne die ausgeschlossene identische Beziehung), setzt eine Zerlegung der Informationen in Teile mit bestimmter Bedeutung voraus[1]). Eine solche Einteilung hat oftmals einen hierarchischen Charakter: Wir teilen die Information in Fragmente, die wir wiederum in Unterfragmente teilen usw., bis wir solche Fragmente erreichen, die bei weiterer Teilung für den gegebenen Informationsverarbeitungsprozeß keine bestimmte Bedeutung

[1]) Mitunter, obgleich sehr selten, besteht keine Notwendigkeit einer effektiven Informationszerlegung; z. B. dann, wenn der Verarbeitungsprozeß auf einer Abbildung der Eingangsinformation als Ganzes in die Ausgangsinformation, auch als Ganzes betrachtet, beruht. Sogar in solchen Fällen kann man jedoch von einer — wenn man so will virtuellen — Informationszerlegung sprechen, denn man muß doch prüfen können, ob die Eingangsinformation (und die Ausgangsinformation) das geforderte Ganze bildet. Man kann auch Vorbehalte zur Notwendigkeit einer Zuordnung einer Bedeutung zu den ausgesonderten Informationsfragmenten haben; z. B. im Prozeß einer reinen Codeänderung spielt eine Bedeutung der einzelnen Eingangssymbole scheinbar keine Rolle. Ohne sich auf Abschweifungen, die von unserem Thema schon allzu entfernt sind, einzulassen, lohnt es sich zu bemerken, daß eine Festlegung einer geeigneten Entsprechung für ein gegebenes Symbol als Definition der Bedeutung dieses Symbols betrachtet werden kann.

mehr hätten. Wir kommen hier zu einer der wichtigsten Voraussetzungen unserer weiteren Betrachtungen: Voraussetzung über die Existenz von (im semantischen Sinne) unteilbaren Informationsfragmenten. Wenn man diese Voraussetzung formuliert, muß man noch einmal unterstreichen, daß wir die semantische Unteilbarkeit auf einen konkreten Informationsverarbeitungsprozeß beziehen (oder auf eine entsprechende Klasse derartiger Prozesse) und nicht ausschließen, daß im Kontext eines Informationsverarbeitungsprozesses semantisch unteilbare Fragmente mit verschiedener Informationskapazität (Informationsquantität im Sinne der Informationstheorie) auftreten können. Es sei hinzugefügt, daß wir aus der Voraussetzung der Existenz von semantisch unteilbaren Informationsfragmenten in diesem Buch mehrfach Gebrauch machen werden, indem wir oft unterstreichen werden, daß eine Festlegung derartiger Fragmente eine Frage der Verabredung ist. Diese Voraussetzung spiegelt ziemlich gut das aus der Programmierungspraxis her bekannte Vorgehen wider, welches (nach Weglassen von syntaktischen „Schmuckstücken", die für jeden Fall spezifisch sind) zu der Feststellung führt, daß Größen, mit denen wir bei der Ausführung von Programmen operieren, zu festgelegten Interpretationsklassen gehören müssen. Die ihnen entsprechenden Niederschriften im Speicher der Maschine müssen also auf eine festgelegte Art interpretiert werden. Das schließt natürlich weder in der Praxis noch in unserer axiomatischen Fassung die Existenz von Abbildungen zwischen Größen verschiedener Interpretationsklassen nicht aus. Beispielsweise kann bei Benutzung der Terminologie der allgemein angewandten Programmierungssprachen, einer Zahl vom Typ **real**, eine Zahl vom Typ **integer**, einer Zahl vom Typ **integer** eine Folge von Ziffern (Folge der Zahlenwerte der einzelnen Ziffern ihrer dekadischen Entwicklung) und auch eine Folge von Zeichen (d. h. der Zahlenwerte der Codes der einzelnen Ziffern der dekadischen Entwicklung) entsprechen.

Die elementaren, semantisch unteilbaren Informationsfragmente werden wir *einfache Werte* nennen.

Gewöhnlich reicht allein die Kenntnis der einfachen Werte zur Durchführung eines Informationsverarbeitungsprozesses nicht aus. Am häufigsten müssen wir noch wissen, auf welche Art die Werte miteinander zusammenhängen. Derartiges Wissen enthält offenbar das Programm des Informationsverarbeitungsprozesses[1]), das sich auf die einzelnen einfachen Werte in dem Maße bezieht, wie dies die algorithmischen Zusammenhänge erfordern. Es entsteht dabei natürlich das Problem der Identifizierung der individuellen einfachen Werte: In den im Programm beschriebenen algorithmischen Zusammenhängen treten Objekte auf, die in einer für eine gegebene Programmierungssprache geeigneten Art bezeichnet sind und die man mit einzelnen einfachen Werten oder ihren Gruppierungen identifizieren soll. Die Bezeichnungsart selbst dieser Objekte ist jetzt für uns

[1]) Unter einem Programm verstehen wir hier die Niederschrift eines Algorithmus, der die Eigenschaften eines Rechensystems berücksichtigt, auf dem der Informationsverarbeitungsprozeß realisiert werden soll.

weniger wichtig, bedeutend wichtiger ist die Notwendigkeit einer Identifizierung der einfachen Werte.

Zur weiteren Vereinfachung, setzen wir voraus, daß Objekte, die Gegenstand eines Informationsverarbeitungsprozesses sind, geordnete Paare sind: Das erste Element eines solchen Paares nennen wir Namen und das zweite Element Wert. Das Objekt selbst, das sich aus Namen und Wert (in dieser Reihenfolge) zusammensetzt, bezeichnen wir mit dem Terminus: Dateneinheit. Anders gesagt, unter einer Dateneinheit werden wir ein Objekt verstehen, in dem man zwei Teile unterscheidet: den Namen der Dateneinheit und ihren Wert. Man sollte dabei daran denken, daß wir mit dem Namen ein vom Wert unabhängiges und im Informationsprozeß konstantes (im Gegensatz zum Wert, der im Ergebnis dieses Prozesses einer Änderung unterliegen kann) Merkmal des Objektes bestimmt haben, das die Identifizierung des Objekts in einer Menge ähnlicher Objekte erlaubt. Es muß hier vor einem möglichen Mißverständnis gewarnt werden, das auf der Identifizierung des so bestimmten Namens einer Dateneinheit mit der Bezeichnung (dem Identifikator) entweder des Namens der Dateneinheit oder ihres Wertes beruht. Es kann beispielsweise vorkommen, daß wir einen solchen Verarbeitungsprozeß betrachten werden, in dem das Verhältnis des Flächeninhalts eines Kreises zum Flächeninhalt eines Quadrats, dessen Seite gleich dem Radius dieses Kreises ist, vorkommt. Dieses Verhältnis[1]) bezeichnet man mit dem griechischen Buchstaben $\pi$, und seinen angenäherten Zahlenwert bezeichnen wir in der dekadischen Schreibweise z. B. so: 3.1415926. Jedoch ist weder $\pi$ noch 3.1415926 eine Dateneinheit. Die uns interessierende Dateneinheit ist das Paar: (das Verhältnis des Flächeninhalts des Kreises zum Flächeninhalt des Quadrats, dessen Seite gleich dem Radius dieses Kreises ist; die Zahl, die dieses Verhältnis ausdrückt). Den Namen dieser Dateneinheit kann man mit dem Buchstaben $\pi$ bezeichnen, aber genausogut kann man auch so die Zahl bezeichnen, die den Wert dieses Verhältnisses darstellt. Die konkrete Form von Bezeichnungen der Namen und der Werte von Daten wird uns weiter nicht interessieren. Wir bemerken nur, daß wir der Einfachheit halber auch Bezeichnungen für Daten einführen werden (wir werden z. B. von der Dateneinheit $d$ sprechen), indem wir dies jedoch immer und ausschließlich als abkürzende Schreibweise betrachten (die z. B. den Ausdruck *Dateneinheit* $(n, x)$ ersetzt; mit anderen Worten, das *Paar* $(n, x)$ bezeichnen wir mit $d$).

Man sollte auf zwei interessante Folgerungen der oben gegebenen Definition der Dateneinheit hinweisen. Erstens ist eine Dateneinheit das Entsprechende des Satzes: „Es gibt ein unterscheidbares Objekt, das identifizierbar ist durch einen Namen und das einen Wert hat". Zweitens kann man sagen (wenn wir daran denken, daß eine im Speicher eines Rechensystems untergebrachte Information immer einen konkreten Platz einnimmt), daß man den Namen einer Dateneinheit als eben diesen Platz interpretiert, ebenso wie man den Wert einer Dateneinheit als den Inhalt dieses Speicherplatzes interpretiert. (Wir ver-

[1]) Wie bekannt, vom Radius unabhängig.

meiden hier absichtlich den Gebrauch des Begriffs Adresse, da genau gesagt, nicht alle Plätze eines Speichers eine Adresse haben; vgl. Abschnitt 2).

In hinsichtlich des Aufbaus von Datenmengen trivialen Anwendungen von Digitalrechnern sind die einzelnen Daten miteinander nur durch den Algorithmus der Informationsverarbeitung verbunden, die Namen der Daten dienen nur zu ihrer Identifizierung, und als völlig ausreichend kann man eine beliebige Aufbauart von Bezeichnungen für Namen ansehen, die die Eindeutigkeit dieser Bezeichnungen bewahrt. Damit erklärt sich z. B. die vollständige Freiheit in der Wahl der Identifikatoren der Veränderlichen in der Mehrzahl der elementaren numerischen Programme. Geht man einen Schritt weiter, so kann man sagen, wenn die Namen der Daten die Verbindungen zwischen den Objekten, die durch die Daten modelliert werden, nicht berücksichtigen, daß das ganze Gewicht des Aufbaus eines Informationsverarbeitungssystems auf den Aufbau von Algorithmen und Programmen fällt, und in der Konsequenz läßt man die Möglichkeit der Änderung der Art der Gruppierung von Daten zu, da die Art selbst keine nützliche Information im Informationsverarbeitungsprozeß trägt.

In der uns in diesem Buch interessierenden Klasse von Problemen setzt man voraus, daß die Art der Gruppierung von Daten die wesentlichen Merkmale des zu lösenden Problems widerspiegelt, nützliche Information enthält und nicht beliebig geändert werden kann. Um jedoch die Information über das Problem, die in der Art der Gruppierung von Daten enthalten ist, zu benutzen, muß man annehmen, daß man diese Information aus der Analyse der Daten erhalten kann. Da diese Information nicht zu den Werten der Daten gehört, nehmen wir an, daß die Namen der Daten sie enthalten. Wir setzen also voraus, daß die Namen von Daten eine Information tragen, die einzelne Daten im Kontext einer Datenmenge für die von uns betrachteten Probleme zu identifizieren erlaubt. Wir bemerken gleich, daß in der Praxis die Eingangsinformation nicht notwendig *explizit* gegebene Bezeichnungen für Namen von Daten enthalten muß; die Namen von Daten können z. B. impliziert werden durch die Verteilung der Werte auf Lochkarten, durch die Sequenz des Auftretens der Werte in der Eingabeeinrichtung (oder Registriereinrichtung), durch festgelegte Formate und Schablonen, mit denen man die „rohe“ Eingangsinformation vergleicht, durch die Art und Weise des Ablesens von graphischen Darstellungen und ähnliches. Die Namen von Daten können auch von einer separaten Quelle (z. B. von einer unabhängigen Uhr oder anderen Geräteeinrichtungen und auch von einem Programm) angezeigt werden.

Wir legten daher fest, daß der Name einer Dateneinheit eine Information über die Beschaffenheit der Dateneinheit im Komplex von Daten trägt und zu ihrer Identifizierung dient. Indem wir die zweite, mehr offensichtliche Funktion[1]) übergehen, werden wir die Folgerungen ausführlicher diskutieren, die sich aus der ersten Funktion (und Hauptfunktion von unserem Standpunkt aus) der Namen von Daten ergeben.

---

[1]) Damit Namen von Daten sie erfüllen können, reicht es aus, daß keine zwei verschiedene Daten denselben Namen haben.

Wie wir oben bemerkt haben, betreffen heutige Aufgaben der Informationsverarbeitung immer häufiger solche Probleme, deren Natur durch Datenmengen und genauer durch eine Ordnung (effektive oder erwünschte) dieser Menge bestimmt ist. Vom mathematischen Standpunkt ist das Problem einer Ordnung in einer Menge von Elementen nicht so scharf, wie wir es vom Standpunkt einer Analyse der Grundlagen der Prozeduren der Informationsverarbeitung sehen möchten. Es lohnt sich jedoch, zwei Gedanken von Bertrand Russell anzuführen, der in der *Einführung in die Philosophie der Mathematik* [65] folgendes schrieb:

„Wenn wir eine Ordnungsdefinition suchen, müssen wir uns vor allem vergegenwärtigen, daß keine Menge von Dingen nur eine einzige Ordnung mit Ausschluß aller anderen besitzt. Eine Menge von Elementen besitzt alle Ordnungen, die in ihr nur möglich sind. Zuweilen ist uns eine Ordnung soweit mehr bekannt und natürlich für unser Denken, daß wir geneigt sind, sie als einzige und richtige Ordnung der Menge anzusehen; das ist aber falsch“ (S. 47).

Und etwas weiter: „Die Ordnung steckt nicht in der Klasse der Elemente, sondern in der Beziehung zwischen den Elementen dieser Klasse, wobei im Zusammenhang damit einige Elemente als frühere und andere als spätere auftreten. Die Tatsache, daß eine Klasse verschiedene Ordnungen haben kann, folgt daraus, daß zwischen den Elementen derselben Klasse viele Beziehungen vorkommen können“ (S. 48).

Diese Bemerkungen charakterisieren sehr gut die philosophischen Voraussetzungen der Untersuchung von Daten in der Form von geordneten Paaren. Wenn wir uns für die Wahl eines solchen Raumes von Namen, d. h. einer Menge von Namen mit einer Ordnungsrealtion, entscheiden, wählen wir eine der möglichen Ordnungen in der betrachteten Informationsmenge. Eine der möglichen Beziehungen zwischen semantisch unteilbaren Informationsfragmenten und diesem Merkmal, bezüglich dessen man den Wert der gewählten Beziehung bestimmt, erkennen wir als Name der Dateneinheit an. Alle anderen Ordnungen, die in der betrachteten Informationsmenge auftreten können, ergeben sich aus den Beziehungen, die zwischen den Werten der Daten bestehen. Wenn wir von der Wahl einer der möglichen Ordnungen oder einer der möglichen Ordnungsrelationen (vergl. Anhang B) sprechen, so wollen wir nicht unbedingt sagen, daß wir diese Wahl bewußt tun, z. B. bei der Herstellung eines Programms des Informationsverarbeitungsprozesses; sehr häufig ist uns diese Wahl durch den Prozeß der Datensammlung auferlegt, auf den wir keinen Einfluß haben oder durch Traditionen und Gewohnheiten der Benutzer, für die man das Informationsverarbeitungssystem schafft. Aus diesem Grunde werden wir die Ordnung der Daten, die sich aus der Anordnung der Namen ergibt, natürliche Ordnung nennen, und im Abschnitt 3 werden wir sie als zusammen mit der Datenmenge gegeben betrachten. Wir verlassen uns dabei auf das Urteil des Lesers, ob wir bei einer derartigen Fassung einen Fehler begehen, von dem man im letzten Satz des ersten Zitats spricht.

Es muß hinzugefügt werden, daß das Aussondern von Namen und Werten in jedem konkreten Falle abhängig ist von einer gewissen Verabredung, nämlich von der Annahme eines solchen und nicht anderen Raumes von Namen und Raumes von Werten. Man setzt voraus, daß eine solche Annahme im ganzen uns interessierenden Zeitraum verbindlich ist oder umgekehrt, daß unsere Betrachtungen sich auf einen solchen Zeitraum beziehen, in dem die festgelegte Definition des konkreten Raumes von Namen und des konkreten Raumes von Werten verbindlich ist.

Wir verlegen die mehr formale Darstellung der Sache in den Abschnitt 3 und stellen hier in allgemeinen Umrissen die Hauptvorteile dar, die wir aus der Einführung des Begriffs Namenraum gewinnen. Der erste Vorteil ist die Möglichkeit der Einteilung von Datenmengen in zwei Arten:

erstens Datenmengen, deren Namen zu solchen Räumen gehören, daß wir bei einer Untersuchung von Namen von zwei verschiedenen Daten ihre gegenseitige vom Kontext (d. h. von den übrigen Daten der Menge) unabhängige Anordnung bestimmen können und

zweitens Mengen, in denen man die Nachfolgerschaft von Daten ausschließlich durch die Angabe der ganzen Menge von Datennamen, in der die Namen der untersuchten Daten auftreten, bestimmt und die nur in dieser Menge verbindlich ist. Namenräume der ersten Art werden wir *systematische Räume* nennen. Innerhalb von Datenmengen mit Namen aus einem systematischen Raum können wir reguläre Namenmengen erzeugen, die sich dadurch charakterisieren, daß man auf Grund der Kenntnis der Namen von zwei Daten feststellen kann, wieviel Daten (von demselben Aufbau wie die zwei betrachteten Daten) zwischen den beiden Daten in der natürlichen Anordnung der ganzen Menge auftreten.

Wir gewinnen also — indem wir den Begriff des Namenraumes benutzen — die Möglichkeit der Beschreibung aller wichtigeren Arten von Datengruppierungen, die wir eingangs erwähnten.

Der zweite Vorteil, der sich aus der Einführung des Namenraumes ergibt, ist eine nahezu homogene Darstellung der Arten der Speicherung von verschiedenen Datengruppierungen in Speichern von Rechnersystemen. Dieses Ziel erreichen wir, indem wir — außer dem Begriff des Namenraumes (der, wie wir wissen, die Voraussetzung der Kenntnis der natürlichen Ordnung der Namen enthält) — den Begriff der Position im Datenträgermedium (Abschnitt 2) sowie den Begriff der Art der Verteilung als Abbildung von Namenmengen auf Positionsmengen einführen. Im Abschnitt 3 konstruiert man einige typische Abbildungsfunktionen von Datennamen auf Adressen, die das allgemein bekannte Vorgehen im Falle adressierbarer Datenträgermedien modellieren. Diese Funktionen wenden wir weiter im Abschnitt 4 zur Lösung von einigen wichtigen praktischen Problemen an.

Der dritte Vorteil ist die Möglichkeit der Formulierung von Voraussetzungen, unter denen man die bekannten Arten der Sortierung und des Mischens anwenden kann; diese Voraussetzungen kann man ohne Kenntnis der Natur der

Schlüssel, nach denen man Stapel von Daten anordnet, ausdrücken, indem man ausschließlich Eigenschaften eines systematischen Namenraumes benutzt.

Wenn wir annehmen, daß Datenwerte nicht ausschließlich einfache Werte sind, sondern auch Datenmengen sein können, so gewinnen wir einen rekursiv bestimmten Werteraum, der den hierarchischen Aufbau von Daten widerspiegelt. Das kartesische Produkt des Namen- und Werteraumes bildet den Datenraum. Eine Dateneinheit hat in einem solchen Raum — außer dem Namen und dem Wert — auch einen Rang (Abschnitt 3). Ein Rang ist eine ganze Zahl, die gleich der Zahl der „hierarchischen Niveaus" des Wertes einer Dateneinheit ist. Die Einführung des Begriffes des Datenraumes erlaubt, viele praktisch wichtige Eigenschaften von Daten zu beschreiben, wie z. B. das Enthaltensein einer Dateneinheit in einer anderen, den Zusammenhang zwischen der Speicherplatzzuordnung und dem hierarchischen Aufbau von Daten usw.

Die Zerlegung des Datenraumes in einen Namenraum und einen Werteraum gestattet Informationsverarbeitungsprozesse, die den Aufbau und die Verteilung von Daten in Datenträgermedien betreffen, und Prozesse der inhaltlichen Informationsverarbeitung (Verarbeitung der Werte von Daten) disjunkt zu betrachten. Im vorliegenden Buch werden wir uns ausschließlich mit der ersten Art von Informationsverarbeitungsprozesssen beschäftigen.

# 2. DATENTRÄGERMEDIEN

Unter einem *Datenträgermedium* werden wir jeden Träger verstehen, der in Rechnersystemen zum Schreiben und Lesen von Informationen (unabhängig von der Form, die die geschriebene Information annimmt) benutzt wird, einschließlich aller Elemente der Rechengeräte, die (direkten) Einfluß auf die Art des Schreibens und Lesens haben.

Aus dieser Definition geht hervor, daß die Nutzungseigenschaften eines gegebenen Datenträgermediums sowohl durch die Wahl des Trägers allein als auch durch die gewählte Gerätelösung bestimmt sind. So wie ein und derselbe Träger in Speichermedien benutzt werden kann, die sich hinsichtlich der angewandten Konstruktionsvoraussetzungen der Elemente der Geräte unterscheiden, so kann auch eine identische Gerätelösung auf verschiedenen Trägern beruhen. In jedem Falle wird ein anderes Speichermedium gebildet. Die Benutzung von hinsichtlich der Arbeitsgeschwindigkeit verschiedenen Ferritkernen in Operationsspeichern mit gleicher Adressierungsart ist ein Beispiel für die zweite Mannigfaltigkeit. Ein normalisiertes Magnetband, das ein bzw. zwei Bewegungsrichtungen hat (Abschn. 2.1.), liefert ein Beispiel für die erste Mannigfaltigkeit.

Es sei außerdem bemerkt, daß eine entsprechende Software die Charakteristik eines Datenträgermediums scheinbar verändern kann. Beispiele dafür sind im Abschnitt 2.3. angeführt. In diesem Abschnitt werden wir uns zunächst jedoch ausschließlich mit Eigenschaften der oben definierten Datenträgermedien beschäftigen, d. h., wir schließen Programmierhilfsmittel, die zwischen dem Benutzer (genauer: seinem Programm) und dem Speichermedium wirken, aus.

Wenn wir vom Informationsträger samt den begleitenden Einrichtungen sprechen, so werden wir mitunter den Terminus *Speicher* gebrauchen. Wir werden beispielsweise Ferritkerne, die aufgefädelt sind auf Leiter, die in Matrixform (Ebenen) und in Blöcken angeordnet sind, *Ferritspeicher* nennen; einen mit ferromagnetischem Lack bedeckten Zylinder einschließlich der Lese-Schreib-Köpfe und des Antriebsmechanismus werden wir *Trommelspeicher* nennen usw.

Für jedes Datenträgermedium ist eine für dieses Medium spezifische Interpretation des Begriffes *Informationsposition* festgelegt. Damit meinen wir eine solche Menge von (stetigen oder diskreten) Elementen eines Trägers, deren Informationsgehalt innerhalb des Mediums als unteilbares Ganzes betrachtet wird, also unabhängig davon, ob und in welche Teile die in der gegebenen Position eingeschriebene Information zerlegt werden kann. Diese Zerlegung kann ausschließlich mit Programmitteln (oder Gerätemitteln, die aber nicht zum Medium gehören) erfolgen.

Wenn wir von Informationspositionen sprechen, benutzen wir oftmals den Begriff *Positionskapazität* (oder *Positionslänge*), ohne immer zu spezifizieren, in welchen Einheiten diese Größe ausgedrückt ist. Das dürfte jedoch nicht zu Mißverständnissen führen, da es in diesen Fällen ausschließlich um die Feststellung der gleichen (oder verschiedenen) Informationskapazität zweier (oder mehrerer) Positionen geht.

Haben alle Positionen eines Mediums die gleiche Kapazität, so werden wir den Begriff *Zelle* austauschbar mit dem Begriff *Position* gebrauchen.

Wir erinnern schließlich daran, daß wir in der Einführung die Bedeutung des Ausdrucks „Daten" deutlich von der Bedeutung des Ausdrucks „Information" getrennt haben.

## 2.1. Funktionelle Charakteristik

Eine funktionelle Einteilung von Datenträgermedien kann traditionsgemäß auf verschiedene Arten vorgenommen werden. Ungeachtet dessen, daß heute die Bezugnahme auf die Struktur des Rechners viele Grundlagen ändert, auf denen die traditionellen Einteilungen aufgebaut waren, sind hier einige dieser Einteilungen als Ausgangspunkt unserer Betrachtungen aufgenommen worden.

Versuchen wir zuerst, die funktionelle Charakteristik des Hauptspeichers (zuweilen Basisspeicher oder interner Speicher genannt) eines Rechnersystems festzulegen, welcher als gesonderter Teil des Systems betrachtet wird, der wesentlich verschieden vom Hilfsspeicher ist. Diese Einteilung nimmt natürlich einen Anfang im Gedankenschema, das sich unwiderlegbar mit der Rechnung mit Hilfe eines Handrechners und eines elektrischen Rechners verbindet, bei denen der Hauptspeicher und die Register, die einzigen automatisch zugänglichen Stellen für die Aufbewahrung der Operanden waren und bei denen die Bequemlichkeit der Rechnung ganz wesentlich von der Universalität dieser Register abhing, d. h. von der Möglichkeit der automatischen Übertragung des Inhalts eines von ihnen in ein anderes. Eine psychologische Begründung für die Beibehaltung einer scharfen Abgrenzung zwischen Haupt- und Hilfsspeicher in den ersten Rechnersystemen (ungeachtet des hier schon automatisierten Prozesses der Informationsübertragung zwischen zwei Arten von Speichern) sind die schwierigen Maßnahmen, die bei der Übertragung des Inhalts eines Registers auf Papier unerläßlich sind, und die damit verbundene Möglichkeit, einen Fehler zu begehen (eine Möglichkeit, die auch bei dem nicht weniger mühseligen Prozeß des Eintastens von Zahlen in Register besteht).

Offenbar fehlen auch nicht andere Gründe, warum die hier betrachtete Einteilung sich so lange hielt. Es ist jedoch wichtig, sich den ursprünglichen Grund klarzumachen, denn kein anderes Kriterium außer der relativen Bequemlichkeit des Zugriffs zum Inhalt kann klären helfen, was Hauptspeicher ist und was nicht. So werden wir beispielsweise die Magnettrommel in den Rechenautomaten IBM 650 oder Odra 1003 und den stapelartig organisierten Ferritkernspeicher in der Maschine B 5500 als Hauptspeicher bezeichnen. Als Datenträgermedien unterscheiden sich die genannten zwei Speicher sowohl hinsichtlich des benutzten Trägers als auch hinsichtlich der elektronischen Gerätelösung. Das sind also verschiedene Trägermedien, und das beweist, daß die Einteilung in Speicherformen (Haupt- oder Hilfsspeicher) nicht unmittelbar mit gewissen Arten von Trägermedien zusammenhängt. Wir sehen daher, daß das funktionelle Kennzeichen eines Hauptspeichers der Zugriff zu der in ihm enthaltenen Information ist. Eine kurze Überlegung reicht aus, um festzustellen, daß dieses Kennzeichen noch nicht hinreichend präzis ausgedrückt ist. Wir versäumten nämlich festzulegen, bezüglich welcher Operationen jener Zugriff zum Speicherinhalt bestimmt wird. Weitere Überlegungen zum Thema Einteilung — „Hauptspeicher — Hilfsspeicher" — würden in unsere Betrachtungen nichts Neues bringen. Wir zeigten wohl ausführlich genug, daß die betrachtete Einteilung einen konventionellen Charakter hat (was ihre didaktische Bedeutung nicht mindert).

Eine wesentlichere Tatsache liegt der Einteilung in Speicher mit sequentiellem und direktem Zugriff zugrunde. Wir betrachten zwei Speicher $M_1$ und $M_2$ und legen in jedem zufällig $n$ Positionen $p_{11}, p_{12}, \ldots, p_{1n}$ bzw. $p_{21}, \ldots, p_{2n}$ mit identischer Informationskapazität fest. Nun führen wir für jeden Speicher eine Folge von Operationen durch, die zum aufeinanderfolgenden Lesen der in diesen Positionen gespeicherten Informationen führt, wobei wir die Zeitabschnitte $\tau_{ij}$ zwischen dem Lesen der Information aus der Position $p_{ij-1}$ und der Position $p_{ij}$, $i = 1, 2, j = 2, \ldots, n$, messen. Der Speicher, für den die Gesamtheit der Werte $\tau_{ij}$ einen größeren „Veränderlichkeitsindex" hat (siehe [45, S. 102]), werden wir als Speicher mit einem mehr sequentiellen Zugriff und den Index selbst als Maß der *Sequentialität* ansehen.

Wenn wir jetzt Datenträgermedien betrachten, können wir sie hinsichtlich wachsender (oder fallender) Sequentialität des Zugriffs anordnen.

Traditionell hat sich aber die Einteilung in *Speicher mit sequentiellem* bzw. *direktem Zugriff* eingebürgert, wobei sich lediglich der zweite Begriff auf natürliche Weise durch das oben angegebene Schema ausdrückt: Als Speicher mit direktem Zugriff bezeichnen wir ein solches Datenträgermedium, dessen Veränderlichkeitsindex der Zeitabschnitte zwischen aufeinanderfolgenden Informationsentnahmen aus zufällig festgelegten Positionen vernachlässigbar klein ist. Offenbar könnten wir statt „Informationsentnahme" auch, ohne irgendwie den Sinn obiger Bemerkungen zu ändern, „Informationsspeicherung" schreiben.

Wir besprechen jetzt einige am meisten angewandte Arten von Datenaufbewahrungsmedien, indem wir uns auf ihre funktionellen Charakteristiken konzentrieren.

### *Magnetkernspeicher*

Dieser Speichertyp, der allgemein als Speicher mit direktem Zugriff eingesetzt wird und in den meisten Fällen einen „Operationsspeicher" von Rechnersystemen bildet, kann hinsichtlich der Organisation der elektronischen Ausrüstung in mehrere verschiedene Arten von Datenspeichermedien eingeteilt werden, von denen zwei besonders beachtenswert sind.

Sehr verbreitet ist zweifellos ein Datenträger, der durch eine Einteilung in gleiche Zellen gekennzeichnet ist, zu denen man den Zugriff (für Informationsentnahme oder Informationsspeicherung) durch Angabe der Adresse der Zelle erlangt. Die *Adresse einer Zelle* ist eine nichtnegative ganze Zahl (in der überwiegenden Mehrzahl von Rechnersystemen), die zu einem festgelegten Intervall gehört. Die Art, wie man die Adresse bestimmt, wird später in diesem Abschnitt behandelt. Jetzt beschränken wir uns nur auf die Bemerkung, daß der numerische Wert der Adresse in der Regel eine Linearkombination von einer nicht großen Anzahl von Gliedern ist.

Wenn wir an die oben angegebene Definition eines Mediums mit direktem Zugriff anknüpfen, bemerken wir, daß man für die betrachtete Art des Mediums keine zwei derartigen gleichmächtigen Folgen von Adressen festlegen kann, so daß die Gesamtzeit der Informationsentnahme aus den Zellen der einen Folge erheblich die entsprechende Zeit für die zweite übertrifft. Ein derartiges adressierbares Datenträgermedium mit Zellenaufbau werden wir *homogenes* Medium nennen.

Die Zellen eines homogenen Mediums haben eine eigene, für einen konkreten Speicher spezifische, strukturelle Einteilung. Am häufigsten besteht eine Zelle aus einer gewissen endlichen Anzahl von Positionen, die je ein Bit oder ein Zeichen aufnehmen können, wobei die letzten wiederum in 1-Bit-Positionen zerlegbar sind.

Die Homogenität eines Mediums ist als Kennzeichen der gleichen Bequemlichkeit des Zugriffs (auf Grund der Adresse) zu beliebiger Zelle des Mediums definiert worden, was ganz und gar nicht die gleiche Bequemlichkeit des Zugriffs zu einem beliebigen Element auf niedrigerem (feinerem) strukturellem Niveau bedeutet. In der Tat hängt die Bequemlichkeit des Zugriffs zu den einzelnen strukturellen Elementen einer Zelle nicht nur von den Eigenschaften des Mediums selbst ab, sondern auch davon, was wir unter „Zugriff" verstehen. So kann man beispielsweise sagen, daß der Zugriff zu der 1-Bit-Position einer gegebenen Zelle, deren Inhalt bei gewissen Maschinenoperationen als Vorzeichen der in dieser Zelle gespeicherten Zahl behandelt wird, leichter ist als zu anderen 1-Bit-Positionen derselben Zelle, da wir, ohne zusätzliche Operationen auszuführen, sofort nach Entnahme des Inhalts der Zelle in den Akkumulator uns die Information von einem Bit zunutze machen können, indem wir einen bedingten Sprung ausführen (wegen des Vorzeichens des Inhalts des Akkumulators). Dabei ist die Tatsache ohne Bedeutung, ob der ganze entnommene Inhalt der Zelle als Zahl interpretiert werden soll oder nicht (das Beispiel ist sogar deutlicher, wenn der Inhalt der Zelle *nicht* als Zahl interpretiert werden soll).

Wir haben auf die Relativität des Begriffes der Homogenität eines Datenträgermediums hingewiesen, da hierdurch deutlich der Gegenstand unseres Buches gekennzeichnet ist, was wir eingangs angedeutet haben und noch mehrmals unterstreichen werden. Es geht nämlich darum, daß wir bei der Erörterung von strukturellen Eigenschaften und Relationen, die Objekte mit gewisser Struktur betreffen, an folgendes denken müssen: Es ist damit zu rechnen, daß beim Einführen des Begriffes Struktur als Beschreibungsmittel alle Folgerungen von einer von uns angenommenen „Stufe der strukturellen Unteilbarkeit" abhängen. Wenn wir also einen Kernspeicher als Menge von Zellen betrachten und die Eigenschaft der Homogenität auf eine so festgelegte strukturelle Einteilung beziehen, so hat eigentlich ein Analysieren einer feineren Einteilung dieses Mediums keinen Sinn.

Man muß also jetzt die funktionelle Bedeutung der Wahl der Kapazität (Länge) einer Zelle, die ein strukturelles Element eines homogenen Datenträgermediums bildet, analysieren.

Eine 1-Bit-Zelle stellt die *kleinste Einheit* eines homogenen Speichers dar. Bei numerischen Problemen ist eine Zahl der brauchbare und natürliche Wert von elementaren Daten, bei nichtnumerischen Problemen der Datenverarbeitung ist es ein alphanumerisches Zeichen.

In gewissen numerischen Rechnungen hat sich die normalisierte Gleitkommadarstellung von Zahlen eingebürgert, obgleich das mit der Ablehnung des Prinzips der Durchführung einer Rechnung mit der kleinsten unbedingt notwendigen Genauigkeit zusammenhängt. Die Kosten (Gerätekosten und Rechenzeit) einer anderen Lösung, die auf der Durchführung von Rechnungen mit veränderlicher Anzahl von signifikanten Ziffern beruht, stellen sich als viel zu teuer heraus, teurer als die „Verluste", die sich aus „zu großer" Genauigkeit ergeben, mit der wir oft in der Gleitkommaarithmetik rechnen. Andererseits erlaubt die Einführung von Operationen mehrfacher Genauigkeit, die mehrere Zellen als Argumente haben, eine unbedingt notwendige Erhöhung der Genauigkeit. Es sei bemerkt, daß die Forderung, einzelne Teile einer Zahl, die in mehreren Zellen gespeichert ist, in benachbarten Zellen zu verteilen, durchaus nicht von der Inhomogenität des Speichers zeugt, da diese Forderung nicht so sehr erhoben wird durch das Bestreben nach Erleichterung des Zugriffs als durch den geringen Aufwand bei der Generierung von Adressen der einzelnen Teile.

Wir sehen also, daß für numerische Rechnungen ein homogener Speicher mit einer Zellenlänge, die der durchschnittlichen Genauigkeit der Rechnungen entspricht, funktionell begründet ist.

Auf Grund analoger Betrachtungen kann man feststellen, daß für Probleme der nichtnumerischen Informationsverarbeitung, genauer für die Automatisierung von Verwaltungs- und Handelsoperationen, ein homogener Speicher mit einer Zellenlänge, die für die Speicherung eines binären Bildes von einem alphanumerischen Zeichen (das sind 6 oder 8 Bits) ausreicht, zweckmäßig ist.

Da es jedoch in der Praxis schwierig ist, numerische von nichtnumerischen Anwendungen zu trennen, ist häufig die Struktur eines Kernspeichers eine gemischte Struktur, in der die Grundzelle eine 1-Zeichen-Zelle (*Byte*) ist, aber für manche Maschinenoperationen Komplexe solcher Zellen (Speicherwörter) gleichzeitig zugänglich sind, wie sie z. B. für die Speicherung von Gleitkommazahlen bestimmt sind.

Ferritkerne werden auch als Träger in inhomogenen Datenträgermedien verwendet, z. B. in *Stapelmedien.*

Ein Stapelmedium ist durch folgende Eigenschaften gekennzeichnet:

1. Bei der beibehaltenen Einteilung in Zellen mit gleicher Informationskapazität ist in jedem gegebenen Zeitpunkt nur eine von ihnen für die Operation der Informationsentnahme zugänglich und eine — von der vorhergehenden aber verschiedene — für die Operation der Informationsspeicherung.
2. Die Reihenfolge, in der die einzelnen Speicherzellen der Operation der Informationsentnahme zugänglich gemacht werden, ist umgekehrt zu der Reihenfolge, in der sie der Operation der Informationsspeicherung zugänglich gemacht werden.[1])

Der Grundunterschied zwischen einem homogenen und einem stapelartigen Medium besteht darin, daß man für ein Stapelmedium nicht den Begriff der Adresse einer Zelle einführt. Das widerspiegelt den funktionellen Aspekt des Stapelmediums, daß wir bei seiner Benutzung keine Freiheit in der Wahl der Zelle haben, der wir Information entnehmen (oder, in die wir Information speichern) wollen. Es sei bemerkt, daß wir bei Stapelmedien nicht unmittelbar die Betrachtungsschemata anwenden können, die zur Festlegung der Definition der Wahlfreiheit des Zugriffs geführt haben, da der Prozeß der Informationsentnahme aus einer zufällig festgelegten Folge von Positionen dieses Mediums einfach nicht ausführbar ist. In Anbetracht eben dieser Art von Datenträgermedium sind wir nicht geneigt, eine dichotomische Einteilung aller Datenträgermedien in sequentielle und direkte Medien anzunehmen.

Gewiß besitzt eine Ziffernmaschine, die über ein stapelartiges Datenträgermedium verfügt, ein gewisses Repertoire an Operationen, die dieses Medium benutzen, so wie übrigens auch eine Maschine, die über ein homogenes Medium verfügt. Ein Beispiel für Operationen, die mit einem Stapelmedium arbeiten, sind arithmetische Operationen mit zwei Argumenten, die auf den Inhalt von zwei Zellen eines Stapelspeichers wirken. Funktionell sind Operationen doch immer nach dem Schema zerlegt:

1. Lies den Inhalt der Zelle
2. Lies den Inhalt der Zelle
3. Führe die Operation durch
4. Speichere das Ergebnis in der Zelle

Bemerkung. Gemäß der oben angegebenen funktionellen Beschreibung eines Stapelspeichers betreffen zwei aufeinanderfolgende Leseoperationen zwei verschiedene Zellen. Die Anwendung von Stapelmedien ist z. B. in der Arbeit [75] beschrieben.

Es sei hinzugefügt, daß man Datenträgermedien, die funktionell denen ähnlich sind, die man unter Verwendung eines Kernspeichers bauen kann, auch mit

[1]) Anmerkung des Herausgebers: In der deutschsprachigen Literatur werden derartig organisierte Speicher meist *Kellerspeicher* oder einfach *Keller* genannt. Die Bezeichnung *Stapel* wird vorzugsweise für Programmstapel (batch processing) verwendet. Bezüglich der Bezeichnung *Stapelautomat* in der theoretischen Literatur siehe im Literaturverzeichnis des Herausgebers [20].

anderen Trägern — Tunneldioden, dünnen Schichten u. ä. — bildet. Eine allgemeine funktionelle Eigenschaft von Trägern, die zum Aufbau von homogenen und stapelartigen Datenträgermedien verwendet werden, ist eine hohe Geschwindigkeit, mit der man die Operationen der Informationsentnahme und der Informationsspeicherung ausführen kann.

Man muß bemerken, daß — wenn nicht die hohen Kosten dieser Träger und die verhältnismäßig komplizierte elektronische Ausrüstung, die zum Aufbau des Mediums erforderlich ist — die Universalität von homogenen und stapelartigen Medien ein ausreichendes Argument wäre, das für die Einschränkung auf nur die beiden Arten von Datenträgermedien in den heutigen Rechnersystemen spricht. Leider zwingen uns ökonomische Gründe auch zur Anwendung anderer Medien mit bedeutend schlechteren funktionellen Eigenschaften.

Man kann noch hinzufügen, daß ein aus Ferritkernen aufgebauter Speicher mitunter zur Konstruktion von Medien, die funktionell von den obenbeschriebenen verschieden sind, verwendet wird. Sie sind jedoch nicht so charakteristisch, um sie zu beschreiben.

***Rotierende Speicher***

Mit dem Begriff *rotierende Speicher* umfassen wir magnetische Trommel- und Plattenspeicher; Datenspeichereinheiten, die diese Träger enthalten, haben viele gemeinsame Merkmale.

Die funktionelle Grundeigenschaft von rotierenden Speichern ist ebenso wie in Kernspeichern die Unterscheidung von individuell adressierten Zellen, d. h. von Positionen mit festgelegter Länge. Im Gegensatz zu homogenen Medien kann man hier aber solche gleichmächtige Folgen von Adressen wählen, daß die Gesamtzeit der Informationsentnahme aus den Zellen einer Folge erheblich die entsprechende Zeit einer anderen Folge übersteigt, obwohl für hinreichend lange *zufällige* Folgen von Zellen der Veränderlichkeitsindex der Zeitabschnitte, die zwischen aufeinanderfolgenden Leseoperationen vergehen, nicht groß sein wird. Das erlaubt es, die Datenträgermedien mit rotierenden Speichern als Medien mit direktem Zugriff anzusehen[1]).

Das charakteristische Merkmal von Plattenspeichern ist, daß der Zugriff zur gewählten Zelle dieses Speichers aus zwei Etappen besteht — dem Aufsuchen des eigentlichen Zylinders des Speichers, dem die Bewegung der Köpfe entspricht und dem Aufsuchen der eigentlichen Position (Zelle) innerhalb dieses Zylinders. (Dieses Merkmal tritt auch in einigen Realisierungen des Trommelspeichers auf.) Außerdem ist das Lesen von Informationen aus den Zellen in der Reihenfolge, in der sie den Lesekopf passieren, bedeutend schneller als das

---

[1]) Es lohnt sich hinzuzufügen, daß in einem großen Teil der Fachliteratur das Merkmal der Wahlfreiheit ausschließlich auf „äußere Speicher" bezogen wird; es umfaßt nicht den Kernspeicher, der traditionell als „innerer Speicher" angesehen wird. In einer derartigen Fassung bezieht sich der Begriff „Speicher mit direktem Zugriff" (*random-access memory*) fast ausschließlich auf rotierende Speicher und einige andere.

Lesen in irgendeiner anderen Reihenfolge; das betrifft übrigens in gleichem Grade beide Arten von rotierenden Speichern. Obwohl also die Lesezeit der Information aus einer Zelle eines rotierenden Speichers nicht groß ist, so bewirkt ihre Erhöhung um die Zeit des Aufsuchens der Zelle (durchschnittlich gleich der Zeit der halben Drehung der Trommel oder der Zeit der halben Drehung der Platte vergrößert um die mittlere Zeit der Verschiebung der Köpfe), daß die Informationsentnahme aus einzelnen Zellen von rotierenden Speichern sehr uneffektiv ist. Daraus ergibt sich die allgemeine Tendenz, beim Datentransport zu oder von rotierenden Speichern die Daten zu größeren Blöcken zusammenzufassen, die auf dem rotierenden Träger in benachbarten Zellen gespeichert sind. (Der Begriff der Nachbarschaft ist hier nicht notwendig als physikalische Nachbarschaft der Zellen zu verstehen. Die entscheidende Rolle spielt die hinsichtlich der Reihenfolge des Passierens des Lesekopfs günstigste Verteilung der Zellen auf dem Träger.) Diese Tendenz betrifft gleichermaßen das Schreiben wie das Lesen von Informationen, wobei ein wichtiges funktionelles Merkmal von rotierenden Speichern ist, daß es bedeutungslos ist, ob die ausgeführte Operation des Lesens denselben Komplex von Zellen betrifft wie die Operation des Schreibens der Information.

Faßt man das oben Gesagte kurz zusammen, so kann man bemerken, daß es wegen der Forderung nach einer effektiven Ausnutzung von rotierenden Speichern sinnvoll ist, die Ausführung des Schreibens und Lesens mit Komplexen von Zellen durchzuführen. Diese Forderung beschränkt aber keinesfalls die Wahl der Adresse der ersten Zelle eines solchen Komplexes.

Datenspeicher mit rotierenden Trägern sind Beispiele für *halbhomogene Medien*.

Zu halbhomogenen Datenträgermedien zählen wir auch alle anderen Medien, die funktionelle Merkmale der Wahlfreiheit des Zugriffs und der Adressierbarkeit der einzelnen Zellen aufweisen. Auf diese Art ist jedes homogene Medium zugleich halbhomogen, jedoch ist der Zugriff zu jeder Zelle gleich bequem.

Halbhomogene Datenträgermedien können durch Verwendung vieler verschiedener Träger, z. B. magnetischer Karten oder geschlossener Schleifen eines Magnetbandes, realisiert werden.

Wenn man in einem Rechnersystem außer einem halbhomogenen Medium ein homogenes Medium benutzt (was in der Regel stattfindet), so sollte die Informationskapazität der Zellen beider Medien gleich sein oder wenigstens die Länge der Zellen des halbhomogenen Mediums sollte ein ganzzahliges Vielfaches der Länge der Zellen des homogenen Mediums sein.

Im Anhang A ist der Aufbau eines Plattenspeichers beschrieben worden.

***Magnetbandspeicher***

Wenn nicht sehr geringe Kosten für eine Einheit der Informationskapazität und die Möglichkeit der praktisch unbeschränkten Vergrößerung der gesamten Kapazität für Magnetbandspeicher sprächen, würde ein Magnetband sicherlich nie als Informationsträger in Datenspeichern verwendet werden. Indes ist aber, dank eben der beiden Vorzüge, das Magnetband einer der beliebtesten Informationsträger und einer der wichtigsten Speicher.

Die allgemeinste Form einer Speichereinheit mit Magnetband ist ein streng sequentielles Medium, dessen Positionen keine festgelegte Länge haben und für welches der Begriff der Adressierbarkeit nicht definiert ist. Ein derartiges Medium werden wir *inhomogenes Medium* nennen.

Andere Arten von Medien mit Magnetband, wie beispielsweise die obenerwähnten halbhomogenen Medien mit Bandschleifen oder hier und da angewandte adressierbare Magnetbänder mit festgelegter Positionslänge sind nicht so verbreitet, um ihnen außer einer kurzen Erwähnung mehr Raum zu widmen.

Das Fehlen einer Adressierbarkeit der Position eines inhomogenen Mediums bedeutet, daß die Operation der Informationsentnahme aus einem solchen Medium eine der beiden Formen annimmt — entweder wir entnehmen den Inhalt der Position, die sich aktuell unter dem Lesekopf befindet, oder wir mustern eine Position nach der anderen durch und finden auf Grund des Inhalts der in ihr gespeicherten Information (häufiger — eines Teils dieses Inhalts) die Position, um die es uns geht. Für die Realisierung der zweiten Form des Lesens von Informationen lassen einige inhomogene Medien eine Operation des Aufsuchens der Position zu, wobei die Operation in einem Durchmustern des Bandes, einem Ablesen von Markierungen, die jeder Position vorangehen und einem Fixieren des Bandes in einer solchen Lage besteht, damit die ausgewählte Information bequem gegenüber dem Lesekopf eingestellt ist. Es gibt eine ganze Reihe anderer Hilfsoperationen, die man innerhalb eines inhomogenen Informationsträgermediums ausführen kann. Zu den typischen gehören: Rücksetzen des Bandes um eine Position, Vorsetzen des Bandes um eine Position und Rückspulen des Bandes in die Anfangslage (notwendig, falls sich die uns interessierende Position in dem Teil des Bandes befindet, der schon den Kopf passierte und die Magnetbandeinheit nicht die Möglichkeit des Rückwärtslesens hat).

Die ungleiche Kapazität (Länge) der einzelnen Positionen eines inhomogenen Mediums bedeutet, daß wir darauf achten müssen, wenn wir den Inhalt einer gegebenen Position durch neue Information ersetzen wollen, beim Einschreiben nicht auf die folgende Position überzugreifen oder nicht einen leeren Teil des Bandes zu verbrauchen, der für Abgrenzung der einzelnen Positionen unentbehrlich ist.

Die erwähnten funktionellen Merkmale von inhomogenen Medien determinieren eine optimale Art ihrer Exploitation. Die Exploitation besteht darin, entweder Schreib- oder Leseoperationen mit (physikalisch) demselben Medium zuzulassen (kein updating) und das Lesen der Positionen in einer solchen Reihenfolge festzulegen, in der sie den Lesekopf der Spule passieren (das ist möglich mit Ignorierung des Inhalts einiger Positionen). Das Schreiben von Informationen beschränken wir im Prinzip auf „reine“ Bänder, d. h. auf Bänder, deren vorhergehender Inhalt nicht mehr interessant ist.

Eine bedeutende Bereicherung der Verwendungsmöglichkeit geben inhomogene Medien mit zwei Richtungen, z. B. solche Spulen eines Magnetbandes, die ein Rückwärtslesen erlauben. Sowohl eine Vergrößerung der Kosten der elektronischen Ausrüstung als auch eine schlechtere Ausnutzung des Bandes selbst (kleinere brauchbare Informationsmenge auf gegebener Bandlänge) verursachen, daß inhomogene Medien mit zwei Richtungen nicht eine solche Verbreitung erfahren haben wie diejenigen mit einer Richtung.

Zum Abschluß dieses Abschnitts sind in Form einer Tabelle die funktionellen Hauptcharakteristiken der besprochenen vier Arten von Datenträgermedien zusammengefaßt (Tab. 2.1).

Tabelle 2.1. Hauptmerkmale der Datenspeichermedien

| Art des Mediums | Sequentialität des Zugriffs | Positionslänge | Adressierbarkeit | gleich bequemer Zugriff zu jeder Position |
|---|---|---|---|---|
| homogenes Medium | gering | gleich | ja | ja |
| halbhomogenes Medium | klein | gleich | ja | nein |
| inhomogenes Medium | groß | verschieden | nein | entfällt |
| Stapelmedium | entfällt | gleich | nein | entfällt |

## 2.2. Adressierung in homogenen Medien

In Übereinstimmung mit dem, was wir im vorangegangenen Abschnitt gesagt haben, ist das Hauptmerkmal der homogenen Medien bei der Speicherung von Daten die gleichschnelle Zugriffsmöglichkeit zu jeder Speicherzelle auf der Grundlage der festgestellten Adresse dieser Zelle. Der Vorteil eines solchen Mediums hängt demnach vor allem davon ab, wie leicht man die Adresse der Zelle feststellen kann, zu der wir einen Zugriff erlangen wollen. Das aber hängt von der Universalität und Effektivität der Hilfsgerätemittel ab.

Um Mißverständnisse zu vermeiden, muß man bemerken, daß ein jeweiliges Bestimmen der Adresse mit Hilfe von Programmierungsmitteln möglich ist; das ist eine Methode, auf die wir immer dann zurückgreifen, wenn die vorhandene Gerätetechnik sich als nicht ausreichend erweist. Der große Zeitaufwand für die ganze Programmierung der Adressenbestimmung veranlaßt uns jedoch nach Möglichkeit Gerätemittel zu benutzen — entweder unmittelbar oder indem wir den Programmierungsprozeß der Bestimmung der Adresse auf solche Teilprozesse aufteilen, die mit Hilfe von Gerätemitteln realisiert werden können.

Wir nehmen unter gewisser Vereinfachung an, daß die „Adressenbestimmung für eine Zelle" auf der Bildung des zahlenmäßigen Wertes dieser Adresse in einem speziellen *Speicheradressierungsregister* $P$ beruht.

Wir wollen vereinbaren, daß wir den Inhalt des Registers (und ebenfalls der Zelle) genauso bezeichnen werden wie das Register (die Zelle) selbst, jedoch unten mit einem „fetten" Punkt versehen. Beispielsweise bezeichnen wir den Inhalt des Registers $P$ mit $P.$, den Inhalt der Zelle $\alpha$ mit $\alpha.$ usw.

Bei der einfachsten Adressierungsmethode wird in das Register $P$ der Inhalt des Adreßteils jener Instruktion übertragen, deren Ausführung den Zugriff zur Speicherzelle erfordert.

In diesem Abschnitt werden wir beispielsweise eine Form des Zugriffs zum Speicher untersuchen, nämlich das Laden einer Information aus einer Zelle in den Akkumulator. Natürlich existieren neben der Operation Laden auch andere Operationen, die einen Zugriff zum Speicher erfordern. Außerdem besitzen nicht alle Ziffernrechenmaschinen einen Akkumulator, also ist diese Operation nicht für alle Maschinen sinnvoll. Dennoch haben wir uns entschlossen, die Operation des Ladens einer Information in den Akkumulator wegen ihrer einfachen Funktion auszuwählen, und auch deshalb, weil in jeder Rechenmaschine entweder genau diese Instruktion oder eine ihr sehr ähnliche Instruktion vorhanden sein muß.

Die Instruktion des Ladens in den Akkumulator stellt (wie allgemein jede Instruktion) bei ihrer Entnahme zur Ausführung den Inhalt einer gewissen Zelle dar. In weiteren Erwägungen beschränken wir uns jedoch auf die Analyse der Situation, die bereits nach der Entnahme der Instruktion aus dem Speicher und ihrer Unterbringung in das *Steuerregister* $R$ entstanden ist. Wir nehmen wieder unter einer gewissen Vereinfachung und etwas allgemein an, daß die Ausführung der Instruktion im Moment ihrer Übertragung in das Register $R$ beginnt, aus dem die Bestandteile der Instruktion in geeignete Gerätesysteme übertragen werden. Diese Systeme realisieren Funktionen, deren Summe die Ausführung der Instruktion ausmacht. Wir wollen bemerken, daß die Adresse der Zelle, aus der gerade die auszuführende Instruktion entnommen wurde, der Inhalt des Registers ist, das üblich *Befehlszähler* $C$ genannt wird. Bei normaler sequentieller Arbeit, d. h. bei Ausschluß von Sprüngen, wird nach der Ausführung der laufenden Instruktion der Inhalt des Befehlszählers $C$ um 1 erhöht und in das Register $P$ übertragen mit dem Ziel der Entnahme der nachfolgenden Instruktionen aus dem Speicher.

Wir führen jetzt einige vereinfachte Konventionen der Beschreibung der Funktionen ein, aus denen sich die Ausführung der Operation des Ladens einer Information aus einer Zelle in den Akkumulator zusammensetzt.

Falls einzelne unterschiedliche Teile des Inhalts des Registers (der Zelle) selbständige Bedeutung haben, so bezeichnen wir diese Teile wie folgt:

$X$ sei das Register, $a$ dagegen die Bezeichnung eines bestimmten Teils seines Inhalts. Dann bezeichnet $a(X.)$ den Inhalt dieses ausgezeichneten Teils. Wenn wir z. B. vereinbaren, mit $d$ den Adreßteil (das Adreßfeld) zu bezeichnen, so bezeichnet $d(R.)$ den Inhalt des Adreßteils (also eine gewisse ganze Zahl) der Information, die im Register $R$ untergebracht ist.

Wenn wir nicht den Wert (den Inhalt) des ausgewählten Teils des Registers (der Zelle), sondern diesen Teil des Registers (der Zelle) selbst bezeichnen wollen, d. h. über das ausgewählte *Registerfeld* (*Zellenfeld*) sprechen, dann bedienen wir uns der Bezeichnung $a(X)$. So bezeichnen wir das Feld des Adreßteils (das Adreßfeld) des Registers $R$ beispielsweise mit $d(R)$.

Wir wollen bei dieser Gelegenheit bemerken, daß bereits beim Lesen des Inhalts von Registerfeldern zusätzliche Operationen erforderlich sind. Das ist in dem Maße der Fall, wie der Inhalt eines jeden Registerfeldes auf Grund des Gerätesystems unmittelbar zugänglich ist.

Die in Registern untergebrachte Information (und ihre Bestandteile, die eine selbständige funktionelle Bedeutung haben) kann in wesentlich kürzerer Zeit zwischen Registern übertragen werden, als für die Ausführung der Operation der Informationsübertragung von einer Zelle in den Akkumulator oder in das Register $R$ notwendig ist. Deshalb benutzen wir auch für die Darstellung der Übertragung von Informationen zwei verschiedene Schreibweisen:

$X := \alpha.$ bezeichnet die Übertragung des Inhalts der Zelle $\alpha$ in das Register $X$, (2.2.1)

$X \leftarrow Y.$ bezeichnet die Übertragung des Inhalts des Registers $Y$ in das Register $X$. (2.2.2)

Ähnliche Bezeichnungen benutzen wir für die Darstellung der Übertragung zwischen den Feldern von Registern.

Bei komplizierteren Adressierungssystemen wird die absolute Adresse als Summe einiger Bestandteile bestimmt. Für die Darstellung dieses Vorgangs führen wir die folgende Schreibweise ein:

$$X \leftarrow Z. \oplus y\,. \tag{2.2.2'}$$

Bei dieser Schreibweise bezeichnen $X$ und $Z$ Register, $\oplus$ bedeutet einen Summationsoperator ($+$ oder $-$) und $y$ bezeichnet entweder den Inhalt irgendeines Registers (und hat dann die Form $Y.$) oder ist eine feste natürliche Zahl.

Wir bemerken schließlich, daß $n.$ den Inhalt der Speicherzelle mit der Adresse $n$ bezeichnet, falls $P. = n$ ist. Zur Vereinfachung werden wir in solchen Fällen $P..$ schreiben und darunter den Inhalt der Zelle verstehen, deren Adresse im Register $P$ gespeichert ist.

Unter Benutzung der oben angeführten Bezeichnungen können wir jetzt die einfachste Adressierungsmöglichkeit (die *einfache Adressierung*), angewandt auf die Operation des Ladens des Inhaltes einer Speicherzelle in den Akkumulator $A$, wie folgt darstellen:

$$\begin{aligned} &P \leftarrow d(R.)\,, \\ &A := P..\,. \end{aligned} \tag{2.2.3}$$

Bei den meisten Ziffernrechenmaschinen verläuft die Übertragung $A := P..$ nicht unmittelbar, sondern mit Hilfe sogenannter *Speicherausgangsregister* $W$. Das vorstehende Schema hat dann die folgende Form:

$$\begin{aligned} &P \leftarrow d(R.) \\ &W := P.. \\ &A \leftarrow W.\,. \end{aligned} \tag{2.2.4}$$

Wenn wir uns alle Etappen des Ladens des Inhaltes einer Zelle in den Akkumulator vorstellen würden, die mit dem Zugriff zum Speicher verbunden sind, hätte das Schema die Form:

$$\begin{aligned} &P \leftarrow C. + 1 \\ &W := P.. \\ &R \leftarrow W. \\ &P \leftarrow d(R.) \\ &W := P.. \\ &A \leftarrow W.. \end{aligned} \tag{2.2.4'}$$

In diesem Schema ist die Übertragung der Information, die nicht mit der Erlangung des Zugriffs zum Speicher verbunden ist, vernachlässigt worden (z. B. $C \leftarrow C. + 1$, die Erhöhung des Inhaltes des Befehlszählers um 1, die übrigens keine Übertragung *im echten Sinne* ist).

Sehr oft erfordert die Verarbeitung einer Information die Ausführung derselben Operationsschritte auf den Inhalt mehrerer Zellen. Bekanntlich ist die Fähigkeit der Ziffernrechenautomaten, mehrmals solche Operationsfolgen auf der Grundlage *eines* Programms ausführen zu können, eines der wichtigsten Merkmale dieser Maschine. Die effektive Realisierung dieses Merkmals erfordert jedoch eine wesentlich kompliziertere Adressierungsart als jene, die die Schemata (2.2.3) und (2.2.4) beschreiben.

Wenn wir davon ausgehen, daß sich in der Folge der Operationen eine Operation des Ladens in den Akkumulator befindet, die sich bei jeder sukzessiven Ausführung dieser Folge auf eine andere Zelle bezieht, sehen wir tatsächlich, daß entweder jedesmal die Ladeinstruktion in ihrem Adreßteil so modifiziert werden muß, daß die für den betreffenden Durchlauf richtige Zelle angezeigt wird oder daß eine Modifikation des Inhaltes des Register $P$ vor der Benutzung dieses Inhaltes für die Entnahme des Inhaltes der Zelle erfolgen muß oder daß schließlich bei nacheinanderfolgender Ausführung der betrachteten Folge jedesmal die Ladeinstruktion eingefügt werden muß. Offenbar muß im letzten Fall jedesmal eine andere Ladeinstruktion eingefügt werden.

Alle drei erwähnten Lösungsarten können in Ziffernrechenautomaten mit Hilfe spezieller Einrichtungen realisiert werden, die unmittelbar die Art der Speicherbenutzung beeinflussen, also — in Übereinstimmung mit der Definition des Mediums für Datenspeicherung — das Kennzeichen dieses Mediums ausmachen.

Mit Programmierungsmitteln kann man die erste und die letzte Lösungsart realisieren. Die Änderung des Wertes des Registers $P$ ist nicht unmittelbar mit Programmierungsmitteln ausführbar, weil das Register selbst programmierungsmäßig nicht zugänglich ist. Somit wird die Adressierung verschiedener Zellen mit Hilfe der Modifikation des Inhaltes des Registers $P$ gerätetypisch gelöst, und darauf konzentrieren wir uns, wenn wir sehr komplizierte Systeme der Adressierung von homogenen Medien zur Speicherung von Daten analysieren.

Bei den einfachen Adressierungen — Schemata (2.2.3) und (2.2.4) — hat man sich für die Ausführung der Übertragungsoperation unmittelbar der Register $P$ und $R$ sowie des Übergangsregisters $W$ bedient. Andere Arten der Adressierung, die wir erörtern werden, erfordern die Benutzung zusätzlicher Register. Es werden dies die *Indexregister* $I_1, I_2, I_3, \ldots, I_n$ sowie das *Basisregister* $B$ sein. In konkreten Ziffernrechenmaschinen ist die Anzahl der Indexregister unterschiedlich. Oft tritt nur ein einziges solches Register auf (und wir werden in diesem Fall $I$ ohne unteren Index schreiben), manchmal gibt es drei, manchmal mehr. Gewöhnlich beträgt die Anzahl der Indexregister $2^k - 1$, mit natürlichem $k$. Den Grund dafür geben wir weiter unten an.

Oftmals erfüllen ein und dieselben Register im Rechnersystem mehrere verschiedene Funktionen, und zwar können insbesondere Indexregister gleichzeitig Akkumulatoren, Basisregister und ähnliches sein. Wegen der Übersichtlichkeit halten wir uns jedoch im weiteren nicht an diese Tatsachen und behandeln die Indexregister als gesonderte Geräteelemente. Wir wollen nur beiläufig bemerken, daß die Geräteeinsparung, die sich zweifellos daraus ergibt, daß man demselben physischen Register mehrere Funktionen verleiht, zu ziemlich großen Einschränkungen und Erschwerungen bei der Erstellung von Software für das Rechnersystem führt und man aus diesem Grunde die Zweckmäßigkeit dieser Einsparung bezweifeln kann.

Bekanntlich sind die Indexregister in der Fachliteratur auch unter der Bezeichnung $B$—Register bekannt sind. Diese Bezeichnung vermeiden wir in dem vorliegenden Text, um die ausdrückliche Abgrenzung zwischen den Indexregistern $I_i$ und dem Basisregister $B$ beizubehalten.

Falls die Ziffernrechenmaschine nur ein Indexregister $I$ besitzt, dann hat das Schema der Operation der Übertragung des Inhaltes einer Zelle in den Akkumulator bei Benutzung des Registers $I$ die folgende Form:

$$\begin{aligned} &P \leftarrow d(R.) \oplus I. \\ &W := P.. \\ &A \leftarrow W.. \end{aligned} \tag{2.2.5}$$

Für die Mehrheit der Maschinen bedeutet dabei $\oplus$ einfach $+$. (Eine Ausnahme bilden z. B. die Maschinen der Serie IBM 7000, wo anstelle von $+$ ein $-$ tritt.)

Die Übertragungsinstruktion muß jetzt die Information darüber fassen, ob die ihr entsprechende Operation mit Benutzung des Index $I$, d. h. entsprechend dem Schema (2.2.5), oder ohne Benutzung eines Index, d. h. entsprechend dem Schema (2.2.4) ausgeführt werden soll.

Diese Informationen liefert der Inhalt eines speziellen Feldes in der Übertragungsinstruktion, das wir *Indexfeld* nennen und mit $i(R)$ bezeichnen. In dem besprochenen Fall eines Indexregisters umfaßt das Feld $i(R)$ ein Bit: $i(R.) = 0$ hat die Ausführung der Operation gemäß Schema (2.2.4), $i(R.) = 1$ gemäß Schema (2.2.5) zur Folge. Wenn wir jetzt zur Vereinfachung der Schreibweise annehmen, daß neben dem Register $I = I_1$ auch ein festes Register $I_0$ vorkommt, dessen Inhalt stänidg gleich 0 ist, d. h. $I_{0\cdot} = 0$ gilt, können wir beide Schemata (2.2.4) und (2.2.5) zu einem verbinden:

$$\begin{aligned} P &\leftarrow d(R.) \oplus I_{i(R.)}. \\ W &:= P.. \\ A &\leftarrow W.. \end{aligned} \tag{2.2.6}$$

Wenn wir annehmen, daß in der konkreten Maschine $n$ Indexregister vorhanden sind, d. h., daß wir einschließlich des fixierten Registers $I_0$ noch $n + 1$ Register $I_0, I_1, \ldots, I_n$ zur Verfügung haben, dann muß die Übertragungsinstruktion angeben, welcher dieser Indizes bei der Ausführung der Übertragungsoperation benutzt werden soll. Die Information, die über die Auswahl des Index entscheidet, bildet den Inhalt des feststehenden Feldes der Übertragungsinstruktion, das sich insgesamt aus so vielen binären Positionen zusammensetzt, wie man für die Unterscheidung von $n + 1$ Möglichkeiten benötigt. Offenbar muß dieses Feld aus mindestens $\boldsymbol{E}(\log_2 n) + 1$ binären Positionen bestehen, wobei alle möglichen Kombinationen ausgenutzt werden, falls $n + 1$ eine Zahl der Gestalt $2^k$ mit natürlichem $k$ ist. Wenn man dieses Feld wie vorher mit $i(R)$ bezeichnet und $i(R.)$ als irgendeine Zahl behandelt, kann man den Prozeß der Übertragung des Inhaltes einer Zelle in den Akkumulator bei Benutzung eines der Indexregister mit Hilfe des Schemas (2.2.6) beschreiben[1]).

Der Vorteil der oben beschriebenen *Indexadressierung* ist, daß *sich die Übertragungsinstruktion bei Nichtveränderung ihres Inhaltes auf verschiedene Zellen bezieht*, und zwar in Abhängigkeit vom Inhalt des in der Instruktion angezeigten Indexregisters. Die Ausnutzung der Möglichkeit, die die Indizierung schafft, ist um so vollkommener, je öfter in einer sich wiederholenden Teilfolge von Instruktionen des Programms Instruktionen auftreten, die sich auf Zellen beziehen, deren Adressen sich von dem Inhalt der entsprechenden Adreßteile um denselben Wert unterscheiden. Für alle solche Instruktionen, die sich sogar dem Inhalt des Adressenteils nach unterscheiden, erlaubt die Bestimmung ein und desselben Inhaltes des Indexregisters ohne zusätzliche Operationen einen Zugriff zu den geforderten Zellen. Die Benutzung mehrerer verschiedener Indexregister ermöglicht es, daß sich die Instruktion während der Ausführung eines zyklischen Programmteils auf eine Menge von Zellen beziehen kann, deren Adressen sich vom Inhalt der Adreßteile der entsprechenden Instruktionen um verschiedene Konstanten unterscheiden.

Die Idee der Adressierung mit Hilfe eines Index kann man in einer etwas mehr formalisierten Form darstellen.

Sei

$$\ldots, \mathcal{R}_1, \mathcal{R}_2, \ldots, \mathcal{R}_{s-1}, \mathcal{R}_{s+1}, \mathcal{R}_s, \ldots, \mathcal{R}_{t-1}, \mathcal{R}_t, \mathcal{R}_{t+1}, \ldots, \mathcal{R}_n, \ldots \tag{2.2.7}$$

[1]) Fußnote der Herausgeber: Wir übernehmen hier für die Bezeichnung des größten Ganzen (häufig durch Einschluß in eckige Klammern angedeutet) das vom Autor benutzte Symbol $\boldsymbol{E}$, d. h. $\boldsymbol{E}(x) \underset{\text{Def.}}{=} [x]$. Das Symbol $\boldsymbol{E}$ soll an die Wörter entire bzw. entier erinnern, die auch in Programmiersprachen zur Bezeichnung dieser Funktion verwendet werden.

eine sich wiederholende Folge von Instruktionen eines Programms, oder anders gesagt, ein Zyklus. Im *Zyklus* unterscheiden wir drei Teile:

$\mathcal{R}_1, \mathcal{R}_2, \ldots, \mathcal{R}_{s-1}$ heißt *Präludium*,

$\mathcal{R}_s, \mathcal{R}_{s+1}, \ldots, \mathcal{R}_{t-1}$ heißt *Refrain* und

$\mathcal{R}_t, \mathcal{R}_{t+1}, \ldots, \mathcal{R}_n$ heißt *Postludium.*

Diese Einteilung entspricht einer üblichen Organisation des Zyklus mit der Untergliederung in den Abschnitt der Bestimmung der aktuellen Inhalte der Indexregister (Präludium), in den Arbeitsabschnitt, den unveränderlichen Teil des Zyklus (Refrain) und in den Abschnitt, der die Ausführung des Zyklus kontrolliert (Postludium).

Zur Vereinfachung legen wir im weiteren fest, daß sämtliche Instruktionen des Refrains ($\mathcal{R}_s, \ldots, \mathcal{R}_{j-1}$) den Speicher ansprechen, oder, was auf das gleiche hinausführt, daß in der Schreibweise (2.2.7) der Refrain genannt wird, die Instruktionen außer acht gelassen werden, die nicht den Speicher ansprechen.

Wir wollen mit $\mathsf{R}_j$ die Menge aller Instruktionen des Refrains bezeichnen, die das $j$-te Indexregister $I_j$ benutzen:

$$\mathcal{R}_k \in \mathsf{R}_j \Leftrightarrow s \leq k < t \wedge \left(R. = \mathcal{R}_k \rightarrow i(R.) = j\right)$$

und mit $\mathsf{S}_j$ die Menge aller Indizes, mit denen diese Instruktionen in der Folge (2.2.7) vorkommen:

$$k \in \mathsf{S}_j \Leftrightarrow \mathcal{R}_k \in \mathsf{R}_j\,.$$

Sei $\mathsf{A}_j$ die Menge aller Werte der Adreßteile der Instruktionen, die zur Menge $\mathsf{R}_j$ gehören. Die Indexadressierung können wir als eine Menge von derartigen Abbildungen $\mathsf{A}_j \rightarrow \mathsf{A}_j^1$, $j = 0, 1, \ldots, n$, verstehen, daß, wenn $a_k \in \mathsf{A}_k$, $k \in \mathsf{S}_j$ ist und $a_k^1 \in \mathsf{A}_j^1$ die Adresse der Zelle ist, auf die bei der Ausführung der Instruktion $\mathcal{R}_k$ beim ersten Durchlauf des Refrain Bezug genommen wird, daß dann $a_k^1 = a_k \oplus \iota_j$ mit $\iota_j = I_j\cdot$, $j = 0, 1, \ldots, n$ ist. Die Bilder $\mathsf{A}_j^1$ der Mengen $\mathsf{A}_j$ können wir durch $\mathsf{A}_j^1 = \mathsf{A}_j \oplus \iota_j$, $j = 0, 1, \ldots, n$, bestimmen.

Wenn wir bei den sukzessiven ($l = 1, 2, \ldots, m, \ldots$) Ausführungen des Refrain die Folgen der Werte $\iota_{jl}$, $j = 1, 2, \ldots, n$; $l = 1, 2, \ldots, m, \ldots$, untersuchen, erhalten wir die Folgen der Transformationen: $\mathsf{A}_j \rightarrow \mathsf{A}_j^1$, $\mathsf{A}_j \rightarrow \mathsf{A}_j^2, \ldots, \mathsf{A}_j \leftarrow \mathsf{A}_j, \ldots$, präziser: $\mathsf{A}_j \rightarrow \mathsf{A}_j \oplus \iota_{j1}$, $\mathsf{A}_j \rightarrow \mathsf{A}_j \oplus \iota_{j2}, \ldots, \mathsf{A}_j \rightarrow \mathsf{A}_j \oplus \iota_{jm}, \ldots$, $j = 1, 2, \ldots, n$ (den Fall $j = 0$ lassen wir außer acht, weil gemäß der Voraussetzung $\iota_{0m} = 0$ für alle $m$ gilt).

Die Gesamtheit aller Folgen von Adressen, die bei einer bestimmten Menge von Folgen $\{\iota_{jm}\}$, d. h. bei einem festgelegten Präludium und Postludium, entstehen, nennen wir die *durch das ausgewählte Indexmodifizierungsprogramm induzierte Struktur des indizierten homogenen Datenspeichermediums.*

Wir bemerken, daß für eine bestimmte Instruktion $\mathcal{R}_k$ eine solche Struktur nicht das Merkmal der Regelmäßigkeit aufweisen muß. Die Differenzen zwischen den Adressen $a_k^1, \ldots, a_k^m, \ldots$ der Zellen, die von den $\mathcal{R}_k$ bei den sukzessiven Ausführungen des Refrain des Zyklus angesprochen werden, d. h. die Differenzen $a_k^{l_1} - a_k^{l_2}$, $l_1 = 1, 2, ..., m, ..., l_2 = 1, 2, ..., m, ..., l_1 \neq l_2$, müssen nicht konstant sein. Die einzige Regelmäßigkeit, die wir beobachten können, besteht zwischen den Adressen der Zellen, die bei der sukzessiven Ausführung von den Instruktionen angesprochen werden, die zu der bestimmten Menge $\mathsf{R}_j$ gehören. Es gilt nämlich $a_v^{l_1} - a_v^{l_2} = a_u^{l_1} - a_u^{l_2}$ für beliebige $u, v \in \mathsf{S}_j$ und jeweils zwei Ausführungen des Refrain.

Wenn wir trotzdem von einer Struktur des Datenspeichermediums sprechen, so lassen wir uns vor allem davon leiten, daß man bezüglich der Zellen, deren Adressen zu $\mathsf{A} = \bigcup_l \bigcup_j \mathsf{A}_j^l$ gehören, den Begriff *Nachfolger* definieren kann: Als Nachfolger der Zelle mit der Adresse $a = a_k^l \in \mathsf{A}_j^l$ bezeichnen wir die Zelle mit der Adresse $b = a_k^{l+1} \in \mathsf{A}_j^{l+1}$. Den Nachfolger eines Elementes $e$ werden wir stets mit $e^+$ kennzeichnen. Somit erhalten wir in der durch das Indexmodifizierungsprogramm induzierten Struktur $(a_k^l)^+ = a_k^{l+k}$.

Man muß hinzufügen, daß wir in der oben geschilderten Beschreibung sehr stark von der üblichen Erklärung dieses Problems abgewichen sind, indem wir auf eine nur sachliche Begründung verzichten. Diese wird gewöhnlich durch ein *raison d'être* der Indizierung angeführt, und zwar die Anwendung einer solchen Adressierung in zahlreichen Algorithmen, die mit Vektoren und Matrizen operieren. Wir haben ganz bewußt darauf verzichtet, weil wir meinen, daß die Benutzung der Indizierung als Hilfsmittel für die Programmierung eines bestimmten Verfahrens ein wesentliches Problem bildet. Dieses Problem wollen wir weitgehend allgemein in den folgenden Abschnitten behandeln.

Zum Abschluß der Diskussion über Indexadressierung muß man noch erwähnen, daß viele Ziffernrechenmaschinen außer der bloßen Zusammensetzung aus dem Inhalt des Adreßteils und dem Indexregister auch die Indexregisteroperationen mit den Steueroperationen kombinieren können. Dafür ist allgemein die Instruktion des bedingten Sprungs mit Veränderung des Indexregisterstandes ein geeignetes Beispiel. Eine solche Instruktion erfüllt zwei Funktionen: Sie ermöglicht es, über die Beendigung der Wiederholung des zyklischen Teils zu entscheiden und verändert dabei den Inhalt eines Indexregisters um eine gewisse Konstante. Falls diese Konstante die Zahl 1 ist, so ist der Nachfolger der Zelle mit der Adresse $a$ in der Indexstruktur bei einer solchen Indizierung die Zelle mit der um 1 vergrößerten Adresse, und jede der Instruktionen $R_k$ bezieht sich bei der sukzessiven Ausführung des Zyklus auf Zellen mit aufeinanderfolgenden (sich um 1 unterscheidenden) Adressen.

Bei der Indexadressierung bildet der Inhalt der Adreßteile der Instruktionen, die sich auf den Speicher beziehen, einen „Bezugspunkt“, zu dem die Adressen der Zellen relativ berechnet wurden, die an der Ausführung der Operation teilnehmen. Der Inhalt des entsprechenden Indexregisters bildete dabei eine „konstante Verschiebung“. Als gewisse Spiegelbilder eines solchen Verfahrens gibt es verschiedene Formen der *relativen Adressierung*, bei der der Inhalt der Adreßteile der Instruktionen eine unveränderliche feste Verschiebung und der Inhalt des entsprechenden Registers einen Bezugspunkt bilden.

Von besonderer Bedeutung sind zwei Arten der relativen Adressierung: die relative Adressierung mit Hilfe eines Basisregisters und die relative Adressierung mit Hilfe eines Befehlszählers.

Die *relative Adressierung mit Hilfe eines Basisregisters* kann man mit Hilfe des Schemas der Ausführung einer Ladeoperation illustrieren:

$$\begin{aligned} &P \leftarrow B. \oplus d(R.) \\ &W := P.. \\ &A \leftarrow W.. \end{aligned} \tag{2.2.8}$$

Sie unterscheiden sich nur wenig von den üblichen Schematas für die Indexadressierung. Der Unterschied zwischen diesen beiden Arten der Adressierung ist jedoch beträchtlich, da er auf technischen Besonderheiten beruht, die wir bisher außerhalb unserer Diskussion ließen. Auf der Grundlage dieses Unterschieds besteht eine Differenzierung der Funktionen, die die besprochenen Arten der Adressierung erfüllen: In dem Maße wie die Indexadressierung voraussetzt, daß sich alle Bezugnahmen auf den Speicher auf ein zusammenhängendes Gebiet (Adressenbereich) beziehen, so setzt die Adressierung mit Hilfe einer Basis voraus, daß der ganze Speicher in getrennte zusammenhängende Gebiete aufgeteilt ist, wobei die Inhalte *B.* die unteren Grenzen dieser Gebiete bestimmen. In dem Maße also, wie die Indexadressierung zur Ausführung derselben Operationen mit im Speicher verstreuten Operanden diente, so dient die Adressierung mit Hilfe einer Basis zur Ausführung von Operationen mit Operanden, die in festgelegten Positionen relativ zum Anfang des Speicherbereiches untergebracht sind, unabhängig davon, welche konkrete Adresse dieser Anfang hat.

In einigen Maschinen haben die Basisregister ein geringes Fassungsvermögen, aber ihr Inhalt wird in das Register $P$ auf besonders gekennzeichnete Bits übertragen. Wenn wir uns nur auf solche Maschinen beschränken, können wir eine interessante Modifikation des Schemas (2.2.8) untersuchen.

Möge das gesamte Fassungsvermögen des gleichartigen Mediums $2^n$ Zellen betragen. Für die Bestimmung der konkreten Adresse muß das Register $P$ also $n$ binäre Positionen besitzen. Wir wollen sie von 0 bis $n - 1$ numerieren und die $l$ Positionen des Registers $X$, versehen mit den Nummern $r$, $r + 1$, ..., $r + l - 1$, durch $[r{:}r + l - 1]\,X$ kennzeichnen. Wir wollen weiter voraussetzen, daß das Register $B$ sich aus $m$ binären Positionen zusammensetzt und die Adreßteile der Instruktionen je $n - m$ binäre Positionen besitzen. Das Schema

$$\begin{aligned} &\begin{cases} [0{:}m-1]\,P \leftarrow B. \\ [m{:}n-1]\,P \leftarrow d(R.) \end{cases} \\ &W := P.. \\ &A \leftarrow W. \end{aligned} \tag{2.2.8'}$$

veranschaulicht jetzt wesentlich besser den Vorzug der Adressierung mit Hilfe einer Basis. Erstens wird keine spezielle Gerätetechnik gebraucht für die Operation der Summierung in der ersten Zeile der Schemata (2.2.5), (2.2.6) und (2.2.8), zweitens adressieren wir den gesamten Speicher von $2^n$-Zellen, indem wir einzig und allein $n - m$ binäre Positionen in den Instruktionen für den Adreßteil gebrauchen, drittens schließlich erlangen wir die Möglichkeit des gleichzeitigen Ladens beider Teile des Registers $P$, was wir mit Hilfe der Klammern im Schema (2.2.8') gekennzeichnet haben, wodurch die reine Bestimmung der Adresse etwas schneller als bei der genauen Realisierung des Schemas (2.2.8) verläuft.

Die relative Adressierung mit Hilfe eines Basisregisters beruht auf der Seitentechnik, über die wir im Punkt 2.3. sprechen werden.

Andere Merkmale weist die *relative Adressierung mit Hilfe eines Befehlszählers* auf. Sie verläuft auch anders, nämlich:

$$\begin{aligned} P &\leftarrow C. + d(R.) \\ W &:= P.. \\ A &\leftarrow W.. \end{aligned} \tag{2.2.9}$$

Das Schema zeigt deutlich den Informationsfluß bei dieser Art der Adressierung, wie gewöhnlich angewandt auf die Operation der Übertragung des Inhalts einer Zelle in den Akkumulator. Die relative Adressierung mit Hilfe eines Befehlszählers hat eine ziemliche Bedeutung bei der effektiven Progammierung von offenen Unterprogrammen[1]), spielt jedoch bei der Programmierung hinsichtlich Datenstrukturen keine große Rolle. Wir achten also nur darauf, daß sich bei dieser Art der Adressierung die Instruktionen auf Zellen beziehen, deren Adressen aus den Adressen der Zellen entstehen, in welchen diese Instruktionen eingetragen sind ($C.$). Hierbei wird dann eine für die vorliegende Instruktion feste Verschiebung addiert. Anders gesprochen, die Adressen der Operanden sind in folgender Gestalt angegeben: „Die Inhalte der gewünschten Zellen liegen um eine festgelegte Anzahl von Positionen hinter der Zelle, in welcher die Instruktion selbst untergebracht ist".

Die Indexadressierung und die relative Adressierung schließen sich nicht aus und können gleichzeitig angewandt werden, beispielsweise innerhalb des nachfolgenden Schemas der Operation des Ladens des Inhalts einer Zelle in den Akkumulator:

$$\begin{aligned} [0{:}m-1]\,P &\leftarrow B. \\ [m{:}n-1]\,P &\leftarrow d(R.) \mathbin{\dot{+}} I_{i(R.)}. \\ W &:= P.. \\ A &\leftarrow W.. \end{aligned} \tag{2.2.10}$$

Dieses Schema bedeutet natürlich nicht die einzige Methode der Verbindung der zwei besprochenen Möglichkeiten der Adressierung. Eine ausführlichere Analyse dieser Frage interessiert hier nicht.

Eine ganz andere Adressierung ist unter der Bezeichnung *indirekte Adressierung* bekannt. Die Information, die im Adreßteil der Instruktion untergebracht

[1]) Offene Unterprogramme nennen wir Unterprogramme, die mehrmals in das Hauptprogramm eingebaut werden, und zwar an jeder Stelle, an der sie gebraucht werden.

ist, wird jetzt nicht als eine bestimmte Adresse eines Operanden, sondern als Adresse einer Zelle interpretiert, in der die Adresse des Operanden untergebracht ist.

Das Schema der Ausführung der Ladeoperation (Laden des Inhaltes einer Zelle in den Akkumulator) nimmt bei der indirekten Adressierung folgende Gestalt an:

$$\begin{aligned} P &\leftarrow d(R.) \\ W &:= P.. \\ P &\leftarrow d(W.) \\ W &:= P.. \\ A &\leftarrow W.. \end{aligned} \tag{2.2.11}$$

In dem Schema haben wir zunächst angenommen, daß die Adresse der Zelle, deren Inhalt dann übertragen werden soll, wenn sich der Inhalt der Zelle mit der Adresse $d(R.)$ bereits im Register $W$ befindet (d. h. nach der zweiten Zeile des obigen Schemas), das Feld $d$ einnimmt. Das Schema (2.2.11) unterscheidet sich von den vorher betrachteten vor allem darin, daß es den Operator $:=$ zweimal enthält. Also erfordert die auf diese Weise ausgeführte Übertragung zwei physisch verschiedene Arten des Lesens einer Information aus einem Datenträgermedium.

Im übrigen ist das eine Methode von fast doppeltem Kostenaufwand. Sie wird jedoch unter Berücksichtigung ihrer spezifischen Eigenschaften angewandt, die bei anderen Methoden der Adressierung nicht erreicht werden oder aber bedeutend mehr Aufwand erfordern.

In einigen Ziffernrechenmaschinen kann die indirekte Adressierung wiederholt benutzt werden, d. h., die durch den Adreßteil der Instruktion angegebene Zelle enthält die Adresse der Zelle, in der die Adresse der Zelle eingetragen ist, in der wiederum eine Adresse eingetragen ist, usw. Schließlich enthält die letzte Zelle in dieser begrenzten Kette die Adresse des Operanden. Diese Zelle enthält auch eine spezielle Information, die das Ende der Kette meldet. Dementsprechend enthalten alle Zellen, die nicht Endglied der Kette sind, eine davon abweichende Information. Offenbar erfordert eine $k$-fache indirekte Adressierung $k$ Ausführungen eines wiederholten Lesens der Information aus dem Speicher und ist somit sehr kostspielig, obwohl sie oft ungewöhnlich nützlich ist.

Die Indexadressierung gestattet es, dem Medium eine homogene Struktur aufzuzwingen. Die relative Adressierung erlaubt es, sich von der Speicherung einer solchen Struktur als Ganzes unabhängig zu machen. Die indirekte Adressierung dagegen erlaubt, die gegenseitige Lage der Elemente einer durch ein Indexmodifizierungsprogramm induzierten Struktur zu verändern. Bevor wir das jedoch näher erläutern, muß untersucht werden, welche Auswirkungen die Verbindung der indirekten Adressierung mit der Indexadressierung haben wird. In Anlehnung an die Ähnlichkeit der Schemata (2.2.8) und (2.2.6) überlassen wir dem Leser die Untersuchung der Effekte bei der gleichzeitigen Anwendung von indirekter und relativer Adressierung als Übung.

Es gibt zwei sehr unterschiedliche Methoden der Verbindung von indirekter Adressierung und Indexadressierung. Wir wollen sie wie gewöhnlich am Beispiel der Schemata der Operation des Zugriffs zum Inhalt einer Zelle vorstellen:

(1) *indirekte Vorindizierung*

$$\begin{aligned} P &\leftarrow d(R.) \oplus I_{i(R.)}. \\ W &:= P.. \\ P &\leftarrow d(W.) \\ W &:= P.. \\ A &\leftarrow W. \end{aligned} \tag{2.2.12}$$

(2) *indirekte Nachindizierung*

$$\begin{aligned} P &\leftarrow d(R). \\ W &:= P.. \\ P &\leftarrow d(W.) \oplus I_{i(W.)}. \\ W &:= P.. \\ A &\leftarrow W.. \end{aligned} \tag{2.2.13}$$

Die Auswahl einer dieser zwei Methoden ist eine unveränderliche gerätespezifische Eigentümlichkeit des vorliegenden Rechnersystems und kann programmierungsmäßig nicht geändert werden. Eine gewisse Freiheit läßt dagegen das folgende Schema zu:

$$\begin{aligned} P &\leftarrow d(R.) \oplus I_{i(R.)}. \\ W &:= P.. \\ P &\leftarrow d(W.) \oplus I_{i(W.)}. \\ W &:= P.. \\ A &\leftarrow W.. \end{aligned} \tag{2.2.14}$$

Dieses reduziert sich bei Gebrauch von $i(R.) = 0$ oder $i(W.) = 0$ entsprechend in das Schema (2.2.13) oder (2.2.12). Die Unterscheidung, ob die entsprechende Instruktion von der indirekten Adressierung Gebrauch macht oder nicht, erfolgt mit Hilfe der Testung des Inhalts eines speziellen 1-Bit-Feldes der Instruktion.

Die Auswahl einer der zwei vorgestellten Varianten (indirekte Vorindizierung oder indirekte Nachindizierung) ruft in jedem Fall Unterschiede der Programmierungstechnik hervor, die jedoch, von unserem Gesichtspunkt aus gesehen, auf das gleiche führen. Bei festgelegtem Indexmodifizierungsprogramm (durch Präludium und Postludium des Zyklus) können wir die dadurch induzierte Struktur verändern, indem wir eine Veränderung des Inhaltes der Zelle (oder der Zellen) vornehmen, auf die sich die auszuführenden Speicherzugriffsoperationen (faktisch die Operandenadresse) beziehen. Wir wollen dabei beachten, daß im Falle der indirekten Nachindizierung nicht notwendigerweise nur allein Präludium und Postludium die Struktur induzieren. Eine außerhalb des Programmzyklus ausgeführte Veränderung des Inhalts der als Vermittler dienenden Zeile kann nämlich auf die Wahl des zur Bestimmung der tatsächlichen Adresse zu benutzenden Indexregisters Einfluß nehmen.

Um den Einfluß von Gerätemitteln und Programmierungsmitteln auf die Veränderung der effektiven Adresse abzugrenzen, auf die bei der Ausführung einer Speicherzugriffsoperation (z. B. das Laden des Inhaltes einer Zelle in den Akkumulator) Bezug genommen werden soll, können wir uns kurzzeitig der *Operation der Modifizierung einer Instruktion* bedienen, die bei der Programmierung der Maschine URAL-2 angewandt wird. (Praktische Vorzüge dieser Operation werden z. B. in der Arbeit [29] erläutert.) Im Repertoir der Instruktionen dieser Maschine kam die Instruktion der Modifizierung vor. Die Ausführung dieser Instruktion beruhte auf der algebraischen Addition des Inhaltes der Zelle mit der Adresse, die im Adreßfeld dieser Instruktion angegeben wurde, zu dem Inhalt der Zelle mit der Adresse, die um 1 größer ist als die Adresse, unter der die Instruktion der Modifizierung beschrieben wurde, und auf dem Übergang zur Ausführung der auf dieser Weise erhaltenen neuen Instruktion. Die Wirkung der Instruktion der Modifizierung soll schematisch dargestellt werden. Wir wollen annehmen, daß sie unter der Adresse $k$ beschrieben ist und daß im Augenblick des Beginns der Ausführung der Operation $C. = k - 1$ (gemäß Schema (2.2.4')) ist. Im nachfolgenden Schema bedeutet $A^*$ ein bisher noch nicht vorgekommenes Hilfsregister:

$$\begin{aligned}
P &\leftarrow C. + 1\\
W &:= P..\\
R &\leftarrow W.\\
P &\leftarrow d(R.)\\
W &:= P..\\
A^* &\leftarrow W.\\
P &\leftarrow C. + 1\\
W &:= P..\\
A^* &\leftarrow A^*. + W.\\
R &\leftarrow A^*..
\end{aligned} \tag{2.2.15}$$

Ungeachtet der ziemlich großen Verwandtschaft mit der Indexadressierung, die wir als gerätespezifische Methode erkannten, sind wir geneigt, die oben beschriebene Modifizierung einer Instruktion zu den Programmierungsmitteln zu zählen, obwohl sie, wie es gewöhnlich üblich ist, durch Gerätemittel unterstützt wird. Dieses tun wir mit Rücksicht auf die Ausdehnung der Addition (vorletzte Zeile des Schemas) auf die gesamten Inhalte beider Register $A^*$ und $W$, womit sich die Anwendung dieser Art Modifizierung nicht nur ausdrücklich auf die alleinige Adressierung von Operanden beschränkt.

Ähnlich werden alle anderen Methoden der Adressierung nicht nur zur Organisation des Zugriffs zu Daten, sondern auch zur Organisation von Rechnungen benutzt. Die relative Adressierung mit Hilfe einer Basis ist eine der Grundlagen für ein System der Speicheraufteilung (siehe Arbeit [75]). Die indirekte Adressierung erleichtert bedeutend die effektive Benutzung von geschlossenen Unterprogrammen[1]), indem sie einen sehr einfachen Mechanismus der Übergabe von Argumenten ohne die Notwendigkeit ihrer Unterbringung auf festgelegten Speicherplätzen liefert. Über die Bedeutung der relativen Adressierung unter Benutzung eines Befehlszählers für die Programmierung offener Unterprogramme haben wir weiter oben gesprochen. Da das Thema dieses Buches jedoch Datenstrukturen und nicht Programm- oder Prozeßstrukturen sind, haben wir uns im vorliegenden Abschnitt auf die Rolle der Adressierung bei der Organisation des Zugriffs zu Daten konzentriert.

## 2.3. Gemischte Datenträgermedien

Unter einem *gemischten Datenspeichermedium* verstehen wir eine Menge aus zwei oder mehreren Trägermedien für verschiedene Arten von Daten samt aller jener Elemente der Hardware und der Software, die unmittelbar die Methode des Schreibens, des Lesens und der autonomen Übertragungen von Informationen innerhalb dieser Menge von Trägermedien beeinflussen. Autonome Übertragung von Informationen heißt in diesem Zusammenhang die unmittelbar durch die Programm- und Geräteelemente des Speichermediums eingeleitete Übermittlung von Informationen, d. h. nicht eingeleitet durch Programmelemente, die irgendeine Einrichtung der Systemeingabe/-ausgabe benutzen (im Gegensatz zu den Einrichtungen der Ein-/Ausgabe, die Geräteelemente eines jeden Datenspeichermediums sein können, und im Falle der gemischten Speichermedien in der Regel zu diesen gehören werden).

Es muß ergänzt werden, daß in einigen Systemen der Software der Unterschied zwischen Übertragungen von Informationen, die sich aus der Realisierung der Ein- und Ausgabebefehle ergeben, und den Übertragungen, die aus dem Wesen des gemischten Speichermediums (Daten und Programme) hervorgehen, verwischt wurde. Die einheitliche Behandlung dieser beiden verschiedenen Funktionen läßt wahrhaftig eine Vereinfachung im Aufbau der Software zu, führt jedoch zu unerwünschten Nebeneffekten, die sich als Schwierigkeiten bei der Realisierung eines gemischten Speichermediums von drei Komponenten offenbaren (z. B. Kernspeicher, Trommelspeicher und ein Massenspeicher-Plattenspeicher, Kartenspeicher u. ä.).

Die Probleme der gemischten Datenspeichermedien gehören zur Zeit zu den schwierigsten Forschungsobjekten über Rechnersysteme. Bis zum heutigen Zeitpunkt existiert auch noch keine zufriedenstellende Theorie (ein idealisiertes Modell wird in [13] untersucht). Daher konzentrieren wir uns auch in diesem Abschnitt auf die recht anschauliche Erklärung zweier besonders wichtiger Fälle, nämlich:

---

[1]) Unter einem geschlossenen Unterprogramm verstehen wir ein Unterprogramm, das nur einmal in das Hauptprogramm eingebaut und mehrmals von verschiedenen Stellen des Hauptprogramms benutzt wird.

(1) den Fall eines gemischten Speichermediums, das sich zusammensetzt aus einem homogenen Speichermedium mit relativer Adressierung unter Benutzung einer Basis und einem teilhomogenen Speichermedium mit großem Gesamtfassungsvermögen, sowie

(2) den Fall eines gemischten Speichermediums, das sich aus einem homogenen und einem nichthomogenen Speichermedium zusammensetzt.

***Seiteneinteilung und virtueller Speicher***

Ein gemischtes Speichermedium, das sich aus zwei Komponenten — einem homogenen Speichermedium und einem teilhomogenen Speichermedium — zusammensetzt wird gewöhnlich als ein sogenannter *virtueller Speicher* organisiert, und die zugrundeliegende Technik, mit der ein solcher Speicher realisiert wird, ist die *Seiteneinteilung des Speichers*. Eine ziemlich umfangreiche Beschreibung konkreter Lösungen, die dieses Problem berühren, vermittelt die Monographie [17], in der auch bibliographische Hinweise gegeben werden. Daher beschränken wir uns hier auch auf in gewisser Hinsicht allgemeine Erwägungen.

Gleichzeitig muß man beachten, daß mit der Anhäufung von experimentellen Daten die zweistufige Hierarchie des gemischten Speichermediums immer mehr Vorbehalte hinsichtlich der Effektivität hervorzurufen beginnt. Man beobachtet häufig eine Erscheinung, die als „Flattern von Seiten" (page flutter) bezeichnet wird. Diese Erscheinung beruht auf ständigen unnötigen inneren Übertragungen, und man kann ihr nur teilweise vorbeugen, indem man eine geeignete Strategie bei der Auswahl des vorgeschriebenen Informationsmaterials wählt. Die Erscheinung des Flatterns von Seiten tritt übrigens besonders stark bei Programmspeichermedien auf (Speicherteilung in Mehrfachzugriffsystemen, vgl. [75]). Man kann wahrscheinlich radikal Abhilfe schaffen, wenn man sich der dreistufigen Hierarchie gemischter Speichermedien bedient (siehe [16]), aber dann muß man eben auf die angenommene Vereinfachung verzichten, die Ein-/Ausgabeoperationen mit der äußeren Übertragung von Informationen zu identifizieren, woran wir weiter oben erinnerten.

Der Speicher, auf den sich das homogene Speichermedium stützt (Kernspeicher), wird bei der Seiteneinteilung in eine endliche Zahl von *Seiten* aufgeteilt, d. h. in zahlenmäßig gleiche[1]) Mengen von Zellen, deren Adressen aufeinanderfolgende ganze Zahlen sind. Gleichfalls teilen wir den Speicher des teilhomogenen Speichermediums in Seiten derart auf, daß die Informationsspeicherkapazität der einzelnen Seiten beider Speicher gleich groß ist. Günstig ist es hier, eine solche Einteilung vorzunehmen, daß die Seiten des Speichers des teilhomogenen Speichermediums sich mit den natürlichen Teilen des Speichers decken — z. B. eine Spur der Trommel, ein Sektor von Spuren eines Plattenspeichers, oder daß auf solche natürlichen Teile des Speichers des teilhomogenen Speichermediums eine ganzzahlige Anzahl von Seiten kommt.

Den Inhalt einer jeden Seite nennen wir *Informationsblock* oder einfach *Block*, wenn es nicht zu Mißverständnissen führt. Insgesamt umfaßt das gesamte ge-

[1]) Wir schließen damit in unseren Betrachtungen Systeme aus, in denen „Seiten" ungleicher Länge auftreten (z. B. das System MULTICS, das im Massachusetts Institute of Technology realisiert wurde).

mischte Speichermedium (gewöhnlich) $n = m_1 + m_2$ Blöcke Information, wobei $m_1$ und $m_2$ jeweils die Anzahl der Seiten des Speichers des homogenen bzw. des teilhomogenen Speichermediums sind.

Die Adresse einer Speicherzelle des homogenen Mediums kann man in zwei Teile zerlegen: die Adresse der ersten Zelle der Seite, zu der die betrachtete Zelle gehört, sowie die Adresse der betrachteten Zelle in bezug auf den Anfang der Seite, oder anders ausgedrückt, eine Zahl, die gleich der Differenz zwischen der Adresse der betrachteten Zelle und der Adresse der ersten Zelle der Seite ist. Indem wir an die Möglichkeit denken, die die relative Adressierung mit Hilfe einer Basis liefert (Abschnitt 2.2.), sehen wir, daß eine solche Zerlegung der Adressen einen ebenso wirksamen Zugriff wie die einfache Adressierung zuläßt und sich mit der Indizierung verbinden läßt.

Wenn wir dieses Prinzip jedoch auf die Adressierung einer beliebigen Position des gemischten Speichermediums ausdehnen wollten,

müßten wir eine (programmgesteuerte) Umrechnung der Adressen der Positionen des teilhomogenen Speichermediums in Spur- und Sektornummern einführen,
müßten wir die Übertragungsoperationen ausführen,
müßten wir feststellen, in welcher Seite des Kernspeichers die übertragene Information untergebracht wurde (oder müßten gewisse Puffer benutzen) und könnten dann schließlich die Zugriffsoperation ausführen.

Obwohl alle diese Schritte durch automatisch eingebaute oder aufgerufene Dienstprogramme ausgeführt werden könnten, wäre die Benutzung des gemischten Speichermediums nicht ausreichend einheitlich, um verschiedene der bekannten Programmiertechniken anzuwenden. Insbesondere würden sich diejenigen Techniken nicht auf einen teilhomogenen Speicher ausdehnen lassen, die sich auf die Indexadressierung und die indirekte Adressierung stützen. (Genauer gesagt, wäre dieses ausführbar, jedoch so wenig effektiv, daß es sich praktisch nicht bezahlt macht.)

Die Idee des virtuellen Speichers beruht auf der Annahme des Grundsatzes, daß ein gemischtes Speichermedium als Einheit einer Menge von $m$ Seiten behandelt werden kann, die aus adressierbaren Zellen in bezug auf den Anfang der Seite bestehen. Dabei gehören alle $m$ Seiten in irgend einer Weise zum homogenen Speichermedium, erstrecken sich aber nicht auf alle Adressierungstechniken, die für ein solches Speichermedium geeignet sind. Das ist möglich, weil in dem Augenblick, in dem das benutzte Programm eine Operation ausführt, die tatsächlichen Zugriff zum Inhalt der Zelle erfordert, der entsprechende Block sich bereits im Kernspeicher befindet.

Wir wollen die Seiten des virtuellen Speichers numerieren: $A, B, C, \ldots$ (wir benutzen hier die großen Buchstaben als ganze Zahlen und nicht als Variable). Eine Adresse einer Zelle im virtuellen Speicher besitzt die Gestalt eines geordneten Paares $(N, n)$, wobei $N$ die Seitennummer des virtuellen Speichers und $n$ die Nummer der Zelle auf dieser Seite bedeuten. Um den der verlangten virtuellen Seite entsprechenden Block (oder die entsprechende Seite im gemischten Speichermedium) aufzufinden, müssen wir eine Abbildung der Menge der Seitennummern des virtuellen Speichers $\boldsymbol{N}$ auf die Menge der Anfangsadressen der vorhandenen Speicherseiten $\boldsymbol{A}$ angeben. Die zuletztgenannte Menge setzt sich aus Zellennummern des homogenen Speichermediums und aus geeigneten „koordinierten“ Teilen des teilhomogenen Speichermediums (Spurnummern, Sektornummern u. ä.) zusammen.

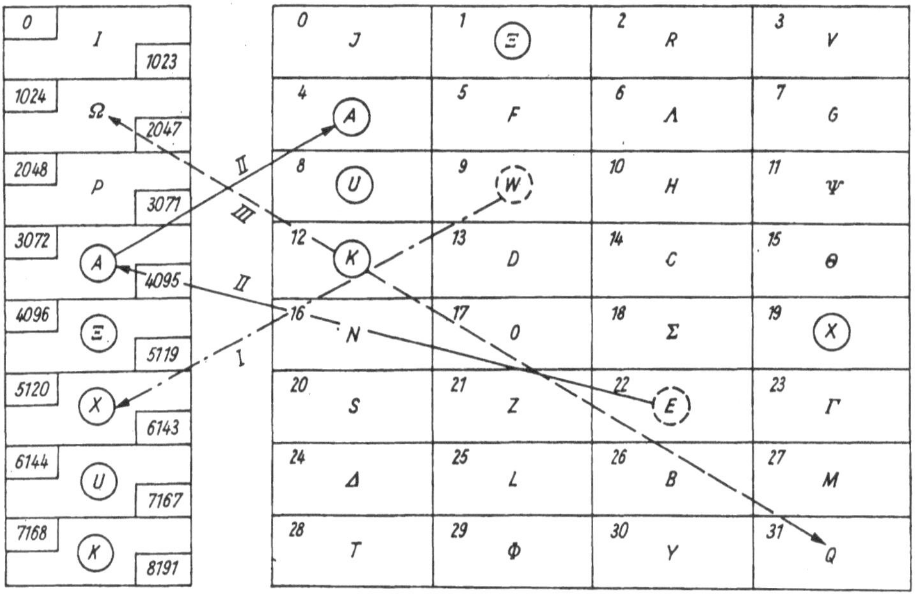


Abb. 2.1. Schema zur Aufteilung eines gemischten Speichermediums in Seiten und Blöcke

Die Abb. 2.1. stellt als Beispiel ein Schema eines gemischten Speichermediums dar, das aus 8 Kernspeicherseiten (mit je 1024 Zeichen) und 32 Trommelspeicherseiten besteht. In der Tab. 2.2. ist die Abbildung $\boldsymbol{N} \rightarrow \mathsf{A}$ angegeben, die der Situation in Abb. 2.1. entspricht.

Wir stellen fest, daß die Tabelle 35 Zeilen und nicht $32 + 8 = 40$ Zeilen enthält. Das ist dadurch bedingt daß wir in einem Schema zwei Varianten der Realisierung eines virtuellen Speichers erläutern wollten. Wir haben deshalb ein Beispiel eines gemischten Speichermediums gebildet, das die Merkmale beider Varianten vereinigt (solche Medien wurden, soweit ich weiß, nicht in vorhandenen Rechnersystemen realisiert).

Die erste Variante umfaßt die ersten drei Seiten des Kernspeichers und den gesamten Trommelspeicher oder $3 + 32 = 35$ Seiten des virtuellen Speichers. Dieser Variante entspricht die Tab. 2.2. gerade insofern, daß man in den Zeilen,

Tabelle 2.2. Verzeichnis über Unterbringung der zur Abb. 2.1. gehörenden Blöcke

| Block | Unterbringung zu Anfang | Veränderung der Unterbringung nach | | | Block | Unterbringung zu Anfang | Veränderung der Unterbringung nach | | |
|---|---|---|---|---|---|---|---|---|---|
| | | I | II | III | | | I | II | III |
| A | 3072 −4 | | −4 | | S | −20 | | | |
| B | −26 | | | | T | −28 | | | |
| C | −14 | | | | U | 6144 −8 | | | |
| D | −13 | | | | V | −3 | | | |
| E | −22 | | 3072 −22 | | W | −9 | 5120 −9 | | |
| F | −5 | | | | X | 5120 −19 | −19 | | |
| G | −7 | | | | Y | −30 | | | |
| H | −10 | | | | Z | −21 | | | |
| I | 0 | | | | A | −23 | | | |
| J | −0 | | | | A | −24 | | | |
| K | 7168 −12 | | | | Δ | −15 | | | |
| L | −25 | | | | Θ | −6 | | | |
| M | −27 | | | | Λ | 4096 −1 | | | |
| N | −16 | | | | Ξ | −18 | | | |
| O | −17 | | | | Σ | −29 | | | |
| P | 2048 | | | | Φ | −11 | | | |
| Q | −31 | | | | Ω | 1024 | | | −31 |
| R | −2 | | | | | | | | |

die zwei Zahlen in einer Rubrik enthalten, anstelle der ersten Zahl die zweite liest.

Die zweite Variante umfaßt die restlichen fünf Seiten des Kernspeichers und den gesamten Trommelspeicher, so daß die Anzahl der Seiten des virtuellen Speichers gleich der Anzahl der Seiten des Trommelspeichers ist und 32 beträgt. Dieser Situation entspricht die Tab. 2.2. mit den gestrichenen Zeilen I, P und Ω.

Eine effektive Realisierung des virtuellen Speichers setzt voraus, daß ein der Tab. 2.2. entsprechendes Verzeichnis hardwaremäßig realisiert ist (eine der bedeutendsten Anwendung ist der sogenannte *Assoziativspeicher*). Es ist aber auch eine rein softwaremäßige Realisierung möglich. Damit wir uns nicht mit Einzelheiten abgeben müssen, nehmen wir in weiteren Erwägungen an, daß wir mit der Seitennummer des virtuellen Speichers ohne weitere Schritte zur entsprechenden Zahl (oder zu zwei Zahlen) in der Tab. 2.2. gelangen.

Wenn in der ersten Variante im Programm eine Instruktion auftritt, die sich auf die Zelle des virtuellen Speichers mit der Adresse $(N, n)$ bezieht, so befindet sich der entsprechende Block entweder im Kernspeicher, und die Tab. 2.2. enthält dann in der durch $N$ angegebenen Zeile eine nicht mit Minuszeichen versehene Zahl, die gleich der Adresse der erste Zelle der entsprechenden Kernspeicherseite ist, oder aber der Block befindet sich im Trommelspeicher, und wir finden dann eine mit Vorzeichen versehene Zahl, die gleich der Nummer des Abschnitts ist, der in diesem Speicher durch den gewünschten Block belegt wird.

In der zweiten Variante ist es möglich, daß ein Block sich sowohl in dem einen als auch dem anderen Speicher befindet, denn beim Übertragen des Blocks aus dem Trommelspeicher in den Kernspeicher können beide Kopien mit dem Inhalt der vorliegenden Seite des virtuellen Speichers identifiziert werden. Wenn nun der Block während des Verbleibens im Kernspeicher keine Veränderung erfährt (es wird ausschließlich gelesen und nichts geschrieben), dann besteht keine Notwendigkeit, diesen Block zurück in den Trommelspeicher zu übertragen, da die dort verbliebene Kopie aktuell ist.

Wir wollen das anhand eines Beispiels erläutern.

In der wie in Abb. 2.1. angegebenen Situation bezieht sich das Programm auf die Zelle (W, 316). Die Tab. 2.2 enthält in der Zeile W die Zahl −9, wodurch angegeben wird, daß sich der Block, dessen Position 316 uns interessiert, im Trommelspeicher befindet und demzufolge in den Kernspeicher gebracht werden muß. Da dieser Speicher keine leeren Seiten enthält, muß der Block W den Platz eines der Blöcke A, Ξ, X, U oder K im Kernspeicher einnehmen. Die Entscheidung darüber, welcher Block konkret dem Block W Platz machen soll, wird durch die Verwendung einer bestimmten Strategie festgelegt, worüber wir in Kürze mehr sagen werden. Wir wollen annehmen, daß die Auswahl auf die Seite fällt, die durch den Block X belegt wird. Wenn nun der Block X während des Verweilens im Kernspeicher keine Veränderung erfahren hat, erfolgt unmittelbar ein Übertragen des Blocks W in die Seite mit den Adressen 5120—6143 (Pfeil I in der Abb. 2.1.), und wir führen in der Tab. 2.2 die entsprechenden Veränderungen aus (siehe Rubrik: Veränderungen der Unterbringung nach I).

Wenn die Auswahl jedoch auf eine Seite fallen würde, die einen Block enthält, in dem Veränderungen in bezug auf die im Trommelspeicher aufbewahrte Kopie vorgenommen wurden, müßte zunächst eine Übertragung dieses Blocks in „seinen" Abschnitt im Trommelspeicher erfolgen. (Dieser Abschnitt wird durch die zweite mit Vorzeichen versehene Zahl der entsprechenden Zeile der Tabelle 2.2. angegeben.) Erst dann kann eine Übertragung des Blocks aus dem Trommelspeicher in den Kernspeicher (gemäß Pfeil II in der Abb. 2.1. und der entsprechenden Rubrik in der Tabelle) erfolgen.

Die Unterscheidung dieser zwei Situationen kann auf der Grundlage einer zusätzlichen Information erfolgen, die gemeinsam mit den Adressen in der Tab. 2.2. vermerkt wird. (Bei der maschinentechnischen Realisierung wird eine zusätzliche 1-Bit-Position in jeder Seite des Kernspeichers geführt, die beim Auffüllen der Seite durch einen „neuen" Block gelöscht wird und in die bei jeder Schreiboperation in eine Zelle dieser Seite eine „1" gesetzt wird.)

Die erste oben erwähnte Variante, läßt keine zweifachen Kopien von Blöcken mit Informationen zu (es sei denn, daß sie infolge bewußter Aktivitäten des Benutzers entstehen). Um den Block Q beispielsweise in den Kernspeicher auf die Seite 1024—2047 zu bringen, müssen wir den Block Ω in den Abschnitt 31 des Trommelspeichers übertragen (Pfeil III in der Abb. 2.1. und letzte Rubrik der Tab. 2.2.).

Indem man zusätzliche Information über jeden im Kernspeicher verweilenden Block aufbewahrt, kann man Material sammeln, das den Austausch von Seiten nach einer konstruierten Strategie ermöglicht. So können wir uns zum Beispiel die Anzahl der Zugriffe zu Zellen einer jeden Seite merken. Wenn ein Aufnehmen eines neuen Blocks notwendig wird, können wir denjenigen hinausschaffen, der die kleinste Zahl von Zugriffen aufweist. Wir können auch den Block hinausschaffen, der sich am längsten im Kernspeicher befand — falls wir die Zeit oder die Folgenummer der Aufnahme des Blocks in den Kernspeicher eintragen. Es existieren etliche verschiedene Strategien. Bis jetzt ist es aber noch nicht gelungen, die Überlegenheit einer dieser Strategien überzeugend zu begründen.

Weil wir die Beschreibung über die Wirkung der Seiteneinteilung und über die Idee des virtuellen Speichers in verbaler Form angegeben haben, wird es angebracht sein, prinzipielle Punkte zu wiederholen, die eventuell oben nicht genügend betont wurden.

1. Der virtuelle Speicher ist ein einheitliches Modell für ein gemischtes Speichermedium.
2. Die Einheitlichkeit des virtuellen Speichers erlaubt dem Benutzer, den gesamten Speicher des gemischten Mediums zu adressieren, ohne jegliche Unterschiede zwischen den homogenen und teilhomogenen Bestandteilen zu machen.
3. Die Benutzung des virtuellen Speichers bedeutet für den Anwender das Übertragen von Blöcken zwischen einem Kernspeicher und einem Trommelspeicher (Plattenspeicher), mit allen seinen positiven und negativen Folgen.

Es ist angebracht zu ergänzen, daß als Schlußfolgerung aus Punkt 2 sich alles, was schon vorher (im Abschnitt 2.2.) über die Adressierung eines homogenen Speichermediums gesagt wurde, auf ein gemischtes Speichermedium ausdehnen läßt, das durch Seiteneinteilung im homogenen Speichermedium organisiert wird und sich auf einen virtuellen Speicher stützt.

Bemerkung 1. Neben der Seiteneinteilung gibt es ein anderes Verfahren für die Benutzung gemischter Speichermedien, die Segmentierung. Da sie sich mehr an das Problem der Aufteilung des Speichers anlehnt als an die Probleme, die in diesem Buch besprochen werden, werden wir uns nicht damit befassen und verweisen den Leser auf den interessanten Artikel von J. G. Laski [43].

Bemerkung 2. Die Seiteneinteilung und insbesondere die Segmentierung werden oft unter Verwendung von mehr als nur einem Basisregister aufgebaut. Die Benutzung mehrerer Basisregister verbessert diese Adressierungstechnik unter den Bedingungen der Mehrfachprogrammierung.

### *Puffern*

Wir wollen jetzt ein gemischtes Speichermedium untersuchen, das sich aus einem homogenen und einem nichthomogenen Speichermedium zusammensetzt, wobei als physisches Modell ein Kernspeicher und zwei Magnetbandspulen (-geräte) genommen werden.

Das Wesen eines nichthomogenen Speichermediums erfordert ein solches Verfahren, bei dem die in ihm enthaltene Information sequentiell entsprechend der Richtung des einfachsten Zugriffs untersucht wird. Bei der Organisation eines gemischten Speichermediums, das ein nichthomogenes Speichermedium enthält, muß dieser Tatbestand berücksichtigt werden. Nach Möglichkeit muß die Übertragung von Informationen aus dem nichthomogenen in das homogene Speichermedium (wo ihre Verarbeitung erfolgt) und zurück in das nichthomogene Speichermedium beschleunigt werden. Man muß auch daran denken, daß wir die Information aus dem nichthomogenen Speichermedium in verhältnismäßig großen Mengen geliefert bekommen — in der Regel wird die Anlage um so effektiver ausgenutzt, je größer diese Mengen sind. Wenn wir uns jedoch auf arithmetisch logische Einheiten während des Ablaufs einer Übertragung von Informationsmengen zwischen den Speichermedien festlegten, würden die Verluste auf Grund dieser Forderung auch um so größer werden, je größer diese zu übertragenden Mengen sind. Zur Verringerung dieses Konflikts dient das *Puffern*. Damit bezeichnet man eine Übertragung von Informationen zwischen Komponenten eines gemischten Speichermediums auf der Grundlage einer Zuteilung von Bereichen des homogenen Speichermediums, die als feste Magazine dienen und in die fortwährend neue Informationsmengen aus dem nichthomogenen Speichermedium übertragen werden (oder sich Informationsmengen befinden, die für die Übertragung in dieses Speichermedium bestimmt sind).

Es existieren viele Techniken des Pufferns. Wir wollen hier drei charakteristische auswählen.

***Zwei Puffer***

Die Abb. 2.2.a stellt das Schema des Pufferns mit zwei Puffern $P_1$ und $P_2$ dar. Die aus einem nichthomogenen Speichermedium kommende Information füllt den Puffer $P_1$ auf. (Zur Vereinfachung nehmen wir an, daß die aus dem nichthomogenen Speichermedium gelesenen Informationsmengen der Länge nach gleich sind. In ähnlicher Weise werden wir darauf achten, daß auch die zur Übertragung in ein nichthomogenes Speichermedium vorbereiteten Mengen gleich lang sind, jedoch hinsichtlich der Länge von der vorhergehenden Länge abweichen können.) Falls der Puffer $P_1$ bereits mit Information aufgefüllt ist, beginnt ein Verarbeitungsprozeß, der zwischen dem Puffer $P_1$ und dem Puffer $P_2$ verläuft. Das bedeutet, daß die Ergebnisse des Verarbeitungsprozesses, die für die Ausgabe auf ein nichthomogenes Speichermedium bestimmt sind, in dem Puffer $P_2$ abgelegt werden. Nach Beendigung der Verarbeitung enthält der Puffer eine Informationsmenge, die für die Ausgabe bereit ist.

Es beginnt nun eine Übertragung des Inhaltes des Puffers $P_2$ auf ein nichthomogenes Speichermedium. Der Inhalt des Puffers $P_1$ wird aber bereits nicht mehr gebraucht, so daß gleichzeitig ein Prozeß beginnt, der die nachfolgende Information vom nichthomogenen Speichermedium in den Puffer $P_1$ holt. Wenn die Operation abgeschlossen ist, die mehr Zeit braucht, kann sich der nächste Durchlauf des Verarbeitungsprozesses anschließen.

Die Abb. 2.2.b und 2.2.c stellen Zeitdiagramme des oben beschriebenen Verfahrens dar. Die Abb. 2.2.b bezieht sich auf den Fall, daß die Übertragungszeit bei der Eingabe $t_{ein}$ kleiner ist als die Übertragungszeit bei der Ausgabe $t_{aus}$. Die Abb. 2.2.c bezieht sich auf die umgekehrte Situation.

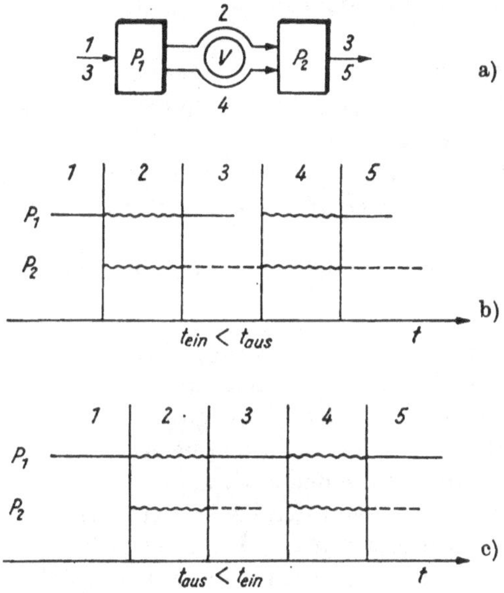


Abb. 2.2. Benutzung zweier Puffer

In diesen Diagrammen bedeutet die gestrichelte Linie das Ausgeben der Information vom Puffer, die durchgehende Linie das Aufnehmen von Information in den Puffer und die Wellenlinie den Zeitabschnitt der Verarbeitung, die zwischen beiden Puffern erfolgt. Die Zahlen über den einzelnen „Takten" der Diagramme 2.2.b und 2.2.c bedeuten aufeinanderfolgende Arbeitsphasen und entsprechen den Zahlen im Schema 2.2.a.

Wir wollen beachten, daß der Puffer $P_1$ ganz als Informationsaufnahmepuffer und der Puffer $P_2$ ganz als Ausgabepuffer dient.

Aus der Analyse der Diagramme 2.2.b und 2.2.c folgt, daß die Arbeitsabschnitte arithmetisch logischer Einheiten durch Zeitabschnitte getrennt werden, die max $(t_{ein}, t_{aus})$ betragen, unabhängig davon, wie groß die Verarbeitungszeit eines Informationspuffers $t_v$ ist.

Aus der beschriebenen Realisierung des Puffers ist zu ersehen, daß das homogene Speichermedium dem gemischten Speichermedium ausschließlich zwei gesonderte Bereiche zuweist. Wir können also ein gemischtes Speichermedium als ein nichthomogenes Speichermedium mit ausgesonderten homogenen Fragmenten behandeln, wobei mit Fortschreiten des Programms jedesmal andere (aufeinanderfolgende !) Fragmente des Trägers des nichthomogenen Speichermediums ausgesondert sind.

***Wechselndes Puffern***

Eine effektive Ausnutzung der Rechnerleistung erhalten wir, wenn vier Puffer $P_1$, $P_2$, $P_3$, und $P_4$ angewendet werden, von denen zwei ($P_1$ und $P_3$) abwechselnd die Rolle des Eingabepuffers und die restlichen beiden die des Ausgabepuffers erfüllen (Abb. 2.3.a).

Der Rhythmus der Benutzung eines so organisierten Datenspeichermediums ist wie folgt:

1. Füllen des Puffers $P_1$
2. Verarbeitung der Information vom Puffer $P_1$ in den Puffer $P_2$ und gleichzeitiges Füllen des Puffers $P_3$
3. Übertragen der Information vom Puffer $P_2$ auf Magnetband, Verarbeitung der Information vom Puffer $P_3$ in den Puffer $P_4$ und gleichzeitig erneutes Füllen des Puffers $P_1$
4. Wie unter Punkt 2 und zusätzlich die Ausgabe der Information vom Puffer $P_4$. usw.

Das Zeitdiagramm im Fall $t_v \geqq \max(t_{ein}, t_{aus})$, (Abb. 2.3.b) zeigt, daß die arithmetisch-logische Einheit für keinen Augenblick zur Ruhe kommt. Die Voraussetzung, daß die Verarbeitungszeit größer als die Auffüllzeit und größer als die Zeit für die Ausgabe der Information ist, ist jedoch selten erfüllt. In mehr realistischen Fällen, in denen z. B. $t_{ein} < t_v < t_{aus}$ gilt (Abb. 2.3.c), wird der Prozeß in Abhängigkeit von der Dauer der längeren der beiden Übertragungsoperationen in Takte geteilt, und bei der Arbeit mit den arithmetisch-logischen Einheiten treten Pausen auf, was in der Abbildung durch die unterbrochene dicke Linie entlang der Zeitachse dargestellt wird.

Die Bezeichnung „wechselndes Puffern" (oder pendelndes Puffern) leitet sich daraus ab, daß die Puffer eines Paares ($P_1$ und $P_3$, $P_2$ und $P_4$) abwechselnd die Rolle eines Eingabepuffers (das Paar $P_1$ und $P_3$) oder eines Ausgabepuffers (das Paar $P_2$ und $P_4$) erfüllen.

Es könnte den Anschein haben, daß durch Erhöhung der Anzahl der Puffer, die als Eingabepuffer bzw. Ausgabepuffer benutzt werden sollen, die Leistungsfähigkeit des Systems gesteigert wird, d. h. die Stillstandzeiten für die arithmetisch-logischen Einheiten verringert werden können. Die Analyse, die durch Abb. 2.4. dargestellt wird, widerlegt diese Vermutung.

Legen wir ein taktmäßiges Arbeiten des Rechnersystems zugrunde (d. h., nehmen wir an, daß der Beginn eines neuen Taktes erst nach Beendigung aller im vorhergehenden Takt eingeleiteten Aktivitäten erfolgen kann, wie es Abb. 2.4.a zeigt), so sehen wir tatsächlich, daß der Charakter des Diagrammes über Aktivitäten der arithmetisch-logischen Einheiten keine Veränderung bei der Hinzunahme eines dritten Puffers zu beiden Wechselpufferpaaren erfährt. Aber selbst, wenn man sich für den Verzicht auf ein einfaches Prinzip der Anordnung entscheidet, kann man auch nicht auf längere Sicht Pausen bei der Arbeit mit arithmetisch-logischen Einheiten vermeiden, was aus dem Diagramm 2.4.b hervorgeht. Es beruht auf dem Prinzip, daß die vorliegende Aktivität in dem Augenblick beginnt, in dem dieses möglich ist, d. h. zu dem Zeitpunkt, zu dem die vorher begonnene Aktivität beendet wird, die an *den* Puffer gebunden ist, von dem die beginnende Aktivität Gebrauch machen soll.

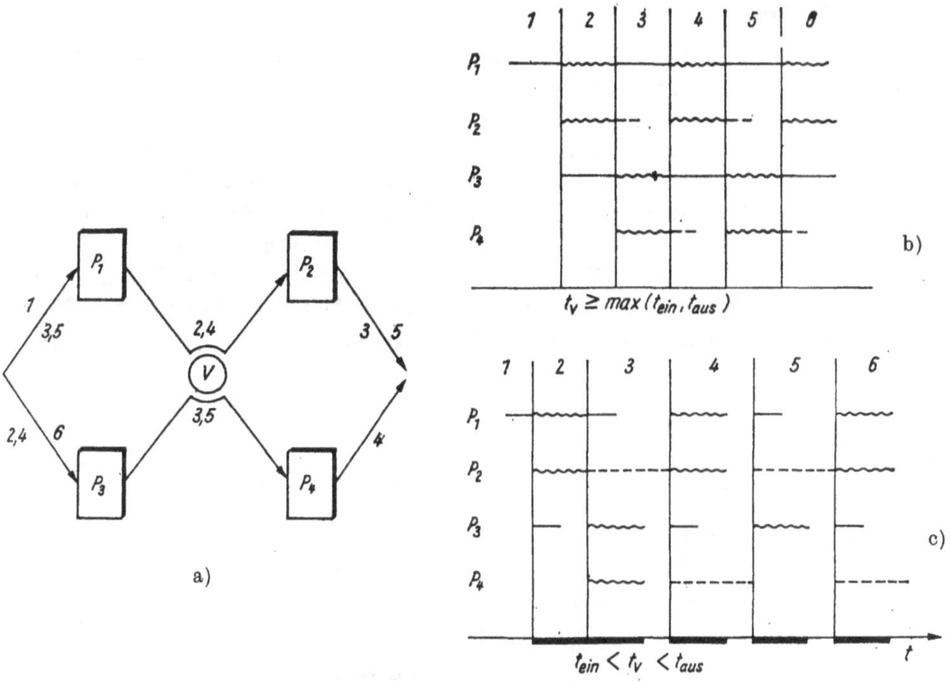


Abb. 2.3. Wechselndes Puffern

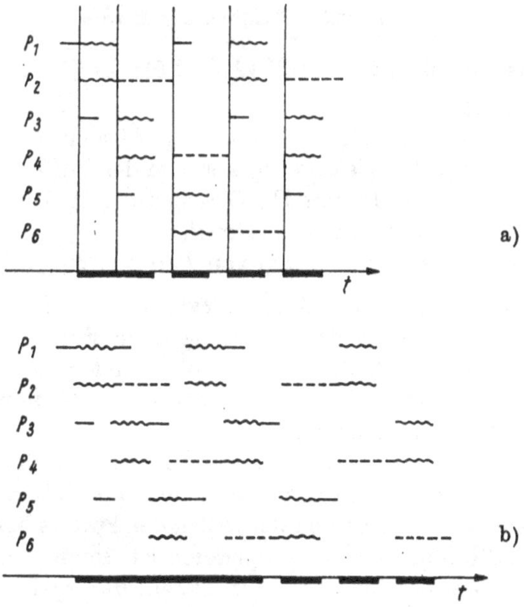


Abb. 2.4. Wechselndes Puffern mit größerer Anzahl von Puffern

***Zyklisches Puffern***

Einen ähnlichen Verlauf des Diagramms der Belegung der arithmetisch-logischen Einheiten kann man bei geringerer Anzahl von Puffern unter der Bedingung erreichen, daß man auf die Gleichzeitigkeit der von den Puffern zu erfüllenden Funktionen verzichtet und daß Ergebnisse des Verarbeitungsprozesses in demselben Puffer untergebracht werden, aus dem die Daten entnommen werden. Diese Bedingungen haben übrigens eine völlig entgegengesetzte Bedeutung, und wir werden sie daher weiter unten getrennt erörtern.

Der Begriff „zyklisches Puffern" erklärt sich daraus, daß die beteiligten Puffer zyklisch die Rolle eines Eingabepuffers, eines Arbeitsbereiches für den Verarbeitungsprozeß und eines Ausgabepuffers erfüllen.

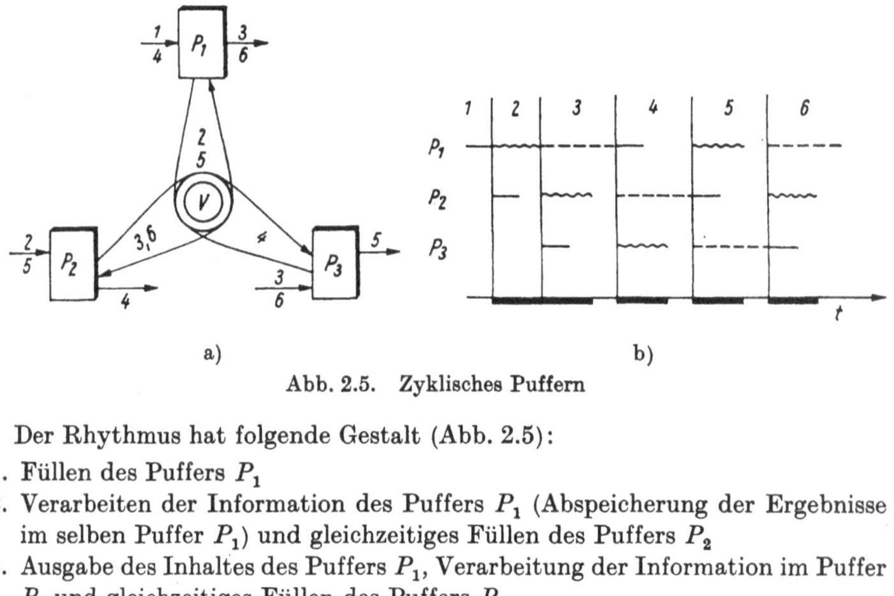


Abb. 2.5. Zyklisches Puffern

Der Rhythmus hat folgende Gestalt (Abb. 2.5):

1. Füllen des Puffers $P_1$
2. Verarbeiten der Information des Puffers $P_1$ (Abspeicherung der Ergebnisse im selben Puffer $P_1$) und gleichzeitiges Füllen des Puffers $P_2$
3. Ausgabe des Inhaltes des Puffers $P_1$, Verarbeitung der Information im Puffer $P_2$ und gleichzeitiges Füllen des Puffers $P_3$
4. Wie unter Punkt 3, jedoch Ersetzen von $P_i$ durch $P_{i \bmod 3+1}$ usw.

Das Zeitdiagramm (z.B. Abb. 2.5.b) für zyklisches Puffern ist unter Berücksichtigung der Belegung der arithmetisch-logischen Einheiten dem Diagramm für wechselndes Puffern (Abb. 2.3.c) sehr ähnlich, unterschiedlich sind dagegen die Grundlagen für die Organisation des gemischten Mediums, das durch die Benutzung dieses Pufferns realisiert wird.

Erstens: Jeder Puffer tritt jetzt in drei verschiedenen Rollen auf. Demzufolge können sich die Unterprogramme, die die aufeinanderfolgenden Phasen realisieren, nicht direkt auf die Adressen der Zellen des Puffers beziehen, die die Informationen enthalten, mit denen zu operieren ist, sondern nur über indirekte Adressierung auf diese beziehen. Da den Daten, die irgendwie völlig beliebig aus einem nichthomogenen Speichermedium übertragen werden, nacheinander

Adressen von Zellen zugeteilt werden, die vom Puffer belegt werden, sollte die Identifizierung der einzelnen Informationsmengen im Pufferbereich durch relative Adressierung erfolgen[1]). Ein zyklisches Puffern kann also demzufolge nur dort realisiert werden, wo das homogene Speichermedium als Bestandteil des gemischten Speichermediums die Möglichkeit einer gleichzeitigen relativen und indirekten Adressierung zuläßt.

Zweitens: Die Verwendung der gleichen Zellenplätze für die Speicherung der Ausgangsdaten für den Verarbeitungsprozeß und der Ergebnisse, d. h. die *Verarbeitung innerhalb des Puffers* anstelle der *Verarbeitung von Puffer zu Puffer*, verlangt, daß dem Verarbeitungsprozeß hinreichend starke Einschränkungen auferlegt werden. Diese Einschränkungen beziehen sich darauf, in welcher Reihenfolge der Inhalt der einzelnen Zellen am Verarbeitungsprozeß teilnimmt. So werden Situationen ausgeschlossen, in welchen noch der „alte" Inhalt einer gewissen Zelle benötigt wird, er aber bereits durch den „neuen" Inhalt, das Ergebnis, ersetzt wurde. Natürlich gibt es keine universellen Rezepte für die programmtechnische Realisierung solcher Einschränkungen. Es ist sogar schwierig, sich präzise Formulierungen für notwendige Bedingungen vorzustellen. Dagegen läßt sich eine verhältnismäßig einfache hinreichende Bedingung angeben: Im dynamischen Verlauf der Operationen, die mit den Zelleninhalten des Puffers ausgeführt werden, darf die Operation des Lesens von Information aus der Zelle $n$ nicht nach der Operation des Schreibens von Information in die Zelle $n$ erfolgen. Offenbar ist diese Bedingung für einige Verarbeitungsprozesse zu stark, obwohl die in ihr absichtlich benutzte Redewendung „dynamischer Verlauf der Operationen" eine große Freiheit beim Aufbau des statischen Verlaufs der Instruktionen zuläßt. Für eine bedeutendere Gruppe von Prozessen, die durch sequentielle und einmalige Betrachtung der Ausgangsdaten charakterisiert sind, wird diese Bedingung jedoch erfüllt.

Die in den letzten Zeilen enthaltenen Erwägungen erlauben es, die nachfolgende, übrigens nicht ausreichend präzise, aber dennoch attraktive These zu formulieren: Gemischte Speichermedien, die sich bezüglich der Organisation auf nichtzyklisches Puffern stützen, erlauben eine lokale Anwendung der Technik, die an homogene Speichermedien gebunden ist (in dem Augenblick, wenn eine Informationsmenge vom nichthomogenen Speichermedium in den Puffer kopiert wird und der andere Puffer als Aufnahmepuffer für die Ergebnisse dient); gemischte Speichermedien, die sich bezüglich der Organisation auf zyklisches Puffern stützen, besitzen lokal selbst Eigenschaften eines nichthomogenen Speichermediums.

Wir wollen bemerken, daß es einfach ist, die erwähnten Schwierigkeiten bei der Anwendung des zyklischen Pufferns zu vermeiden, indem man z. B. dem Prozeß der Informationsverarbeitung ein umfangreiches Arbeitsfeld zuordnet. Das führt jedoch zu Programmierungsmaßnahmen, die sich nicht unmittelbar mit den Methoden des Schreibens, des Lesens und der selbständigen Übertragungen innerhalb der Menge der Speichermedien verbinden lassen, die das ge-

---

[1]) Die relative Adressierung innerhalb des Pufferbereichs ist übrigens für alle Pufferungsarten charakteristisch; man kann daher eine gewisse Analogie zwischen Puffern und Seiteneinteilung erkennen.

mischte Datenspeichermedium bildet. Außerdem darf man nicht die Bedeutung jener Informationsverarbeitungsprozesse unterschätzen, für die Einschränkungen ganz natürlich sind, die durch zyklisches Puffern auferlegt werden.

In unseren Erwägungen über gemischte Datenspeichermedien haben wir vollkommen die rein konstruktiven Aspekte des Rechners (z. B. ein angemessenes Unterbrechungssystem und autonome Übertragungskanäle) außer acht gelassen. Wir setzen jedoch voraus, daß der Leser auf diesem Gebiet die unbedingt notwendigen Kenntnisse besitzt.

# 3. ABRISS EINER EINHEITLICHEN THEORIE VON DATENSTRUKTUREN

In diesem Abschnitt sollen drei Themen behandelt werden:

Erstens wird eine konstruktive Beschreibung von Datenstrukturen dargestellt, die eine — wie es scheint — vernünftige Klassifikation dieser Strukturen nach den aus der Praxis her bekannten Unterschieden zwischen ihren Hauptarten vorzunehmen erlaubt. Zweitens werden einige, von den benutzten abweichende Vorschläge zur Algebraisierung der Theorie von Datenstrukturen gemacht. Drittens schließlich werden einige Begriffe eingeführt, die den gedanklichen Hintergrund der weiteren Abschnitte bilden. Soweit die in diesem Abschnitt eingeführten Begriffe und Sätze keine unmittelbare Anwendung in den weiteren Abschnitten finden, sollen sie als Hilfsmittel bei eigenen Untersuchungen der Leser und bei einer Konfrontation mit Ergänzungsliteratur dienen.

Die mathematischen Kenntnisse dagegen, die für das Verständnis dieses und anderer Abschnitte des Buches notwendig sind, jedoch thematisch nicht zu seinem Gegenstand gehören und über den Mathematiklehrplan an einigen Hochschulen hinausgehen, sind im Anhang B am Ende des Buches zusammengefaßt. Im Text wird mit dem Zeichen (▲) auf diesen Anhang verwiesen.

## 3.1. Definitionen und Klassifikation

Wir betrachten (▲) eine abzählbare nichtleere Menge $\boldsymbol{N}$ und eine Abbildung $\sigma\colon 2^{\boldsymbol{N}} \to \boldsymbol{N} \cup \{!\}$, die die folgende Bedingung erfüllt:

$$\text{Für alle } N \subset \boldsymbol{N} \text{ mit } N \neq \emptyset \text{ gilt:} \quad \sigma(N) = n,\ n \in N$$
$$\sigma(\Phi) = !\,, \tag{3.1.1}$$

wobei mit ! ein spezielles Element bezeichnet ist, das nicht in der Menge $\boldsymbol{N}$ liegt. Die Funktion $\sigma$ werden wir *Selektor* und das Element $n = \sigma(N)$ *Auswahl aus der Menge* $N$ nennen [65, Abschn. XII].

Die Möglichkeit, für jede Menge $\boldsymbol{N}$ einen Selektor zu definieren, ergibt sich aus dem Satz, der als *allgemeines Auswahlprinzip* bekannt und dem berühmten *Auswahlaxiom* gleichwertig ist [70, Abschn. VI]. Dieses Prinzip formuliert man übrigens, ohne die Abzählbarkeit vorauszusetzen: Zu jeder Menge $\boldsymbol{Z}$ von nichtleeren Mengen $A$ (die möglicherweise gemeinsame Elemente besitzen) gibt es eine Abbildung, die jeder Menge $A$, die zur Menge $\boldsymbol{Z}$ gehört, ein gewisses Element $\tau(A) \in A$ zuordnet. Es muß hinzugefügt werden, daß das Auswahlaxiom (und selbstverständlich die ihm äquivalenten Sätze) in der Mathematik ein überaus kontroverses Thema bildet. Es hat jedoch den Anschein, daß wir aus zwei Gründe nicht verpflichtet sind, diese Kontroversen auf unsere Untersuchungen zu übertragen: Erstens interessiert uns bedeutend weniger der allgemeine Fall von abzählbaren Mengen $\boldsymbol{N}$, zweitens werden wir im weiteren sowohl die Menge $\boldsymbol{N}$ als auch die Abbildung $\sigma$ ganz einfach als gegeben betrachten.

Ein gegebenes Tripel $(\boldsymbol{N}, \sigma, !)$ werden wir *Namenraum*, die Elemente $n \in \boldsymbol{N}$ *Namen*, den Selektor $\sigma$ *natürlichen Selektor* und ! *Endzeichen* nennen[1]).

Diejenige Menge, die aus der Menge $N$ nach Entfernung der durch den natürlichen Selektor erfolgten Auswahl entsteht, werden wir durch $N \setminus \{\sigma(N)\}$ bezeichnen; allgemein, $A \setminus B$ wird diejenige Menge bezeichnen, die aus der Menge $A$ nach Entfernung der Elemente der Menge $B \subseteqq A$ entsteht.

Durch die Rekursionsbeziehung

$$n_1 = \sigma(N)$$

$$n_{i+1} = \sigma(N \setminus \bigcup_{\nu=1}^{i} \{n_\nu\}) \qquad i \leqq \overline{\overline{N}}\,, \tag{3.1.2}$$

wobei $\overline{\overline{N}}$ die Mächtigkeit der Menge $N$ bedeutet (▲), erhalten wir eine natürliche Anordnung der Elemente dieser Menge:

$$n_1, n_2, \ldots, n_i, \ldots \tag{3.1.3}$$

Die Folge (3.1.3) werden wir auch die *Anordnung von $N$* durch $\sigma$ nennen und mit $\langle N, \sigma\rangle$ bezeichnen. Besitzt die Menge $N$ endlich viele Elemente, so hat es einen Sinn, vom letzten Element der Anordnung $\langle N, \sigma\rangle$ zu sprechen; es ist dies offensichtlich !. Wir werden weiterhin ausschließlich endliche Mengen $N \subseteqq \boldsymbol{N}$ betrachten, es sei denn, daß wir *explizit* eine andere Voraussetzung machen.

Einen Namenraum $(\boldsymbol{N}, \sigma, !)$ nennen wir *systematisch*, wenn für je zwei nichtleere Mengen $M$ und $N$, die in der Menge $\boldsymbol{N}$ enthalten sind, die Beziehung gilt:

$$\sigma(N \cup M) = \sigma\{\sigma(N), \sigma(M)\}\ . \tag{3.1.4}$$

Beispiel 1

$\boldsymbol{C}$ sei die Menge der Namen von Lesern dieses Buches. Einen Selektor $\alpha$ bestimmen wir so, daß er aus jeder nichtleeren Teilmenge $\underset{\sim}{C}$ den in der alphabetischen Ordnung am frühesten auftretenden Namen auswählt. Es ist nicht schwer, sich zu überzeugen, daß der Raum $(\boldsymbol{C}, \alpha, !)$ systematisch ist.[2])

Beispiel 2

$\boldsymbol{K}$ sei die Menge $\{\clubsuit, \diamondsuit, \heartsuit, \spadesuit\}$, einen Selektor $\beta$ bestimmen wir wie folgt: Für alle Mengen $K \approx \boldsymbol{K}$ mit $\overline{\overline{K}} \neq 3$ ist die Auswahl das „jüngste"Element im

[1]) Die Gründe, die zur Festlegung einer derartigen Nomenklatur führten, werden später klar.

[2]) Es sei bemerkt, daß wir die Menge $C$ als Menge der Namen und nicht der Leser bestimmt haben; daraus geht hervor, wenn dieses Buch mehrere Leser mit demselben Namen lesen, daß sie alle „repräsentiert" werden durch ein Element der Namenmenge.

Sinne der bridgeartigen Nachfolgerschaft der Farben (d. h. $\clubsuit$ vor $\diamondsuit$ vor $\heartsuit$ vor $\spadesuit$); für Mengen mit genau drei Elementen ist die Auswahl dasjenige Element, dessen Farbe (d. h. rot vor schwarz) nur einmal in der gegebenen Menge vorkommt, also:

$$\beta\{\clubsuit, \diamondsuit, \heartsuit\} = \clubsuit$$
$$\beta\{\clubsuit, \diamondsuit, \spadesuit\} = \diamondsuit$$
$$\beta\{\clubsuit, \heartsuit, \spadesuit\} = \heartsuit$$
$$\beta\{\diamondsuit, \heartsuit, \spadesuit\} = \spadesuit$$

Da z. B.

$$K_1 = \{\clubsuit, \diamondsuit, \heartsuit, \spadesuit\} = K_2 \quad K_3$$

mit

$$K_2 = \{\clubsuit, \diamondsuit, \spadesuit\}, \qquad K_3 = \{\heartsuit\}$$

und

$$\beta(K_1) = \clubsuit, \qquad \beta(K_2) = \diamondsuit, \qquad \beta(K_3) = \{\heartsuit\}$$

und da $\beta\{\diamondsuit, \heartsuit\} = \diamondsuit$, so ist $\beta(K_1) \neq \beta\{\beta(K_2), \beta(K_3)\}$. Der Raum $(\{\clubsuit, \diamondsuit, \heartsuit, \spadesuit\}, \beta, !)$ ist nicht systematisch.

Es sei $N$ eine Teilmenge der Namenmenge des Raumes $(\mathbf{N}, \sigma, !)$, und es seien $n'$ und $n''$ Elemente von $N$. Wir sagen, $n'$ *geht* $n''$ in der Menge $N$ *natürlich voran* und schreiben dafür $n' \underset{N}{<} n''$, wenn in der natürlichen Anordnung $\langle N, \sigma\rangle$ der Name $n'$ vor dem Namen $n''$ vorkommt (d. h., er kommt mit einem kleineren unteren Index vor).

Beispiel 3

Im Raum des vorigen Beispiels haben wir mit

$$K_1 = \{\clubsuit, \diamondsuit, \heartsuit\} \qquad \text{und} \qquad K_2 = \{\clubsuit, \heartsuit, \spadesuit\}$$
$$\langle K_1, \beta\rangle = \clubsuit, \diamondsuit, \heartsuit, \qquad \langle K_2, \beta\rangle = \heartsuit, \clubsuit, \spadesuit$$

also

$$\clubsuit \underset{K_1}{<} \heartsuit, \qquad \heartsuit \underset{K_2}{<} \clubsuit$$

Satz 1. Ist $\mathcal{N} = (\mathbf{N}, \sigma, !)$ ein systematischer Raum, so gilt für alle $n'$, $n''$ und für alle $N$, $M$: Wenn $N \subset \mathbf{N}$, $M \subset \mathbf{N}$, $\{n', n''\} \subset N \cap M$ und $n' \underset{N}{<} n''$, so $n' \underset{M}{<} n''$.

Weniger präzise ausgedrückt heißt das: In systematischen Namenräumen sind in verschiedenen Teilmengen gemeinsame Elemente durch den Selektor gleich angeordnet.

Beweis: Wir nehmen an, es gibt im systematischen Raum $\mathcal{N}$ zwei Teilmengen $N$ und $M$, so daß ihre Anordnungen die folgende — der Behauptung des Satzes widersprechende — Form haben:

$$\langle N, \sigma\rangle = \ldots, n, \ldots, m, \ldots, ! = R_1, n, R_2, m, R_3,$$
$$\langle M, \sigma\rangle = \ldots, m, \ldots, n, \ldots, ! = S_1, m, S_2, n, S_3.$$

Wir setzen weiter voraus, daß $\sigma(\{n, m\}) = n$ ist.

Den Beweis führen wir in zwei Teilen durch, indem wir einerseits annehmen, daß $S_1 = \emptyset$, d. h., daß $\langle M, \sigma \rangle$ die Form $m, S_2, n, S_3$ hat. In diesem Falle ist $\sigma(M) = m$. Andererseits ist $M = \{n, m\} \cup (S_2 \cup S_3)$. Setzt man $S = S_2 \cup S_3$, so ist $M = \{n, m\} \cup S$. Da der Raum $\mathcal{N}$ systematisch ist, gilt $\sigma(\{n, m\} \cup S) = \sigma(\{\sigma(\{n, m\}), \sigma(S)\}) = \sigma(\{n, \sigma(S)\})$. Da $m \notin S$, kann die Auswahl aus $\{n, m\} \cup S$ nicht $m$ sein. Der erhaltene Widerspruch beweist, daß zwei derartige Mengen, deren Existenz wir wider die Behauptung des Satzes vorausgesetzt haben, bei $S_1 = \emptyset$ nicht existieren. Es bleibt zu beweisen, daß wir auch bei $S_1 \neq \emptyset$ einen Widerspruch erhalten. Machen wir die Selektion aus der Menge $M$, so erhalten wir die Auswahl $\sigma(M)$, die wegen der Voraussetzung $S_1 \neq \emptyset$ verschieden von $m$ ist. Entfernen wir aus $M$ das ausgewählte Element, so erhalten wir die Menge $M^1$. Wenn ihre natürliche Anordnung mit $m$ beginnt, so gelangen wir, indem wir wie im ersten Teil des Beweises in bezug auf die Menge $M^1$ schließen, zu dem angedeuteten Widerspruch. Ist dagegen $\sigma(M^1) \neq m$, so entfernen wir wieder aus $M^1$ die Auswahl $\sigma(M^1)$ und erhalten die Menge $M^2$, deren natürliche Anordnung auch nicht mit $m$ beginnen kann, wenn wir einen Widerspruch vermeiden wollen. Wenn wir den Prozeß $\overline{\overline{M}}$ mal wiederholen, so schöpfen wir alle Elemente aus $M$ aus und treffen dabei nicht auf $m$, oder wir erhalten die oben betrachtete widersprüchliche Situation. Da aber $m \in M$, so müßten die aufeinanderfolgenden Selektionen schließlich die Auswahl $m$ liefern. Wir erhielten daher wieder einen Widerspruch, womit der Satz bewiesen wäre.

Bemerkung 1. Falls $\sigma(\{n, m\}) = m$ ist, dann sollte man statt $M$ im Beweis $N$ betrachten.

Bemerkung 2. Ein analoger Satz gilt auch für unendliche (abzählbare) Teilmengen des Raumes $\mathcal{N}$.

Ergänzung. Man kann zeigen, wenn man einen systematischen Raum als einen Raum definiert, der die Behauptung des bewiesenen Satzes erfüllt, daß für alle Teilmengen $N$ und $M$ die Beziehung (3.1.4) gilt.

In der Tat müssen wir, wenn wir $W = N \cup M$, $w = \sigma(W)$, $n = \sigma(N)$, $m = \sigma(M)$ setzen, zum Beweis der Ergänzung zeigen, daß $w = \sigma(\{n, m\})$ ist. Wir zeigen zunächst, daß gilt

$$w \in \{n, m\} . \tag{3.1.5}$$

Angenommen, $w \notin \{n, m\}$, aber $w \in N$[1]), dann erhalten wir $n \underset{N}{<} w$. Andererseits haben wir nach Definition von $w$ $w \underset{W}{<} n$, was im Widerspruch zur Voraussetzung steht, daß $(\boldsymbol{N}, \sigma, !)$ ein im Sinne der Ergänzung systematischer Raum ist.

Es bleibt noch zu zeigen, daß $w = \sigma(\{n, m\})$ ist. Wir betrachten $V = \{n, m\}$ und ihre natürliche Anordnung $\sigma(V), \sigma(V \setminus \{\sigma(V)\})$, ! und bestimmen die gegenseitige Reihenfolge der Namen $n$ und $m$. Es sei z. B. $n \underset{V}{<} m$. Wäre jetzt $w \neq n$

---

[1]) Da $w = \sigma(N \cup M) \in N \cup M$, so muß wenigstens eine der beiden Beziehungen $w \in N$ bzw. $w \in M$ erfüllt sein.

$= \sigma(\{n, m\})$, so hätten wir dann auf Grund von Beziehung (3.1.5) $w = m \underset{W}{<} n$, was wiederum der angenommenen Voraussetzung widerspricht.

Wir sehen also, daß beide Definitionen für systematische Namenräume gleichwertig sind.

Man kann analog viele interessante Eigenschaften von systematischen Namenräumen beweisen. Wir beschränken uns auf die Aufzählung einiger Eigenschaften und überlassen die Beweise den Lesern als Übungen.

1°. Sind eine Menge $N \subseteqq \boldsymbol{N}$ und ihre natürliche Anordnung $\langle N, \sigma \rangle$ gegeben, so ändert die Entfernung eines Namens $n \in N$ nicht die natürliche Anordnung $\langle N^1 = N \setminus \{n\}, \sigma \rangle$ der übrigen Namen.

2°. Sind eine Menge $N \subseteqq \boldsymbol{N}$ und ihre natürliche Anordnung $\langle N, \sigma \rangle$ gegeben, so ändert das Hinzufügen eines Namens $n$ zur Menge $N$ nicht die gegenseitige Reihenfolge der Namen dieser Menge in der natürlichen Anordnung $\langle N^1 = N \cup \{n\}, \sigma \rangle$ der neu entstandenen Namenmenge.

3°. Namen aus dem Raum $\mathcal{N}$ treten in der natürlichen Anordnung einer jeden Teilmenge $N \subseteqq \boldsymbol{N}$ in derselben gegenseitigen Reihenfolge auf. Im Zusammenhang damit kann man für einen systematischen Raum $n < m$ schreiben und das Zeichen der Teilmenge, in der diese Reihenfolge festgelegt wurde, weglassen.

Wir erinnern daran, daß bei obigen Überlegungen ausschließlich endliche Teilmengen der Namenmenge in Betracht gezogen wurden.

Eine Namenteilmenge $N$ aus dem systematischen Raum $\mathcal{N}$ werden wir *dicht* nennen, wenn aus $n' \in N$ und $n'' \in N$ folgt, daß in dieser Teilmenge alle Namen $n$ liegen, die die Bedingung $n' < n < n''$ erfüllen, oder wenn es in der Menge $\boldsymbol{N}$ keine Namen gibt, die die letzte Bedingung erfüllen.

Beispiel 4

Teilmengen einer unendlichen Menge von alphabetisch angeordneten Namen sind im allgemeinen Falle nicht dicht, da man zwischen zwei gegebene Namen beliebig viele verschiedene Namen setzen kann.

Beispiel 5

„Poker“ — Die Teilmenge von Namen (Karten) ist beim Pokerspiel eine dichte Teilmenge bei Bewahrung der für dieses Spiel natürlichen Ordnung in der Farbe.

Die vollständige Namenmenge eines gegebenen Namenraumes $\mathcal{N}$ ist offenbar eine dichte Teilmenge.

Außer der Namenmenge $\boldsymbol{N}$ interessiert uns die *Wertemenge* $\boldsymbol{V}$. Den Elementen dieser Menge[1]) legen wir keine Eingangsbeschränkungen auf; insbesondere interessiert uns (vorläufig) nicht, ob die Elemente von $\boldsymbol{V}$ Zahlen, Aufschriften oder eine andere Art von Objekten sind. In der Menge $\boldsymbol{V}$ zeichnen wir dagegen eine Teilmenge $\boldsymbol{W}$ von *einfachen Elementen* (einfachen Werten) aus, die für jede Menge $\boldsymbol{V}$ spezifisch ist. Allgemein gesagt, die einfachen Werte charakterisieren

[1]) Diese Menge werden wir später rekursiv definieren.

sich dadurch, daß ihre weitere Zerlegung zur semantischen (inhaltlichen) Informationsverarbeitung gehört, es sind also Objekte, die bei weiteren strukturellen Untersuchungen als unteilbar anzusehen sind.

Zum Beispiel werden rationale und ganze Zahlen als elementare Werte behandelt; komplexe Zahlen und Zahlen mit vergrößerter Genauigkeit sind in der Regel nicht elementare Werte, da wir sie ausdrücklich in Real- und Imaginärteil bzw. in Hauptteil und Rest teilen. Man kann sich jedoch vorstellen, daß es zur Datenbeschreibung für ein konkretes Problem bequemer sein wird, als unteilbare (elementare) Werte einzelne Ziffern anzusehen (ganze Zahlen werden dann Folgen von derartigen Werten) oder auch bequem sein kann, komplexe Zahlen als strukturell unteilbar anzunehmen.

Es seien gegeben ein Namenraum $\mathcal{N} = (\boldsymbol{N}, \sigma, !)$ und eine Wertemenge $\boldsymbol{V}$. *Daten* werden wir geordnete Paare $d = (n, v)$ mit $n \in \boldsymbol{N}$ und $v \in \boldsymbol{V}$ nennen. Wir werden dabei die Begriffe *Namen einer Dateneinheit d* und *Wert einer Dateneinheit d* benutzen, indem wir darunter entsprechend das erste und zweite Element des Paares $d$ verstehen. Zur Vereinfachung der Schreibweise werden wir auch die Bezeichnungen $n = \nu(d)$ und $v = \beta(d)$ einführen.

Ist $\beta(d) \in \boldsymbol{W} \subset \boldsymbol{V}$ und $\boldsymbol{W}$ wie vorher die Menge der einfachen Werte, so werden wir eine Dateneinheit $d$ *einfache Dateneinheit* oder *Dateneinheit vom Rang 1* nennen. Eine endliche Menge von Daten

$$S = \{d_i = (n_i, v_i) : i = 1, 2, \ldots, \overline{\overline{S}}\}$$

werden wir *Datenstruktur* oder ganz einfach *Struktur* nennen, wenn $\nu(d_k) = \nu(d_l) \Rightarrow \beta(d_k) = \beta(d_l)$ für alle $d_k, d_l \in S$ gilt. Mit anderen Worten, in einer Datenstruktur kommen keine zwei geordneten Paare mit gleichen Namen und verschiedenen Werten vor. Daraus folgt sofort der folgende Satz.

Satz 2. Auf Grund des Namens einer Dateneinheit, die in einer Datenstruktur enthalten ist, kann man eindeutig den Wert dieser Dateneinheit bestimmen.

Den Begriff des Ranges erweitern wir auf Daten, deren Werte nicht einfach sind:

Ist der Wert einer Dateneinheit $d$ eine Struktur $S$, so nennen wir die ganze Zahl $k = k^* + 1$, den Rang der Dateneinheit $d$, wobei $k^*$ der höchste Rang von Daten ist, die zu $S$ gehören.

Beispiel 6

Sei

$$S = \{(x, 5), \big(y, \{(xx, 3.14), (yy, 2.71)\}\big),$$
$$\big(z, \{(xxx, \{(xxxx, 0.48), (yyyy, 5.16)\}), (yyy, 3.14)\}\big)\} .$$

Die Struktur $S$ enthält drei Daten: $S = \{d_1, d_2, d_3\}$, wobei:

$$d_1 = (x, 5)$$
$$d_2 = \big(y, \{(xx, 3.14), (yy, 2.71)\}\big)$$
$$d_3 = \big(z, \{(xxx, \{(xxxx, 0.48), (yyyy, 5.16)\}), (yyy, 3.14)\}\big) .$$

Der Wert der Dateneinheit $d_1$ ist ein einfacher Wert, daher ist 1 der Rang von $d_1$;
der Wert der Dateneinheit $d_2$ ist die Struktur $S_2 = \{d_{21}, d_{22}\}$, wobei $d_{21} = (xx, 3.14)$ und $d_{22} = (yy, 2.71)$ einfache Daten sind, und der Rang der Dateneinheit $d_2$ daher $1 + 1 = 2$ beträgt;
der Wert der Dateneinheit $d_3$ ist die Struktur $S_3 = \{d_{31}, d_{32}\}$, wobei

$$\begin{aligned} d_{31} &= (xxx, S_{31}) \,, \\ d_{32} &= (yyy, 3.14) \,, \\ S_{31} &= \{d_{311}, d_{312}\} \,, \\ d_{311} &= (xxxx, 0.48) \,, \\ d_{312} &= (yyyy, 5.16) \,, \end{aligned}$$

daher ist der Rang der Daten $d_{32}$, $d_{311}$, $d_{322}$ gleich 1, der Rang der Dateneinheit $d_{31}$ ist $1 + 1 = 2$, also ist $2 + 1 = 3$ der Rang der Dateneinheit $d_3$. Betrachten wir jetzt eine Dateneinheit $d$ mit $\beta(d) = S$, so ist $3 + 1 = 4$ der Rang der Dateneinheit $d$.

Den Begriff des Ranges erweitern wir auch auf Datenstrukturen, indem wir den Rang einer Struktur als den größten der Ränge der Daten bezeichnen, die diese Struktur bilden.

Beispiel 7

Der Rang der im Beispiel 6 betrachteten Struktur $S$ beträgt 3.

Wegen der logischen Vollständigkeit unserer Definitionen nehmen wir an, daß ein einfacher Wert eine Struktur vom Rang 0 ist.

Ist der Wert einer Dateneinheit $d'$ die Struktur $S'$, $d' \in S$, so sagen wir, daß die Struktur $S'$ eine *Unterstruktur erster Ordnung* der Struktur $S$ ist. Ist die Struktur $S''$ eine Unterstruktur erster Ordnung der Struktur $S'$, die eine Unterstruktur $l$-ter Ordnung der Struktur $S$ ist, so sagen wir, daß $S''$ eine *Unterstruktur* $(l + 1)$*-ter Ordnung* der Struktur $S$ ist. Wenn wir von *Unterstrukturen* einer Struktur $S$ sprechen, so meinen wir Unterstrukturen *beliebiger* Ordnung.

Der Rang einer Struktur ist gleichzeitig die maximale Ordnung ihrer Unterstrukturen. Zwischen den Begriffen des Rangs und der Ordnung bestehen triviale Beziehungen, die z. B. der folgende Satz ausdrückt.

**Satz 3.** Jede Struktur vom Rang $r$ hat wenigstens eine Unterstruktur der Ordnung $r$ und keine Unterstruktur höherer Ordnung; alle Unterstrukturen der Ordnung $r$ einer Struktur vom Rang $r$ sind vom Rang 0.

Den einfachen Beweis dieses Satzes überlassen wir dem Leser.

Im weiteren betrachten wir nur die Wertemengen $\boldsymbol{V}$, die ausschließlich Datenstrukturen (also einfache Werte und Strukturen mit positiven Rängen) enthalten. Ein geordnetes Paar $\mathcal{V} = (\boldsymbol{V}, \varrho)$, wobei $\varrho: \boldsymbol{V} \to \boldsymbol{I}$ ($\boldsymbol{I}$ bezeichnet die Menge der nichtnegativen ganzen Zahlen) die Bedingung $\varrho(v) = \text{Rang } v$, $v \in \boldsymbol{V}$, erfüllt, nennen wir *strukturellen Werteraum* oder kurz *Werteraum*.

Es muß unterstrichen werden, daß wir den Begriff der Datenstruktur als terminologische Abkürzung eingeführt haben, die endliche Datenmengen bezeichnet, welche keine Daten mit gleichen Namen und verschiedenen Werten enthalten. Als wir ferner den strukturellen Werteraum definierten, nahmen wir an, daß er außer einfachen Werten (deren Menge gegeben ist) ausschließlich Strukturen mit positivem Rang enthält. Bei einer intuitiven Auffassung des Mengenbegriffs kann das zu gewissen Paradoxien führen, die ihrer Natur nach den Antinomien der intuitiven Mengenlehre ähnlich sind (vgl. z. B. die Arbeit [60, Abschn. I, § 10]). Man könnte z. B. fragen, welchen Rang hat die Dateneinheit $d = (x, S)$, wobei die Struktur $S = \{d\}$ ist. Hat $d$ den Rang $r$, so ist nach der Definition des Rangs einer Struktur $\varrho(S) = r$ und nach der Definition des Rangs einer Dateneinheit ist $\varrho(S) + 1 = r + 1$ der Rang von $d$. Der erhaltene Widerspruch ist eben eine von den Paradoxien, zu denen wir gelangen, wenn wir allzusehr unserer Intuition vertrauen. Derartige Paradoxien kann man eliminieren, indem man entsprechende formale Maßnahmen[1]) ergreift. Wir wählen jedoch bewußt einen mathematisch weniger eindrucksvollen Weg, dafür aber (wenigstens nach Meinung des Verfassers) einen mehr natürlichen und sagen, daß wir nur die strukturellen Werteräume betrachten werden, in denen es keine Struktur $S$ und keine positive Ordnung $r$ gibt, so daß $S$ ihre eigene Unterstruktur von der Ordnung $r$ ist. Einen derartigen Standpunkt kann man auf folgende Weise begründen.

Die betrachteten Strukturen modellieren eine hierarchische Gruppierung von Daten, indem man mit elementaren (einfachen) Daten beginnt. Strukturen von höherem Rang entstehen ausschließlich durch ein Gruppieren von Daten, deren Werte die zuvor gebildeten Strukturen von niedrigeren Rängen sind.

Betrachtet man den Prozeß der Strukturbildung als eine Folge von Operationen, so sieht man, daß man die Bildung einer Struktur erst dann beginnen kann, wenn Operationen, die zur Bildung ihrer Unterstrukturen geführt haben (und wenn ihnen Namen gegeben worden sind), abgeschlossen worden sind. Die oben auferlegte Beschränkung ist also recht natürlich: Bildet man eine Struktur aus fertigen Unterstrukturen, so kann man sie nicht (vor der Bildung) als schon existierende Unterstruktur betrachten.

Wenn man dieses konstruktive Modell von Datenstrukturen darstellt, kann man hinzufügen, daß der Werteraum gewissermaßen ein Modell für Informationssammlung ist. Indem man mit einfachen Werten beginnt, vergrößert er sich gleichermaßen mit der Bildung neuer Datenstrukturen (der Entdeckung von Zusammenhängen zwischen Daten), wobei man Strukturen von höherem Rang ausschließlich aus Daten bildet, deren Werte schon gebildete (in den Raum $\mathcal{V}$ einbezogene) Strukturen sind. Die auferlegte Beschränkung ist dafür notwendig, damit man den Werteraum $V$ statisch als Menge aller möglichen Struk-

[1]) Der erhaltene Widerspruch zeugt davon, daß in dem betrachteten Beispiel der Rang der Dateneinheit $d$ keine (endliche) ganze Zahl ist. Bei einer strengen und konsequenten Beachtung der Voraussetzung über die Ganzzahligkeit, also auch über die Endlichkeit der Ränge aller betrachteten Strukturen, kann man die zusätzliche Voraussetzung übergehen, daß keine Struktur ihre eigene Unterstruktur ist.

turen betrachten kann, die aus der Teilmenge $\boldsymbol{W}$ und dem Namenraum „hervorgehen“.

Ein Quintupel

$$\mathcal{D} = (\boldsymbol{N}, \sigma, !, \boldsymbol{V}, \varrho)$$

nennen wir *strukturellen Raum* von Daten oder kurz *Datenraum*. Ist der Namenraum $(\boldsymbol{N}, \sigma, !)$, der in die Definition des Datenraumes eingeht, systematisch, so nennen wir diesen Datenraum auch systematisch.

Sei $S$ eine Datenstruktur des Raumes $\mathcal{D}$. Mit $\langle\!\langle S, \sigma\rangle\!\rangle$ bezeichnen wir die Folge, die durch Anordnung der die Struktur $S$ bildenden Daten in Übereinstimmung mit der natürlichen Anordnung der Namen dieser Daten entsteht. Wir verabreden, die Namen der Daten, die in der Folge $\langle\!\langle S, \sigma\rangle\!\rangle$ auftreten, *Namen des ersten Niveaus* der Struktur $S$ zu nennen; die Menge derartiger Namen bezeichnen wir mit $H_S^1$.

Beispiel 8

Namen des ersten Niveaus der Struktur $S$ aus Beispiel 6 sind $x$, $y$ und $z$.

Sind nicht alle Daten der Folge $\langle\!\langle S, \sigma\rangle\!\rangle$ vom Rang 1, so sind außer den Namen des ersten Niveaus mit der Struktur $S$ auch andere Namen verbunden — Namen der Daten, die Strukturen bilden, die nicht vom Rang Null sind und die Werte von Daten sind, die in der Folge $\langle\!\langle S, \sigma\rangle\!\rangle$ auftreten. Außer dieser Folge betrachten wir die Folge der ganzen Zahlen, die aus den Rängen von Daten besteht, die die Folge $\langle\!\langle S, \sigma\rangle\!\rangle$ bilden, und deren Elemente in derselben Reihenfolge auftreten, in der die entsprechenden Daten in der Folge $\langle\!\langle S, \sigma\rangle\!\rangle$ vorkommen. Bezeichnen wir diese Folge mit $\langle\!\langle \varrho, S, \sigma\rangle\!\rangle$ und treffen die Verabredung, wenn $o$ die Bezeichnung einer Folge ist, so ist $o_i$ ihr $i$-tes Element, dann erhalten wir offenbar

$$\varrho(\langle\!\langle S, \sigma\rangle\!\rangle_i) = \langle\!\langle \varrho, S, \sigma\rangle\!\rangle_i\,, \qquad i = 1, 2, \ldots, \overline{\overline{H}}{}_S^1\,. \tag{3.1.6}$$

Es sei $I$ die Menge derartiger Indizes, für die gilt: $i \in I \Rightarrow \langle\!\langle \varrho, S, \sigma\rangle\!\rangle_i > 1$; mit $S_i$, $i \in I$ bezeichnen wir Strukturen von höherem Rang als Null, die Werte von Daten sind, die die Struktur $S$ bilden.

Die Daten, die die Struktur $S_i$ bilden, können analog dazu angeordnet werden, wie man die Daten angeordnet hat, die die Struktur $S$ bilden. Die Namen des ersten Niveaus der Struktur $S_i$ nennen wir *Namen des zweiten Niveaus* der Struktur $S$. Also, wenn $H_{S_i}^1$ die Menge der Namen des ersten Niveaus der Struktur $S_i$ ist, $i \in I$, so erhalten wir — indem wir mit $H_S^2$ die Menge der Namen des zweiten Niveaus der Struktur $S$ bezeichnen —

$$H_S^2 = \bigcup_{i \in I} H_{S_i}^1\,. \tag{3.1.7}$$

Verfahren wir weiter analog, so erhalten wir $H_S^3, \ldots, H_S^r$, wobei $r$ der Rang der Struktur $S$ ist.

Eine Struktur $S$ nennen wir *eindeutige Struktur*, wenn kein Name weder in zwei verschiedenen Mengen $H_S^k$ noch in zwei verschiedenen Komponenten der Mengen $\boldsymbol{H}_S^k$ vorkommt. Im weiteren werden wir ausschließlich eindeutige Strukturen betrachten.

Bemerkung. Die Einführung des Begriffes „Eindeutigkeit" einer Struktur könnte im Hinblick auf die Definition der Struktur selbst als überflüssig erscheinen. In dieser Definition forderten wir jedoch ausschließlich, daß derselbe Name nicht zweimal unter dem Namen des ersten Niveaus verwendet wird. Diese Forderung sichert die Eindeutigkeit jeder Unterstruktur einzeln, aber nicht der ganzen Struktur. Für eindeutige Strukturen, die wir weiter betrachten werden, kann man den Satz 2 entsprechend erweitern. Die richtige Formulierung und den Beweis überlassen wir dem Leser als Aufgabe.

Beispiel 9

Für die Struktur $S$ aus Beispiel 6 haben wir

$$H_S^1 = \{x, y, z\} \qquad I = \{2, 3\}$$

$$H_{S_2}^1 = \{xx, yy\}, \quad H_{S_3}^1 = \{xxx, yyy\}; \quad H_S^2 = \{xx, yy, xxx, yyy\}$$

$$H_S^3 = H_{S_3}^2 = H_{S_{3,1}}^1 = \{xxxx, yyyy\} .$$

Die Struktur $S$ ist also eindeutig.

Wenn wir sagen, eine Struktur $S$ vom Rang $r$ gehöre zum Raum $\mathcal{D}$, so betrifft das selbstverständlich nicht nur die Tatsache, daß $H_S^1 \subset \boldsymbol{N}$ und $\beta(d) \in \boldsymbol{V}$ für alle $d$ mit $\nu(d) \in H_S^1$, sondern auch, daß $H_S^k \subset \boldsymbol{N}$ für $k = 2, \ldots, r$ und $\beta(d) \in \boldsymbol{V}$ für alle $d$ mit $\nu(d) \in H_S^k$.

Ist der Raum $\mathcal{D}$ systematisch, so nennen wir (eindeutige) Strukturen, die zu ihm gehören, *halbreguläre Strukturen.* Gelten darüber hinaus die Bezeichnungen

$$\varrho(d) = r_l \quad \text{für alle } d \text{ mit } \nu(d) \in H_S^l \tag{3.1.8}$$

$$\overline{\overline{H}}{}_{\beta(d)}^1 = m_k \qquad \left.\begin{matrix} \\ \\ \end{matrix}\right\} \text{für alle } d \text{ mit } \nu(d) \in H_S^{k-1},\ k = 2, 3, \ldots, r \tag{3.1.9}$$

$$H_S^1 \text{ und alle } H_{\beta(d)}^1 \text{ sind dicht} \tag{3.1.10}$$

so nennen wir die Struktur $S$ eine *reguläre Struktur.*

Die oben gegebene Definition einer regulären Datenstruktur kann man zum besseren Verständnis auf weniger formale Art erläutern. Wir setzen erstens voraus, daß der Namenraum des Datenraumes systematisch ist mit allen Folgerungen bezüglich der Anordnung, die wir vorher behandelten (vergl. Satz 1). Die Voraussetzung (3.1.8) bedeutet, daß wir verlangen, alle Daten, deren Namen zum festgelegten Niveau gehören, besitzen denselben Rang. Das ist also die Voraussetzung einer gleichmäßigen strukturellen Tiefe, dagegen könnte man die Voraussetzung (3.1.9) als Voraussetzung einer gleichmäßigen strukturellen Breite bezeichnen. Entschlüsselt man die formale Schreibweise (3.1.9), so kann man in der Tat sagen: wir fordern, daß die Mengen von Namen des ersten Niveaus von Strukturen, die Werte von Daten sind und deren Namen zum festgelegten Niveau gehören, gleichmächtig sind. Wenn also $d'$ und $d''$ Daten sind, deren Namen vom gleichen Niveau $k$ sind, $d', d'' \in H_S^k$, und wenn $S', S''$ Strukturen sind, die die Werte dieser Daten bilden, also $S' = \beta(d')$, $S'' = \beta(d'')$, so sind die Mengen $H_{S'}^1$ und $H_{S''}^2$ gleichmächtig. Anders gesagt, es bestehen Unterstrukturen, deren Namen zu demselben Niveau gehören, d. h. Unterstrukturen derselben Ordnung, aus gleicher Anzahl von Daten.

Die letzte Voraussetzung (3.1.10) führt schließlich zu der Forderung, daß die Mengen von Namen des ersten Niveaus jeder Unterstruktur dicht sein sollen, d. h. ohne Auslassungen. Das bedeutet natürlich nicht, daß die beim Aufschreiben aller Namen von Daten, die in die Struktur $S$ (gleichgültig auf welchem Niveau) eingehen, entstandene Namenmenge unvermeidlich dicht sein würde, sondern nur soviel, daß „Lücken" in einer derartigen Menge „zwischen" stetige Sequenzen von Namen fallen würden.

Aus den angegebenen Definitionen folgt, daß jede reguläre Struktur damit selbst eine halbreguläre Struktur ist. Strukturen, die nicht halbregulär sind, nennen wir *nichtreguläre Strukturen.*

Beispiel 10

Die Struktur $S$ aus dem Beispiel 6 ist eine halbreguläre Struktur, wenn wir annehmen, daß der Namenraum $(\boldsymbol{N}, \sigma, !)$, $\boldsymbol{N} \supset \{x, y, xx, yy, xxx, yyy, xxxx, yyyy, z\}$ z. B. alphabetisch angeordnet ist. Diese Struktur ist jedoch nichtregulär, da die Werte von Daten mit Namen aus dem ersten Niveau Strukturen verschiedener Ränge sind (die Ränge anderer Strukturen, die Werte von Daten mit Namen auf gleichem Niveau sind, sind auch nicht gleich, und außerdem weiß man nichts von der Dichte der Mengen von Namen, die in dieser Struktur auftreten).

## 3.2. Operationen der Extraktion und Konstruktion

Eine Grundoperation, die wir einführen, ist die *Operation der Extraktion.* Sind eine Struktur $S$ und ein Name $n \in \bigcup_{j=1}^{\varrho(S)} H_S^j$, gegeben, so ist

$$n(S) = d \Rightarrow \nu(d) = n\,. \qquad (3.2.1)$$

Für eindeutige Strukturen ist diese Operation auf Grund des erweiterten Satzes 2 aus dem Abschnitt 3.1. definiert und eindeutig. Mit Hilfe der Operation der Extraktion können wir aus der Kenntnis des Namens der Dateneinheit, der in der Struktur enthalten ist, diese ganze Dateneinheit erhalten. Interessiert uns ausschließlich der Wert der Dateneinheit, deren Namen wir kennen, so erhalten wir ihn durch Superposition der Operation der Extraktion und der im Abschnitt 3.1. eingeführten Operation, die den Wert der Dateneinheit liefert, nämlich $\beta$: $\beta(n(S))$.

Beispiel 1

Sei $S = \{(a, \mathit{Bärbel}), (b, \mathit{Ilse}), (c, \{(\mathit{Hans}, a), (\mathit{Karl}, b)\})\}$

$a(S) = (a, \mathit{Bärbel}) \qquad \beta(a(S)) = \mathit{Bärbel}$

$b(S) = (b, \mathit{Ilse}) \qquad \beta(b(S)) = \mathit{Ilse}$

$c(S) = (c, \{(\mathit{Hans}, a), (\mathit{Karl}, b)\}) \qquad \beta(c(S)) = \{(\mathit{Hans}, a), (\mathit{Karl}, b)\}\,.$

Ist $\varrho(n(S)) > 0$, so können wir offenbar weiter iterativ die Operation der Extraktion anwenden.

Beispiel 2

Für die Struktur $S$ aus dem Beispiel 1 haben wir

$$Hans\,(c(S)) = (Hans,\, a) \qquad \beta(Hans\,(c(S)) = a$$

$$Karl\,\;(c(S)) = (Karl,\, b) \qquad \beta(Karl\,\;(c(S)) = b$$

Bemerkung: Von der Elastizität der von uns angenommenen Vereinbarung zur Schreibweise kann die folgende Formel, die sich auf das betrachtete Beispiel bezieht, zeugen: $\beta(\beta(Hans\,(c(S))\,(S)) = Bärbel$.

Die hier demonstrierte Eigenschaft der vereinbarten Schreibweise werden wir nicht weiter entwickeln, da dies nicht zum Gegenstand der gegenwärtigen Betrachtungen gehört. Dem Leser, den das interessiert, empfehlen wir einen Vergleich der auf diesem Wege erhaltenen Mechanismen mit Mechanismen allgemeiner Makrogeneratoren [75].

Für die vollständige Definition der Operation der Extraktion gilt es noch festzulegen, wie das Ergebnis von $m(S)$ lautet, wenn die Bedingung, bei der die Beziehung (3.2.1) gilt, nicht erfüllt ist, d. h., wenn $m \notin \bigcup_{j=1}^{\varrho(S)} H_S^j$. Wir könnten sagen, daß in diesem Falle $m(S)$ nicht definiert ist; in der Praxis treten doch allzu häufig eben solche Situationen auf, deshalb legen wir fest, daß

$$m(S) = (!, \circ) \quad \text{für } m \notin \bigcup_{j=1}^{\varrho(S)} H_S^j\,, \tag{3.2.2}$$

wobei $\circ$ einen speziellen Wert **nil** bedeutet, der von allen Werten der Menge $\boldsymbol{V}$ verschieden ist.

Aus den Formeln (3.2.1) und (3.2.2) folgt sofort

$$\nu(n(S)) = \begin{cases} n, & \text{falls } n \in \bigcup_{j=1}^{\varrho(S)} H_S^j \\ ! & \text{sonst}\,. \end{cases} \tag{3.2.3}$$

Die letzte Formel kann als Kriterium für das Auftreten einer Dateneinheit $d$ mit dem Namen $n$ in der Struktur $S$ dienen.

Die Aufnahme der Formel (3.2.2) kann man wie folgt begründen. Die Operation der Extraktion einer Dateneinheit $d$ mit dem Namen $n$ aus der Struktur $S$ kann realisiert werden als ein Prozeß der Durchsicht der Struktur $S$, eigentlich der aufeinanderfolgenden Mengen $H_S^j$ und des Vergleichs der in ihnen auftretenden Namen mit dem Namen $n$. Es lohnt sich hier, daran zu erinnern, daß die Mengen $H_S^j$ durch $\sigma$ geordnet sind. Liegt $n$ in keiner Menge $H_S^j$, so werden sie schließlich alle ausgeschöpft, es bleibt also die leere Menge von Namen. Die Anwendung des Selektors $\sigma$ auf eine derartige Menge ergibt nach den Definitionen des vorherigen Abschnitts eben das Endzeichen !.

Die Operation der Extraktion verallgemeinern wir jetzt wie folgt: Sei $M$ eine gegebene Teilmenge von Namen; unter $\langle M, \sigma\rangle\,(S)$ werden wir eine Datenstruktur verstehen, die aus der durch $\langle M, \sigma \rangle$ gegebenen Art der Anordnung von Daten entsteht, und zwar mit Namen, die zur Teilmenge $M$ gehören und mit Werten, mit denen die Daten mit derartigen Namen in der Struktur $S$ auftreten. Formaler gesagt, ist $\langle M, \sigma \rangle\ (S) = T$ eine derartige Datenstruktur, für die gilt: wenn $m = \langle M, \sigma \rangle_i$ und $d = m(S)$, so $d = \langle\!\langle T, \sigma \rangle\!\rangle_i$.

Befinden sich unter den Namen $m \in M$ solche Namen, daß $\nu(m(S)) \neq m$ ist, so erhalten wir, genau betrachtet, als Ergebnis der Extraktion $\langle M, \sigma \rangle\ (S)$ nicht eine Struktur, da die auf entsprechenden Stellen auftretenden Paare $(!, \circ)$ keine Daten sind, zumindest keine Daten in der bisher vereinbarten Bedeutung. Der Einfachheit halber verabreden wir jedoch, daß wir auch derartige Paare (*uneigentliche Daten*) Daten nennen werden, und sooft wir von Daten mit Ausschluß der Paare $(!, \circ)$ sprechen wollen, bedienen wir uns des Begriffs *eigentliche Daten.* So kann also die Struktur $T = \langle M, \sigma \rangle\ (S)$ außer eigentlichen auch uneigentliche Daten enthalten, nämlich an den Stellen, an denen in der Folge $\langle M, \sigma \rangle$ Namen $m \notin \bigcup_{j=1}^{\varrho(S)} H_S^j$ auftreten.

Bemerkung. Als Ergebnis der Ausführung der verallgemeinerten Operation der Extraktion können wir eine nichteindeutige Struktur erhalten. Das tritt dann ein, wenn in der Folge $\langle M, \sigma \rangle$ Namen von Daten vorkommen, deren Werte Unterstrukturen anderer Daten mit Namen sind, die in der Folge $\langle M, \sigma \rangle$ auftreten. Zum Beispiel ist die Struktur $\{c, \mathit{Hans}\}\ (S)$, wobei $S$ die Struktur aus Beispiel 1 ist, nicht eindeutig: $\{(c, \{(\mathit{Hans}, a), (\mathit{Karl}, b)\}), (\mathit{Hans}, a)\}$.

Eine gewissermaßen umgekehrte Operation zur Operation der Extraktion ist die *Operation der Konstruktion,* die wir wieder etappenweise darstellen.

Es seien gegeben eine Struktur $S$ aus dem Raum $\mathcal{D}$ und eine einfache Dateneinheit $d$, die zu demselben Raum gehört. Die Struktur $S'$ werden wir die Konstruktion aus $S$ und $d$ nennen, $\nu(d) \notin H_S^j$, $j = 1, 2, \ldots, \varrho(S)$, wenn gilt:

$$\nu(x) \in H_S^1 \Rightarrow \nu(x) \in H_{S'}^1 \tag{3.2.4}$$

$$\nu(d) \in H_{S'}^1 \tag{3.2.5}$$

$$\overline{\overline{H}}{}_{S'}^1 = \overline{\overline{H}}{}_S^1 + 1\,. \tag{3.2.6}$$

Das Ergebnis der Operation der Konstruktion, ausgeführt an der Struktur $S$ und der Dateneinheit $d$, werden wir mit $S \mathbin{\#} d$ bezeichnen. Die Bedingung $\nu(d) \notin H_S^j$, $j = 1, 2, \ldots, \varrho(S)$ werden wir die *Ausführbarkeitsbedingung der Konstruktion* nennen.

**Satz 1.** Ist die Konstruktion ausführbar an der Struktur $S$ und der Dateneinheit $d$ und $S' = S \mathbin{\#} d$, so gilt:

1. Ist $S$ eine reguläre Struktur, so ist entweder $\langle H_S^1, \sigma \rangle_1 = \nu(d)$, oder $\langle H_{S'}^1, \sigma \rangle_{\overline{\overline{H}}{}_S^1} = \nu(d)$.
2. Ist $S$ eine halbreguläre Struktur, so kann man auf Grund der Kenntnis nur allein der Elemente der Menge $H_{S'}^1$ und $\nu(d)$ eine ganze Zahl $i$ bestimmen, so daß $\langle H_{S'}^1, \sigma \rangle_i = \nu(d)$ ist.

Den Beweis des ersten Teils lassen wir als völlig trivial weg. Den Beweis des zweiten Teils beschränken wir auf die Angabe eines Algorithmus zur Bestimmung der Zahl $i$, die die Behauptung des Satzes erfüllt.

Wir bezeichnen $n_k = \langle H_S^1, \sigma\rangle_k$ und setzen $\lambda = 1$. Ist $n_\lambda < \nu(d)$, so erhöhen wir $\lambda$ um 1 und werden den Prozeß so lange wiederholen, so lange wir entweder nicht alle Elemente der Menge $H_S^1$ ausschöpfen oder nicht auf ein solches Element $n_{\lambda^*}$ treffen, das nicht die Bedingung $n_{\lambda^*} < \nu(d)$ erfüllt. In diesem letzten Falle setzen wir $i = \lambda^*$; im Falle der Ausschöpfung aller Elemente von $H_S^1$ nehmen wir $i = \overline{\overline{H}}{}_S^1 + 1$.

Der Beweis dafür, daß die gefundene Zahl $i$ die Behauptung des Satzes erfüllt, ergibt sich unmittelbar aus der Eigenschaft des systematischen Namenraumes und im Falle $i = \overline{\overline{H}}{}_S^1 + 1$ aus der Formel (3.2.6).

Ergänzung. Im Falle nichtregulärer Strukturen $S$, d. h. Strukturen aus einem Datenraum, deren Namen zu einem nichtsystematischen Namenraum gehören, kann man den Index der „dazu konstruierten" Dateneinheit $d$ in der neu entstehenden Struktur $S'$ festlegen, im allgemeinen Falle, erst auf Grund einer Analyse $H_{S'}^1$, mit Hilfe des Selektors $\sigma$. Die Operation der Konstruktion erweitern wir auf zwei strukturelle Operanden.

Es seien zwei Strukturen $S_1$ und $S_2$ gegeben, so daß

$$H_{S_1}^j \cap H_{S_2}^k = \emptyset \text{ für } j = 1, 2, \ldots, \varrho(S_1), \quad k = 1, 2, \ldots, \varrho(S_2)$$

ist.

Die Struktur $S$ werden wir die Konstruktion aus den Strukturen $S_1$ und $S_2$ nennen, $S = S_1 \# S_2$, wenn

$$\nu(x) \in H_{S_1}^1 \cup H_{S_2}^1 \Rightarrow \nu(x) \in H_S^1\,, \tag{3.2.7}$$

$$\overline{\overline{H}}{}_S^1 = \overline{\overline{H}}{}_{S_1}^1 + \overline{\overline{H}}{}_{S_2}^1\,. \tag{3.2.8}$$

Die Bedingung $H_{S_1}^j \cap H_{S_2}^k = \emptyset$ für $j = 1, 2, \ldots, \varrho(S_1)$, $k = 1, 2, \ldots, \varrho(S_2)$ werden wir die *Ausführbarkeitsbedingung der Konstruktion* nennen.

Den Satz 1 kann man so erweitern, daß er die neue Bedeutung der Operation der Konstruktion umfaßt:

**Satz 2.** Ist die Operation der Konstruktion an den Strukturen $S_1$ und $S_2$ ausführbar und $S = S_1 \# S_2$, so gilt:

1. Sind die Strukturen $S_1$ und $S_2$ regulär, so gehen in der Folge $\langle\!\langle S, \sigma\rangle\!\rangle$ entweder alle Elemente der Folge $\langle\!\langle S_1, \sigma\rangle\!\rangle$ allen Elementen der Folge $\langle\!\langle S_2, \sigma\rangle\!\rangle$ voran, oder alle Elemente der Folge $\langle\!\langle S_2, \sigma\rangle\!\rangle$ gehen allen Elementen der Folge $\langle\!\langle S_1, \sigma\rangle\!\rangle$ voran.
2. Sind die Strukturen $S_1$ und $S_2$ halbregulär, so kann man auf Grund der Kenntnis nur allein der Elemente der Mengen $H_{S_1}^1$ und $H_{S_2}^1$ die Reihenfolge der Elemente der Folge $\langle\!\langle S, \sigma\rangle\!\rangle$ festlegen.

**Beweis.** Ähnlich wie im Satz 1 beschränken wir uns auf die Angabe eines Algorithmus zur Festlegung der Reihenfolge der Elemente der Folge $\langle\!\langle S, \sigma\rangle\!\rangle$. Wir betrachten das Paar, das aus den ersten Elementen der beiden Strukturen

$S_1$ und $S_2$ besteht, und nehmen als erstes Element der Folge $\langle\langle S, \sigma\rangle\rangle$ dasjenige von beiden Gliedern des betrachteten Paares, dessen Name dem Namen des übrigen Gliedes vorangeht. Jetzt bilden wir das Paar, das aus dem übriggebliebenen Glied des ersten Paares und aus dem zweiten Element der angeordneten Struktur besteht, aus der das Element $\langle\langle S, \sigma\rangle\rangle_1$ ausgewählt wurde. Als Element $\langle\langle S, \sigma\rangle\rangle_2$ wird das Glied des neuen Paares auftreten, dessen Name dem Namen des übrigen Gliedes des Paares vorangeht. Dieses Verfahren können wir fortsetzen, bis wir alle Elemente der Struktur $S$ erhalten.

Der Beweis wird ähnlich wie vorher unter Berufung darauf beendet, daß der Namenraum systematisch ist und Formel (3.2.8) gilt.

Bemerkenswert ist, daß wir beim Konstruieren der Struktur $S$ aus zwei halbregulären Strukturen die Elemente der Anfangsstrukturen ausschließlich in ihrer natürlichen Reihenfolge betrachten. Würden wir denselben Algorithmus auf reguläre Strukturen anwenden, so würden wir nach dem ersten Teil des Satzes 2 zuerst alle Elemente der einen von beiden Anfangsstrukturen durchlaufen und dann alle Elemente der zweiten.

Zur Vereinfachung der Schreibweise werden wir mitunter die Abkürzungen $d_1 < d_2$ statt $\nu(d_1) < \nu(d_2)$ verwenden und $S_1 < S_2$ statt der Feststellung, daß alle Namen, die die Menge $H_{S_1}^1$ bilden, allen Namen, die die Menge $H_{S_2}^1$ bilden, vorangehen.

B e m e r k u n g 1. Die Operationen der Konstruktion und Extraktion ändern nicht die Halbregularität von Strukturen. Dagegen geht als Ergebnis dieser Operationen im allgemeinen die Regularität verloren.

B e m e r k u n g 2. Die in den Beweisen der Sätze 1 und 2 dargestellten Algorithmen liegen vielen Informationsverarbeitungsprozessen zugrunde.

B e m e r k u n g 3. Die dargestellte Operation der Konstruktion erfaßt scheinbar nicht die Situation, in der die Struktur $S$ und die Dateneinheit $d$, $\varrho(d) > 1$, Operanden sind. Eine solche Dateneinheit kann man jedoch immer als Struktur vom Rang $\varrho$ betrachten. Die Ausführbarkeitsbedingung der Operation der Konstruktion garantiert dann die Eindeutigkeit der erhaltenen Struktur, was man nicht erreichen würde, wenn man die zuvor betrachtete vereinfachte Ausführbarkeitsbedingung anwendet (da außer $\nu(d)$ auch die Namen von Daten, die „Unterstrukturen" des Wertes der Dateneinheit $d$ bilden, in Betracht gezogen werden müssen).

## 3.3. Verteilung von Datenstrukturen in Datenspeichern. Abbildungsfunktionen

In den vorhergehenden zwei Unterabschnitten stellten wir eine allgemeine Methode zur Beschreibung von Datenmengen und zwei grundlegende Operationen dar. In konkreten Fällen haben wir natürlich in der numerischen Praxis mit Datenmengen zu tun, über die wir mehr in einfacher Form sagen können, als sich ausdrücken läßt, wenn wir ausschließlich mit den dargestellten Begriffen operieren. In der Praxis benutzen wir auch viele zusätzliche Operationen, die das Operieren mit Datenmengen leistungsfähiger machen. Diese Probleme werden in den nächsten Abschnitten behandelt. In diesem Abschnitt konzentrieren wir uns — indem wir bei weitestgehend allgemeinen Betrachtungen bleiben — auf das allgemeine Problem der Verteilung von Datenstrukturen in Datenspeichermedien; auf eine Vielzahl von Verbesserungen, die in konkreten Fällen angewandt werden können, gehen wir in den weiteren Abschnitten ein.

Wir betrachten ein System von Strukturen $\boldsymbol{S}$ im Raum $\mathcal{D}$ und ein System von Positionsmengen $\boldsymbol{P}$ aus einem gewissen Datenspeicher. Eine Abbildung

$$\zeta : \boldsymbol{S} \to \boldsymbol{P}$$

werden wir eine *Art der Verteilung* und

$$P = \zeta(S),\ S \in \boldsymbol{S}$$

eine *Verteilung der Struktur S* nennen. Aus allen möglichen Verteilungsarten wählen wir nur die aus, die folgende Bedingungen erfüllen:

Ist die Struktur $S'$ Unterstruktur der Struktur $S''$, so ist

$$\zeta(S') \subset \zeta(S'') \ . \tag{3.3.1}$$

Wenn die Struktur $S'$ nicht Unterstruktur der Struktur $S''$ und die Struktur $S''$ nicht Unterstruktur der Struktur $S'$ ist und die Strukturen $S'$ und $S''$ keine gemeinsamen Unterstrukturen von positivem Rang besitzen, so ist

$$\zeta(S') \cap \zeta(S'') = \emptyset \ . \tag{3.3.2}$$

Wenn zwei Strukturen $S'$ und $S''$ die Voraussetzungen der Bedingung (3.3.2) nicht erfüllen, so nennen wir sie *verwandte Strukturen*; anders ausgedrückt, wenn zwei Strukturen verwandt sind, so ist $\zeta(S') \cap \zeta(S'') \neq \emptyset$.

Wir betrachten nun eine Verteilung $P$ der Struktur $S$, $P = \zeta(S)$. Bezeichnet man den Rang von $S$ mit $r$, $r = \varrho(S)$, und $N = \bigcup_{i=1}^{r} H_S^i$, $t = \overline{\overline{N}}$, so können wir die Menge $P$ in $t$ Teilmengen $P = \bigcup_{j=1}^{t} P_j$ zerlegen, so daß eine eineindeutige Zuordnung $\pi\colon N \to \{P_1, P_2, \ldots, P_t\}$ bestimmt wird. Die Funktion $\pi$ werden wir *erste Abbildungsfunktion* nennen. Eine Teilmenge $P_j = \pi(n)$ von Positionen, $n \in N$ werden wir *Bereich* der Dateneinheit mit dem Namen $n$ nennen.

In der Menge $N$ zeichnen wir die Teilmenge $\hat{N} \subset N$ der Namen von einfachen Daten aus. Die Menge von Bereichen, die Bild von $N$ bei der ersten Abbildungsfunktion ist, werden wir mit $\hat{P} = \pi(\hat{N})$ bezeichnen. Wir setzen voraus, daß eine Funktion (oder vielleicht ein System von Funktionen einschließlich eines Algorithmus für die Auswahl einer „geeigneten“ Funktion) $\omega\colon \hat{P}_{\bullet} \to \boldsymbol{W}$ bekannt ist, wobei, wie früher, $\boldsymbol{W}$ die Menge der einfachen Werte eines strukturellen Datenraumes bezeichnet und der fette Punkt dieselbe Bedeutung wie im Abschnitt 2.2. hat, d. h., er bedeutet „Nehmen von Inhalten“. Den Charakter und die Eigenschaften der Funktion $\omega$ werden wir nicht betrachten; wir bemerken nur, daß man sie als Interpretation der Inhalte der Bereiche auffassen kann, die einfachen Daten zugeordnet sind.

Es lohnt sich, darauf hinzuweisen, daß es von unserem Standpunkt aus nicht wesentlich ist, ob die Funktion $\omega$ den gesamten Inhalt des Bereiches oder nur einen Teil davon benutzt. Ein Bereich kann speziell außer der als einfachen Wert interpretierten Information auch Information über den Namen der Dateneinheit enthalten, der der Bereich zugeordnet ist. So ist $\omega$ nicht notwendig nur ein „Decoder" der Information.

Wenn $\hat{P}_i = \pi(n)$ und $\omega(\hat{P}_{i\cdot}) = \beta(n(S))$ ist, so nennen wir das Paar $(\hat{P}_i, \hat{P}_{i\cdot})$ eine *Niederschrift* der einfachen Dateneinheit $n(S)$, $n \in \hat{N}$.

Für Datenträgermedien mit Zellenaufbau verdienen besonders solche Verteilungsarten hervorgehoben zu werden, bei denen alle den einfachen Daten zugeordneten Bereiche gleich viele Zellen haben[1]). Ist das Medium darüber hinaus adressierbar und haben alle Folgen von Adressen von Zellen, die solche Bereiche bilden, die Form $a_i, a_i + \delta, \ldots, a_i + k\delta$ mit Konstanten $\delta$ und $k$ für alle betrachteten Bereiche, so werden wir eine derartige Verteilungsart *einheitlich* nennen. Der in der Praxis am häufigsten auftretende Fall einer einheitlichen Verteilungsart ist der Fall, der $\delta = 1$ entspricht (der konkrete Wert von $k$ ist unwesentlich, in der Regel ist $k$ eine kleine positive ganze Zahl).

Ist $\zeta$ eine einheitliche Verteilungsart, so können wir statt der ersten Abbildungsfunktion die *zweite Abbildungsfunktion*

$$\alpha : N \to A$$

betrachten, wobei $A$ die Menge von Adressen ist und unter Verwendung der eingeführten Bezeichnungen

$$\alpha(n) = a_i \quad \text{für } n \in \hat{N} \tag{3.3.3}$$

gilt.

Auf Grund der Bedingungen (3.3.1) und (3.3.2) kann man jetzt den folgenden Satz formulieren.

**Satz 1.** Wenn für eine Struktur $S$ und die zweite Abbildungsfunktion $\alpha$ derartige Namen $m$ und $m'$, $m, m' \in N$, existieren, so daß $\alpha(m) = \alpha(m')$ ist, so sind die Strukturen $\beta(m(S))$ und $\beta(m'(S))$ verwandt.

Besonders interessant ist der Fall, wenn einer der Namen Name einer einfachen Dateneinheit ist.

Ergänzung. Wenn — unter den Voraussetzungen des Satzes 1 — $m \in \hat{N}$, so ist die einfache Dateneinheit $\beta(m(S))$ Unterstruktur (von höchster Ordnung) der Struktur $\beta(m'(S))$. Der Fall $m, m' \in \hat{N}$, $\alpha(m) = \alpha(m')$, $m \neq m'$ kann natürlich nicht eintreten, da auf Grund der Bedingung (3.3.2) keine zwei einfachen Dateneinheiten verwandt sind.

Wenn man im Hinblick auf die Art der einfachen Werte der zu verteilenden Struktur keine einheitliche Verteilung finden kann (oder es lohnt sich nicht, eine einheitliche Verteilung anzuwenden) und der Speicher einen Zellenaufbau

[1]) Die Möglichkeit, eine derartige Verteilungsart einzuführen, hängt offenbar davon ab, ob und in welchem Grade die einfachen Werte sich einheitlich kodieren lassen.

besitzt, und wenn man annehmen kann, daß alle Bereiche $\{\pi(S)\}$ aus aufeinanderfolgenden (was die Adressen anbelangt) Zellen bestehen, so ist es interessant, außer der ersten Abbildungsfunktion einer derartigen Verteilung die dritte Abbildungsfunktion zu betrachten, die wie folgt definiert ist:

Es sei $b_i$ die kleinste von Adressen der Zellen des Bereiches $P_i$, das $l_i$ Zellen mit den Adressen $b_i$, $b_i + 1$, ..., $b_i + l_i - 1$ enthält. Die Abbildung

$$\varphi\colon N \to \{(b_i, l_i)\}$$

nennen wir *dritte Abbildungsfunktion.* Mit Hilfe dieser Funktion kann man die Bedingungen (3.3.1) und (3.3.2) wie folgt formulieren:

Wenn $\beta(m'(S)) = S'$, $\beta(m''(S)) = S''$ und $S'$ Unterstruktur von $S''$ ist sowie $\varphi(m') = (b', l')$ und $\varphi(m'') = (b'', l'')$, so gilt

$$\begin{aligned} &(\mathrm{a}) \quad l'' \geqq l' \\ &(\mathrm{b}) \quad b'' \leqq b' \leqq b'' + l'' - l' . \end{aligned} \tag{3.3.4}$$

Wenn $\varphi(m') = (b', l')$, $\varphi(m'') = (b'', l'')$, die Strukturen $\beta(m'(S))$ und $\beta(m''(S))$ nicht verwandt sind und $b'' > b'$, so gilt

$$b'' \geqq b' + l' . \tag{3.3.5}$$

Faßt man die beiden Bedingungen zusammen, so kann man sagen, daß

$$\varphi(m) = \varphi(m') \Rightarrow m = m' . \tag{3.3.6}$$

Man beachte, daß aus der Gleichheit der Werte der zweiten Abbildungsfunktion für zwei Namen nur im Falle von Namen einfacher Werte auf die Identität dieser Namen geschlossen werden konnte, die Beziehung (3.3.6) gilt aber für alle Namen, die in $N$ enthalten sind.

## 3.4. Graphentheoretische Darstellung von Datenstrukturen

Mitunter ist es nützlich, Datenstrukturen grafisch zu veranschaulichen. Wir verabreden, einfache Werte als volle Kreise und Namen als offene Kreise darzustellen. Ein geordnetes Paar, das eine einfache Dateneinheit bildet, ist in Abb. 3.1a dargestellt. Eine Datenstruktur stellen wir — gemäß der Defini-

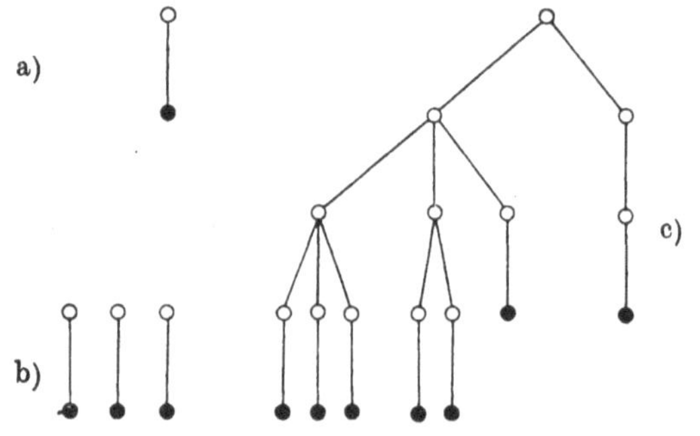


Abb. 3.1. Beispiele für grafische Darstellung von Datenstrukturen
a) einfache Dateneinheit, b) Struktur vom Rang 1, c) Dateneinheit vom Rang 4

tion — als Menge von Daten dar, wobei wir voraussetzen, daß der natürlichen Anordnung von Namen die Richtung von links nach rechts entspricht. Ein Beispiel für eine einfache Struktur vom Rang 1 ist durch die Abb. 3.1b gegeben.

Dateneinheiten von höherem Rang entstehen dadurch, daß man Datenstrukturen einen Namen gibt — dem entspricht ein „stockwerkartiger" Aufbau der grafischen Darstellung. Die Abb. 3.1c stellt eine Dateneinheit vom Rang 4 dar.

Eine derartige Darstellung von Datenstrukturen wie in der Abb. 3.1 ermöglicht es, eine Beziehung zwischen den von uns eingeführten Begriffen und den Begriffen der Graphentheorie festzulegen, die als grundlegendes Mittel zur Beschreibung von strukturellen Zusammenhängen in Datenmengen (vgl. z. B. die Arbeiten [36], [38] und [72]) angewandt wird. Da die Graphentheorie einen ausgesprochen beschreibenden Charakter hat, würde ihre breitere Anwendung für unsere Ziele eine Wiederholung — wenn auch in einer anderen „Sprache" — des bisherigen Inhalts dieses Abschnitts bedeuten. Wir beschränken uns daher darauf, auf einige Ähnlichkeiten hinzuweisen, und überlassen es dem Leser, viele andere Ähnlichkeiten zu entdecken. Viele interessante Bemerkungen zu diesem Thema findet man in dem Buch von K. E. Iverson [38].

Der Begriff der Dateneinheit in unserer Darstellung entspricht in der Graphentheorie dem Begriff (▲) des Wurzelbaumes (die hier verwendete Terminologie ist der Monographie [59] entlehnt), wobei der Name der Dateneinheit die Wurzel ist.

Der Begriff des Ranges einer Dateneinheit entspricht dem Begriff der maximalen Länge eines Weges, der von der Wurzel des Wurzelbaumes ausgeht, der die Dateneinheit repräsentiert.

Eine Datenstruktur können wir als Menge von Wurzelbäumen betrachten, die einen nichtzusammenhängenden Graphen bildet.

Es sei jedoch bemerkt, daß die Relation, die durch den eine Dateneinheit darstellenden Graphen bestimmt ist, nicht zusammenhängt mit der Relation, die Namenmengen ordnet und die aus der Anwendung des Selektors $\sigma$ hervorgeht. Die Relation, die durch die betrachteten Graphen bestimmt ist, ist „Unterstruktur sein" oder sogar „Name einer Unterstruktur sein" der Struktur, die der Wert der Dateneinheit ist, deren Name die Wurzel des Baumes bildet.

Zum Schluß machen wir auf ein sehr gutes Beispiel aufmerksam.

Beispiel [2. S. 154]

Betrachtet man die gegenseitige Lage von $n - 1$ sich nicht schneidenden Kreisen in der Ebene, so kann man Wurzelbäume konstruieren, die eine derartige Verteilung charakterisieren. (In der Abb. 3.2 sind alle vier möglichen Situationen, die im Falle $n = 4$ auftreten, und die entsprechenden Wurzelbäume dargestellt.) Derartige Wurzelbäume haben je $n$ Knoten, von denen $n - 1$ die gegebenen Kreise darstellen und die Wurzel den Kreis mit unendlichem Radius darstellt, der im Innern alle gegebenen Kreise enthält.

Nimmt man an, daß das Innere eines Kreises, der keinen anderen Kreis enthält, einen gewissen einfachen Wert darstellt und die Kreisfläche — d. h. Kreis und Inneres des Kreises — eine einfache Dateneinheit und entwickelt man konsequent dieses Herangehen, so kann man eine weitere Art einer grafischen Darstellung von Daten (und Strukturen) festlegen.

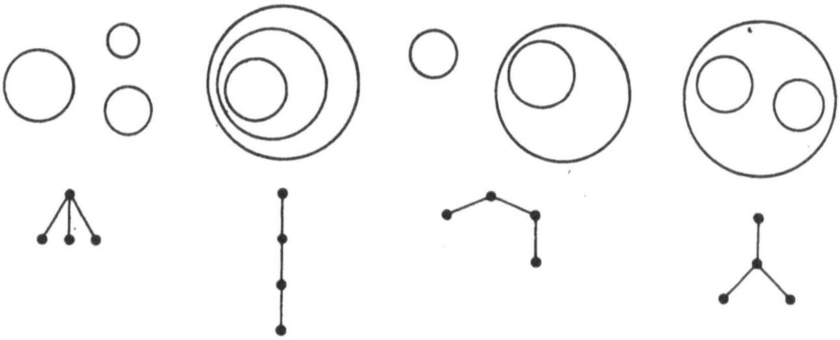

a) b) c) d)

Abb. 3.2. Wurzelbäume der gegenseitigen Lagen von drei Kreisen

Jede Kreisfläche kann man nämlich als Dateneinheit betrachten; das Innere als Wert, und zwar als einfachen Wert, wenn es keine weiteren Kreisflächen enthält, und als Struktur, wenn solche Kreisflächen auftreten.

In einer derartigen Fassung würden die in der Abb. 3.2 dargestellten Situationen Daten und Strukturen veranschaulichen, die in der Abb. 3.3 gezeigt sind. Dabei veranschaulichen die Situationen (b) und (d) Daten und die Situationen (a) und (c) Strukturen.

Es sei noch hinzugefügt, daß man bei unserer Interpretation der gegenseitigen Lagen von Kreisen einen zusätzlichen Kreis mit unendlichem Radius nicht einzuführen braucht.

Die Darstellung von Daten und Strukturen als Kreisflächen in der Ebene ist besonders bei der Analyse von Verteilungsarten in Datenspeichern nützlich.

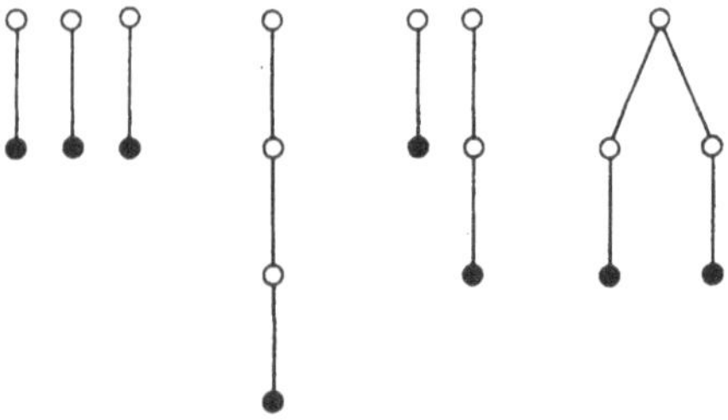

a) b) c) d)

Abb. 3.3. Daten und Strukturen, die der Abb. 3.2 entsprechen

Es muß jedoch bemerkt werden, daß es bei einer derartigen Darstellung von Daten schwierig ist, eine vernünftige Interpretation für die Ordnung von Namen zu finden, die durch den natürlichen Selektor des Namenraumes festgelegt ist.

## 3.5. BOSAKsche Informationsalgebra

Im folgenden wird ein Abriß einer theoretischen Konzeption gegeben, die von der in diesem Abschnitt dargestellten verschieden ist. Diese Konzeption, die in den Jahren 1959—1961 nach einem Vorschlag von ROBERT BOSAK von einer Gruppe amerikanischer Spezialisten erarbeitet und im Jahre 1962 [7] veröffentlicht worden ist, ist ein Versuch, die seit langem in der Praxis der Informationsverarbeitung in der Ökonomie angewandten Begriffe zu formalisieren. Soweit bekannt, ist dieser Versuch nicht entwickelt worden. Es sind auch keine umfangreichen Untersuchungen, die auf der BOSAKschen Konzeption beruhen, unternommen worden. Trotzdem scheint es, daß diese Konzeption hinreichend viele interessante Elemente enthält, um auf sie ein wenig aufmerksam zu machen, besonders, weil sie bedeutend fester auf den Verhältnissen der Praxis der Datenverarbeitung basiert als die oben dargelegte — nach unserer Meinung allgemeinere — Konzeption. Sie umfaßt darüber hinaus Operationen mit Datenmengen, die an keiner anderen Stelle des Buches behandelt werden.

Die *Informationsalgebra* ist auf drei Grundbegriffen gegründet, nämlich *Einheit* (*entity*), *Wert* (*value*) und *Eigenschaft* (*property*). Außerdem werden folgende Axiome und Definitionen aufgenommen:

Axiom 1. Jeder Eigenschaft ordnet man eine und nur eine Menge von Werten zu, genannt *Wertmenge der Eigenschaft* ($V$).

Axiom 2. Jede Wertmenge einer Eigenschaft enthält wenigstens zwei Elemente: $\Omega$ (nicht definiert, „bezieht sich nicht") und $\Theta$ (Fehlen von Information).

Axiom 3. Jeder Einheit ordnet man einen und nur einen Wert aus jeder Wertmenge von Eigenschaften zu.

Definition 1. Als *Koordinatenmenge* $Q$ bezeichnen wir eine endliche Menge von verschiedenen Eigenschaften.

Definition 2. Die *leere Koordinatenmenge* enthält keine Eigenschaften.

Definition 3. Zwei Koordinatenmengen sind *gleichwertig* dann und nur dann, wenn sie genau dieselben Eigenschaften (nicht notwendig mit derselben Ordnung) enthalten.

Definition 4. Als *Eigenschaftsraum* $P$ einer Koordinatenmenge bezeichnen wir das kartesische Produkt $P = V_1 \times V_2 \times \cdots \times V_n$, wobei $V_i$ die Wertmenge der $i$-ten Eigenschaft der Menge $Q$ ist. Jeden Punkt $p$ aus $P$ kann man als $n$-Tupel $p = (a_1, a_2, \ldots, a_n)$ mit $a_i \in V_i$ darstellen.

Definition 5. Als *Datenpunkt* $d$ der Einheit $e$ im Eigenschaftsraum $P$ bezeichnen wir einen derartigen Punkt des Raumes $P$, so daß gilt:

Ist $d = (a_1, a_2, \ldots, a_n)$, so ist $a_i$ der Wert der $i$-ten Eigenschaft, die der Einheit $e$ zugeordnet ist. $d$ nennen wir *Repräsentant* der Einheit $e$ im Raum $P$.

Aus dem Axiom 3 und der Definition 5 folgt sofort der folgende Satz:

**Satz 1.** In einem gegebenen Eigenschaftsraum entspricht jeder Einheit genau ein Datenpunkt.

Definition 6. Ein Eigenschaftsraum heißt *differenzierter Eigenschaftsraum*[1]) (*discriminatory property space*) für eine Menge von Einheiten, wenn er keine Datenpunkte enthält, die mehr als eine Einheit repräsentieren. Eine Koordinatenmenge, die einem differenzierten Eigenschaftsraum entspricht, heißt *differenzierte* Menge.

Definition 7. Wenn

(a) die Mengen $Q$ und $Q'$ Koordinatenmengen sind,

(b) die Menge $Q$ differenziert ist,

(c) für alle $Q'$, die in $Q$ enthalten sind, die Menge $Q'$ nicht differenziert ist,

so nennen wir $Q$ eine *fundamentale differenzierte Koordinatenmenge.*

Beispiel

Wir betrachten eine Personenkartothek eines Betriebes. Die beschäftigten Personen bilden die Menge der Einheiten. Eigenschaften sind z. B.: *Name, Geschlecht, Stundenlohn, Verhältnis zum Militärdienst* usw. Wertmengen dieser Eigenschaften sind entsprechend die Menge von Namen, die Zweiermenge {*männlich, weiblich*}, die Menge von reellen Zahlen, die Menge von festgelegten Termini (z. B. *fällt nicht darunter, Offizier der Reserve* u. a.). Den Wert *fällt nicht darunter* der Eigenschaft *Verhältnis zum Militärdienst* kann man als $\Omega$ annehmen. Wenn dagegen in der Kartei eines beschäftigen Mannes in dieser Rubrik eine Information fehlt, so ist der Wert $\Theta$. Die Menge $Q = \{q_1, q_2\} =$ $= \{$*Name, Stundenlohn*$\}$ ist ein Beispiel für eine Koordinatenmenge. Ein Beispiel für einen Datenpunkt im Eigenschaftsraum dieser Koordinatenmenge kann (Jan Kowalski, 10.50) sein. Wenn der Betrieb mehrere Jan Kowalski mit dem Stundenlohn 10,50 zł beschäftigt, so werden sie alle durch denselben Datenpunkt repräsentiert. Wenn — um das zu vermeiden — die Kaderabteilung eine eineindeutige Numerierung der Arbeiter einführt, so ist die Menge {*Nummer des Arbeiters, Stundenlohn*} differenziert im Gegensatz zur Menge {*Geschlecht, Stundenlohn*}, in der z. B. alle beschäftigen Männer mit gleichem Stundenlohn durch denselben Datenpunkt repräsentiert werden. Die Menge {*Nummer des Arbeiters, Stundenlohn*} ist aber keine fundamentale differenzierte Koordinatenmenge, da die Teilmenge {*Nummer des Arbeiters*} auch eine differenzierte Menge ist (diese letzte Menge ist schon eine fundamentale Menge).

Definition 8. Geordnete Punktmengen des Eigenschaftsraumes $P$ heißen *Linien.* Als *Spannweite der Linie L* bezeichnet man die Anzahl der Punkte, die in $L$ liegen.

---

[1]) Anmerkung der Herausgeber: „differenziert" wird hier stets im Sinne von unterschiedlich gebraucht. In diesem Sinne bedeutet der „differenzierte Eigenschaftsraum" ein „Raum für Einheiten mit unterschiedlichen Eigenschaften".

Definition 9. Als *Funktion einer Linie* bezeichnet man jede eindeutige Abbildung der Linie auf eine Menge, die Wertmenge der Funktion der Linie genannt wird.

Definition 10. Ist die Wertmenge einer Funktion einer Linie Teilmenge einer linear geordneten Menge, so heißt eine derartige Funktion der Linie eine *Ordnungsfunktion der Linie.*

Für nichtgeordnete Teilmengen des Raumes $P$ führt man folgende Begriffe ein:

Definition 11. Eine beliebige Menge im Raum $P$ heißt *Gebiet.*

Definition 12. Als *Funktion von Gebieten* bezeichnet man jede eindeutige Abbildung der Gebiete im Raum $P$ auf eine Menge, die *Wertmenge* der Funktion der Gebiete genannt wird.

Den Zusammenhang zwischen einer Funktion einer Linie und einer Funktion von Gebieten stellt der folgende Satz fest:

**Satz 2.** Wenn

(a) $B$ ein Gebiet im Raum $P$ ist

(b) $M$ eine Linie ist, die alle Punkte des Gebietes $B$ und keine anderen Punkte enthält,

so gibt es zu einer beliebigen Funktion $f$ des Gebietes eine Funktion $f'$ der Linie, so daß $f(B) = f'(M)$ gilt.

Der Beweis ergibt sich sofort aus der Definition der Funktion des Gebietes und der Funktion der Linie.

Der Satz 2 zeigt, daß unter den Funktionen einer Linie Funktionen existieren, die unabhängig sind von der Anordnung der Punkte in Linien.

Definition 13. Als *Menge von Gebieten* bezeichnen wir eine geordnete endliche Folge von Gebieten $A_1, A_2, \ldots, A_n$. Die Anzahl der Gebiete in der Menge nennen wir *Ordnung* der Menge von Gebieten.

Unter den geordneten Funktionen einer Linie zeichnen wir sogenannte *selektive* geordnete Funktionen der Linie aus, für die die Wertmenge eine Zweiermenge {**false, true**}, geordnet **false** $<$ **true,** ist.

Definition 14. Unter einem *Bündel* $B = B(b, Z)$ einer Menge $Z$ von Gebieten bezüglich einer selektiven geordneten Funktion $b$ einer Linie verstehen wir die Menge aller Linien $L$, für die gilt: Wenn

(a) $Z = (A_1, A_2, \ldots, A_n)$

(b) $L = (p_1, p_2, \ldots, p_n)$, $p_i \in A_i$, $i = 1, 2, \ldots, n$, so $b(L) =$ **true**.

Die Funktion $b$ heißt die das Bündel $B$ *erzeugende Funktion.*

Definition 15. Als *Funktion eines Bündels* bezeichnen wir eine Abbildung aus dem Bündel $B$ in das Gebiet $A$, so daß gilt:

(a) Jeder Linie aus dem Bündel entspricht nur ein Punkt des Gebietes $A$ (es kann aber sein, derselbe Punkt entspricht mehreren Linien).

b) Die Werte von Eigenschaften von Punkten im Gebiet $A$ sind Funktionswerte der entsprechenden Linie aus dem Bündel $B$.

c) Die Mengen von Werten von Funktionen, von denen in b) die Rede ist, sind Teilmengen der entsprechenden Mengen von Werten von Eigenschaften.

Die Funktionen eines Bündels gestatten, neue Gebiete aus Gebieten, die in Bündel zusammengefaßt sind, zu bilden. Auf diese Weise wird die Bildung neuer Stöße (*files*) aus Sätzen (*records*), die aus bestehenden Stößen ausgewählt werden, modelliert. Dabei wird angenommen, daß Punkte des Raumes $P$ Modelle für Sätze und Gebiete Modelle für Stöße sind.

In dem umfangreichen Artikel [7] werden außer den oben angeführten Definitionen und Sätzen verschiedene spezifische Funktionen einer Linie eingeführt, die am häufigsten die in der Praxis auftretenden Aufgaben der Informationsverarbeitung für wirtschaftliche Zwecke modellieren.

Zum Schluß dieses Unterabschnitts beschäftigen wir uns kurz mit dem Zusammenhang zwischen der BOSAKschen Informationsalgebra und den vorher dargelegten Begriffen.

Sei $A$ ein Gebiet (vgl. Def. 11), und sei $f$ eine Ordnungsfunktion einer Linie, die für eine Linie mit der Spannweite 1 definiert ist (vgl. Def. 8 bis 10). Die Menge der Punkte $(p_1, p_2, \ldots, p_s)$ mit $s = \overline{\overline{A}}$ heißt eine *Anordnung des Gebietes A durch* die Funktion $f$ (Bezeichnung: $U(A, f)$), wenn $f(p_i) \leqq f(p_{i+1})$ für $i = 1, 2, \ldots, s - 1$ gilt. Wir betrachten nun die Zerlegung des Gebietes $A$ in Abstraktionsklassen (▲) gleicher Werte der Ordnungsfunktion der Linie $f$. Wir erhalten dann $m$ Teilgebiete $G_1, G_2, \ldots, G_m$, $m \leqq s$, so daß gilt:

$$p', p'' \in G_j \Leftrightarrow f(p') = f(p'') .$$

Es gilt dann der folgende Satz:

**Satz 3.** Wenn $G_1, G_2, \ldots, G_m$ eine Zerlegung des Gebietes $A$ in Abstraktionsklassen gleicher Werte der Ordnungsfunktion der Linie $f$ und $n_j = \overline{\overline{G_j}}$ mit $j = 1, 2, \ldots, m$ ist, so gibt es genau $n_1! n_2! \ldots n_m!$ verschiedene Anordnungen $U(A, f)$.

Beweis: Einzelne Anordnungen $U(A, f)$ können sich nur durch die Anordnung einzelner Punkte innerhalb ihrer Äquivalenzklassen unterscheiden, da die Anordnung dieser Klassen selbst nach Definition von $U(A, f)$ fest ist. Da gemäß den in der Voraussetzung des Satzes eingeführten Bezeichnungen die Klasse $G_j$ $n_j$ Punkte enthält, kann man sie auf $n_j!$ Arten anordnen. Und da jede Anordnung der Klasse $G_j$ mit jeder Anordnung der übrigen Abstraktionsklassen verbunden werden kann, sehen wir, daß die Behauptung des Satzes richtig ist.

Ergänzung. Ist $f$ eine umkehrbar eindeutige Ordnungsfunktion einer Linie (d. h., es ist $f(p') = f(p'') \Leftrightarrow p' = p''$), so gibt es genau eine Anordnung $U(A, f)$.

Ist $f$ eine umkehrbare eindeutige Ordnungsfunktion einer Linie, so enthalten in der Tat, alle Klassen $G_j$ nur ein Element:

$$n_j = 1 \quad \text{für} \quad j = 1, 2, \ldots, m , \quad (m = s) .$$

In diesem Falle ist

$$n_1!n_2! \cdots n_m! = 1\,, \qquad \text{w. z. b. w.}$$

Wir sehen also, daß wir eine eindeutige Anordnung der Elemente dieses Gebietes erhalten, wenn es uns gelingt, für ein gegebenes Gebiet eine umkehrbar eindeutige Ordnungsfunktion einer Linie festzulegen, die für Linien mit der Spannweite 1 definiert ist. In den Betrachtungen der Abschnitte 3.1. bis 3.4. setzten wir eben die Existenz einer derartigen Ordnungsfunktion einer Linie voraus, woraus sich eine Anordnung der Namen durch den natürlichen Selektor ergab.

# 4. REGULÄRE DATENSTRUKTUREN

Die im Abschnitt 3.1. eingeführten regulären Datenstrukturen zeichnen sich durch eine gleichmäßige strukturelle Tiefe und Breite sowie durch die Dichte der Mengen von Datennamen ihrer Unterstrukturen aus. Die regulären Strukturen sind also vom Aufbau her normalisiert und „ohne Lücken", d. h., daß es in einem gegebenen Datenraum keine Elemente gibt, die auf natürliche Weise in eine reguläre Struktur zwischen zwei in ihr schon vorhandene Daten eingefügt werden könnten (vgl. Satz 1, Abschn. 3.2.). In der Praxis ist eine derartige Gruppierungsart von Informationen gewöhnlich mit dem Aufbau verschiedenartiger Tabellen verbunden. In diesem Abschnitt werden wir uns mit gewissen allgemeinen Vorgängen beschäftigen, die die Datenstruktur und ihre Verteilung in Datenspeichern betreffen, wobei wir stets den praktischen Aspekt, d. h. den Tabellencharakter von Informationsgruppierungen, beachten werden. Wir werden also ziemlich systematisch aus der Arbeitspraxis mit zwei- (und mehr) dimensionalen Tabellen stammende Beispiele benutzen. Darüber hinaus werden wir „Eigenheiten" von dynamischen regulären Strukturen betrachten. Dabei gehen wir wieder aus von der häufigen (in diesem Kontext sehr wesentlichen) Unterscheidung von statischen Tabellen, d. h. Tabellen, deren Aufbau vor Beginn des eigentlichen Verarbeitungsprozesse sbekannt ist, und dynamischen Tabellen, d. h. Tabellen, deren Aufbau sich während des Prozesses ändert (vgl. z. B. die Arbeit [8]).

Diesen Abschnitt ausschließlich als Abschnitt über die Speicherung von Informationstabellen zu betrachten, wäre jedoch eine erhebliche Vereinfachung. Erstens wird uns in diesem Abschnitt nicht alles interessieren, was die Aufbewahrung von Tabellen betrifft (vgl. Abschn. 5). Zweitens bezieht sich die Mehrzahl der hier gemachten Bemerkungen auf beliebige reguläre Strukturen, auch dann, wenn diese Bemerkungen als Beispiel die betrachteten Tabellen betreffen.

## 4.1. Namen von Daten, die in regulären Strukturen auftreten

Es sei eine Struktur $S$ vom Rang $r$ gegeben. Wir betrachten wie ffrüher Namenmengen aufeinanderfolgender Niveaus: $H_S^1, H_2^S, \ldots, H_S^r$.

Nach der Definition von regulären Strukturen (vgl. Formel (3.1.9)) haben wir für $d$, die die Bedingung $\nu(d) \in H_S^{k-1}$, $k = 2, 3, \ldots, r$ erfüllen, für die Mächtigkeit die Beziehung $\overline{\overline{H}}^1_{\beta(d)} = m_k$. Setzen wir $m_1 = \overline{\overline{H}}^1_S$, so haben wir also in der Struktur $S$

$$m = \sum_{j=1}^{r} m_1 m_2 \cdots m_j$$

verschiedene Namen, darunter $m_1 m_2 \cdots m_r$ Namen von einfachen Daten, $m_1 m_2 \cdots m_{r-1}$ Namen von Daten vom Rang 2 usw. Wir können jetzt eine systematische Umbenennung von Namen der Menge

$$N = \bigcup_{j=1}^{r} H^j_S$$

durch Namen vornehmen, die wie folgt gebildet werden: Sei $\boldsymbol{x}$ ein Vektor mit $r$ nichtnegativen ganzzahligen Komponenten $\boldsymbol{x} = (x_1, x_2, \ldots, x_r)$, und seien $x_1 \in \{1, 2, \ldots, m_1\}$, $x_i \in \{0, 1, \ldots, m_i\}$, $i = 2, 3, \ldots, r$ und $x_{i+1} = x_{i+2} = \cdots = x_r = 0$, falls $x_i = 0$. Es gibt genau so viele verschiedene Werte des Vektors $\boldsymbol{x}$ wie es Datennamen in der betrachteten Struktur gibt. Die Namen des ersten Niveaus $H^1_S$ ersetzen wir durch die Vektoren der Form $(x_1, 0, 0, \ldots, 0)$, wobei $x_1$ für gegebenen Namen $n \in H^1_S$ Lösung der Gleichung

$$\langle H^1_S, \sigma \rangle_{x_1} = n$$

ist, d. h. $x_1 \leqq m_1$; die Namen des zweiten Niveaus ersetzen wir durch Vektoren der Form $(x_1, x_2, 0, 0, \ldots, 0)$, wobei die Komponenten $x_1$ und $x_2$ für gegebenen Namen $n \in H^2_S$ die Gleichung

$$\langle H^1_{S^*}, \sigma \rangle_{x_2} = n\,,$$

erfüllen. In dieser Gleichung ist

$$S^* = \beta(\langle H^1_S, \sigma \rangle_{x_1} (S))$$

das Ergebnis der Extraktion aus der Struktur $S$ der Dateneinheit mit dem Namen, der die $x_1$-te Position in der Anordnung (durch $\sigma$) der Menge von Namen des ersten Niveaus einnimmt[1]). Es ist natürlich $x_1 \leqq m_1$ und $x_2 \leqq m_2$.

Die Bestimmung der Vektoren, die zur Ersetzung von Namen des dritten und der weiteren Niveaus gebraucht werden, verläuft analog. Die Namen von einfachen Daten ersetzt man durch Vektoren $(x_1, x_2, \ldots, x_r)$, wobei $x_r \neq 0$ und die Komponenten $x_i$ das Gleichungssystem

$$\left.\begin{array}{l} \langle H^1_{S(r-1)}, \sigma \rangle_{x_r} = n \\ S(k) = \beta(\langle H^1_{S(k-1)}, \sigma \rangle_{x_k} (S))\,, \quad k = 1, 2, \ldots, r-1 \\ S^{(0)} = S \end{array}\right\} \tag{4.1.1}$$

erfüllen, in dem ähnlich wie vorher $n$ ein durch $(x_1, x_2, \ldots, x_r)$ ersetzter Name einer einfachen Dateneinheit ist.

---

[1]) Formal betrachtet, könnte man sofort schreiben $\langle H^1_{\beta(\langle H^1_S, \sigma \rangle_{x_1}(S))}, \sigma \rangle_{x_2} = n$. Die Entschiffrierung dieser Schreibweise, die eine Elastizität der von uns angenommenen Konvention demonstriert, könnte jedoch beim ersten Lesen gewisse Schwierigkeiten bereiten.

Auf diese Weise ist eine eindeutige Art der Benennung von Daten, die eine reguläre Struktur bilden, festgelegt worden. Es ist leicht zu sehen, daß wegen der Eindeutigkeit der betrachteten Strukturen für jede gegebene reguläre Struktur $S$ die beschriebene Umbenennung eineindeutig ist, d. h., ein gegebener Name $n \in N$ definiert einen geeigneten Vektor $\boldsymbol{x}$ eindeutig und umgekehrt bestimmt ein gegebener Vektor $\boldsymbol{x}$ einen der Namen der Menge $N$. Die Situationen, in denen gleichzeitig Strukturen von demselben Rang auftreten und auch die formalen Maßnahmen, die die scheinbaren Konflikte von Namen von Daten in solchen Situationen beseitigen, werden im Abschnitt 4.3. besprochen.

Beispiel 1

Wir betrachten ein Buch, das aus $m_1$ Seiten besteht, nämlich *Seite* 1, *Seite* 2, ..., *Seite* $m_1$. Auf jeder Seite sind $m_2$ Zeilen, genannt: *Zeile* 1 *Seite* 1, *Zeile* 2 *Seite* 1, ..., *Zeile* $m_2$ *Seite* 1, *Zeile* 1 *Seite* 2, ..., *Zeile* $m_2$ *Seite* $m_1$. Jede Zeile besitzt $m_3$ Positionen, genannt: *Position* 1 *Zeile* 1 *Seite* 1, *Position* 2 *Zeile* 1 *Seite* 1, ..., *Position* $m_3$ *Zeile* 1 *Seite* 1, *Position* 1 *Zeile* 2 *Seite* 1, ..., *Position* $m_3$ *Zeile* $m_2$ *Seite* 1, *Position* 1 *Zeile* 1 *Seite* 2 ..., *Position* $m_3$ *Zeile* $m_2$ *Seite* $m_1$. In jeder Position ist schließlich irgendeine Information eingetragen.

Unser Buch kann man mit Hilfe einer regulären Struktur modellieren. Darin sind die einfachen Werte die in den Positionen des Buches eingetragenen Informationen und die Namen von einfachen Werten Folgen der Art: *Position* $k$ *Zeile* $j$ *Seite* $i$. Führt man einen dreielementigen Vektor $(i, j, k)$ ein, so hat man für $0 < i \leqq m_1$, $0 < j \leqq m_2$, $0 < k \leqq m_3$ neue Namen von einfachen Daten unserer Struktur, für $0 < i \leqq m_1$, $0 < j \leqq m_2$, $k = 0$ neue Namen von Zeilen und für $0 < i \leqq m_1$, $j = k = 0$ neue Namen für Seiten. So ist beispielsweise (3, 2, 0) ein neuer Namen einer Dateneinheit vom Rang 2, deren Wert eine Struktur — die Menge von Positionen der zweiten Zeile der dritten Seite — ist.

Bemerkung. In diesem Beispiel haben wir stillschweigend angenommen, daß der natürliche Selektor die Namen von einfachen Daten in der Reihenfolge der Positionen in einer Zeile, ferner die Namen der Zeilen auf einer Seite und die Namen der Seiten im Band sowie die Namen von Daten von höherem Rang in der Reihenfolge der Zeilen auf einer Seite und der Seiten im Band ordnet. Dabei gehen die Namen von Daten höheren Rangs den Namen von Daten niedrigeren Rangs voran. Die in dieser Bemerkung gegebene Erläuterung ist im Text des Beispiels absichtlich weggelassen worden, um zu zeigen, wie sehr „natürlich" der Begriff des natürlichen Selektors sein kann.

Beispiel 2

Wir betrachten jetzt eine rechteckige Wertetabelle (dies kann beispielsweise eine reelle Matrix oder eine Tabelle von logischen Werte oder die Niederschrift der Situation auf einem Schachbrett sein). In einer Tabelle $A$ mit $n$ Zeilen und $m$ Spalten bezeichnet man die einzelnen Elemente mit $a_{ij}$, $i = 1, 2, ..., n$, $j = 1, 2, ..., m$. Sehen wir die zweielementigen Folgen der unteren Indizes $i, j$ als Werte der Koordinaten von zweidimensionalen Vektoren an, so können wir die Elemente der Menge

$$\left.\begin{array}{l} (1, 1), (1, 2), \ldots, (1, m) \\ (2, 1), (2, 2), \ldots, (2, m) \\ \cdots\cdots\cdots\cdots \\ (n, 1), (n, 2), \ldots, (n, m) \end{array}\right\} \qquad (4.1.2)$$

als neue Namen für einfache Veränderliche im oben erläuterten Sinne betrachten. Ähnlich wie im vorherigen Beispiel machen wir auf folgendes aufmerksam: Wenn wir die Menge (4.1.2) durch die Relation

$$(i_1, j_1) < (i_2, j_2) \Leftrightarrow i_1 < i_2 \vee (i_1 = i_2 \wedge j_1 < j_2) \qquad (4.1.3)$$

als linear geordnet betrachten, wie wir es gewöhnlich tun, so nehmen wir damit an, daß der Selektor der Ausgangsmenge von Namen einfacher Veränderlicher aus einer beliebigen Teilmenge den Namen eines Elements auswählt, das in einer Zeile mit der kleinsten Nummer liegt, und von den Elementen dieser Zeile das Element, das die kleinste Nummer in der Zeile hat.

Geht es um Namen von Daten höheren Rangs also (1, 0), (2, 0), ..., $(n, 0)$, so muß man, um die Bedingung der Dichte (3.1.10) von Namenmengen von Daten zu erhalten, die die Unterstrukturen bilden, auf eine Anwendung der Formel (4.1.3) zum Ordnen von Mengen verzichten, wenn die Mengen Namen von Daten verschiedener Ränge enthalten. In der Rat erhalten wir, wenn wir die Formel auf die Menge {(1, 0), (2, 0), (1, 1)} anwenden die Anordnung (1, 0), (1, 1), (2, 0) im Widerspruch zur Voraussetzung (3.1.10). Wir werden also die folgende modifizierte Form benutzen:

$$(i_1, j_1) < (i_1, j_2) \Leftrightarrow (j_1 = 0 \wedge j_2 \neq 0) \vee ((j_1 \neq 0 \neq j_2 \vee j_1 = j_2 = 0) \wedge i_1 < i_2)$$
$$\vee (i_1 = i_2 \wedge j_1 < j_2) \,. \qquad (4.1.3')$$

Auf ähnliche Weise kann man Namen von Daten mehrdimensionaler Tabellen festlegen.

Es sei bemerkt, daß die von uns eingeführten neuen Namen (Vektoren mit ganzzahligen Komponenten) keine Fragmente von Datenstrukturen zu benennen gestatten außer denen, die in der Ausgangsdarstellung Namen hatten. Es sei auch hinzugefügt, daß bei der Bildung neuer Namen im wesentlichen die Regularität der Struktur benutzt wurde. Man könnte nämlich:

(a) eine gleiche Länge für Vektoren festlegen, die als neue Namen dienen,
(b) den Wert Null der einzelnen Komponenten zur Kennzeichnung des Ranges einer Dateneinheit verwenden und
(c) den Wertebereich jeder Komponente und die Eineindeutigkeit der Abbildung von alten auf neue Namen festlegen.

In der Fortsetzung dieses Abschnitts werden wir uns ausschließlich der neuen Namen von Daten bedienen, die eine reguläre Struktur bilden. In diesem Zusammenhang ist es zweckmäßig, sich die Schreibweise der Operation der Extraktion einer Dateneinheit aus einer Struktur $S$ zu versinnbildlichen. Hat der neue Name einer Dateneinheit die Form $(i_1, i_2, \ldots, i_r)$, so ist $[i_1, i_2, \ldots, i_r]\ (S)$ eben diese Dateneinheit. Die eckigen Klammern benutzen wir hier, um diese Schreibweise an die bekannte ALGOL-Schreibweise anzugleichen.

## 4.2. Verteilung von regulären Strukturen in einem homogenen Datenspeicher

Das einfachste Beispiel einer regulären Struktur ist offenbar eine Struktur vom Rang 1, die genau eine (einfache) Dateneinheit enthält. Es lohnt jedoch nicht, die mit der Verteilungsart derartiger Strukturen zusammenhängenden Probleme zu analysieren. Eine reguläre Struktur vom Rang 1, die $m_1 > 1$ Elemente enthält, kann jedoch schon genügend interessanten Forschungsstoff liefern.

Wir bemerken zunächst, daß die Menge von Namen, die mit einer derartigen Struktur vom Rang 1 assoziiert sind, ausschließlich aus Namen von einfachen Daten besteht; in der neuen „vektoriellen" Form ist das die Menge $\{(1), (2), \ldots, (m_1)\}$. Wenn jetzt die einfachen Werte, die zur Bildung von Daten benutzt werden, eine einheitliche Verteilung (vgl. Abschn. 3.3) anzuwenden gestatten, so ist

$$\hat{\alpha}(x_1) = a_{x_1} = a_0 + (x_1 - 1)\, k \qquad (4.2.1)$$

die einfachste Form der zweiten Abbildungsfunktion. Dabei ist $x_1$ die erste (und einzige) Komponente des Namensvektors der Dateneinheit; $k$ ist die Anzahl der Zellen, die für die Speicherbereiche einfacher Daten benötigt werden; $a_0$ ist die für alle Daten der betrachteten Struktur feste Anfangsadresse; $a_{x_1}$ ist die Adresse, mit der der Bereich der Dateneinheit mit dem Namen $(x_1)$ beginnt. Bei der Verteilungsart, die sich aus der Formel (4.2.1) ergibt, nimmt die Struktur die Folge von Zellen mit den Adressen $a_0, a_0 + 1, \ldots, a_0 + m_1 k - 1$ ein, und jede Zelle dieser Folge gehört zum Bereich einer und nur einer Dateneinheit.

Ist der homogene Speicher mit einem Mechanismus zur indizierten Adressierung mit automatischem Zuwachs des Inhalts des Indexregisters um $k$ ausgestattet, so erfolgt bei einer derartigen Strukturverteilung der Zugriff zu den (im Sinne der natürlichen Auswahl) aufeinanderfolgenden Elementen der Struktur ganz automatisch (Abschn. 2.2).

Wenn die Werte der einfachen Daten, die in der betrachteten Struktur gruppiert sind, dem Inhalt nach verschiedene Bereiche benötigen oder wenn wir nicht über einen entsprechend großen zusammenhängenden Block von Zellen verfügen, um in ihm die ganze Struktur zu verteilen, so bauen wir die Abbildungsfunktion gewöhnlich in Form einer Tabelle auf. Den Schluß, der zur Bildung einer derartigen Tabelle führt, nehmen wir gewissermaßen rückwärts vor, indem wir voraussetzen, daß die Struktur schon in den Zellen des Speichers verteilt ist. Wir nehmen zuerst an, daß nur das Fehlen eines zusammenhängenden Gebiets unsere Entscheidung einer „gestreuten" Strukturverteilung beeinflußt hat, d. h., daß alle Bereiche die gleiche Länge haben und daß einzelne Bereiche von einfachen Daten schon zusammenhängend sind. Mit $a_{x_1}$ bezeichnen wir die Anfangsadresse des Bereichs der Dateneinheit mit dem Namen $(x_1)$. Wir haben also $\hat{\alpha}(x_1) = a_{x_1}$, wobei $\hat{\alpha}$ die Einschränkung der zweiten Abbildungsfunktion auf die Menge von Namen von einfachen Daten ist. Wir bilden jetzt die Tabelle der Werte der Funktion $\hat{\alpha}$

$$\begin{array}{ll} (1) & a_1 \\ (2) & a_2 \\ \cdot\;\cdot & \cdot\;\cdot \\ (m_1) & a_{m_1} \end{array} \tag{4.2.2}$$

Diese Tabelle bildet einen „Führer" durch die Datenverteilung im Speicher. Damit Programme die Daten der Struktur benutzen können, muß man ihnen die Tabelle (4.2.2) zugänglich machen. Diese Tabelle ist offensichtlich eine reguläre Datenstruktur, und das Problem ihrer Verteilung ist eine rekursive Wiederholung der in diesem Abschnitt durchgeführten Überlegungen. Es ergeben sich jedoch zwei praktische Bemerkungen von großer Bedeutung. Erstens sind die Werte von Daten, die die Struktur (4.2.2) bilden, Adressen von Zellen des Datenspeichers, sie sind also zwangsläufig in einer Zelle dieses Mediums[1]) enthalten. Zweitens kann man die Nummer einer Zeile in der Tabelle (4.2.2) als Namen der Dateneinheit betrachten, die erste Spalte ist also grundsätzlich überflüssig. (Der Leser möge bemerken, daß wir hier wieder *implizit* die Regularität der betrachteten Struktur benutzen).

Sobald die Tabelle (4.2.2), eigentlich aber ihre zweite Spalte, schon im Speicher untergebracht ist, und zwar in der zusammenhängenden Folge von Zellen von der Adresse $t$ bis zur Adresse $t + m_1 - 1$, so ist es für den Zugriff zur Dateneinheit mit dem Namen $(x_1)$ aus der Ausgangsdatenstruktur am bequemsten, die indirekte indizierte Adressierung zu benutzen. In der Tat werden, wenn wir zum Inhalt eines ausgewählten Indexregisters eine Zahl machen, die gleich $x_1$ ist, die Anweisungen, die die indirekte Adressierung und dieses Indexregister benutzen sowie im Adressierungsteil $t - 1$ enthalten, sich auf die Zelle mit der in der $(t - 1 + x_1)$-ten Zeile der Tabelle (4.2.2) enthaltenen Adresse beziehen, d. h. auf die Zelle mit der Adresse $a_{x_1}$.

Wir kehren zur allgemeineren Situation zurück, in der nicht nur das Fehlen von zusammenhängenden Speicherblöcken, sondern auch eine veränderliche „Länge" von einzelnen einfachen Werten ein Grund für die Auswahl einer „gestreuten" Verteilung unserer Struktur ist. Dazu betrachten wir die dritte Abbildungsfunktion. Wir setzen wiederum voraus, daß die Bereiche einzelner einfacher Daten zusammenhängend sind. Der Wert der dritten Abbildungsfunktion ist, wie wir wissen, ein geordnetes Paar, dessen erstes Element die Anfangsadresse und dessen zweites Element die Anzahl der Zellen eines Bereiches ist.

---

[1]) Wir umgehen hier zwecks Vereinfachung der Betrachtungsweise sowohl Medien, in denen die „Zelle" als ein *Byte* definiert ist, als auch Medien, in denen die (aktuelle) Adresse zum Teil aus dem Inhalt eines Basisregisters besteht. Diese beiden Fälle lassen sich übrigens mühelos auf die Hauptrichtung unseres Gedankenganges zurückführen.

Indem wir Informationen über die Verteilung der Struktur sammeln, bilden wir eine Tabelle, die der Tabelle (4.2.2) ähnlich ist. Wir fügen noch eine Spalte hinzu, die zum Speichern der Längen einzelner Bereiche bestimmt ist. Die dritte Abbildungsfunktion ist also durch die Tabelle

$$\begin{array}{lll} (1) & a_1 & l_1 \\ (2) & a_2 & l_2 \\ \cdots & \cdots & \cdots \\ (m_2) & a_{m_1} & l_m \end{array} \tag{4.2.3}$$

gegeben. Diese Tabelle ist eine reguläre Struktur vom Rang 2, da die strukturelle Einteilung der Datenwerte in einen „Adressen-" und einen „Längenteil" zweifellos zu den Feinheiten gehört, die für uns wesentlich sind. Da wir uns mit Strukturen von höherem Rang weiter unten beschäftigen werden, bemerken wir nur, daß sich — ähnlich wie im vorher betrachteten Fall — das Problem einer gestreuten Verteilung einer regulären Struktur reduziert auf die Verteilung einer regulären Struktur mit Werten, die in eine Zelle oder in zwei Zellen hingeschrieben werden können.

***Strukturen von höherem Rang***

Eine reguläre Struktur $S$ vom Rang 2 ist eine Menge von Daten, deren Werte reguläre Strukturen vom Rang 1 sind. Jede dieser Strukturen kann man entsprechend den oben besprochenen Prinzipien verteilen. Dabei können wir annehmen, wenn wir über den Speicher beliebig verfügen, daß der Bereich der ersten einfachen Dateneinheit aus der Struktur $\beta([i, 0]\,(S))$ unmittelbar auf den Bereich der letzten einfachen Dateneinheit aus der Struktur $\beta([i-1, 0]\,(S))$ folgt.

Wir nehmen an, daß die Menge von Namen von einfachen Daten der Struktur $S$ die Form

$$\{(x_1, x_2): x_1 = 1, 2, \ldots, m_1, x_2 = 1, 2, \ldots, m_2\}$$

(mit den vorherigen Bezeichnungen) hat und daß

$$\sigma\{(x_1^1, x_2^1), (x_1^2, x_2^2)\} = (x_1^1, x_2^1) \Leftrightarrow x_1^1 < x_1^2 \vee (x_1^1 = x_1^2 \wedge x_2^1 < x_2^2) \tag{4.2.4}$$

ist und konstruieren die zweite Abbildungsfunktion für Namen von einfachen Daten, nämlich

$$\hat{\alpha}(x_1, x_2) = a_{x_1 x_2} = a_0 + ((x_1 - 1)\, m_2 + x_2 - 1)\, k\ , \tag{4.2.5}$$

wobei wir dabei wie vorher voraussetzen, daß der Bereich jedes einfachen Wertes $k$ Zellen hat.

Außer Namen von einfachen Daten haben wir jetzt $m_1$ Namen von Daten vom Rang 2: $(1, 0), (2, 0), \ldots, (m_1, 0)$. Bei praktischen Anwendungen benutzen wir selten die zweite Abbildungsfunktion zum Auffinden der Anfangsadresse des Bereichs der Dateneinheit vom Rang 2. Trotzdem erweitern wir die Formel

(4.2.5), so daß sie auch die Fälle $x_2 = 0$ erfaßt:

$$\alpha(x_1, x_2) = a_{x_1x_2} = a_0 + \left((x_1 - 1)\, m_2 + x_2 - \operatorname{sgn} x_2\right) k \tag{4.2.5'}$$

Bemerkung. Nach unseren Vorausstezungen ist $x_1 \geqq 0$. Die nichtelementare Funktion sgn $x$ ist wie folgt definiert:

$$\operatorname{sgn} x = \begin{cases} 1 & \text{für} \quad x > 0 \\ 0 & \text{für} \quad x = 0 \\ -1 & \text{für} \quad x < 0\,. \end{cases}$$

Aus der Formel (4.2.5') folgt, daß $a_{x_10} = a_{x_11}$ (was den Satz 1, Abschn. 3.3, veranschaulicht).

Die analytische Form der dritten Abbildungsfunktion für dieselbe Verteilungsart erhalten wir ohne Schwierigkeiten:

$$\varphi(x_1, x_2) = \begin{cases} (a_{x_1x_2}, k) & \text{für} \quad x_2 \neq 0 \\ (a_{x_1x_2}, m_2 k) & \text{für} \quad x_2 = 0\,. \end{cases} \tag{4.2.6}$$

Gehen wir nun zu regulären Strukturen vom Rang $r$ über und machen analoge Voraussetzungen zur Verteilungsart und zur Anzahl der Zellen von Bereichen für einfache Daten und nehmen eine ähnliche Benennung von Daten (mit einer evidenten Erweiterung der Formel (4.2.4)) an, so haben wir für Namen von einfachen Daten ($x_i > 0$, $i = 2, 3, \ldots, r$):

$$\hat{\alpha}(x_1, x_2, \ldots, x_r) = a_{x_1x_2\cdots x_r} = a_0 + k\left(\sum_{i=1}^{r-1} (x_i - 1) \prod_{j=i+1}^{r} m_j + x_r - 1\right) \tag{4.2.7}$$

und für Namen von Daten von beliebigem Rang[1])

$$\alpha(x_1, x_2, \ldots, x_r) = a_{x_1x_2\cdots x_r} = a_0 + k\left(\sum_{i=1}^{r-1} (x_i - \operatorname{sgn} x_i) \prod_{j=i+1}^{r} m_j + x_r - \operatorname{sgn} x_r\right) \tag{4.2.7'}$$

sowie für die dritte Abbildungsfunktion

$$\varphi(x_1, x_2, \ldots, x_r) = \begin{cases} (a_{x_1x_2\cdots x_r}, k) & \text{für} \quad x_i \neq 0, \quad i = 2, 3, \ldots, r \\ \left(a_{x_1x_2\cdots x_r}, k \prod\limits_{j=i+1}^{r} m_j\right) & \text{für } x_r = x_{r-1} = \cdots = x_i = 0\,. \end{cases} \tag{4.2.8}$$

---

1) Eine Erweiterung der Formel (4.2.4) auf Strukturen vom Rang $r$ und Mengen von Namen verschiedener Ränge gibt die folgende Formel an:

$$(x_1, x_2, \ldots, x_r) < (y_1, y_2, \ldots, y_r) \Leftrightarrow \exists_{k \leq r} (x_k = 0 \wedge y_k \neq 0) \vee \left(\forall_{k \leq r} (x_k = 0 \Leftrightarrow y_k = 0) \wedge \exists_{r \leq l} \left(\forall_{m < l} x_m = y_m \wedge x_l < y_l\right)\right) \tag{4.2.4'}$$

in der angenommen wird, daß die Quantifikatoren $\exists$ und $\forall$ stärker binden als die aussagenlogischen Funktoren.

Am meisten interessiert uns in der Praxis gewöhnlich der Zugriff zu einfachen Daten, d. h. die Anwendung der Formel (4.2.7). Die in ihr auftretenden Produkte der Form

$$p_i = \prod_{j=i+1}^{r} m_j$$

hängen nicht von $(x_1, x_2, \ldots, x_r)$ ab. Man kann also den Vektor $\boldsymbol{p} = (p_1, p_2, \ldots, p_{r-1}, 1)$ bilden und mit $\hat{\boldsymbol{x}} = \boldsymbol{x} - \mathbf{1} = (x_1 - 1, x_2 - 1, \ldots, x_r - 1)$ den Wert der Funktion $\hat{\alpha}$ ($\boldsymbol{x}$ als Linearform [1])

$$\hat{\alpha}(\boldsymbol{x}) = a_0 + k\boldsymbol{p}\hat{\boldsymbol{x}} \tag{4.2.9}$$

berechnen. Dabei ist $\boldsymbol{p}\hat{\boldsymbol{x}}$ das Skalarprodukt der Vektoren $\boldsymbol{p}$ und $\hat{\boldsymbol{x}}$. Jeder Zugriff zu einer einfachen Dateneinheit aus einer regulären Datenstruktur vom Rang $r$ erfordert also die Berechnung des Skalarprodukts zweier Vektoren mit $r$ Komponenten. Wenn der informationsverarbeitende Prozeß innerhalb einer Unterstruktur jedoch die Reihenfolge des Zugriffs, die mit der Reihenfolge der Auswahl durch den Selektor übereinstimmt, vorschreibt, so wäre eine Benutzung der Formel (4.2.9) zwecks Festlegung der Adresse eine Vergeudung von Maschinenzeit. Gewöhnlich — vor allem bei kleinem $k$ ($k = 1, 2$) — gestattet eine indizierte Adressierung eine unmittelbare Benutzung des Zusammenhangs

$$\hat{\alpha}(\boldsymbol{x}^+) = \hat{\alpha}(\boldsymbol{x}) + k \ , \tag{4.2.10}$$

in dem der obere Index + die Operation „Nachfolger nehmen" bedeutet. Wenn man nach Beendigung des informationsverarbeitenden Prozesses innerhalb einer gewissen Unterstruktur zur „nächsten" (im Sinne einer waagerechten strukturellen Nachfolgerschaft) übergeht, so kann man weiterhin die indizierte Adressierung, die die Formel (4.2.10) realisiert, benutzen, indem man unter $\boldsymbol{x}^+$ den Namen der nächsten (in diesem Sinne) einfachen Dateneinheit (d. h. der ersten einfachen Dateneinheit der nächsten Unterstruktur) versteht. Der Zusammenhang zwischen regulären Datenstrukturen und indizierter Adressierung beschränkt sich übrigens nicht auf das gewöhnliche Auswählen von aufeinanderfolgenden Elementen der Struktur. Dies veranschaulichen die unten angegebenen Beispiele.

Beispiel 1

Bei vielen numerischen Problemen führen wir gewisse Operationen mit *benachbarten Elementen* eines gegebenen Elements einer Matrix aus. Der Begriff von benachbarten Elementen bezeichnet in verschiedenen konkreten Fällen verschiedene Objekte. Mitunter sind das alle Elemente, die man durch Verändern der Indizes des ausgewählten Elements um 1 erhalten kann; manchmal zwei benachbarte Elemente in der Zeile, ein Element aus der Zeile über und ein Element aus der Zeile unter dem gegebenen Element; bisweilen zwei Elemente aus der Zeile über und zwei Elemente aus der Zeile unter dem gegebenen Element (Abb. 4.1).

[1] Das Zeichen ^ erinnert daran, daß man die Formel für die zweite Abbildungsfunktion von Namen von einfachen Daten benutzt.

Wir nehmen an, daß wir unter benachbarten Elementen diejenigen Elemente verstehen werden, die für ein ausgewähltes Element einer Matrix (kleines Quadrat) in der Abb. 4.1b in kleine Kreise eingeschlossen sind.

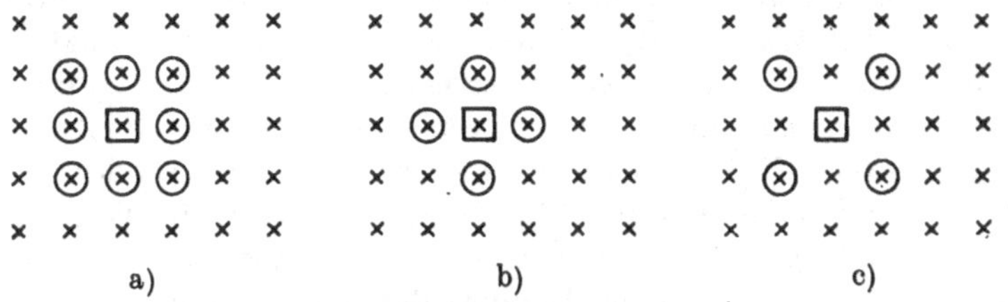


Abb. 4.1. Verschiedene Interpretationen des Begriffes von benachbarten Elementen

Wir nehmen an, daß Namen von einfachen Daten, die eine Matrix mit $n$ Zeilen zu je $m$ Elementen bilden, eine Form haben, wie sie im Beispiel des Abschnitts 4.1. eingeführt worden sind. Wir betrachten nun einen Ausschnitt aus dieser Tabelle, der der betrachteten Situation entspricht:

$$\begin{array}{ccccc} \dots & \dots & \dots & \dots & \dots \\ \dots & (i-1, j-1) & (i-1, j) & (i-1, j+1) & \dots \\ \dots & (i, j-1) & (i, j) & (i, j+1) & \dots \\ \dots & (i+1, j-1) & (i+1, j) & (i+1, j+1) & \dots \\ \dots & \dots & \dots & \dots & \dots \end{array}$$

Es sei $\hat{\alpha}(i, j) = a$. Für $m_2 = m$ erhalten wir aus der Formel (4.2.5):

$$\hat{\alpha}(i+1, j) - \hat{\alpha}(i, j) = ((i+1-1)m + j - 1)k - ((i-1)m + j - 1)k = mk$$

Analog

$$\hat{\alpha}(i, j+1) - \hat{\alpha}(i, j) = k\,,$$
$$\hat{\alpha}(i, j-1) - \hat{\alpha}(i, j) = -k\,,$$
$$\hat{\alpha}(i-1, j) - \hat{\alpha}(i, j) = -mk\,.$$

Wir können also schreiben

$$\hat{\alpha}(i+1, j) = a + mk\,, \qquad \hat{\alpha}(i, j-1) = a - k\,,$$
$$\hat{\alpha}(i, j+1) = a + k\,, \qquad \hat{\alpha}(i-1, j) = a - mk\,.$$

Setzt man jetzt $b_1 = mk$, $b_2 = k$, $b_3 = -k$, $b_4 = -mk$ und bildet aus den vier Daten eine neue reguläre Struktur vom Rang 1, so kann der Zugriff zu benachbarten Elementen eines beliebigen (keines Randelements) Elements der Matrix erfolgen, indem man seine Adresse mit den Werten der aufeinanderfolgenden Daten der neuen Struktur summiert. Das bedeutet, daß man ausschließlich indizierte Adressierung benutzt.

Ein ähnliches Vorgehen kann bei jeder anderen Definition von „benachbarten Elementen“ der Abb. 4.1 angewandt werden.

Bemerkung. Das dargestellte Beispiel ist offensichtlich nichts mehr als nur eine Veranschaulichung einer der Folgen der Linearisierung der Matrix.

Man kann bemerken, daß wir bei der Anwendung einer mit der ausgewählten zweiten Abbildungsfunktion zusammenhängenden Verteilungsart mehrdimensionale Gebilde linearisieren, worauf die Formel (4.2.9) am nachdrücklichsten hinweist. In der Fachliteratur sind die Probleme, denen diese Betrachtungen galten, häufig unter dem Titel „Linearisierung von Datenstrukturen" u. ä. zusammengefaßt. Wenn von einer Linearisierung die Rede ist, so wird gewöhnlich erwähnt, daß man sie auf mehrere Arten ausführen kann. So kann man eine Matrix zeilenweise (z. B. in den Übersetzern von ALGOL-60) oder spaltenweise (wie z. B. in den Übersetzern von FORTRAN) linearisieren. Wenn wir das in unserem Text nicht genügend stark unterstrichen haben, so nur deshalb, weil wir hinreichend früh und nach der Meinung des Verfassers nachdrücklich genug auf folgende Tatsache aufmerksam gemacht haben: Alle natürlichen Probleme der Reihenfolge ergeben sich aus einer Auswahl von Namen, d. h. daraus, für welchen Namenraum (mit einem Selektor!) wir uns entschieden haben. In den im Abschn. 4.1. gegebenen Beispielen ist das übrigens noch einmal unterstrichen worden. Eine rechteckige Wertetabelle kann man entweder als Menge von Spalten oder als Menge von Zeilen betrachten, nicht aber als Menge von Spalten und Menge von Zeilen, da es dann nicht mehr eine Datenstruktur in dem von uns angenommenen Sinne ist.

Beispiel 2

Wir betrachten weiterhin eine Datenmatrix mit den Namen $\{(i, j)\}$. Wir setzen jedoch voraus, daß der Prozeß der Informationsverarbeitung ihre Elemente in der Reihenfolge benutzen wird, wie sie durch die Nachfolgerbeziehung „längs der Diagonalen" bestimmt sind. Es erhebt sich die Frage, ob die angenommene natürliche Anordnung von einfachen Daten (nach der zeilenweisen Nachfolgerbeziehung von Namen) wesentliche Schwierigkeiten bereitet bei der Bestimmung einer derartigen Verteilungsart der Matrix, damit man bei der Wahl aufeinanderfolgender Elemente eine indizierte Adressierung benutzen kann. Wir bemerken zunächst, daß wir dieses Ziel offenbar nicht erreichen, wenn wir die bisber angenommene Verteilungsart anwenden. Jede Matrixdiagonale hat nämlich eine andere Länge, und die „Verschiebungen" von Element zu Element sind also nicht mehr unabhängig davon, bei welchem Element sie „gemessen" werden.

Zur Veranschaulichung der weiteren Überlegungen bedienen wir uns des Schemas (der Einfachheit halber nehmen wir eine quadratische Matrix)

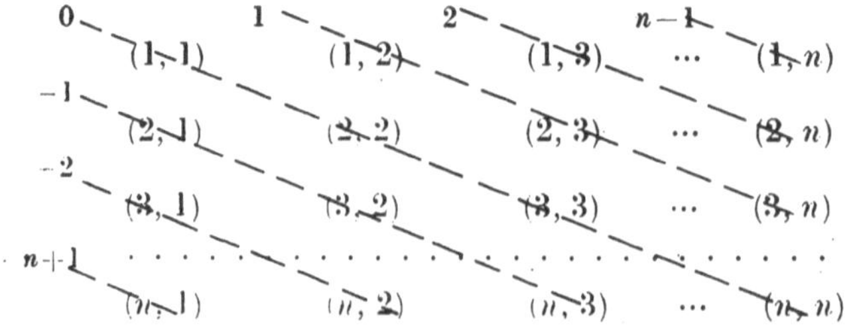

in dem wir die Diagonalen von $-n + 1$ bis $n - 1$ durchnumerieren. Dabei erhält die Hauptdiagonale, auf der die Elemente (1,1), (2, 2), ..., $(n, n)$ liegen, die Nummer 0; die Nummer 1 erhält die Diagonale, die unmittelbar über der Hauptdiagonalen liegt, d. h. die Diagonale mit den Elementen (1, 2), (2, 3), ..., $(n - 1, n)$; die Nummer $-1$ erhält die Diagonale, die unmittelbar unter der Hauptdiagonalen liegt, d. h. mit den Elementen (2, 1), (3, 2), ..., $(n, n - 1)$ usw.

Bezeichnet man mit $d$ die Nummer der Diagonalen, so sieht man, daß das Element $(i, j)$ auf der Diagonalen mit der Nummer $d = j - i$ liegt. Die Diagonale 0 enthält $n$ Elemente, die Diagonalen 1 und $-1$ enthalten je $n - 1$ Elemente, ..., die Diagonale $d$ enthält $n - |d|$ Elemente. Eine Hervorhebung der Rolle der Diagonalen hängt häufig mit solchen Problemen zusammen, bei denen uns nur eine Dreiecksmatrix (z. B. die obere „Hälfte" einer symmetrischen Matrix) interessiert. Wir berücksichtigen dies und verteilen unsere Matrix von „beiden Seiten" der Adresse $a_0$, so daß man — falls die untere „Hälfte" sich als entbehrlich erweisen sollte — nur die Daten behalten könnte, die wir auf Adressen, die größer als $a_0$ sind, aufteilen. Zuerst befassen wir uns mit einer Aufteilung der Diagonalen $d \geqq 0$. Die Bereiche von Daten der Hauptdiagonalen nehmen jetzt $nk$ Zellen von $a_0$ bis $a_0 + k(n - 1)$ ein. Der erste Bereich, der für eine Dateneinheit der Diagonalen 1 bestimmt ist, wird die Adresse $a_0 + nk$ haben, der erste Bereich der Diagonalen $d$ die Adresse $a_0 + kd\left(n - (d - 1)/2\right)$. Die $s$-te laufende Dateneinheit auf der Diagonalen mit der Nummer $d$ wird also einen Bereich haben, der mit der Adresse $a_0 + k\left(d(n - (d - 1)/2) + s - 1\right)$ beginnt, wobei $s = i$ für $(d \geqq 0$ ist. Für den oberen Teil der Matrix erhielten wir also eine Formel für die zweite Abbildungsfunktion für Namen von einfachen Daten:

$$\hat{\alpha}(i, j) = a_0 + k\left((j - i)\left(n - \frac{j - i - 1}{2}\right) + i - 1\right), \quad j \geqq i. \quad (4.2.11)$$

Der Bereich der ersten Dateneinheit der Diagonalen mit der Nummer $-1$, d. h. der Bereich der Dateneinheit mit dem Namen (2, 1), beginnt mit der Nummer $-1$, d. h. der Bereich der Dateneinheit mit dem Namen (2.1), beginnt mit der Adresse $a_0 - k(n - 1)$. Indem wir wie vorher schließen, erhalten wir

$$\hat{\alpha}(i, j) = a_0 + k\left((j - i)\left(n + \frac{j - i + 1}{2}\right) + j - 1\right), \quad j < i \quad (4.2.12)$$

Legen wir die Nummer der Diagonalen, deren Elemente wir eins nach dem anderen untersuchen wollen, fest, $d = j - 1$, so können wir

$$b = a_0 + kd\,(2n - |d| + 1)/2$$

berechnen und durch Zusammenfassung der Formeln (4.2.11) und (4.2.12) die Anfangsadressen von Bereichen von einfachen Daten nach der Formel

$$\hat{\alpha}(i, j) = \begin{cases} b + (i - 1)\,k & \text{für} \quad j \geqq i \\ b + (j - 1)\,k & \text{für} \quad j < i \end{cases} \quad (4.2.13)$$

bestimmen. Diese Formel ist der indirekten Nutzung der Bequemlichkeiten der indizierten Adressierung ausgezeichnet angepaßt.

### *HELLERMANsche Methode zur Bestimmung der zweiten Abbildungsfunktion*

H. HELLERMANN [33] gab im Jahre 1962 eine interessante obwohl wenig verbreitete Methode an zur Bestimmung der zweiten Abbildungsfunktion für Namen von einfachen Daten, die in einer regulären Struktur gruppiert sind. Diese Methode kann in einer Ziffernmaschine angewandt werden, die wenigstens eine $r$-fache indirekte Adressierung und wenigstens $r$ Indexregister besitzt.

Eine reguläre Struktur $S$ vom Rang $r$ mit Namen von einfachen Daten, gegeben in vektorieller Form $(x_1, x_2, \ldots, x_r)$ wobei $x_i = 1, 2, \ldots, m_i$ ist, wird im homogenen Medium verteilt. Die Bereiche einzelner einfacher Daten beginnen mit Zellen mit den Adressen $a_{x_1 \cdots x_r}$.

Wir bilden $r$ Hilfstabellen $T_1, T_2, \ldots, T_r$, die der Reihe nach $m_1, m_1 m_2$, $\ldots, m_1 m_2 \cdots m_r$ Zeilen enthalten (die $i$-te Hilfstabelle enthält so viele Zeilen wie die betrachtete Struktur Daten vom Rang $r - i + 1$ enthält). Diese Tabellen verteilen wir im homogenen Medium so, daß jede von ihnen aufeinanderfolgende Zellen, beginnend für die Tabelle $T_i$ mit der Adresse $t_i$, einnimmt.

In der $r$-ten Tabelle bringen wir der Reihe nach die Werte $a_{x_1 x_2 \cdots x_r}$ unter, d. h. die Adressen der Anfänge der Bereiche von einfachen Daten unserer regulären Struktur; in der Tabelle $T_{r-1}$ die Adressen von Zellen, in denen die Zeilen der Tabelle $T_r$, die für $x_i = 1, 2, \ldots, m_i$, $i = 1, 2, \ldots, r - 1$, $a_{x_1 x_2 \cdots x_{r-1}}$ enthalten, untergebracht worden sind usw. (Wir setzen selbstverständlich voraus, daß jede dieser Größen in einer Zelle enthalten ist.) Wir haben also die folgende Konfiguration der Tabellen (die unten ausführlich erläutert sind):

$T_1$

| | | | | |
|---|---|---|---|---|
| $t_1$ | : | $t_2$ | , | 2 |
| $t_1 + 1$ | : | $t_2 + m_2$ | , | 2 |
| $t_1 + 2$ | : | $t_2 + 2m_2$ | , | 2 |
| $t_1 + m_1 - 1$ | : | $t_2 + (m_1 - 1)\, m_2$ | , | 2 |

$T_2$

| | | | | |
|---|---|---|---|---|
| $t_2$ | : | $t_3$ | , | 3 |
| $t_2 + 1$ | : | $t_3 + m_3$ | , | 3 |
| $t_2 + 2$ | : | $t_3 + 2m_3$ | , | 3 |
| $t_2 + m_2 - 1$ | : | $t_3 + (m_2 - 1)\, m_3$ | , | 3 |
| $t_2 + m_2$ | : | $t_3 + m_2 m_3$ | , | 3 |
| $t_2 + m_2 + 1$ | : | $t_3 + (m_2 + 1)\, m_3$ | , | 3 |
| $t_2 + m_1 m_2 - 1$ | : | $t_3 + (m_1 m_2 - 1)\, m_3$ | , | 3 |

| | | | | |
|---|---|---|---|---|
| | | $T_r$ | , | |
| $t_r$ | : | $a_{111\cdots 11}$ | , | 0 |
| $t_r + 1$ | : | $a_{111\cdots 12}$ | , | 0 |
| ... | | | | |
| $t_r + m_r - 1$ | : | $a_{111\cdots 1m_r}$ | , | 0 |
| $t_r + m_r$ | : | $a_{111\cdots 21}$ | , | 0 |
| $t_v + m_r + 1$ | : | $a_{111\cdots 22}$ | , | 0 |
| ... | | | | |
| $t_r + 2m_r - 1$ | : | $a_{111\cdots 2m_r}$ | , | 0 |
| ... | | | | |
| $t_r + m_1 m_2 \cdots m_r - 1$ | : | $a_{m_1 m_2 \cdots m_r}$ | , | 0 |

Im obigen Schema ist in jeder Zeile vor dem Doppelpunkt die Adresse der Zelle symbolisch eingetragen und nach dem Doppelpunkt — auch symbolisch — ihr Inhalt. Das Komma trennt das Adressenfeld von der Nummer des Indexregisters, die in der gegebenen Zelle angezeigt ist.

Wenn wir jetzt eine Dateneinheit mit dem Namen $(x_1, x_2, \ldots, x_r)$ „wiederfinden" wollen, um z. B. die Extraktion $[x_1, x_2, \ldots, x_r]$ $(S)$ auszuführen und wollen dazu $\alpha(x_1, x_2, \ldots, x_r)$ berechnen, so verfahren wir wie folgt: In die Indexregister führen wir die Werte $x_i - 1$, d. h. $I_{i\cdot} = x_i - 1$ für $i = 1, 2, \ldots, r$, ein. Vermöge der indirekten indizierten Adressierung wählen wir die Zelle mit der Adresse $t_1 + I_{1\cdot}$ aus. Ihr Inhalt — d. h. die Adresse, unter der wir (bei mehrfacher indirekter Adressierung) die nächste Adresse finden und die Nummer des folgenden Indexregisters — ist $t_2 + (x_1 - 1)\, m_2, 2$. Die folgende Adresse in der Kette von Adressen wird also der Inhalt des Adressenfeldes der Zelle

$$t_2 + (x_1 - 1)\, m_2 + I_{2\cdot} \equiv t_2 + (x_1 - 1)\, m_2 + x_2 - 1\,,$$

d. h. die Zahl

$$t_3 + (x_1 - 1)\, m_2 m_3 + (x_2 - 1)\, m_3$$

sein und die Nummer des folgenden Indexregisters, das wir benutzen werden, die Zahl 3. Wenn wir die Kette der indirekten indizierten Adressierung fortsetzen, gelangen wir schließlich zur Adresse

$$t_r + (x_1 - 1)\, m_2 m_3 \cdots m_r + (x_2 - 1)\, m_3 m_4 \cdots m_r + \cdots + (x_{r-1} - 1)\, m_r + I_{r\cdot} =$$
$$= t_r + \sum_{i=1}^{r-1} (x_i - 1) \prod_{j=i+1}^{r} m_j + x_r - 1$$

unter der die Adresse des Anfangs des Bereiches der Dateneinheit mit dem Namen $(x_1, x_2, \ldots, x_r)$ und die Nummer 0, die auf das nullte Indexregister weist, eingetragen sind. Auf diese Weise können wir bei der Bestimmung der zweiten Abbildungsfunktion auf Kosten der Angabe zusätzlicher Tabellen $T_i$ die additiv-multiplikative Operation, d. h. die Bestimmung des früher erwähnten Skalarproduktes der Vektoren $\hat{\boldsymbol{x}}$ und $\boldsymbol{p}$ vermeiden.

Bemerkung 1. Die HELLERMANsche Methode ist ein Beispiel für eine allgemeinere Gesetzmäßigkeit, deren Analyse über den Gegenstand dieses Buches hinausgeht. Wir können uns aber hier dem Verlangen nicht widersetzen, sie anzudeuten: Es geht nämlich darum, daß man durch Ersetzen von Berechnungsprozeduren durch Prozeduren des Auswählens von Informationen aus entsprechend vorbereiteten Tabellen häufig beträchtliche Zeiteinsparungen im Informationsverarbeitungsprozeß erreichen kann. Bei der behandelten Methode haben wir die Folge von arithmetischen Operationen tatsächlich durch eine Folge von Tabellen ersetzt, indem wir gewissermaßen eine „additiv-multiplikative Tabelle" aufstellten. Wir benutzten dabei sehr wesentlich die Möglichkeiten, die ausgebaute Adressierungsarten von homogenen Medien bieten.

Bemerkung 2. Bei der Anwendung der HELLERMANschen Methode machen wir keine Voraussetzungen zur Zerlegung der Adressen $a_{x_1 x_2 \cdots x_r}$ im Speicher. Wenn nur einfache Daten einer Struktur in einem zusammenhängenden Gebiet verteilt werden, so wird die Tabelle $T_r$ entbehrlich; wir werden eine $(r-1)$-fache indirekte Adressierung mit Indizierung benutzen, die Adressen $\hat{\alpha}\,(x_1 x_2 \cdots x_{r-1}\,1)$ werden den Inhalt der Zeilen der Tabelle $T_{r-1}$ bilden, und in das Register $r-1$ werden wir die Größe $k\,(x_r - 1)$ einführen.

Bemerkung 3. Dem Leser, der geneigt ist, methodologische Überlegungen anzustellen, empfehlen wir, über den Zusammenhang zwischen der „Philosophie" der HELLERMANschen Methode und der „Philosophie" der angenommenen Betrachtungsart von Datenstrukturen nachzudenken. Der Artikel von HELLERMANN war einer von denen, deren Lektüre den Autor in der Überzeugung von der Fruchtbarkeit des in diesem Buch angewandten Gedankenschemas bestärkt hat.

## „Dünne" Matrizen

In der Praxis der numerischen Rechnungen haben wir es nicht selten mit sogenannten „dünnen" Matrizen zu tun, d. h. mit Matrizen, worin viele Elemente denselben Wert haben, am häufigsten den Wert 0. Die Anwendung von allgemeinen Speicherungsarten ist in solchen Fällen gewöhnlich wenig effektiv, da kein wesentliches Bedürfnis besteht, viele Kopien derselben Information aufzubewahren. Obwohl die in derartigen Fällen empfohlenen Lösungen sich nicht direkt auf die oben entwickelte Betrachtungsmethode der Verteilung von regulären Strukturen im Speicher beziehen, werden wir diesem Thema etwas Beachtung schenken, vor allem deshalb, um die Erwartungen des Lesers wenigstens teilweise zu erfüllen, der in diesem Buch einen praktischen Rat sucht. Der Grundgedanke des Vorgehens beim Speichern von dünnen Matrizen ist eine Zerlegung der ersten Abbildungsfunktion

$$\pi: N \to \{P_1, \ldots, P_t\},$$

genauer, eines Teils der ersten Abbildungsfunktion

$$\hat{\pi}: \hat{N} \to \hat{P}$$

in zwei Teile, wobei $\hat{N}$ die Menge der Namen von einfachen Daten ist. Der eine Teil der Abbildungsfunktion bezieht sich auf Namen von Daten, deren Werte

„interessieren"; der zweite Teil bezieht sich auf Namen von Daten, deren Werte identisch sind (z. B. gleich 0), also „uninteressant" sind. Wir bezeichnen mit $\hat{N}_0$ die Menge von Namen eben solcher einfachen Daten

$$\hat{N}_0 = \{n : \beta(n(S)) = 0, n \in \hat{N}\}$$

und nehmen eine derartige Verteilungsart an, bei der für alle $n \in \hat{N}_0$ $\hat{\pi}(n) = P_0$ ist (in evidenter Weise verletzen wir damit die Bedingung (3.3.2)). Für $n \in \hat{N} \setminus \hat{N}_0$ sind die Werte $\hat{\pi}(n)$ so gewählt, daß man in bestimmtem Sinne Reserven des Datenspeichers am besten nachweisen kann. Haben wir in der Struktur $S$ $l$ einfache Daten, $l = l_1 + l_2$, wobei $l_1$ die Anzahl der hinsichtlich des Wertes ausgezeichneten einfachen Daten ist, so brauchen wir für die Aufbewahrung aller $l$ Daten $l_1 + 1$ Bereiche: je ein Bereich für jede der $l_1$ ausgezeichneten Daten und einen gemeinsamen Bereich für alle $l_2$ „uninteressanten" Daten. Wenn man beispielsweise eine Diagonalmatrix

$$M = \begin{pmatrix} a_{11} & 0 & 0 & \cdots & 0 \\ 0 & a_{22} & 0 & \cdots & 0 \\ \cdot & \cdot & \cdot & \cdots & \cdot \\ 0 & 0 & 0 & \cdots & a_{m_1 m_2} \end{pmatrix}, \quad m_2 = m_1$$

hat, so verbraucht man statt $m_1^2$ nur $m_1 + 1$ Bereiche. Wenn wir jedoch die vorher eingeführte vektorielle Benennung von Daten beibehalten wollen, so wird die Bestimmung einer einfachen Form der zweiten Abbildungsfunktion nicht immer leicht sein. In dem angeführten Beispiel einer quadratischen Diagonalmatrix kann man die zweite Abbildungsfunktion mühelos bestimmen:

$$\hat{\alpha}(x_1, x_2) = \begin{cases} a_0 + k(x_1 - 1) & \text{für} \quad x_1 = x_2 \\ b_0 & \text{für} \quad x_1 \neq x_2 \end{cases} \tag{4.2.14}$$

Man nimmt dabei wie vorher eine einheitliche Verteilung und aus $k$ Zellen bestehende Speicherbereiche von einfachen Daten an. Ähnlich wurde bei einer symmetrischen Matrix oder einer Dreiecksmatrix die Bestimmung einer passenden Form der zweiten Abbildungsfunktion keine größeren Schwierigkeiten bereiten (vgl. Beispiel 2). Sind jedoch die Nullelemente der Matrix in ihr beliebig verstreut, so wird es schwierig sein, eine Regularität der Struktur zu benutzen. Deshalb wendet man auch gewöhnlich einen Lösungsalgorithmus an, der halbregulären Strukturen (Abschn. 5) eigen ist. Eine derartige — übrigens sehr charakteristische und gut durchdachte — Lösung gaben WALLACE und ROSENBERG an. (In der Originalarbeit [77] ist diese Lösung, in einer weniger allgemeinen Form als der, die wir anführen, in einer Randbemerkung enthalten.)

Es sei $M$ eine Matrix mit $m_1 \times m_2$ Elementen, in der einige Werte sich mehrfach wiederholen. Es gelte insbesondere bei gewissen ganzzahligen $\delta_1$ und $\delta_2$, die für die Matrix $M$ festgelegt sind, für alle $x_1 = x_1^\tau + i\delta_1$, $x_2 = x_2^\tau + j\delta_2$, $i = 0, 1, \ldots, d_1^\tau$, $j = 0, 1, \ldots, d_2^\tau$ die Beziehung $\beta([x_1, x_2](M)) = w^\tau$. Statt aller Elemente der Matrix $M$ kann man jetzt nur die Menge der Quintupel $\{(x_1^\tau, x_2^\tau, w^\tau, d_1^\tau, d_2^\tau)\}$ aufbewahren. Diese Menge selbst ist offensichtlich eine Menge von

Werten einer gewissen regulären Struktur vom Rang 2. Ihre Verteilung im Speicher kann man auf die vorher erörterte Weise organisieren.

Die Extraktion einer Dateneinheit $[x_1, x_2]$ $(M)$ ist jetzt nicht mehr so einfach wie zuvor. Zum Glück aber interessiert uns in numerischen Prozessen selten eine Dateneinheit allein. Bedeutend häufiger muß man gewisse gut bekannte Matrizenoperationen, z. B. Multiplikation einer Matrix mit einem Vektor u. ä. ausführen. Die Algorithmen, nach denen wir diese Operationen ausführen, kann man aber der eingeführten komprimierten Matrixdarstellung anpassen. So werden wir beispielsweise den Berechnungsalgorithmus für $\boldsymbol{a} = M\boldsymbol{b}$, der in der gewöhnlichen mathematischen Schreibweise durch

$$a_\mu = \sum_{\nu=1}^{m_2} M_{\mu\nu} b_\nu\,, \qquad \mu = = 1, 2, \ldots, m_1 \tag{4.2.15}$$

dargestellt wird, wobei $\boldsymbol{a}$ und $\boldsymbol{b}$ Vektoren mit der entsprechenden Anzahl von Koordinaten sind, wie folgt modifizieren:

Die Menge der Quintupel habe $l$ Elemente. Wir nehmen zuerst $a_\mu = 0$, $\mu = 1, 2, \ldots, m_1$ an und setzen $\tau = 1$. Jetzt bestimmen wir alle Summanden aller Summen (4.2.15), in denen $w^\tau$ vorkommt. Dieser Wert wiederholt sich nicht nur in der Zeile $x_1^\tau$ auf den Positionen $x_2^\tau$, $x_2^\tau + \delta_2, \ldots, x_2^\tau + d_2^\tau\delta_2$, sondern auch in den Zeilen $x_1^\tau + \delta_1$, $x_1^\tau + 2\delta_1, \ldots, x_1^\tau + d_1^\tau\delta_1$ (auf denselben Positionen wie in der Zeile $x_1$).

Wir bilden also die Summe

$$B^\tau = \sum_{i=1}^{d_2^\tau} b_{x_2^\tau + i\delta_2}$$

und vergrößern danach alle $a_{x_1^\tau + j\delta_1}$, $j = 0, 1, \ldots, d_1^\tau$ um $w^\tau B^\tau$. Nachher gehen wir zu $\tau = 2$ über usw. bis zu $\tau = l$.

Ähnlich kann man andere numerische Algorithmen modifizieren. Das oben beschriebene Verfahren mit dünnen Matrizen spart eine gewisse Anzahl von Multiplikationen ein, da wir nur soviel davon ausführen, wie Quintupel in der verdichteten Matrixdarstellung auftreten. Das Hauptziel ist aber eine Reduzierung (wenn auch nicht unbedingt eine volle Eliminierung) von Wiederholungen. Wenn wir annehmen, daß jeder der Werte $x_1^\tau$, $x_2^\tau$, $d_1^\tau$ und $d_2^\tau$ in einer Zelle aufbewahrt werden kann und daß zur Aufbewahrung eines jeden $w^\tau$ $k$ Zellen nötig sind, so verbrauchen wir statt $km_1m_2$ Zellen für die Aufbewahrung aller einfachen Daten nur $l\,(k + 4)$ Zellen. Damit die Speicherplatzeinsparung bemerkbar ist, muß offensichtlich $l\,(k + 4) < km_1m_2$ sein.

## 4.3. Dynamische reguläre Datenstrukturen

Wir berühren hier Probleme, die qualitativ verschieden sind von denen, die wir zuvor in diesem Abschnitt behandelt haben. Es geht nämlich um einen ganzen Kreis von Problemen, die reguläre Strukturen mit einer sich im Informationsverarbeitungsprozeß verändernden Anzahl von Daten betreffen.

Beide im Abschn. 3 eingeführte Operationen — Extraktion und Konstruktion — sind *de facto* Operationen zur Bildung neuer Strukturen ohne Änderung der Anfangsstrukturen. Mit anderen Worten, wenn wir nur die beiden genannten Operationen benutzen würden, so würde jede einmal gebildete Struktur keinen Veränderungen mehr unterliegen. Das entspricht genau unserer Darstellungsart der Grundlagen der Theorie der Datenstrukturen, die sich durch eine Statik der auftretenden Relationen auszeichnet und Veränderungen in der Struktur, die durch den Verarbeitungsprozeß hervorgerufen werden, nicht berücksichtigt. Diese Beschränkung ist übrigens für viele informationsverarbeitende Prozesse ganz unwesentlich, da sie die Operanden, auf die sie wirken, strukturell nicht verändern. Im Prinzip verändern Prozesse der nuumerischen Informationsverarbeitung den Aufbau von Datenstrukturen nicht. Programmierungssprachen enthalten jedoch Mechanismen, die bestimmte, dynamische Veränderungen von Datenstrukturen gestatten, vor allem deshalb, um dem Benutzer (Programmierer) eine flexiblere und damit auch eine sparsamere Speicherverwaltung zu ermöglichen.

So gestattet z. B. die Sprache ALGOL 60 auf Grund der Blockstruktur bei jedem Aufruf eines Blocks eine Veränderung des Umfangs (nicht aber der Anzahl der Dimensionen) der Tabelle. Dies zeigt das folgende Beispiel:

```
begin integer n; . . .
    . . . . . . . . . .
    B: begin array X [1:n], Y[1:n, 1:2 × n];
            . . . . . . . . .
        end;
        . . . . .
end
```

Formal betrachtet, haben die Tabellen, die bei aufeinanderfolgenden Aufrufen des Blocks $B$ entstehen, nichts miteinander gemeinsam. Praktisch müssen wir jedoch die Anforderungen des Programmierers wirksam realisieren können, indem wir den Speicherplatz des Rechnersystems nicht allzusehr verschwenden.

Außerdem sind auch zu den Namen von Daten, die in nebeneinander auftretenden regulären Strukturen gruppiert sind, einige ergänzende Worte erforderlich. Wenn wir gleichzeitig mit mehreren Strukturen vom gleichen Rang zu tun haben und wie im Abschn. 4.1. vektorielle Namen einführen, so führen wir einen Widerspruch herbei, der darin besteht, daß $(x_1, x_2, ..., x_r)$ der neue Name der einfachen Dateneinheit wird, der in allen Strukturen vom Rang $r$ auftritt. Dieser Widerspruch kann so lange zu keinen Unklarheiten führen, solange wir im Ergebnis des Informationsverarbeitungsprozesses die Anfangsstrukturen nicht anrühren. Wollten wir aber zwei oder mehr Anfangsstrukturen zu einer Struktur (regulären oder halbregulären — das ist in diesem Falle gleich) verbinden, so hätten wir mit gleichen Namen verschiedener Daten innerhalb derselben Struktur zu tun, die damit aufhören würde, eindeutig zu sein. Der einfachste Ausweg aus dieser Situation ist, neue Namen-Vektoren für Daten der schon verbundenen Struktur einzuführen. Da wir vorläufig derartige Namen nur für reguläre Strukturen bilden können, lohnt es sich, diese Methode auf beliebige halbreguläre Strukturen zu erweitern. Es wird bequem sein, sich hier einer graphischen Darstellung einer halbregulären Struktur zu bedienen.

Gegeben sei eine Menge von Wurzelbäumen einer halbregulären Struktur $S$ (Abb. 4.2). Das erste Niveau von Namen bilden wir durch laufende Numerierung der Wurzeln der Wurzelbäume beginnend mit dem äußeren von links (wir denken daran, daß die natürliche Anordnung von Namen durch die „waagerechte" Reihenfolge der Kreise, die Namen darstellen, angedeutet ist). Die Kreise, die den Wert der Dateneinheit repräsentieren, numerieren wir wieder von links nach rechts, als 11, 12, 13 usw. (Abb. 4.2). Zur Vereinfachung kann man alle Namen mit Nullen ergänzen, so daß sie gleichviel Zeichen haben. Für die Struktur der Abb. 4.2 erhalten wir die folgenden Namen: (1000), (2000), (3000), (1100), (1200), (1300), (3100), (3200), (3300), (3110), (3120), (3310), (3321), (3322).

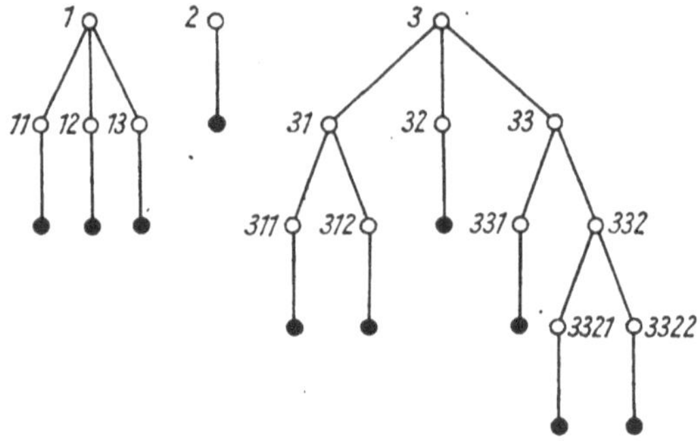


Abb. 4.2. Schema zur Bildung von Datennamen in einer halbregulären Struktur

Bemerkung. Zwecks Abkürzung der Schreibweise sind im obigen Beispiel die Kommas weggelassen worden. Würden aber in irgendeinem Wurzelbaum auf einem Niveau mehr als 9 Knoten sein, so ist die Einführung von Kommas zur Vermeidung von Unklarheiten unentbehrlich.

Da wir jetzt halbreguläre Strukturen betrachten, können wir nicht mehr erwarten, daß wir eine einfache Methode zur Generierung von Namen von Daten dieser Strukturen finden. Man muß einfach wissen, welche Namen in der Struktur auftreten und welche nicht auftreten.

Gehen wir nun zu Strukturen zurück, die durch Konstruktion mit Hilfe des Satzes 2 des Abschn. 3.2. aus regulären Strukturen entstehen, so können wir sicher sein, daß die Daten der beiden Anfangsstrukturen in der Ergebnisstruktur nicht vermischt werden. Wenn also $(1, 0, ..., 0)$, $(2, 0, ..., 0)$, ..., $(m_1^1, 0, ..., 0)$ die Namen des ersten Niveaus einer Struktur sind, so kann man als Namen des ersten Niveaus der durch Konstruktion entstandenen Struktur $(1, 0, ..., 0)$, $(2, 0, ..., 0)$, ..., $(m_1^1 + m_1^2, 0, ..., 0)$ annehmen. Dabei gehört das erste $m_1^i$ der Namen zu den Daten der Struktur, deren Namen (des ersten Niveaus) den entsprechenden Namen der anderen Struktur vorangehen. Wir setzen voraus, daß

$i = 1$ ist und ändern systematisch die Namen der übrigen Daten der zweiten Struktur, indem wir zur ersten Koordinate $m_1$ hinzufügen. Sind die Strukturen nicht vom gleichen Rang, so fügen wir außerdem zu den Namen von Daten aus der Struktur mit dem niedrigeren Rang eine entsprechende Anzahl von Nullen rechts hinzu (Abb. 4.3).

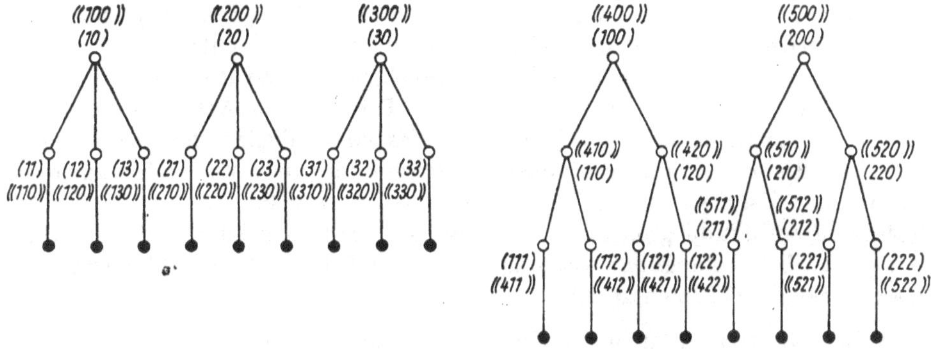


**Abb. 4.3. Konstruktion von regulären Strukturen**

(Die Namen, die nach der Konstruktion verbindlich sind, sind in doppelte Klammern gefaßt.)

Ähnlich kann man die Namen von Daten in einer Struktur, die durch Extraktion aus einer regulären Struktur entsteht, bestimmen. In diesem Falle überlassen wir dem Leser die Durchführung der Überlegungen.

Wir kehren zum grundlegenden Thema dieses Abschnitts zurück und überlegen, ob man beim Vorliegen einer bestimmten Verteilungsart für reguläre Strukturen (und der daraus resultierenden Abbildungsfunktionen) auf irgendeine Weise den Arbeitsaufwand für die Festlegung entweder der Verteilungsart oder der Abbildungsfunktionen für die vergrößerten Strukturen verringern kann.

Wir bemerken gleich, daß vom rein technischen Standpunkt aus unsere Aufgabe dann nicht übermäßig kompliziert sein würde, wenn wir nur mit einer regulären Struktur — linearisiert durch die gewählte Verteilungsart — zu tun hätten. Die schon heute bei der Übersetzung von Blockstrukturen standardisierten Stapeltechniken (vgl. die Arbeit [75]) geben fertige Lösungen. Ähnlich kann man im Falle mehrerer Strukturen, die sich auf gleiche Weise ändern, mühelos eine entsprechende Modifikation dieser Lösung anwenden.

Anders verhält sich die Sache, wenn sich die Strukturen unabhängig voneinander ändern, vor allem dann, wenn das Wachstumstempo der Strukturen (d. h. die Vergrößerung der Anzahl der in ihnen enthaltenen einfachen Daten) schwierig vorauszusehen ist. Derartige Situationen treten zwar in Programmen, die sich aus der Übersetzung von ALGOL-Programmen ergeben, nicht auf, aber häufig entstehen sie eben bei der Übersetzung selbst, wenn man von vornherein nicht voraussehen kann, ob und welche von den vielen Hilfstabellen wachsen werden und in welchem Tempo sie sich ändern.

Eine elegante und leistungsfähige Lösung des Problems gab GARWICK [26], [27] an. Diese Lösung, als „Gummitabellen" bekannt, wendet man auf reguläre Strukturen vom Rang 1 an, auf die man, wie wir es im Abschn. 4.2. gezeigt haben, reguläre Strukturen vom beliebigen höheren Rang zurückführen kann.

Wir setzen voraus, daß sich die Anzahl $n$ von Arbeitstabellen (reguläre Strukturen vom Rang 1) nicht ändert, es ändert sich lediglich ihr Fassungsvermögen. Wir führen drei Hilfstabellen $P$, $M$ und $A$ ein, die je $n$ Zeilen enthalten. Das zugängliche Gebiet des Mediums teilen wir gleichmäßig unter die $n$ Tabellen auf und tragen in die entsprechenden Zeilen der Tabelle $P$ die Adresse der ersten Zelle des zusammenhängenden Gebietes ein, das jeder Tabelle zugewiesen wurde. Auf diese Weise, die indirekte indizierte Adressierung voraussetzend, organisieren wir den Zugriff zu den Elementen der Arbeitstabellen. Die $i$-te Zeile der Tabelle $M$ enthält die größte aktuelle Nummer, der verwendeten Zeile der $i$-ten Arbeitstabelle. Anfangs enthalten alle Zeilen der Tabelle $M$ die Zahl 0, was den leeren Arbeitstabellen entspricht.

Wollen wir jetzt in einem gewissen Zeitpunkt eine Information in die $j$-te Zeile der $i$-ten Arbeitstabelle eintragen, wobei $j > [i]\ (M.)$ ist, so substituieren wir $[i]\ (M.) = j$ und untersuchen, ob $j < [i + 1]\ (P.) - [i]\ (P.)$ ist, d. h., ob in dem der $i$-ten Tabelle zugewiesenen Gebiet wenigstens $j$ Zeilen enthalten sind. Wenn nicht, so erfolgt eine Reorganisation des Speichers, die in der Änderung der Größe der den Arbeitstabellen zugewiesenen Gebieten besteht. Wir verfahren dabei wie folgt: Die Summe der durch die einzelnen Arbeitstabellen aktuell nicht ausgenutzten Gebiete verteilen wir unter diese Tabellen proportional zu ihrem Anwachsen vom Zeitpunkt der letzten Reorganisation des Speichers. Um dieses Anwachsen zu bestimmen, benutzen wir die Tabelle $A$, in deren Zeilen die Werte eingetragen sind, die in den Zeilen der Tabelle $M$ während der vorhergehenden Reorganisation des Speichers auftreten (anfangs enthält diese Tabelle nur Nullen). Auf diese Weise erhält man eine neue, sicherlich nicht gleichmäßige, Verteilung des zugänglichen Gebietes unter die Arbeitstabellen. Auf dieser Grundlage berechnen wir die neuen Werte der Zeilen der Tabelle $P$ und *schreiben* die Tabellen so *ab*, daß sie mit den Zellen beginnen, die durch die neuen Werte angezeigt sind.

Um eine übermäßige Anzahl von Reorganisationen zu vermeiden, empfiehlt GARWICK anzunehmen, daß die Arbeitstabellen, die sich in der Zeit zwischen aufeinanderfolgenden Reorganisationen nicht vergrößert haben $\left([i]\ (M.) - [i]\ (A.) = 0\right)$, ihren Bedarf um wenigstens eine Zelle vergrößert haben. Eine Simulationsuntersuchung zeigt, daß es statt der Konstanten 1 besser ist, als „künstlichen Zuwachs" den Bruchteil des nichtausgenutzten Gebietes des Speichers (zwischen 1/10 und 1/100) anzunehmen.

Der Artikel [26] enthält ein ALGOL-Programm, welches das oben skizzierte Verfahren ausführlich beschreibt. Trotz aller Genialität und Einfachheit des GARWICKschen Algorithmus löst er den Grundwiderspruch zwischen der Regularität einer Struktur und ihrer Dynamik nicht: Wenn es sogar hinreichend viel Platz gibt, aber man ihn dynamisch zuteilen muß, so ist es notwendig, schon im Speicher verteilte Daten abzuschreiben.

Wir bemerken zum Schluß, daß in einigen Programmiersprachen die Extraktion von Unterstrukturen und andere dynamisch auszuführende Operationen mit regulären Strukturen *explizit* angegeben sind (Abschn. 7.1.).

# 5. HALBREGULÄRE DATENSTRUKTUREN

Dieser Abschnitt beschäftigt sich mit den halbregulären Datenstrukturen. Nach der Definition aus Abschnitt 3 nennen wir Datenstrukturen mit Namen aus dem systematischen Namenraum halbreguläre Strukturen. Praktisch wichtige Repräsentanten dieser Kategorie von Strukturen sind alle möglichen Arten von Katalogen, Verzeichnissen und Listen.[1])

**In der englischen (neuerdings auch in der russischen) Fachterminologie werden solche Gebilde oft *file* genannt. Man hat viele polnische Ausdrücke dafür vorgeschlagen: Stoß, Kartothek, Mappe. Jeder von ihnen hat den Nachteil, daß er sich zu deutlich an die spezifische körperliche Gestalt anlehnt. Man erhält manchmal deshalb paradoxe Wortzusammenstellungen. Ein verlockender Vorschlag nach dem Gefühl des Autors des vorliegenden Buches wäre „Buch" – in Anlehnung an Grundbuch, Hypothekenbücher u. ä. Dadurch wäre es möglich, zwei wichtige Begriffe voneinander zu unterscheiden, die in der englischen Terminologie zusammenfallen zu einem: *record*[2]). Wir können nämlich einerseits von einer „Eintragung" ins Buch sprechen, also von einem gewissen Fragment von im Buch enthaltener Information, das eine logische Einheit bildet. Andererseits kann von einem „Auszug" aus dem Buch die Rede sein, also von einer mehr oder weniger dauerhaften Kopie dieses Fragments, die physikalisch außerhalb des Buches existiert. Leider ist dieser Begriff auch übermäßig mit konkreten Vorstellungen belastet, und da in diesem Buch kein Platz für terminologischen Streit bleibt, behalten wir den Begriff „halbreguläre Struktur" bei.**

Von den Eigenschaften des systematischen Namenraums (siehe Abschn. 3.) soll an zwei erinnert werden, die wir in diesem Abschnitt sehr oft benutzen. Wir stellen sie dabei in einer etwas veränderten Form als vorher gegenüber, zum einen deshalb, weil sie uns gerade in dieser Form die größte Hilfe leisten, und zum anderen deshalb, damit der Leser, der den Inhalt des Abschnitts 3 gut behalten hat, nicht durch zu wörtliche Wiederholungen gelangweilt wird.

Wenn zwei Namen $n_1$ und $n_2$ zur Menge der Namen des systematischen Namenraums gehören und wenn wir einen von ihnen auswählen (durch den natürlichen Selektor) – z. B. $n_1$ – und diesen Sachverhalt $n_1 < n_2$ schreiben, dann wissen wir, daß in jeder Untermenge von Namen des betrachteten Raumes, die $n_1$ und $n_2$ enthält, diese Namen in der natürlichen Ordnung in der gleichen Reihenfolge auftreten – zuerst $n_1$ und danach $n_2$. Anders gesagt, betrachten wir nur diese beiden Namen, so kann man feststellen, welcher von ihnen „früher" ist im Sinne des natürlichen Selektors.

---

[1]) Zum Beispiel Anwesenheitslisten, Auszahlungslisten u. ä.; man muß sie streng von Listen unterscheiden, von denen im Abschnitt 6 die Rede sein wird.

[2]) Zur Unterscheidung dieser Begriffe sprechen die Angelsachsen manchmal von *logical records* und *physical records*.

Wenn wir $t$ Untermengen von Namen des systematischen Namenraums $N_1, N_2, \ldots, N_t$ und $\sigma(N_i) = n_i$, $i = 1, 2, \ldots, t$, sowie $\sigma\{n_1, n_2, \ldots, n_t\} = n_j$, $j \in \{1, 2, \ldots, t\}$, haben, so ist

$$\sigma(\bigcup_{i=1}^{t} N_i \setminus \{n_j\}) \in \{n_1, n_2, \ldots, n_{j-1}, \sigma(N_j \setminus \{n_j\}), n_{j+1}, \ldots, n_t\} .$$

Diese Eigenschaft, die wir *Kooptierungsprinzip* nennen, kann man verbal folgendermaßen ausdrücken:
*Für gegebene t Untermengen von Namen ist die Auswahl aus ihrer mengentheoretischen Summe eine Auswahl aus der Menge von Auswahlen aus den Untermengen. Die folgende Auswahl aus der Summenmenge wird wieder eine Auswahl aus der Menge der Auswahlen sein, in denen der vorher gewählte Name ersetzt wurde durch den folgenden (zweiten in der natürlichen Rangfolge) Namen aus der Menge, aus der der ersetzte Name stammt*[1]).

## 5.1. Datennamen in halbregulären Strukturen

Die in Abschn. 4.3. eingeführte Methode zur Bezeichnung von Daten ist ausreichend allgemein und könnte mit Erfolg auch im Falle halbregulärer Strukturen angewandt werden. Da wir jedoch die oben erwähnten praktisch wichtigen Arten von halbregulären Strukturen berücksichtigen wollen, versuchen wir zumindest, die in der Praxis angetroffenen Formen der Bildung von Namensmengen der uns interessierenden Räume zu systematisieren.

Das wohl beste Beispiel einer halbregulären Struktur ist ein *Verzeichnis*, d. h. eine Folge geordneter Paare; in diesen Paaren bestimmen die ersten Komponenten das Objekt, das das gegebene Element des Verzeichnisses betrifft, und die zweiten Komponenten geben den Wert — meist zahlenmäßig —, der mit diesem Objekt verbunden ist (aus vielleicht vielen solcher Werte wird im Falle einfachster Verzeichnisse ein Wert ausgewählt, der eine charakteristische Eigenschaft darstellt, zu deren Auswertung das Verzeichnis angefertigt wurde). Solche Komponentenelemente des Verzeichnisses können z. B. Bezeichnungen von Teilen und der Stand ihrer Vorräte im Lager, Namen von Mitarbeitern und die Zahl der Arbeitsstunden, Namen von Betrieben und ihre Kontonummern auf der Bank sein.

Derartige Verzeichnisse sind natürlich halbreguläre Strukturen vom Rang 1, wenn ein entsprechender Selektor gegeben ist und die Bedingung der Eindeutigkeit erfüllt ist.

Eine charakteristische Eigenschaft solcher Verzeichnisse ist, daß wir im allgemeinen zwei Komponenten jedes Elements nebeneinander geschrieben haben — sowohl den Namen als auch den Wert (was für reguläre Strukturen eine große Seltenheit war). Weil die Elemente der Verzeichnisse außerdem im Ergebnis

[1]) Der Leser, den vielleicht oftmalige wörtliche Paraphrasen vorher in formalisierter Form gegebener Inhalte reizen, kann sie auslassen, obwohl *repetitio est mater studiorum.*

irgendwelcher Operationen entstehen können, die nicht direkt mit dem Datenverarbeitungsprozeß zusammenhängen müssen, können im realen Dokument, in dem solch Element aufgeführt ist, auch andere Informationen auftreten, die nicht mit dem betrachteten Verzeichnis zusammenhängen. Wenn das betrachtete Dokument zum Beispiel ein Scheck ist, so tritt auf ihm außer dem Namen des Kontoinhabers und der Kontonummer im allgemeinen der Wert auf, auf den der Scheck ausgestellt ist: Wenn das Dokument eine Lagerkartei ist, so werden auf ihr neben den Namen (Bezeichnungen) der Teile und der Zahlen, die den Stand dieser Teile im Lager beschreiben, auch Daten festgehalten, die Preise und Liefertermine, Namen oder Bezeichnungen der Empfänger, Hinweise auf den Platz dieser Teile im Lager u. ä. betreffen.

Wenn wir jetzt die Gesamtheit der Informationen mit dem Dokumant als Eintragung des Elements des Verzeichnisses auffassen, so nennt man einen dieser Teile meist *Schlüssel* — denjenigen nämlich, der in unserer Auffassung den Datennamen enthält, und beim traditionellen Begriff — die Information, nach der die Dokumente (oder ihre „Abbilder") geordnet sind.

Die Untersuchung des Zusammenhangs zwischen dem Namen der in die halbreguläre Struktur eingehenden Daten und dem Schlüssel des Elements des Verzeichnisses, das durch diese Struktur modelliert wird, ist lehrreich und illustriert so gut die in diesem Buch propagierte methodologische Auffassung, daß wir ihr mehr Aufmerksamkeit widmen, als das dem Anschein nach nötig wäre.

Zum ersten ist es recht offensichtlich, daß bei Vorhandensein vieler unterscheidbarer Werte in den Dokumenten eine halbreguläre Struktur mit höherem Rang als 1 ein besseres Modell wäre. Dieser Satz ist tatsächlich wahr, und in neueren Konzeptionen bezüglich des Informationsverarbeitungsprozesses in Administration und Leitung erscheinen praktische Methoden, die genau auf dieser Auffassung basieren (siehe weiter unten). Wenn wir die Dinge jedoch traditionell auffassen, und dazu existieren überaus gewichtige Gründe, sind grundlegende Operationen, die wir mit Dokumenten durchführen, folgende: ihr Sortieren nach einem gewissen Schlüssel (eine ausschließlich intuitive Auffassung dieses Begriffs hilft hier bei der Aneignung der „Philosophie" des Problems) sowie das Mischen (vorsortierter oder teilweise sortierter Mengen) dieser Dokumente in größere Einheiten, was man manchmal als Integration der Dokumentenmenge bezeichnet. Bei diesen Operationen hat der gesamte Rest des Inhalts des Dokuments außer dem Schlüssel keine Bedeutung. Obwohl wir uns also des strukturellen Zerfalls des Inhalts des Dokuments in kleinere Teile bewußt sind, nehmen wir in bezug auf den Charakter der betrachteten Prozesse an, daß das Modell des Dokuments eine einfache Dateneinheit ist. Andere Informationsverarbeitungsprozesse, denen man schon Dokumente (oder ihre Abbilder) in geordneter Folge eingibt, also Prozesse, die in bedeutend geringerem Grad von der Dokumentenmenge abhängen, werden einzelne Informationen, die in den Dokumenten enthalten sind, analysieren und werden sicherlich ein Modell benutzen, das die einzelnen Dokumente als „zu betrachtende Datenstrukturen" darstellt. Wir sehen hier, wie die traditionelle Einteilung des Informationsverarbeitungsprozesses in eine Etappe der Herstellung einer festgelegten Ordnung in der Dokumentenmenge und in eine Etappe der Analyse des Inhalts der einzelnen Dokumente zur Annahme zweier verschiedener Strukturmodelle derselben Informationsmenge führt.

Wenn das aber so ist, so sollte nicht zu sehr nach einer Festlegung der Definition von Namen einfacher Daten mit halbregulärer Struktur gestrebt werden. Wir wissen, daß sie im Dokument enthalten ist, aber vielleicht nimmt ihre Eintragung nicht aufeinanderfolgende Positionen im Dokument ein, vielleicht ist sie auf einige Stellen verteilt — zu dem Zweck, um später in der Etappe der inhaltlichen Analyse des Dokuments zur Konstruktion von Namen einfacher Daten zu dienen, aus denen das betrachtete Dokument (im während dieser zweiten Etappe angewandten Modell) besteht. Auf jeden Fall existiert jedoch (obwohl uns ihre Gestalt nicht unbedingt interessieren wird) eine eindeutige Abbildung der Namensmenge in die Schlüsselmenge: $\varkappa\colon N \to K$, derart, daß, wenn $n_1, n_2 \in N$, $k_1 = \varkappa(n_1)$, $k_2 = \varkappa(n_2)$ und $n_1 < n_2$, so auch $k_1 < k_2$.

Über die Abbildung $\varkappa$ werden wir im allgemeinen nicht viel mehr sagen können, als schon gesagt wurde. Wir können ergänzen, daß sie verschiedenen Operationen modelliert, die mit dem Inhalt des Dokuments ausgeführt wurden mit dem Ziel, in ihm Namen der auf diesem Dokument eingetragenen Dateneinheit abzusondern und danach diese Namen in einer festgelegten Gestalt darzustellen. Anders gesagt, die Abbildung $\varkappa$ überführt den im Dokument kodierten Namen der Dateneinheit in ein Element der Schlüsselmenge, kodiert in solch einer Form, die eine weitere maschinelle Verarbeitung gestattet. Im besonderen ist die identische Gestalt der Abbildung nicht ausgeschlossen, z. B. dann, wenn im Dokument eine Position abgesondert ist, die den Namen der Dateneinheit in einer Form enthält, die der weiteren Verwendung angepaßt ist. Genau genommen könnten wir sagen, daß wir mit dem Namen des Schlüssels die Namen der einfachen Daten halbregulärer Strukturen definieren. Die einzige Komplikation entstände beim unten betrachteten Fall des Verbindens von Namen einfacher Daten (Modell: Struktur vom Rang 1) mit Namen von Daten verschiedener Ränge (Modell: Struktur vom Rang $>1$).

Unter Berücksichtigung des letzten Abschnitts nehmen wir an, daß für die Schlüsselmenge ein Selektor definiert ist, der sie ordnet übereinstimmend mit der natürlichen Rangfolge der Namen, von denen die Schlüssel abstammen. Ferner sollen sich die in der Einleitung dieses Abschnitts angeführten Eigenschaften des systematischen Namenraums, und im speziellen das Kooptierungsprinzip, auf den „Raum der Schlüssel" übertragen.

Gehen wir jetzt zu halbregulären Datenstrukturen mit dem Rang größer als 1 über. Sie modellieren irgendwo auftretende hierarchische Gruppierungen von Elementen, hierarchische Zusammenstellungen u. ä. (vergl. die Arbeiten [39], [46], [28]). Das allgemeine Bildungsprinzip von Namen für die auf diese Weise gruppierten Daten entspricht sehr der Technik der weiter oben betrachteten regulären Strukturen, mit der Einschränkung, daß unter Rücksichtnahme auf die Anwendungen die Namen selbst nicht eine numerische Gestalt annehmen, sondern aus Buchstaben gebildet werden.

Beispiel

Betrachten wir die Personalkartei der Mitarbeiter einer Institution. Für jeden Mitarbeiter wird eine Karte geführt, in deren Rubriken, *Name*, *Vorname*, *Geburtsdatum*, *Familienstand*, *Bildung* usw., entsprechende Informationen eingetragen sind. Namen der einfachen Daten im mit einer Karte verbundenen Raum werden die Titel dieser Rubriken sein. Wenn wir jedoch die Gesamtheit der Kartei betrachten wollen, müssen wir zur Eindeutigkeit zusammengesetzte Namen einführen, indem wir einen Sammelnamen für die ganze Karte benutzen. Das kann der Inhalt einer der Rubriken sein — z. B. der Inhalt der Rubrik *Name*. Dann, wenn wir die Kartei mit $K$ bezeichnen, wird die Karte von Kowalski in der Kartei $K$ [*Kowalski*] ($K$) sein, und die Rubrik *Geburtsdatum* auf der Karte *Kowalski* der Kartei $K$ wird [*Kowalski*, *Geburtsdatum*] ($K$) sein.

Oft benutzt man zum Hervorheben des hierarchischen Aufbaus solcher Namen „Zweitnamen" (*secondary*), „Drittnamen" usw., dabei der Reihe nach den Rang der Dateneinheit verkleinernd, deren Namen wir bilden. Wir unterstreichen hierbei den Vorrang der Namen der Daten höheren Ranges. Wenn wir jetzt noch einmal zu unseren Überlegungen über die Schlüssel zurückkehren, können wir sagen, daß wir primäre Namen in primäre Schlüssel abbilden, Zweitnamen in Zweitschlüssel usw. Primäre Schlüssel gehören zur Menge der primären Schlüssel, Zweitschlüssel zur Menge der Zweitschlüssel usw. [39].

Im praktisch weit verbreiteten Fall, daß die Schlüsselmengen Untermengen der Menge der ganzen Zahlen sind, haben wir also eine vollständige Analogie mit der Namensgebung, die im Abschnitt 4.3. beschrieben wurde.

Den nächsten Punkt dieses Abschnitts widmen wir dem Problem der Transformation der Schlüssel auf die ganzen Zahlen. Solche Abbildungen sollten manchmal sogar dann ausgeführt werden, wenn die Schlüssel selbst schon ganze Zahlen sind, aber ihre Menge aus irgendwelchen Gründen „unbequem" ist.

Um die Ausführungen nicht zu sehr zu komplizieren, konzentrieren wir uns auf die Problematik der Strukturen vom Rang 1. Das ist um so mehr begründet, als daß in der Praxis selten halbreguläre Strukturen vom Rang höher als 2 auftreten, und diese wiederum verarbeitet man meist in zwei Etappen, wobei man es in jeder der Etappen mit Strukturen vom Rang 1 (wenn auch von verschiedenen Schlüsselräumen) zu tun hat.

## 5.2. Methoden zur Konstruktion der charakteristischen Funktion

Eins der wichtigsten Probleme bei halbregulären nach einem Schlüssel geordneten (siehe Abschn. 5.1.) Strukturen ist das Erarbeiten effektiver Algorithmen zur Abbildung der Schlüsselmenge in die Menge der ganzen Zahlen. Solche Abbildung kann man direkt benutzen bei der Konstruktion der Abbildungsfunktionen oder öfter noch beim Aufbau von Wörterbüchern oder Führern, d. h. Tabellen, die eine Form der Verteilung bestimmen. Diese Tabellen haben folgende Gestalt: den einzelnen Schlüsseln entsprechen Tabellenzeilen, eine Rubrik enthält den entsprechend kodierten Schlüssel, die restlichen die Anfangsadresse der Einheit, ihre Länge und vielleicht zusätzliche die Verteilung der Struktur charakterisierende Informationen. Mit anderen Worten, solche Tafel definiert eine gewisse Funktion, die zusammen mit der Funktion, die die Schlüssel in Zeilennummern umformt, die ausgewählte Abbildungsfunktion ergibt.

Vom formalen Standpunkt aus, wenn $N$ die Menge der Namen der Daten ist, die die halbreguläre Struktur vom Rang 1 bilden, $K$ die Menge der Schlüssel, die den Namen aus der Menge $N$ eindeutig zugeordnet sind, d. h., wenn eine eindeutige Abbildung $\varkappa: N \to K$ existiert, sowie wenn wir mit $J$ die Menge der Zeilennummern der Tafel (des Wörterbuchs) $T$ bezeichnen und mit $T_j$, $j \in J$, die Zeilen dieser Tafel, so kann die Funktion

$$f = \chi \circ \varkappa ,$$

wobei

$$\chi: K \to J$$

die angeführte Abbildung der Schlüsselmenge in die Menge der Zeilennummern ist, die Grundlage zur Berechnung der Abbildungsfunktion bilden. In bezug auf unser Beispiel sei angenommen, daß in der Rubrik $\tau$ der Tafel $T$ die Adressen der Einheiten eingetragen sind und in der Rubrik $\delta$ die in den Einheiten enthaltene Zellenzahl, so können wir (siehe Abschn. 3.3.) eine dritte Abbildungsfunktion

$$\varphi: N \to \{\tau(T_j\mathbf{.}), \delta(T_j\mathbf{.})\}$$

festlegen, wobei wie im Abschnitt 2 der „fette“ Punkt „Nehmen des Inhalts“ bedeutet und $\psi(X)$ die Abspaltung des Teils, genannt $\psi$, von der Gesamtheit, genannt $X$, bedeutet (hier kann man sich auch mit gleichem Erfolg auf die Extraktionsoperation berufen). Die Funktion $\varphi$, definiert durch $\varkappa$, $\chi$ und den Inhalt der Rubriken $\tau$ und $\delta$ der Tafel $T$, kann genauer „auseinandergeschrieben“ werden. Sei $n \in N$; dann ist $k = \varkappa(n)$ der diesem Namen entsprechende Schlüssel (Oft ist $\varkappa$ die identische Abbildung. Die Namen selbst sind Schlüssel.). Dann ist $j = \chi(k)$ die Zeilennummer der Tafel $T$, die dem Namen $n$ entspricht, und $\tau(T_j)$ und $\delta(T_j)$ enthalten, entsprechend kodiert, die Adresse einer gewissen Zelle und die Gesamtzahl der Zellen der Einheit. Derartige Funktionen $\chi$ beziehen sich evident auf die Verteilung der Strukturen in homogenen Medien. In letzter Zeit hat man diese Technik auch auf gemischte Medien mit Seiteneinteilung [21] erweitert.

Im weiteren konzentrieren wir uns auf Methoden zur Berechnung von Funktionen $\chi$, die wir *charakteristische Funktionen* der Schlüssel nennen. Wir bebetrachten vor allem zwei Fälle:

(a) wenn die Menge $J$ aus aufeinanderfolgenden ganzen Zahlen besteht und

(b) wenn sich die Menge $J$ aus zwei Mengen $J = J_s \cup J_r$ zusammensetzt, wobei $J_s$ eine Menge aufeinanderfolgender ganzer Zahlen (zusammenhängender Teil) und die Menge $J_r$ beliebig ist.

Wir beginnen jedoch beim allgemeinen Fall, wenn wir $J$ keinerlei Beschränkungen auferlegen (das entspricht dem Fall (b) mit $J_s = \emptyset$). Sei $A = \{a_1, a_2, \ldots, a_{n-1}\}$ das Alphabet, in dem die Schlüssel aus der Menge $K$ geschrieben sind. Jedem Zeichen des Alphabets $A$ ordnen wir eine ganze Zahl zu, die gleich dem Index ist, mit dem es im Alphabet $A$ auftritt. Der Schlüssel $k \in K$ ist eine endliche Folge von Zeichen $k = x_1, x_2, \ldots, x_p$, $x_i \in A$; setzt man an die Stelle der Zeichen die ihnen entsprechenden Zahlenwerte, so kann man $k$ als eine gewisse Zahl $l$ im Positionssystem mit $n$ Ziffern auffassen:

$$l = l_1 n^{p-1} + l_2 n^{p-2} + \cdots + l_p ,$$

wobei die $l_i$ die Zahlenwerte der Zeichen $x_i$ sind (Im Alphabet $A$ treten $n - 1$ Zeichen auf, es fehlt in ihm das $n$-te Zeichen, das der Null entspricht, denn die Schlüssel können mit einem beliebigen Zeichen beginnen, die niedergeschriebene Zahl beginnt jedoch im allgemeinen nicht in der systematischen Entwicklung mit einer Null.).

Auf diese Weise erhielten wir eine Abbildung der Schlüssel in die Menge der ganzen Zahlen, wobei diese Abbildung natürlich eindeutig ist. Man kann sie als gesuchte charakteristische Funktion nehmen.

Beispiel

Wenn die Schlüssel im Alphabet mit 26 Zeichen $\{a, b, \ldots, z\}$ geschrieben sind und wir den Zeichen die ganzen Zahlen in ihrer normalen Reihenfolge zuordnen: $a \to 1, b \to 2, \ldots, z \to 26$, so ist

$$\chi(as) = 1 \cdot 27 + 19 = 46 , \qquad \chi(tuz) = 20 \cdot 27^2 + 21 \cdot 27 + 26 = 15173 .$$

Die oben definierte charakteristische Funktion zeichnet sich durch die Einfachheit der Berechnung ihrer Werte aus (Die Zahlen $n^2, n^3, \ldots, n^{t-1}$, wobei $t$ die Maximalzahl der Zeichen im Schlüssel ist, kann man ein für alle Mal vorbereiten.). Diese Methode hat jedoch einen grundlegenden Nachteil: Sogar bei nicht zu umfangreichen Mengen $K$ unterscheiden sich die derart erhaltenen Werte der charakteristischen Funktion stark voneinander, die erhaltene Menge $J$ ist wirklich sehr gestreut, und, wenn wir eine Maschinentafel $T$ realisieren wollten und dabei eine solche charakteristische Funktion benutzen, so wären ihre Zeilen über den ganzen Speicher verteilt. Mehr noch, schon bei Schlüsseln mit einigen Zeichen überschreiten die Werte der charakteristischen Funktion die Zahl der Speicherzellen (also auch die maximal zulässige Adresse) sogar großer Operationsspeicher.

M. Greniewski und W. M. Turski schlugen [29] die Anwendung zweier „geometrischer" Abbildungen vor, die die aufgezeigten Mängel solch einer Berechnung der charakteristischen Funktion der Schlüssel abschwächen.[1])

[1]) Eine modifizierte Version dieser Abbildung wurde später beim Bau des Compilers für die Sprache BABEL auf der Maschine KDF-9 [68] angewandt.

Wir werden Schlüssel mit höchstens $t$ Zeichen betrachten. Die Menge aller Schlüssel $K$ zerfällt in $t$ disjunkte Untermengen $K_1, K_2, \ldots, K_t$ (Schlüssel mit einem, zwei, ..., $t$ Zeichen). Die Menge $J = \chi(K)$ unterteilen wir in Untermengen $J_1 = \chi(K_1)$, $J_2 = \chi(K_2), \ldots, J_t = \chi(K_t)$, wobei die offensichtlichen Ungleichungen:

$$n^{i-1} \leqq j \leqq n^i - 1 \qquad \text{für} \qquad j \in J_i$$

gelten (da es im Alphabet kein Zeichen gibt, das der Null entspricht, können wir für $i > 1$ die Gleichheit $j = n^{i-1}$ ausschließen).

Betrachten wir die Untermenge $J_i$. Die zu ihr gehörigen Abbilder der Schlüssel $j = \chi(k)$ bilden eine Folge, die geordnet ist nach den Zahlenwerten der charakteristischen Funktion:

$$j_1^i < j_i^2 < \cdots < j_{l_i}^i ,$$

wobei $l_i$ die Zahl der Schlüssel mit $i$ Zeichen bezeichnet. Sei $\Delta^i$ die kleinste der Differenzen $j_{u+1}^i - j_u^i$, $u = 1, 2, \ldots, l_i - 1$. Die Teilfunktionen

$$\hat{\chi}_i(k) = \mathrm{E}\left(\frac{\chi(k) - n^{i-1}}{\Delta^i}\right) + n^{i-1} ,$$

definiert für Schlüssel mit $i$ Zeichen, verkleinern die Abstände zwischen den Abbildern der Schlüssel, dabei weder die Eindeutigkeit der Abbildung verletzend, noch die gegenseitige Reihenfolge der Abbilder der Schlüssel, noch das Prinzip, daß die Abbilder der Schlüssel bei den betrachteten Abbildungen ganze Zahlen sein sollen. In besonders ungünstigen Fällen, wenn $\Delta^i = 1$ ist, ist $\hat{\chi}_i \equiv \chi$.

Eine zweite Abbildung, die das Zerstreuen der Werte der charakteristischen Funktion reduziert, ist das systematische Verschieben ganzer Bildmengen. Betrachten wir die Mengen

$$\hat{J}_i = \hat{\chi}_i(K_i)$$

und seien $j_+^i = \max\limits_{\hat{J}_i} j$, $j_-^i = \min\limits_{\hat{J}_i} j$.

Wenn wir die Differenzen

$$z_i = j_-^i - j_+^{i-1}$$

bilden und wenn wir die neuen Funktionen

$$\chi_i^*(k) = \hat{\chi}_i(k) - \sum_{r=2}^{i} z_r + i - 1 , \qquad i = 2, 3, \ldots, t ,$$

einführen, liquidieren wir die Lücken zwischen den Gruppen der Abbilder der Schlüssel.

Der zuletzt beschriebene Vorgang berührt ebenfalls nicht die Eigenschaften der charakteristischen Funktion.

Manchmal kann man für gewisse $i$ solch eine Verschiebungskonstante $z_i'$ auswählen, daß die ganze Menge $J_i^* = \chi^*(K_i)$ zwischen die Abbilder der Schlüssel aus irgendeiner anderen Menge $K_j$ „paßt"; wenn wir aber gerade solche Abbildung anwenden, erfährt die Reihenfolge der Abbilder der Schlüssel natürlich eine Änderung.

Beispiel

Betrachten wir das Alphabet $A = \{a, b, c, d, e\}$ und die Schlüsselmenge $K = \{a, b, c, d, e, ad, cd, da, eb, add, bad, bed, deb, baca, daca\}$. Wenn wir jetzt den Zeichen des Alphabets die Zahlenwerte $a \to 1$, $b \to 2$, $c \to 3$, $d \to 4$, $e \to 5$ zuordnen, erhalten wir folgende Funktionswerte $\chi$:

| $k$ | $\chi(k)$ | $k$ | $\chi(k)$ |
|---|---|---|---|
| $a$ | 1 | $add$ | 64 |
| $b$ | 2 | $bad$ | 82 |
| $c$ | 3 | $bed$ | 106 |
| $d$ | 4 | $deb$ | 176 |
| $e$ | 5 | $baca$ | 487 |
| $ad$ | 10 | $deca$ | 1063 |
| $cd$ | 22 | | |
| $da$ | 25 | | |
| $eb$ | 32 | | |

(Die Werte $\chi(k)$ berechnen wir aus der „systematischen Entwicklung", z. B. $\chi(deca) = 4 \cdot 216 + 5 \cdot 36 + 3 \cdot 6 + 1 = 1063$).

Auf der Grundlage dieser Werte bestimmen wir

$$\Delta^1 = 1\,, \quad \Delta^2 = 3\,, \quad \Delta^3 = 18\,, \quad \Delta^4 = 576\,.$$

Wir können also folgende Funktionen festlegen:

für Schlüssel mit 1 Zeichen: $\hat{\chi}_1(k) = \chi(k)$ ,

für Schlüssel mit 2 Zeichen: $\hat{\chi}_2(k) = \mathrm{E}\left(\frac{\chi(k) - 6}{3}\right) + 6$ ,

für Schlüssel mit 3 Zeichen: $\hat{\chi}_3(k) = \mathrm{E}\left(\frac{\chi(k) - 36}{18}\right) + 36$ ,

für Schlüssel mit 4 Zeichen: $\hat{\chi}_4(k) = \mathrm{E}\left(\frac{\chi(k) - 216}{576}\right) + 216$ .

Die Werte der Funktionen $\hat{\chi}_i(k)$ für die angegebenen Schlüssel sind unten zusammengestellt:

| $i$ | $k$ | $\hat{\chi}_i(k)$ | $i$ | $k$ | $\hat{\chi}_i(k)$ |
|---|---|---|---|---|---|
| 1 | $a$ | 1 | 3 | $add$ | 37 |
| 1 | $b$ | 2 | 3 | $bad$ | 38 |
| 1 | $c$ | 3 | 3 | $bed$ | 39 |
| 1 | $d$ | 4 | 3 | $deb$ | 43 |
| 1 | $e$ | 5 | 4 | $baca$ | 216 |
| 2 | $ad$ | 7 | 4 | $deca$ | 217 |
| 2 | $cd$ | 11 | | | |
| 2 | $da$ | 12 | | | |
| 2 | $eb$ | 14 | | | |

Wir können jetzt die Werte $j_-^1 = 1$, $j_+^1 = 5$, $j_-^2 = 7$, $j_+^2 = 14$, $j_-^3 = 37$, $j_+^3 = 43$, $j_-^4 = 216$, $j_+^4 = 217$; $z_2 = 2$, $z_3 = 23$, $z = 173$ festlegen und folgende Form der charakteristischen Teilfunktionen annehmen:

für Schlüssel mit 1 Zeichen: $\chi_1^*(k_1^*) = \hat{\chi}_1(k) = \chi(k)$,

für Schlüssel mit 2 Zeichen: $\chi_2^*(k) = \hat{\chi}_2(k) - 1 = \mathrm{E}\left(\frac{\chi(k) - 6}{3}\right) + 5$,

für Schlüssel mit 3 Zeichen: $\chi_3^*(k) = \hat{\chi}_3(k) - 23 = \mathrm{E}\left(\frac{\chi(k) - 36}{18}\right) + 13$,

für Schlüssel mit 4 Zeichen: $\chi_4^*(k) = \hat{\chi}_4(k) - 195 = \mathrm{E}\left(\frac{\chi(k) - 216}{576}\right) + 21$.

Die endgültigen Werte der charakteristischen Funktionen $\chi_i^*(k)$ für die angegebene Schlüsselmenge sind folgende:

| $i$ | $k$ | $\chi_i^*(k)$ | $i$ | $k$ | $\chi_i^*(k)$ |
|---|---|---|---|---|---|
| 1 | *a* | 1 | 3 | *add* | 14 |
| 1 | *b* | 2 | 3 | *bad* | 15 |
| 1 | *c* | 3 | 3 | *bed* | 16 |
| 1 | *d* | 4 | 3 | *deb* | 20 |
| 1 | *e* | 5 | 4 | *baca* | 21 |
| 2 | *ad* | 6 | 4 | *deca* | 22 |
| 2 | *cd* | 10 | | | |
| 2 | *da* | 11 | | | |
| 2 | *eb* | 13 | | | |

Um eine noch größere Konzentration der Abbilder der Schlüssel zu erreichen, könnte man z. B. annehmen

$$\chi_4^*(k) = \mathrm{E}\left(\frac{\chi(k) - 216}{576}\right) + 17$$

oder

$$\chi_4^*(k) = \mathrm{E}\left(\frac{\chi(k) - 216}{576}\right) + 7 .$$

Sogar dann, wenn wir auf diese Umformung nicht zurückgreifen würde die maximale Nummer $j = \chi(k)$ von 1063 auf 22 verringert und die „Dichte" der Besetzung der Tafelzeilen mit Schlüsseln von $15/1063 \approx 0{,}014$ auf $15/22 \approx 0{,}68$ vergrößert, d. h. fast verfünfzigfacht.

Die weitaus häufiger in der Praxis angewandte Methode zur Berechnung der charakteristischen Funktionen der Schlüssel ist die sogenannte *Hashkodierung*. Der Sinn der Hashkodierung besteht im Finden solcher Funktionen $\chi(k)$, die eine Schlüsselmenge auf[1]) die Menge der Adressen $J = \{0, 1, \ldots, l - 1\}$ abbil-

[1]) Über den Unterschied zwischen „Abbildung auf" und „Abbildung in" siehe Anhang B am Ende des Buches.

den würde derart, daß eine zufällig ausgewählte Folge von Schlüsseln $k_1, k_2, \ldots, k_u$, $u < l - 1$, durch die Funktion $\chi$ abgebildet auf die Folge der Adressen $a_1, a_2, \ldots, a_u$, mehr oder weniger gleichmäßig im Intervall $[0, l - 1]$ verteilt wäre, was dem Fall (a) von S. 99 entspräche.

Wenn man die Hashkodierung anwendet, wird natürlich auf die Bedingung verzichtet, daß man aus der Reihenfolge der Adressen (der Zeilennummern der Tafel (des Führers)) die Reihenfolge der Schlüssel (z. B. ihre natürliche Rangfolge) rekonstruieren kann. Daraus folgen sofort unterschiedliche Anwendungsbereiche der Methode der Hashcodes und der vorher beschriebenen Methode. Wenn der Informationsverarbeitungsprozeß die Daten in einer Reihenfolge abruft, die abhängig ist von der Ordnung der Schlüssel, ist es sinnvoller, eine Methode anzuwenden, die diese Ordnung beibehält. Wenn dagegen der Verarbeitungsprozeß die Daten in einer Reihenfolge abruft, die unabhängig ist von der Anordnung der Schlüssel (z. B. in der Reihenfolge des Auftretens der Schlüssel im Programm), so ist die Methode der Hashcodes bequemer, denn sie verringert bei den einfachen Methoden mit Tafeln (Führer) den Mittelwert der Zahl der Vergleiche zum Festlegen der Adresse, die dem gegebenen Schlüssel entspricht.

Nehmen wir an, daß die betrachtete Schlüsselmenge $l = 2^{m_1}$ Elemente enthält und daß die interne Maschinendarstellung jedes Schlüssels aus $m_2$ Bits besteht. Beide Voraussetzungen sind leicht zu realisieren, indem man das kleinste ganze $m_1$ so auswählt, daß $2^{m_1} \geqq l$ und $m_2$ gleich der maximalen Bitzahl in den Darstellungen der einzelnen Schlüssel ist.

Im allgemeinen ist $m_2 > m_1$, und darüber hinaus treten in den Darstellungen der einzelnen Schlüssel sich wiederholende Bitgruppen auf (z. B. wenn die Darstellungen nicht gleicher Länge sind und wir die „kürzeren" als $m_2$ Bits mit Null auffüllen oder wenn ein großer Teil der Schlüssel mit einer identischen Zeichengruppe beginnt). Aus diesen beiden Gründen wäre es ungeschickt, die Maschinendarstellung der Schlüssel, aufgefaßt als Dualzahl, selbst als Wert des Indexes zu nehmen, der zur Auswahl der Zeile der Tafel dient. Es reicht aber aus, die Maschinendarstellung des Schlüssels „ins Quadrat zu erheben" und aus der so gebildeten Folge von $2m_2$ Bits die $m_1$ mittleren Bits „herauszuschneiden", um auf einfache Weise eine ausreichend gleichmäßige Verteilung des Wertes des Indexregisters zu erhalten. Da in die Bildung des Quadrats alle Bits der Darstellung einbezogen sind, kann man annehmen, daß verschiedenen Schlüsseln im Prinzip verschiedene Werte des Indexes entsprechen werden, letztendlich also verschiedene Tafelzeilen. Man kann aber das Problem nicht ausschalten, daß zwei verschiedenen Schlüsseln ein und dieselbe Adresse entspricht. Diese Methode versagt jedoch dann, wenn in den Darstellungen der Schlüssel längere Folgen von Nullen auftreten, da sich solche Folgen beim Quadrieren erweitern.

Wenn die internen Darstellungen der Schlüssel jeweils einige Zellen einnehmen, kann man statt die ganze Darstellung zu quadrieren, die Produkte der Inhalte der einzelnen Zellen bilden, die durch den gegebenen Schlüssel belegt sind (wobei wieder beachtet werden muß, daß mit großer Wahrscheinlichkeit der Inhalt einer Zelle gleich Null ist).

Wenn endlich $m_2 \gg m_1$, so kann man die Bitfolgen, die die Darstellung des Schlüssels sind, in $m_1$ (nicht unbedingt gleichlange) Teile zerlegen und als Wert des Indexes die Bitfolge nehmen, die bei der Summierung, modulo 2, der Folgen, die diese Folgen bilden, entstehen.

Bei jeder dieser Methoden können die angeführten Konfliktsituationen entstehen (nämlich Abbildung verschiedener Schlüssel auf gleiche Adressen), deshalb beschäftigen wir uns auch jetzt mit Methoden zur Lösung solcher Konflikte.[1])

Bezeichne $\psi$ eine der oben beschriebenen Abbildungen der Schlüssel in Adressen.

Wir sagen, daß die Schlüssel $k_1, k_2, \ldots, k_s$ für die

$$\psi(k_1) = \psi(k_2) = \cdots = \psi(k_s)$$

gilt, eine *Äquivalenzklasse* bezüglich der Funktion $\psi$ bilden. Die Menge aller betrachteten Schlüssel $K$ kann man also auffassen als mengentheoretische Summe disjunkter Äquivalenzklassen $K = K_1 \cup K_2 \cup \cdots \cup K_{m_3}$, $m_3 \leqq l$. Wenn $m_3 < l$ ist, so enthält zumindest eine Äquivalenzklasse $K_i$ Schlüssel, für die ein Adressenkonflikt auftritt.

Sei $R = \{r_1, r_2, \ldots, r_{l-1}\}$ solch eine Folge ganzer Zahlen aus dem Intervall $[1, l-1]$, daß $r_i \neq r_j$ für $i \neq j$, die die Bedingung der Gleichmäßigkeit der Verteilung erfüllt (d. h. wenn $l^*$ eine ganze Zahl aus dem Intervall $[1, l-1]$ ist, so hat die Wahrscheinlichkeit des Ereignisses $r_i = l^*$, den Wert $1/(l-1)$, unabhängig von $i$).

Nehmen wir weiter an, daß außer den Rubriken $\tau$ und $\delta$ auch solch eine Rubrik $\tilde{\varkappa}$ in der Tafel enthalten ist, daß $\tilde{\varkappa}(T_j)$ die interne Darstellung des Schlüssels $k$ enthält, wenn die $j$-te Zeile für das Speichern von Informationen vorgesehen ist, die mit dem Schlüssel $k$ verbunden sind, oder aber eine spezielle Bitfolge, die wir mit „?" bezeichnen, wenn die $j$-te Zeile frei ist.

Betrachten wir jetzt den Prozeß der Anlage der Tafel $T$, oder besser den Teil, in dem den Zeilen der Tafel Schlüssel zugeordnet werden. Dieser Prozeß ist dem Prozeß des Aufsuchens der Zeile der Tafel $T$, der dem Schlüssel $k$ entspricht, ähnlich, deshalb führen wir die weiteren Betrachtungen auch für beide Prozesse gemeinsam durch. In einem gewissen Moment wird uns der Schlüssel $k$ vorgegeben. Indem wir den Wert der Funktion $\psi(k)$ berechnen, finden wir die Zeilennummer $j$ der Tafel und wir vergleichen $\tilde{\varkappa}(T_j.)$ mit $k$; wenn sich Gleichheit ergibt, ist der Suchprozeß beendet, beim Prozeß der Anlage der Tafel haben wir es mit einer Besonderheit zu tun, die auf dem zwei- (oder mehr-)fachen Auftreten des Schlüssels $k$ beruht. Die Analyse dieser Besonderheit und das weitere

---

[1]) In der englischsprachigen Literatur wird ***hash overflow*** bzw. ***overflow handling*** benutzt. Im Deutschen nimmt man allgemein den Begriff „***Überlauf bei Hashtechnik.***" (Anm. des Herausgebers)

Vorgehen hängen von der konkreten Aufgabe der Informationsverarbeitung ab. Sie wird deshalb von uns ausgelassen.

Wenn jedoch $\tilde{\varkappa}(T_{j\cdot}) \neq k$, so ist entweder $\tilde{\varkappa}(T_{j\cdot}) = ?$ oder $\tilde{\varkappa}(T_{j\cdot}) = k'$, wobei $k'$ zur gleichen Äquivalenzklasse wie $k$ gehört. Im ersten Fall $(\tilde{\varkappa}(T_{j\cdot}) = ?)$ tragen wir in der $j$-ten Zeile den Schlüssel $k$ und alle weiteren mit ihm verbundenen Informationen ein, im zweiten jedoch $(\tilde{\varkappa}(T_{j\cdot}) = k')$ haben wir es mit einem Konflikt zu tun.

In einer Konfliktsituation wählen wir eine andere Zeile $j^1 = j + r_1$ aus und prüfen wieder, ob $\tilde{\varkappa}(T_{j\cdot}) = k$ ist. Wenn wir es wieder mit einem Konflikt zu tun haben, probieren wir nacheinander die Zeilen $j^2 = j + r_2, \ldots, j^{l-1} = j + r_{l-1}$ durch, wobei wir, wenn eine der Summen $j + r_i > l - 1$, $j + r_i - l$ nehmen (also nach der letzten Zeile der Tafel folgt die erste Zeile mit dem Nullindex). Da die Summen $(j + r_i) \bmod l$ alle Zeilennummern der Tafel $T$ ausschöpfen, müssen wir endlich entweder auf eine Zeile, die den Schlüssel $k$ enthält, oder auf eine leere Zeile stoßen.

Wir bemerken, daß den Schlüsseln aus einer gegebenen Äquivalenzklasse $K_i$ bei Anwendung des obigen Algorithmus Zeilen mit den Nummern $j = \psi(k)$, $j + r_1$, $j + r_2, \ldots$ zugeordnet werden, die über die ganze Tafel $T$ gleichmäßig verstreut sind ($k$ ist ein beliebiger Schlüssel der Klasse $K_i$).

In der maschinellen Realisierung des obigen Algorithmus kann man statt der Folge $R$ einen Generator von Pseudozufallszahlen[1]) mit den geforderten Parametern benutzen. Man muß dabei daran denken, daß der Generator zwei Eingänge hat, einen zum Generieren aufeinanderfolgender Pseudozufallszahlen (benutzt bei den Proben zum Einsetzen oder Auffinden des gegebenen Schlüssels) und den zweiten zum Generieren einer neuen Folge von Anfang an (benutzt bei jedem „neuen“ Schlüssel).

Versuchen wir jetzt die Zahl der nötigen Proben zum Einsetzen (Auffinden) des Schlüssels in die (der) Tafel abzuschätzen. Wir nehmen zuerst an, daß sich im Moment, in dem wir mit dem Einstzen des Schlüssels $k$ beginnen, schon $s$ Schlüssel in der Tafel $T$ befinden, d. h. von $l$ Zeilen sind nur $l - s$ leer.

Die erste Probe — in jedem Fall notwendig — entspricht der Nummer $j = \psi(k)$, und mit der Wahrscheinlichkeit $(l - s)/l$ wird sie richtig[2]) sein; weitere Proben, jede mit der gleichen Erfolgswahrscheinlichkeit, bilden ein Bernoulli-Experiment[3]). Aus der Wahrscheinlichkeitstheorie ist bekannt [22, Abschn. IX.3], daß der Erwartungswert der Zahl aufeinanderfolgender Mißerfolge, die nicht durch einen Erfolg getrennt sind, gleich dem Quotienten aus

[1]) Nach McIlroy [47] ist die Autorschaft V. A. Vyssotsky zuzuschreiben.

[2]) Wir erinnern daran, daß sowohl die Funktion $\psi$ als auch die Folge $R$, die die Adressen der laufenden Proben ergibt, zu einer gleichmäßigen Verteilung der Proben im Bereich der Tafel führen.

[3]) Als Bernoulli-Experiment bezeichnen wir ein Experiment, das auf einem vielfachen Wiederholen irgendeines Vorgangs beruht, der jedesmal entweder mit Erfolg (mit der Wahrscheinlichkeit $p$) oder Mißerfolg (mit der Wahrscheinlichkeit $q = 1 - p$) endet, wobei die Erfolgschancen nicht davon abhängen, wie oft wir den Vorgang vor seiner gegebenen Ausführung wiederholt haben.

der Wahrscheinlichkeit $q$ eines Mißerfolgs zur Wahrscheinlichkeit $p$ eines Erfolgs ($p + q = 1$) ist. Somit beträgt also der Erwartungswert der Zahl der Proben bei $s$ belegten Zeilen $1 + q/p = 1/(1 - s/l)$. Er hängt demnach nicht von $l$, sondern von $\lambda = s/l$, d. h. dem *Belegungskoeffizienten der Tafel* ab. Man kann nun feststellen, wie groß der Mittelwert der benötigten Proben ist, um eine Zeile, die einem gegebenen Schlüssel entspricht, einzusetzen.

Der Erwartungswert der Zahl der Proben, die benötigt werden zum Einsetzen der ersten $s$ Schlüssel, beträgt natürlich

$$1 + \sum_{i=1}^{s-1} 1/(1 - i/l)\,,$$

was bei großen $l$ approximiert werden kann durch $l \cdot \ln \bigl(1/(1 - s/l)\bigr)$ [22, Abschn. IX.3]. Wir können also annehmen, daß der gesuchte Mittelwert

$$(l/s) \ln \bigl(1/(1 - s/l)\bigr) = -(1/\lambda) \ln (1 - \lambda)$$

beträgt.[1])

Würden wir, statt eine Folge $R$ zur Behandlung von Adressenkonflikten zu benutzen, das oft vorgeschlagene Rezept anwenden:

„trage den Schlüssel in der ersten freien Zeile nach Zeile $j = \psi(k)$ ein",

dann erhielten wir, wenn wir eine ähnliche Analyse wiederholen würden (es diesmal aber nicht mit einer gleichmäßigen Verteilung zu tun hätten), die Abschätzung $(1 - \lambda/2)/(1 - \lambda)$ für den Mittelwert der Proben.

Ein anderer Weg zur Lösung von Adressenkonflikten, der sich auf den Fall (b) von S. 100 bezieht, besteht im folgenden Vorgehen. Wenn der Schlüssel $k$ auf eine schon belegte Zeile abgebildet wird, bilden wir eine neue Zeile außerhalb der Tafel $T$. Um auf solch eine Zeile zu treffen, bilden wir eine zusätzliche Rubrik $\gamma$ in allen Zeilen. Der Inhalt dieser Rubrik ist die Adresse der ersten Zeile, die durch die zusätzliche Zeile belegt ist. Wenn auf die gleiche Zeile der Tafel mehr als zwei Schlüssel abgebildet werden, entsteht eine Folge zusätzlicher Zeilen, zu denen wir im Einklang mit den in den Rubriken $\gamma$ eingetragenen Adressen übergehen. Der Mittelwert der Zahl der Proben, die nötig sind, um auf die geforderte Zeile zu stoßen, beträgt jetzt $1 + \lambda/2$ (vergl. die durch L. R. JOHNSON [39] durchgeführte Analyse, die sich auf die POISSON-Verteilung stützt). Wir bemerken, daß bei dieser Methode die Tafel $T$ nur jeweils eine Zeile für jede Äquivalenzklasse enthält und daß alle Zeilen, die einer Äquivalenzklasse entsprechen, durch Adressen miteinander verbunden sind, die explizit in den Rubriken angegeben sind. Es entsteht dann eine Kettenliste von Zeilen (siehe Abschn. 6). Wichtig für unsere jetzigen Betrachtungen ist jedoch, daß wir in der Tafel $T$, die $m_3$ Zeilen besitzt, $l > m_3$ Schlüssel „unterbringen" können, der Belegungskoeffizient $\lambda$ kann also größer als 1 sein. Man muß dazu sagen, daß man sich auf diese Methode auch in solchen Situationen stützt, wenn das Reservieren eines ausreichend großen zusammenhängenden Speichergebiets (d. h.

[1]) Dieses Ergebnis erhielt auch R. MORRIS [54] auf anderem Wege.

ausreichend vieler aufeinanderfolgender Zellen) für die Tafel $T$ schwierig ist, aber man leicht kleinere Gebiete, wenn auch verstreute, erhalten kann. Man muß hierbei jedoch die schwierigere Programmierung dieses Verfahrens und den weitaus komplizierteren Prozeß des Probierens beachten.

Wenn man einen in der Tabelle eingetragenen Schlüssel $k$ aus den Betrachtungen entfernen will, dabei die ersten beiden Verfahren benutzend, müßte man alle schon eingetragenen Schlüssel, die zur gleichen Äquivalenzklasse gehören, verschieben, wenn wir den Platz zurückerhalten wollen, der durch den entfernten Schlüssel und die mit ihm verbundenen Informationen belegt war. Beim dritten Verfahren brauchen wir keine Eintragungen zu verschieben, es sei denn, der entfernte Schlüssel ist der erste aus irgendeiner Äquivalenzklasse (ihr Repräsentant in der Tafel $T$) und es wurden schon weitere Schlüssel dieser Klasse eingeführt. In anderen Fällen führt das Entfernen eines Schlüssels bei dieser Methode zur Änderung des Inhalts der Rubrik $\gamma$ in nur einer Zeile, nämlich in der genau, die die (zusätzliche) Zeile des entfernten Schlüssels angezeigt hatte.

Unten wurden in Form der Tab. 5.1 die Mittelwerte der Testbeispiele bei den drei Verfahren zum Beseitigen von Adressenkonflikten zusammengestellt. Die Daten stammen aus einem Artikel von R. Morris [54][1]), auf den wir den Leser betreffs weiterer Einzelheiten, die mit dem Benutzen der Hashkodierung zusammenhängen, verweisen (dieser Artikel enthält auch einige nützliche Unterprogramme in der Sprache FORTRAN).

Tabelle 5.1. Anzahl der Proben, die zum Auffinden eines geforderten Schlüssels in der Tafel in Abhängigkeit vom Belegungskoeffizienten $\lambda$ nötig sind

| $\lambda$ | die Methode benutzt | | |
|---|---|---|---|
| | einen Generator von Pseudozufallzahlen | die erste freie Zeile der Tafel | zusätzliche Zeilen |
| 0,1 | 1,05 | 1,06 | 1,05 |
| 0,5 | 1,39 | 1,50 | 1,25 |
| 0,75 | 1,83 | 2,50 | 1,38 |
| 0,9 | 2,56 | 5,50 | 1,45 |
| 1,5 | – | – | 1,75 |
| 2,0 | – | – | 2,00 |

## 5.3. Das Bilden halbregulärer Strukturen

### 5.3.1. Einleitende Bemerkungen

Das Problem, das wir Bilden halbregulärer Strukturen nennen, umfaßt einige vom Begriff her verschiedene Probleme. Wir betrachten sie gemeinsam, da bei ihrer Lösung gemeinsame Techniken angewandt werden. Die weiteren Bemer-

[1]) Vergl. auch die Anmerkung von McIlroy [47].

kungen sind also in größerem Maße den Algorithmen als den Erläuterungen der strukturellen Zusammenhänge gewidmet.

Aus praktischen Überlegungen folgt, daß die grundlegende Art der Datenspeicherung, die im Zusammenhang mit halbregulären Strukturen zu betrachten wäre, das gemischte Medium ist, das aus homogenen und inhomogenen Teilen besteht. Die tatsächlich praktisch interessierenden halbregulären Strukturen zählen einige Tausend (und mehr) Daten, und jede von ihnen umfaßt viele Dutzend Binärzeichen. Insgesamt ist eine halbreguläre Struktur ein recht großes Gebilde, als daß es möglich wäre, es im doch sehr beschränkten Speicher des homogenen Mediums aufzubewahren. Andererseits ist es nicht so, daß die Natur der gezielten Verarbeitungsprozesse[1]) mit der sequentiellen Natur des gemischten Mediums im Konflikt steht, sondern sogar umgekehrt. Sie harmoniert mit ihr überaus ideal. Wir denken dabei natürlich daran, daß die inhaltliche Informationsverarbeitung in „homogenen Abschnitten", die in das inhomogene Medium durch Verbinden mit einem homogenen Medium eingefügt werden (siehe Abschn. 2.1.), erfolgt.

Die Prozesse zur Organisation halbregulärer Strukturen, besonders der Prozeß des Aufbaus solcher Struktur aus den einzelnen einfachen Daten, harmonieren meist nicht mit der sequentiellen Natur des inhomogenen Mediums. Sie werden deshalb im Bereich des homogenen Teils des gemischten Mediums ausgeführt, und eine sorgfältig geplante Aufeinanderfolge der Operationen beim Einsatz vieler Magnetbandgeräte reduziert die Zahl der Umspulungen der Bänder.

Das allgemeine Arbeitsschema ist folgendes:

Auf einer gewissen Zahl von Magnetbändern sind die Daten gespeichert, vielleicht völlig chaotisch. Nachdem wir ein Bandgerät in Übereinstimmung mit dieser oder jener Taktik ausgewählt haben, lesen wir eine gewisse Zahl von Daten von der Spule auf diesem Gerät in den internen Speicher. Die Daten ordnen wir nach einem Schlüssel, und auf einem meist anderen Band speichern wir sie ab. Schrittweise beginnen sich auf den einzelnen Spulen Datenfolgen zu bilden, die nach einem Schlüssel (d. h. in der natürlichen Ordnung) angeordnet sind. Diese Folgen kann man schon als geordnete halbreguläre Strukturen ansehen, und das weitere Vorgehen kann man als eine Konstruktion aus zwei oder mehr halbregulären Strukturen in dem Sinne auffassen, wie er durch uns im Abschn. 3.2. eingeführt wurde.

Traditionell ist es gebräuchlich, die Methoden des sogenannten *internen Ordnens* (*internen Sortierens*), d. h. Prozesse des Ordnens der Daten nach einem Schlüssel im homogenen Medium, die Methoden des *externen Ordnens*, d. h. Prozesse der Konstruktion halbregulärer Strukturen aus „kürzeren" halbregulären Strukturen, und die Methoden des *Zusammenfügens*, d. h. der Konstruk-

---

[1]) Das sind Prozesse, die auf halbregulären Strukturen nach ihrer endgültigen Formulierung ausgeführt werden; während dieser Prozesse treten im Prinzip nur Inhaltsänderungen auf.

tion einer halbregulären Struktur aus mehreren halbregulären Strukturen, von denen jede eine „eigene“ Spule einnimmt, einzeln zu betrachten.

Die Disposition unserer weiteren Darlegungen berücksichtigt diese Unterteilung.

Im Maße des Erscheinens und später auch immer größeren Verbreitung von sehr umfassenden Rotationsspeichern, die, wie wir uns erinnern, in halbhomogenen Medien benutzt werden, begann das Problem der Anpassung der Technik des Arbeitens mit halbregulären Strukturen an die Bedingungen, die aus den Speichern in halbhomogenen Medien (z. B. in Plattenspeichern) folgen, an Bedeutung zuzunehmen. Der letzte Teil dieses Abschnitts ist den Methoden des Plattensortierens gewidmet.

Anmerkung: Das Buch von Iverson [38] enthält eine große Anzahl von Informationen, die die folgenden Ausführungen ergänzen.

### 5.3.2. Methoden des internen Ordnens

Die Übersicht über die Methoden des internen Ordnens beginnen wir bei den klassischen Verfahren. Damit bezeichnen wir die Methoden, die vor 1962 angewandt wurden.[1]) Wir nutzen dabei die inhaltsreiche, wenn auch kurze Arbeit von Gotlieb [Gotlieb, 1]. Zur Vereinfachung betrachten wir folgendes Modell einer Aufgabe des internen Ordnens. Wenn eine gewisse Schlüsselmenge gegeben ist, so ist sie in der Reihenfolge zu ordnen, die durch den natürlichen Selektor des Namenraums bestimmt ist, aus dem die betrachteten Schlüssel stammen. In der Praxis entfernt sich der Vorgang, der mit dem internen Ordnen zusammenhängt, nicht so weit vom aufgezeigten Modell, wie es im ersten Augenblick scheinen könnte. Denn, obwohl die Schlüssel meist zusammen mit den Daten aufgeschrieben und zusammen in das homogene Medium eingeführt werden, führen wir die weiteren Operationen meist nur auf den Schlüsseln durch, und erst nachdem wir sie in die geforderte Ordnung gebracht haben, gruppieren wir unter Berücksichtigung dieser Ordnung sämtliche Daten um. Ein technisches Hilfsmittel, das wir benutzen, ist im allgemeinen eine Tabelle, die einem Schlüssel die Adresse der Dateneinheit mit diesem Schlüssel zuordnet, und die im Verlauf der Datenübernahme in das homogene Medium aufgebaut wird. Von dieser Technik gehen wir natürlich dann ab, wenn das Umordnen der Daten aus einer Gruppe in eine andere genauso leicht ist, wie das Umordnen der Schlüssel selbst.[2])

[1]) Im November 1962 fand in Princeton ein Symposium der ACM statt, das den Ordnungsmethoden gewidmet war (den internen und externen). Dieses Symposium summierte im gewissen Sinne den damaligen Wissensstand in dem uns interessierenden Gebiet und bildet einen günstigen Punkt bei der chronologischen Teilung. Die Referate aus diesem Symposium wurden im Druck [1] veröffentlicht. Wenn wir uns auf die einzelnen Referate berufen, werden wir die Bezeichnung [$x$, 1] benutzen, wobei $x$ der Name des ersten Autors des Referats ist.

[2]) Sogar dann, wenn es „ein wenig“ schwerer ist, aber nicht so schwer, um die Einsparungen, die aus dem Auslassen der Etappe der Aussonderung der Schlüssel folgen, beim Bilden der Abbildungstabelle und bei der endgültigen Umordnung der Daten nicht zu verlieren.

***Die Methode der positionellen Verteilung***

Diese Methode können wir anwenden, wenn die Schlüssel durch eine positionelle Eintragung dargestellt sind, und die Ordnung, in die wir sie bringen wollen, eine Zahlenordnung ist. Bei entsprechender Interpretation (siehe Abschn. 5.2.) kann man bei Anwendung dieser Methode sogar rein literale Schlüssel (alphabetisch) ordnen.

Da die Urform dieser Methode eine Art des Ordnens von Lochkarten in analytischen Maschinen ist, stellen wir sie am Beispiel des Ordnens $s$-ziffriger Schlüssel vor.

Wir betrachten eine Menge von $n$ Schlüsseln $k_i$ der Form $k_i = c_{is}c_{i,s-1} \cdots c_{i1}$, wobei die einzelnen $c_{ij}$ Dezimalziffern sind. Wir bilden zehn Arbeitsbereiche — oft Fächer genannt — von einem Fassungsvermögen (eines jeden), das ausreicht zum Speichern von $n$ Schlüsseln. Die Fächer bezeichnen wir symbolisch mit den aufeinanderfolgenden Ziffern *0, 1, ..., 9*. Ins Fach *0* schreiben wir alle Schlüssel, für die $c_{i1} = 0$, ins Fach *1* die Schlüssel, die mit der Ziffer 1 enden usw. Nach dem Eintragen der Schlüssel mit $c_{i1} = 9$ im Fach *9* schreiben wir die Schlüssel aus den einzelnen Fächern heraus, dabei die Reihenfolge der Folgen aus den Fächern beibehaltend. Wir haben so die erste Näherung der geforderten Reihenfolge erhalten (eine Reihenfolge bezüglich der letzten Ziffern). Um eine zweite Näherung zu erhalten (eine Reihenfolge bezüglich der beiden letzten Ziffern), tragen wir die Schlüssel in die entsprechenden Fächer ein in Übereinstimmung mit dem Wert $c_{i2}$, so, daß im gegebenen Fach die relative Reihenfolge aus der ersten Umordnung erhalten bleibt. Nach $s$-facher Wiederholung dieses Verfahrens erhalten wir die endgültige Version der Reihenfolge.

Beispiel

Die Menge der zu ordnenden Schlüssel sei: 19, 01, 17, 32, 41, 56, 12, 18, 10. Die erste Verteilung auf Fächer führt zur Situation:

| | | | |
|---|---|---|---|
| *0* : | 10 | *5* : | — |
| *1* : | 01, 41 | *6* : | 56 |
| *2* : | 32, 12 | *7* : | 17 |
| *3* : | — | *8* : | 18 |
| *4* : | — | *9* : | 19 |

Die erste Näherung der Reihenfolge ist also: 10, 01, 41, 32, 12, 56, 17, 18, 19. Wenn wir die Schlüssel wieder in die Arbeitsbereiche eintragen, erhalten wir

| | | | |
|---|---|---|---|
| *0* : | 01 | *5* : | 56 |
| *1* : | 10, 12, 17, 18, 19 | *6* : | — |
| *2* : | — | *7* : | — |
| *3* : | 32 | *8* : | — |
| *4* : | 41 | *9* : | — |

Die zweite (und, da wir zweiziffrige Schlüssel betrachtet haben, letzte) Näherung der Reihenfolge haben wir in der Form: 01, 10, 12, 17, 18, 19, 32, 41, 56.

Der größte Nachteil der Methode der positionellen Verteilung ist der große Umfang der Arbeitsgebiete — in unserem Falle $10n$ „einschlüsselige" Teilbereiche. Die Menge der Schlüssel wird $s$-mal durchgesehen, wobei man die einzelnen Positionen im Schlüssel aussondern können muß, was nicht leicht zu sein braucht.

***Die Austauschmethode für Binärschlüssel***

In dieser Methode, ähnlich wie vorher, nutzt man die positionelle Darstellung der Schlüssel aus. Diesmal nehmen wir jedoch an, daß die Schlüssel binär dargestellt sind und wir sie nach wachsendem Zahlenwert ordnen wollen.

Die Schlüssel haben jetzt die Gestalt $k_i = b_{i1}b_{i2} \cdots b_{is}$, wobei $b_{ij} \in \{0, 1\}$ ist. Die Methode besteht aus $s$ Etappen. In der ersten Etappe sehen wir die Schlüsselmenge durch, indem wir uns vom Anfang zum Ende hin bewegen, bis wir auf den ersten Schlüssel stoßen, für den $b_{i1} = 1$. Wir sehen jetzt die Schlüsselmenge vom Ende her solange durch, wie wir keinen Schlüssel $k_j$ treffen, für den $b_{j1} = 0$ ist. Wir vertauschen die Schlüssel $k_i$ und $k_j$, und wiederum beginnt die Durchsicht von vorn (von Schlüssel $k_{i+1}$ an). Nach dem Finden eines Schlüssels $k_{i'}$, $b_{i'1} = 1$, beginnen wir die hintere Durchsicht (von Schlüssel $k_{j-1}$ an), finden den Schlüssel $k_{j'}$, $b_{j'1} = 0$, vertauschen ihn mit Schlüssel $k_{i'}$ usw. Die erste Etappe endet dann, wenn alle Schlüssel in zwei Gruppen geteilt sind: in eine erste, die durch $b_{i1} = 0$ charakterisiert ist, und in eine zweite mit $b_{i1} = 1$.

Die zweite Etappe wird für jede dieser beiden Gruppen einzeln ausgeführt. Im Bereich der Gruppe ähnelt die zweite Etappe genau der ersten, mit dem Unterschied, daß statt $b_{i1}$ jetzt $b_{i2}$ betrachtet wird.

Im Ergebnis der zweiten Etappe erhalten wir eine Einteilung jeder der beiden Gruppen in zwei weitere Gruppen (im Spezialfall können gewisse Gruppen leer sein), die sich dadurch auszeichnen, daß in der ersten von ihnen die Schlüssel mit 00, in der zweiten mit 01, in der dritten mit 10 und in der vierten mit 11 beginnen. Die dritte Etappe führt man im Bereich jeder Gruppe allein durch, die gleichen Operationen wiederholend, diesmal jedoch bezüglich $b_{i3}$ usw.

Beispiel

Die zu ordnende Menge sei (0101), (1010), (0011), (1101), (0100), (1000), (0000).

In der ersten Etappe gehen folgende Veränderungen vor sich (bezeichnet mit Paaren römischer Zahlen):

| | |
|---|---|
| 0 1 0 1 | |
| 1 0 1 0 | I |
| 0 0 1 1 | |
| 1 1 0 1 | II |
| 0 1 0 0 | II |
| 1 0 0 0 | |
| 0 0 0 0 | I |

Man erhält also eine Übergangsordnung:

```
0 1 0 1  I
0 0 0 0
0 0 1 1  I
0 1 0 0
-------
1 1 0 1  II
1 0 0 0
1 0 1 1  II
```

in der die weiteren Änderungen, die in der zweiten Etappe ausgeführt werden, bezeichnet sind (wiederum mit Paaren römischer Zahlen), die dann zur zweiten Übergangsreihenfolge führen:

```
0 0 1 1
0 0 0 0
-------
0 1 0 1
0 1 0 0
-------
1 0 1 1
1 0 0 0
-------
1 1 0 1
```

Die weiteren Etappen führen zu:

```
0 0 0 0
-------
0 0 1 1
-------
0 1 0 1
0 1 0 0
-------
1 0 0 0
-------
1 0 1 1
-------
1 1 0 1
```

und schließlich zu

```
0 0 0 0
0 0 1 1
0 1 0 0
0 1 0 1
1 0 0 0
1 0 1 1
1 1 0 1
```

Es ist wert, daran zu erinnern, daß die eben betrachtete Methode im Prinzip der Methode der positionellen Verteilung im Binärsystem entspricht. Das Prinzip des Vertauschens von Schlüsseln mit bestimmten Eigenschaften findet auch in anderen Methoden Anwendung, zu denen wir im weiteren übergehen.

Die Austauschmethode benötigt für Binärschlüssel $n$ Arbeitsbereiche zum Speichern der Schlüssel und höchstens $\mathsf{E}(n/2) - 1$ Zellen zum Aufbewahren der Adressen der Gruppenanfänge, in deren Bereich in den einzelnen Etappen das Austauschen durchgeführt wird.

Beide betrachteten Methoden sind in gewissem Sinne global — jede der Etappen, aus denen sie bestehen, mischt alle Schlüssel auf einmal, wobei einzelne Schlüssel um viele Stellen verschoben werden können. Einen etwas anderen Charakter haben die unten angegebenen Methoden, die sehr stark die Eigenschaften des systematischen Namenraums ausnutzen.

### *Die Methode des Zwei-Wege-Mischens*

Die $n$ betrachteten Schlüssel teilen wir in $n/2$ Gruppen zu je zwei Schlüsseln (wenn $n$ eine ungerade Zahl ist, werden wir $(n - 1)/2 + 1$ Gruppen haben, von denen eine, meist die letzte, nur einen Schlüssel enthält). Wenn die Schlüsselmenge verteilt ist in einer zusammenhängenden Menge von Einheiten, bilden wir die Gruppen aus Schlüsseln, die in benachbarten Einheiten untergebracht sind.

In jeder zweischlüsseligen Menge überprüfen wir, ob die natürliche Reihenfolge der Schlüssel eingehalten ist (bei einer Zufallsverteilung kann man erwarten, daß diese Ordnung in der Hälfte der Gruppen eingehalten ist). In den Gruppen, in denen die Reihenfolge gestört ist, vertauschen wir die Plätze der Schlüssel, die zur Gruppe gehören. Als Ergebnis erhält man $n/2$ Folgen, die in sich nach der natürlichen Ordnung sortiert sind.

Wir vereinigen jetzt je zwei benachbarte Folgen, dabei ungefähr $n/4$ vierschlüsselige Folgen erhaltend[1]). Die Vereinigung verläuft folgendermaßen. Die zu verbindenden Folgen bezeichnen wir mit $K_1$ und $K_2$ und ihre Elemente entsprechend mit $k_{11}, k_{12}, k_{21}, k_{22}$. Das Element $k_{21}$ vergleichen wir mit $k_{11}$ und das frühere, im Sinne der natürlichen Rangfolge, nehmen wir als erstes Element der verbundenen Menge; zum Beispiel sei $k_{11} < k_{21}$. Kandidaten auf den zweiten Platz in der verbundenen Folge sind jetzt: das folgende Element der Folge, aus der das zuletzt ausgewählte Element stammt, und das vorher betrachtete Element der zweiten der zu verbindenden Folgen. Wir vergleichen also $k_{12}$ mit $k_{21}$ usw. Allgemein, wenn $K_1$ und $K_2$ geordnete Folgen beliebiger Länge sind, verläuft ihre Vereinigung in eine geordnete Folge vollständig analog. Es sollte erwähnt werden, daß, wenn wir nach einem Vergleich und einer Auswahl eine der Anfangsfolgen ausgeschöpft haben, der restliche Teil der zweiten von beiden ohne weitere Veränderungen als Ende der verbundenen Folge übernommen wird[2]).

---

[1]) Wenn $n$ durch 4 teilbar ist, erhalten wir genau $n/4$ Folgen; im Allgemeinfall werden es $n - 3 \cdot \mathsf{E}(n/4)$ sein. Ähnliche Erklärungen werden wir im weiteren auslassen.

[2]) Wenn wir diese Operationen nicht auf den Schlüssel selbst ausführen, sondern auf den Daten, haben wir es mit der im Abschnitt 3.2 beschriebenen Operation der Konstruktion auf geordneten halbregulären Strukturen zu tun.

Die nächste Etappe der beschriebenen Methode ist das Vereinigen benachbarter (in der Mehrheit) vierschlüsseliger Folgen in (in der Mehrheit) achtschlüsselige Folgen, von denen wir ungefähr $n/8$ haben werden usw.

Die Methode des Zwei-Wege-Mischens erinnert etwas an das Aufstellen eines Spielschemas im sogenannten Pokalsystem.

Beispiel

Die betrachtete Schlüsselfolge 19, 01, 17, 32, 41, 56, 12, 18, 10 teilen wir in geordnete „Schlüsselpaare“ (01, 19), (17, 32), (41, 56), (12, 18), (10), was man schematisch darstellen kann als:

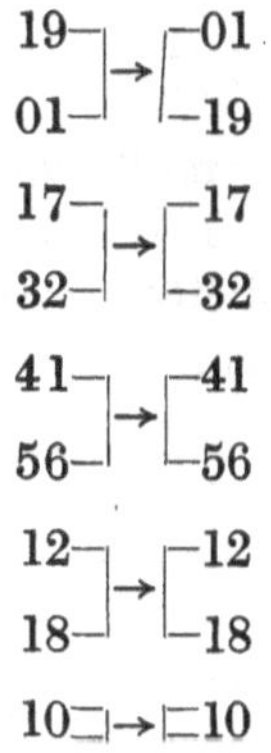


Die „Schlüsselpaare“ vereinigen wir in „Vierer“: (01, 17, 19, 32), (12, 18, 41, 56), (10); schematisch:

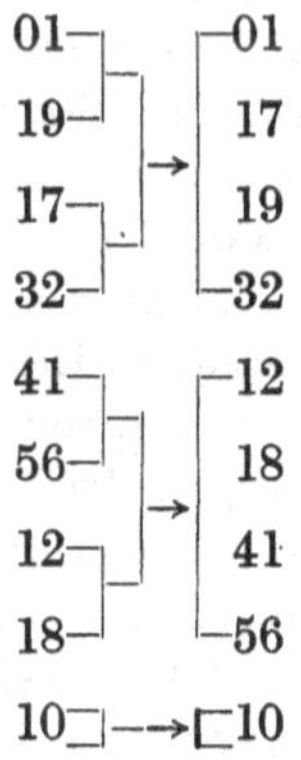


Die „Schlüsselvierer“ vereinigen wir in „Achter“: (01, 12, 17, 18, 19, 32, 41, 56), (10), und die „Achter“ in „Sechzehner“: (01, 10, 12, 17, 18, 19, 32, 41, 56). Wenn wir die Schemen der beiden letzten Vereinigungen zu den vorher vorgestellten Schemen dazugeben, erhalten wir:

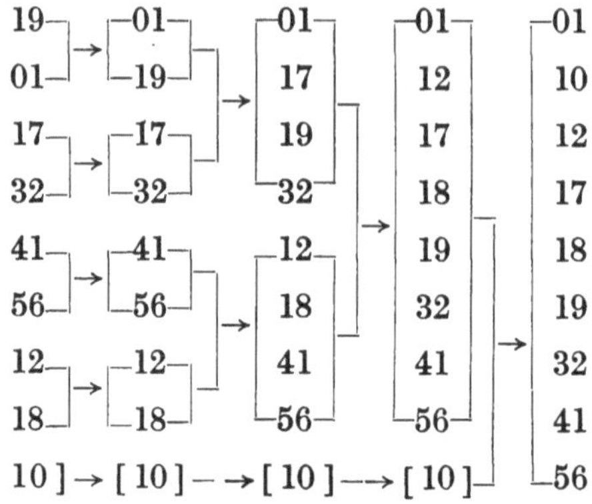


Besonders hervorgehoben werden muß, daß wir es bei der Realisierung der Methode des Zwei-Wege-Mischens immer mit zwei geordneten Schlüsselfolgen[1]) zu tun haben, aus denen wir eine dritte bilden. Dabei werden niemals andere Schlüssel betrachtet als jene, die momentan an der Spitze der beiden zu verbindenden Folgen stehen.

Wenn $n = 2^p$ ist, besteht die Methode aus $p$ Etappen, wobei wir als Etappe das Vereinigen aller $m$-schlüsseligen Folgen in $2m$-schlüsselige Folgen verstehen. Im speziellen ist das Bilden der Schlüsselpaare die erste Etappe. Wenn $2^{p-1} < n < 2^p$ ist, so benötigt das Ordnen mit der Methode des Zwei-Wege-Mischens auch $p$ Etappen, mit dem Unterschied, daß in den einzelnen Etappen Folgen verschiedener Länge auftreten.

Die Anzahl der Etappen wird allgemein als $\lceil \log_2 n \rceil$ angegeben, wobei $\lceil x \rceil$ die kleinste ganze Zahl bezeichnet, die nicht kleiner als $x$ ist.

Die Methode des Zwei-Wege-Mischens benötigt recht viel Platz: neue verbundene Folgen bildet man meist, indem man nicht die Zellen benutzt, die durch zu verbindende Folgen besetzt sind. Wir benötigen also $2n$ einschlüsselige Abschnitte.

Eine Verallgemeinerung der Methode des Zwei-Wege-Mischens ist das *Mehrwege-Mischen* ($s$-Wege-Mischen), wobei man statt Zweier, Vierer usw. Folgen bildet, die $s, s^2, \ldots, s > 2$ Schlüssel zählen. Diese Methode benötigt ein komplizierteres Programm in den einzelnen Etappen (die Auswahl aus $s$ Schlüsseln), aber dafür beträgt die Zahl der Etappen $\lceil \log_s n \rceil$.

Um in jeder Etappe des $s$-Wege-Mischens einen Schlüssel in die entstehende Folge einzuordnen, müssen wir ihn mit $s - 1$ Schlüsseln vergleichen, da aber alle $n$ Schlüssel einzuordnen sind, beträgt die Zahl der Vergleiche in einer Etappe $(s - 1)\, n$, was die Gesamtzahl der Vergleiche von $(s - 1)\, n \cdot \lceil \log_s n \rceil$ ergibt[2]).

---

[1]) Sogar die anfängliche Paarbildung können wir so interpretieren, in diesem Fall haben wir jedoch Folgen mit einem Element.

[2]) Natürlich näherungsweise, denn das Ergebnis ist exakt nur, wenn $n = s^p$ mit ganzem $p$ ist.

***Die Methode der linearen Selektion***

Die einleuchtendste Methode des internen Ordnens beruht auf der direkten Anwendung des Selektors entsprechend Rekursionsformel (3.1.2). Wenn wir als Programmrealisierung des Selektors die Auswahl durch aufeinanderfolgende Vergleiche nehmen, so beträgt die Gesamtzahl der Vergleiche $(n-1)+(n-2)+\cdots+1=n(n-1)/2\approx n^2/2$. In praktisch interessierenden Fällen ist das bedeutend mehr als die entsprechende Zahl für die Methode des Zwei- (oder Mehr-)Wege-Mischens. Die Methode der linearen Selektion kann allerdings ohne zusätzliche Arbeitszellen auskommen.

***Die Einfügemethode***

Mit einer im Mittel zweimal kleineren Zahl der Vergleiche als in der zuletzt beschriebenen Methode können wir die Schlüssel in eine geforderte Ordnung bringen, wenn wir die Einfügemethode benutzen. Die Methode besteht darin, daß wir den ersten gegebenen Schlüssel auf die erste Stelle setzen, und weiter gehen wir folgendermaßen vor. Nach dem Eintragen von $i$ Schlüsseln in die geordnete Folge vergleichen wir den $(i+1)$-ten Schlüssel nacheinander mit den Schlüsseln, die die Plätze $i, i-1, \ldots$ einnehmen, bis wir auf einen Schlüssel auf dem $j$-ten $(j<i)$ Platz der gleichen Folge treffen, der dem betrachteten vorausgeht. Wir verschieben dann die Schlüssel, die die Plätze $i, i-1, \ldots, j+1$ einnehmen, um eine Stelle (beginnend natürlich beim Schlüssel vom $i$-ten Platz!) und auf den freigewordenen $(j+1)$-ten Platz setzen wir den betrachteten Schlüssel. Wenn der Schlüssel auf dem $i$-ten Platz selbst dem betrachteten Schlüssel vorausgeht, setzen wir einfach den letzteren auf den $(i+1)$-ten Platz.

Beispiel

Wenn wir die Schlüssel 19, 01, 17, 32, 41, 56, 12, 18, 10 betrachten erhalten wir folgende Folgen:

```
19
01, *19
01,  17, *19
01,  17,  19, 32
01,  17,  19, 32,  41
01,  17,  19, 32,  41, 56
01,  12, *17, 19,  32, 41, 56
01,  12,  17, 18, *19, 32, 41, 56
01,  10, *12, 17,  18, 19, 32, 41, 56,
```

wobei mit einem Stern die Stelle bezeichnet ist, von der aus die Schlüssel der schon bestehenden Folge verschoben werden (in unserer Schreibweise nach rechts).

Unter der Voraussetzung, daß die Schlüssel in der Anfangsfolge zufällig angeordnet sind, beträgt die Wahrscheinlichkeit, daß der betrachtete Schlüssel einem beliebigen anderen vorausgeht, 1/2, die mittlere Länge der schon geordneten

Folge beträgt $n/2$, der erwartete Mittelwert der Vergleiche beim Einfügen eines Schlüssels beträgt also $1/2 \cdot n/2 = n/4$, und für $n$ Schlüssel $n^2/4$.

***Die Methode der quadratischen Selektion***

Eine im Mittel noch kleinere Zahl von Vergleichen benötigt die Methode der quadratischen Selektion. Sie beruht darauf, daß wir die gegebenen $n$ Schlüssel in $\sqrt{n}$ Gruppen zu jeweils $\sqrt{n}$ Schlüssel einteilen. (Wir nehmen zur Vereinfachung an, daß $n$ das Quadrat einer ganzen Zahl ist. Im entgegengesetzten Fall teilen wir die Schlüssel in $m$ Gruppen ein, wobei $m$ die kleinste ganze Zahl ist, so daß $m^2 > n$ ist. $m - 1$ Gruppen werden jeweils $m - 1$ Schlüssel zählen, und eine enthält $n - (m - 1)^2$ Schlüssel. Das weitere Vorgehen unterscheidet sich nicht prinzipiell vom Fall $n = p^2$).

In jeder Gruppe wählen wir den „jüngsten" (d. h. den frühesten in der natürlichen Rangfolge) Schlüssel aus, und aus diesen Schlüsseln bilden wir eine zusätzliche Gruppe, aus der wir auch den jüngsten Schlüssel auswählen und auf den ersten Platz der Ergebnisschlüsselfolge setzen. Die Gruppe der jüngsten Schlüssel ergänzen wir jetzt durch den jüngsten der Schlüssel, die in der Gruppe verbleiben, aus der der Schlüssel, der in die Ergebnisfolge überging, stammte, und wiederum wählen wir den jüngsten Schlüssel aus der Gruppe der jüngsten aus. Das Verfahren führen wir weiter bis zum Ausschöpfen aller Gruppen.

Bemerkung: Der Leser stellt sicher fest, daß wir hier streng die Eigenschaft des systematischen Namenraum ausnutzen, die wir Kooptierungsprinzip genannt hatten.

Den Mittelwert der Gesamtzahl der Vergleiche in dieser Methode können wir folgendermaßen abschätzen. Die Auswahl des nächsten Elements der Ergebnisschlüsselfolge benötigt die Auswahl des jüngsten Schlüssels aus der Gruppe der jüngsten Schlüssel, die $\sqrt{n}$ Elemente zählt, d. h. die Ausführung von $\sqrt{n} - 1$ Vergleichen, sowie die Ergänzung dieser Gruppe mit dem jüngsten Schlüssel aus der entsprechenden Gruppe. In der letzteren Gruppe beträgt die Zahl der Schlüssel im Mittel $\sqrt{n}/2$, deshalb also benötigt die Ergänzung im Mittel $\sqrt{n}/2 - 1$ Vergleiche. Insgesamt benötigt die Festlegung eines Elements der Ergebnisfolge im Mittel $\sqrt{n} - 1 + \sqrt{n}/2 - 1 = 3\sqrt{n}/2 - 2$ Vergleiche. Für $n$ Schlüssel haben wir also $n(3\sqrt{n}/2 - 2) \approx 3n\sqrt{n}/2$ Vergleiche. Diese Methode benötigt jedoch mehr Arbeitsplätze als die Methode der linearen Selektion oder des Einfügens, da eine Notwendigkeit zur Bildung einer zusätzlichen Gruppe besteht.

Eine ausführliche Analyse der oben beschriebenen, aber auch anderer klassischer Methoden des internen Ordnens, enthalten die Arbeiten [25] und [HALL, 1]. Die empirische Untersuchung einiger Methoden des internen Ordnens mit minimalem „Speicherbedarf" (dabei auch der Methode von HOARE, die unten beschrieben ist) stellt die Arbeit [HIBBARD, 1] dar.

***Methoden des schnellen Ordnens***

Neue, sehr wirksame Methoden des Ordnens stellten nacheinander HOARE [14], [35], SCOWEN [69] sowie, vor kurzem erst, VAN EMDEN [18] vor. Die letzte Methode ist, soweit dem Autor bekannt, die wirksamste unter den Methoden, die keine große Zahl zusätzlicher Arbeitsplätze benötigen (beim „unbegrenzten" Speicher ergibt die Vereinigungsmethode die minimale Gesamtzahl der nötigen Vergleiche, was man auf Grundlage der Informationstheorie nachweisen kann). Da darüber hinaus die Methode von VAN EMDEN eine weitere Modifikation der Methode von HOARE-SCOWEN ist, beschränken wir uns auf ihre Vorstellung als neueste Methode.

Die Methode von VAN EMDEN beruht auf der Unterteilung der Schlüsselmenge in drei Gruppen, die wir abmachungsweise *linke*, *mittlere* und *rechte* nennen werden, derart, daß alle Schlüssel der linken Gruppe dem letzten Schlüssel dieser Gruppe vorausgehen und alle Schlüssel der rechten Gruppe dem ersten Schlüssel dieser Gruppe nachfolgen (Vorausgehen und Nachfolgen verstehen wir natürlich im Sinne der natürlichen Reihenfolge der Schlüssel). Nach dem Auffinden solcher Unterteilung kommt man durch das Vertauschen von Schlüsselpaaren zu einer Situation, daß die mittlere Gruppe verschwindet; auf diese Weise wird die anfängliche Schlüsselmenge in zwei Gruppen geteilt: in eine linke, die durch den ältesten seiner Schlüssel abgeschlossen ist, und in eine rechte, die mit dem jüngsten der zu ihr gehörigen Schlüssel beginnt. Auf beide Gruppen wenden wir wieder die Unterteilungsmethode an usw., bis wir zu ein- und zweischlüsselige Mengen kommen, die schon geordnet sind und zusammen die natürliche Reihenfolge der Anfangsmenge bilden.

Der folgende Algorithmus im ALGOL 60, zitiert aus der Arbeit [18], stellt die Methode von VAN EMDEN genau dar. Die am linken Rand angegebenen Nummern gehören nicht zum Algorithmus und sind hier eingeführt als Hilfsmittel zur Erläuterung des unten gegebenen Algorithmus. Die aktuellen Parameter der Prozedur *qsort* sind: der Identifikator des eindimensionalen Feldes vom Typ **real**, dessen Elemente in wachsender Zahlenordnung sortiert werden sollen, und die Grenzwerte der Indizes dieses Feldes.

Die Arbeitsweise des Algorithmus (v. S. 120) ist am besten zu verstehen nach einer Ausführung „per Hand" für eine nicht zu große Zahlenmenge (z. B. 8, 5, 4, 3, 12, 1, 2, 6, 7, 10, 9, 11). Die folgenden Bemerkungen sind notwendigerweise fragmentarisch und ersetzen nicht die vorgeschlagene praktische Übung.

Die Prozedur *qsort* besteht aus der in ihrem Rumpf rekursiv aufgerufenen Prozedur *sort* und der Steuerinstruktion *33*, die der Ausführung des Ordnens einer Zahl ($l1 = n1$) vorbeugt.

Die Prozedur *sort* ordnet die Elemente eines Feldes (von $a\,[l1]$ bis $a[n1]$). In den Zeilen *6* und *7* wird als maximales Element der linken Gruppe provisorisch $a[l1]$ und als minimales Element der rechten Gruppe $a[n1]$ festgelegt, wobei ihre Plätze vertauscht werden (Zeile *7*), wenn $a[l1] > a[n1]$ ist. Die weitere Ausführung erfolgt nur dann, wenn die zu ordnende Menge wenigstens drei Elemente zählt (Zeile *8*). Die Lage des bisherigen Maximum der linken Gruppe

```
procedure qsort (a, l1, n1); value l1, n1; integer l1, n1; array a;
begin integer p, q, ix, iz; real x, xx, y, z, zz;
      procedure sort;
      begin integer l, n;
      l := l1; n := n1;
   part: p := l; q := n; x := a[p]; z := a[q];
          if  x > z then
              begin  y := x; a[p] := x := z; a[q] := z := y end;
          if  n − l > 1 then
              begin  xx := x; ix := p; zz := z; iz := q;
              left:  for p := p + 1 while p < q do
                     begin x := a[p];
                           if x ≧ xx then go to right
                     end;
                     p := q − 1; go to out;
              right: for q := q − 1 while q > p do
                     begin z := a[q];
                           if z ≦ zz then goto dist
                     end;
                     q := p; p := p − 1; z := x; x := a[p];
              dist:  if x > z then
                     begin y := x; a[p] := x := z;
                           a[q] := z := y
                     end;
                     if x > xx then begin xx := x; ix := p end;
                     if z < zz  then begin zz := z; iz := q end;
                     go to left;
              out:   if p ≠ ix ∧ x ≠ xx then
                           begin a[p] := xx; a[ix] := x end;
                     if q ≠ iz ∧ z ≠ zz then
                           begin a[q] := zz; a[iz] := z end;
                     if n − q > p − l then
                           begin    l1 := l; n1 := p − 1; l := q + 1 end
                                    else
                           begin    n1 := n; l1 := q + 1; n := p − 1 −
                           begin    n1 := n; l1 := q + 1; n := p − 1 end;
                     if n1 > l1 then sort;
                     if n > l    then goto part
              end
      end of sort;
   if n1 > l1 then sort
end of qsort;
```

bezeichnen wir mit *ix*, das bisherige Maximum selbst mit *xx*; für das Minimum der rechten Gruppe haben wir entsprechend *iz* und *zz* (Zeile *9*). Anschließend untersuchen wir, wie weit sich die linke Gruppe erstreckt, d. h., bis zu welchem Wert der Index *p* wachsen kann, wenn das bisherige Maximum erhalten bleibt (Zeilen *10*—*12*). Wenn wir dabei zu Elementen kommen, die zur rechten Gruppe gehören, ist die Unterteilung beendet (Zeile *13*). Nach dem Auffinden der aktuellen oberen Grenze des Indexes für die linke Gruppe suchen wir die untere Grenze des Indexes für die rechte Gruppe (Zeilen *14*—*16*). In den Zeilen *18*—*22* führen wir eine dreifache Adjustierung aus: der Grenzwerte des Indexes für die linke und rechte Gruppe sowie der bisherigen Extremwerte dieser Gruppen, mit dem gleichzeitigen Speichern der Lagen neuer Extremwerte, danach erneuern wir (Zeile *23*) die Probe solcher Erweiterungen der linken und rechten Gruppe, so daß sie vollständig die Mittelgruppe in sich aufnehmen. In dem Moment, wenn dies eintritt, gehen wir zum Verschieben (wenn nötig) der extremalen Elemente beider Gruppen auf die äußeren Positionen über (Zeilen *24*—*27*) und schließlich zum Wiederholen des ganzen Prozesses für jede Gruppe einzeln, wobei wir zuerst die Prozedur *sort* für die kleinere Gruppe aufrufen (Zeile *31*), und erst nach dem vollständigen Ordnen dieser Gruppe (was vielleicht viele weitere Unterteilungen und Sortierungen benötigt) erfolgt die Unterteilung der größeren der beiden Gruppen, die auf dem ersten Niveau der aufgerufenen Prozedur *sort* gebildet wurden (Zeile *32*). Die Zeilen *28*—*30* enthalten Anweisungen, die die relative Ausdehnung der linken und rechten Gruppe untersuchen und die die Parameter für die Iteration im Bereich der Prozedur *sort* (nach dem Sprung aus Zeile *32*) und ihres rekursiven Aufrufs (in Zeile *33*) festlegen. Es soll daran erinnert werden, daß dank der Ausführung der Instruktionen aus Zeile *29* oder *30* an der Nahtstelle beider Gruppen eine Gruppe mit zwei Elementen (eine geordnete!) entsteht, die aus dem maximalen Element der „alten" linken Gruppe und dem minimalen Element der „alten" rechten Gruppe besteht. Diese beiden Elemente ändern schon nicht mehr ihre Lage bis zum Ende des Ordnungsvorgangs.

Die Methode von van Emden ist nach der theoretischen Analyse und nach Ergebnissen von Experimenten, die in der Arbeit [18] vorgestellt wurden, ungefähr 15% schneller als die Methode von Hoare-Scowen, in der statt eines Paares von Elementen, die die geordneten Schlüssel abgrenzen, ein Element benutzt wird, bezüglich dessen Werts eine linke und rechte Gruppe gebildet wird (links — die kleineren, rechts — die größeren vom ausgewählten Element).

### 5.3.3. Methoden des externen Ordnens

Beginnen wir bei einem Beispiel, das das allgemeine Prinzip des externen Ordnens illustriert. Dieses Beispiel enthält einige Elemente in der Praxis angewandter Methoden, und darüber hinaus ist es deshalb lehrreich, weil es ein Vorgehen beschreibt, das zumindest im Prinzip erlaubt, eine halbreguläre Struktur aus einer vollständig ungeordneten Menge von Elementen des systematischen

Namenraums zu konstruieren, die in der natürlichen Reihenfolge der Schlüssel geordnet ist.

Wir nehmen an, daß wir mindestens drei Magnetbandgeräte besitzen, die wir mit den römischen Zahlen I, II und III bezeichnen. Auf dem Gerät I ist das Band, das die anfängliche Datenmenge enthält, aufgelegt. Wir nehmen an[1]), daß die Speicherungen der einzelnen Daten separabel sind im ganzen gemischten Medium, das sich aus den nötigen Teilen des homogenen Mediums und aus dem inhomogenen Medium zusammensetzt, oder daß sie gruppiert sind in separable Portionen im inhomogenen Medium und daß man die Speicherung der einzelnen Daten nach dem Einführen solcher Portion in das homogene Medium aussondern kann (vergl. Abschnitt 5.4.). Wir setzen auch voraus, daß unter den Daten keine zwei verschiedene mit dem gleichen Schlüssel vorkommen.

Den Ordnungsprozeß beginnen wir mit dem Einlesen einer gewissen Zahl von Daten vom Band auf dem Gerät I in den Operationsspeicher. Ihre Schlüssel bilden in der Ordnung, in der sie eingelesen werden, die Folge

$$k_{11}, \ldots, k_{1n_1}, k_{21}, \ldots, k_{2n_2}, \ldots, k_{t1}, \ldots, k_{tn_t}, \qquad (5.3.3.1)$$

die dadurch charakterisiert ist, daß $k_{ij'} < k_{ij''}$ für $j' < j''$ und $k_{i-1, n_{i-1}} > k_{i1}$ für $i = 2, \ldots, t$. Im besonders „boshaften“ Fall kann es sich erweisen, daß alle $n_i = 1$ sind. Die Datenfolge, die der ersten Unterfolge der Folge (5.3.3.1) entspricht, schreiben wir auf das Band des Geräts II, die der zweiten entsprechende auf Gerät III, der dritten wieder auf Gerät II usw.[2])

Nach der Übertragung der Daten, die der Folge $k_{t_1}, \ldots, k_{tn_t}$ entsprechen, nach außen, lesen wir die nächste Datenportion von Gerät I und wiederholen den beschriebenen Prozeß der anfänglichen Verteilung, dabei das Abspeichern auf dem Gerät beginnend, das nicht besetzt war während der letzten Transmission, die mit der vorherigen Transmission zusammenhing. Diesen Vorgang wiederholen wir so lange, wie sich nicht die Datenfolge auf dem Band des Geräts I erschöpft.

---

[1]) Diese Voraussetzung werden wir im ganzen Abschn. 5.3.3 ausnutzen. In Abschn. 5.4, wenn wir von der Verteilung halbregulärer Strukturen im inhomogenen Medien sprechen, machen wir darauf aufmerksam, daß die Speicherungen der einzelnen Daten aus technischen Gründen auf dem Magnetband in sogenannte Blöcke gruppiert vorkommen. In den Ausführungen der weiteren Betrachtungen berücksichtigen wir diese Tatsache nicht. Man muß jedoch beachten, daß sich, wenn die Speicherung wirklich in Blöcken erfolgt, die Operationen des physikalischen Lesens und Schreibens der Information vom und auf das Magnetband immer in ganzen Blöcken erfolgt und daß erst im homogenen Medium eine Aufteilung auf die einzelnen Speicherungen erfolgt. Wenn wir also vom Lesen der Eintragung sprechen, denken wir nicht so sehr an den Prozeß der physikalischen Transmission, als an die (logische) Übertragung der Speicherung ins Ordnungsunterprogramm, und im Falle des Schreibens an seine Überführung an einen entsprechenden (logischen) Ausgang durch das Ordnungsunterprogramm.

[2]) Faktisch werden wir auf das Band nicht zu kurze Folgen schreiben, wir werden sie im Puffer des homogenen Mediums sammeln mit der Bestimmung des Wegspeicherns im Moment des Vollwerdens des Puffers (oder des Ansammelns des gesamten Blocks). Diese Bemerkung bezieht sich auch auf die weiteren Betrachtungen.

Die anfängliche Datenfolge haben wir also in zwei Folgen zerlegt, die auf den Bändern der Geräte II und III gespeichert sind. Das weitere Vorgehen hängt davon ab, ob die Ausrüstung, über die wir verfügen, ein Lesen der Information von den Magnetbändern bei rückwärtigem Lauf der Spulen erlaubt. Wenn man die Information nur ausschließlich bei der Vorwärtsbewegung ablesen kann, müssen die Bänder auf den Geräten II und III vor dem Beginn der Fortsetzung des eigentlichen Ordnungsprozesses in die Ausgangslage gebracht werden. In bezug auf das Band auf Gerät I muß der Fall unterschieden werden, in dem wir die Ausgangsdatenfolge erhalten wollen, von dem Fall, in dem es uns darauf nicht ankommt. In beiden Fällen bringen wir das Band des Geräts I in die Ausgangslage; wollen wir jedoch ihren Inhalt in nicht veränderter Ordnung erhalten, ist das Band herauszunehmen und eine neue Spule aufzulegen.

Abb. 5.1. Schema der Lagen des Bandes in der Verteilungsphase

Die Bandoperationen kann man schematisch wie auf Abb. 5.1 darstellen. Im Teil (a) der Zeichnung ist die Anfangssituation gezeigt — die Gesamtheit der Information ist gespeichert auf dem Band aus Gerät I, die Leseköpfe befinden sich in Lage 1 (zur Vereinfachung wurde die Bandbewegung ersetzt durch Verschiebungen des Kopfes, wobei das Abspulen des Bandes der Bewegung des Kopfes von links nach rechts entspricht und das Aufspulen der Bewegung in die entgegengesetzte Richtung). Die Teile des Bandes, wo die Daten gespeichert sind, deren Schlüssel die aus der Folge (5.3.3.1) ausgesonderten Folgen bilden, sind mit aufeinanderfolgenden Buchstaben des Alphabets bezeichnet.

Nach der Verteilung der Folgen auf die Bänder der Geräte II und III haben wir eine Situation wie im Teil (b) der Zeichnung, mit der durch Ziffer 2 bezeichneten Lage der Köpfe. Nach dem Aufspulen der Bänder befinden sich die Köpfe in der mit der Ziffer 3 bezeichneten Lage.

Wir beginnen jetzt die zweite Phase — das Vereinigen der Datenfolgen. Von den Bändern auf den Geräten II und III lesen wir jeweils eine Folge (die schon geordnet nach der Rangfolge der Schlüssel ist), im auf Abb. 5.1 illustrierten Beispiel die Folgen $a$ und $b$, die wir im Bereich des homogenen Mediums zu einer Folge vereinigen (in unserem Beispiel $a \# b$). Dieses Vereinigen kann durchgeführt werden durch die Anwendung einer beliebigen Methode des internen Ordnens. Aber die Methode des Mehr-Wege-Mischens hat in diesem Fall solch offensichtliche Vorteile, daß man sich schwer Gründe vorstellen kann, aus denen man von ihr abgehen sollte. Wenn wir diese Methode für das Vereinigen der Folgen von den Bändern auf den Geräten II und III anwenden, müssen wir ergänzen, daß

(1) wir nur einen Teil der Operationen ausführen, die durch die Methode vorgeschrieben sind, denn wir haben es sofort mit einer Situation zu tun, die dem Anfangszustand für die letzte Etappe (dem letzten Vereinigen zweier geordneter Folgen) entspricht;
(2) wir überhaupt nicht beide Folgen in der Gesamtheit einlesen müssen. Wenn die Eigenschaften der Geräte es erlauben, kann man sogar je eine Dateneinheit einlesen, ohne dabei das wirksame Operieren der Methode des internen Zwei-Wege-Mischens aufzugeben.

Die aus der Verbindung erhaltene Folge bringen wir (wieder im Prinzip gleichgültig ob Dateneinheit für Dateneinheit, in Portionen oder in der Gesamtheit) auf das Band des Geräts I, danach gehen wir über zum Verbinden des nächsten Paares von Folgen (im Beispiel auf Abb. 5.1 die Folgen $c$ und $d$). Die Verbindungsphase beenden wir nach dem Erschöpfen aller Folgen auf den Bändern der Geräte II und III, wobei wir bei ungerader Zahl der Folgen die letzte Folge ohne Veränderungen übertragen (kopieren). Für das betrachtete Beispiel erhalten wir eine Situation wie auf Abb. 5.2a mit den Leseköpfen in der mit Ziffer 4 bezeichneten Lage.

Nach dem Aufspulen der Bänder zur Ausgangslage (immer noch berücksichtigen wir Geräte, die das Lesen nur in einer Richtung erlauben) kehren wir faktisch zum Ausgangszustand zurück, wobei die Folgen auf dem Band des Geräts I im Mittel zweimal länger sind als am Anfang.

Die folgende Phase des Ordnens ist wieder die Verteilung der Folgen vom Band auf Gerät I auf die Bänder auf den Geräten II und III (Abb. 5.2b) usw., bis zur vollständigen Vereinigung der Folgen in eine nach den Schlüsseln geordnete Struktur (Abb. 5.2d).

Der Vereinigungsprozeß verläuft anders, wenn die benutzte Ausrüstung ein Lesen bei rückwärtiger Bandbewegung erlaubt. Wenn wir zu Abb. 5.1b zurückkehren, sehen wir, daß wir statt eines „unfruchtbaren" Aufspulens der Bänder (Verschiebung der Leseköpfe aus der Lage 2 in 3) sofort nach Beendigung der Verteilungsphase zur Vereinigung der Folge $i$ mit der Folge $h$ übergehen können. Es entstehen hierbei jedoch zwei Probleme: zum ersten — wenn die Ausrüstung nicht ein Abspeichern bei rückwärtiger Bewegung des Bandes erlaubt, müssen wir zuerst das Band auf Gerät I aufspulen und zum zweiten — bei der rückwärtigen Bewegung des Bandes ändert sich die Ordnung der Daten in den Sequenzen, die der Vereinigung unterliegen, in die entgegengesetzte. Dieses Problem tritt noch im weiteren Verlauf des Abschnitts 5.3. auf; wir wollen

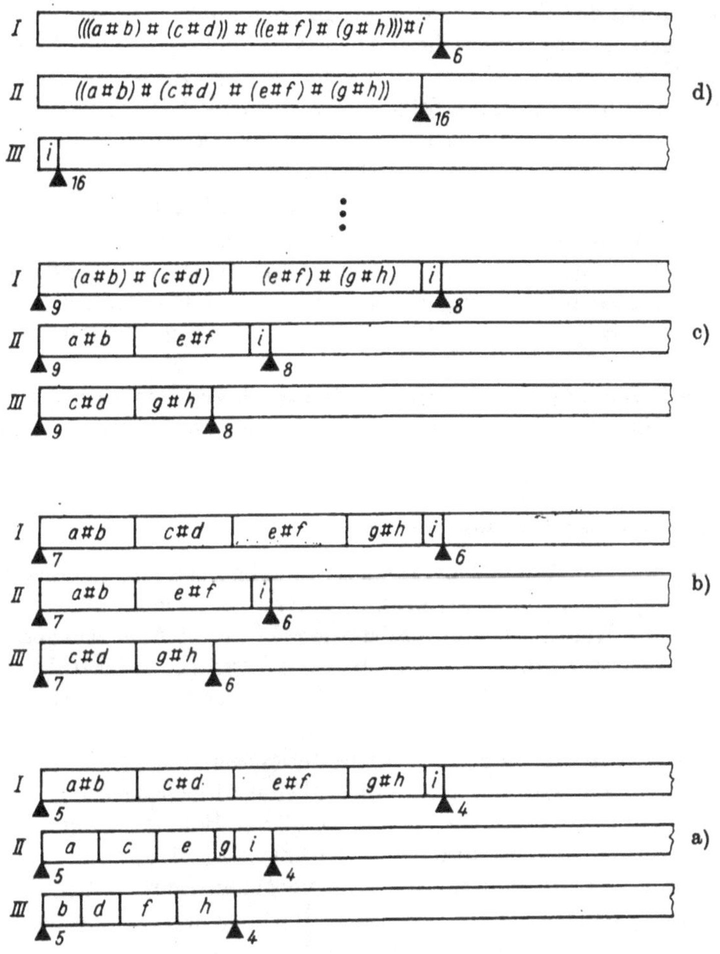


Abb. 5.2. Schemen der Lagen der Bänder in den weiteren Phasen

jedoch sofort darauf hinweisen, daß man im Prinzip jeden Algorithmus, der eine Schlüsselmenge in einem bestimmten Sinn ordnet, sehr leicht auf das Ordnen im entgegengesetzten Sinn anpassen kann (es wirkt hier das gleiche allgemeine Prinzip, dem zufolge man die Algorithmen zum Suchen des Maximum einer Funktion auffassen kann als Algorithmen zum Suchen des Minimum einer Funktion mit entgegengesetztem Vorzeichen).

Die während des rückwärtigen Laufs erhaltenen Konstruktionen $i \# h$, $g \# f$, $e \# d$ und $c \# b$ sind also entgegen der natürlichen Rangfolge der Schlüssel geordnet, oder — wie wir weiter sagen werden — sie sind in *fallender Reihenfolge geordnet.* Ähnlich ergibt das Kopieren der Folge *a* während der rückwärtigen Bewegung des Bandes auf dem Gerät II eine fallende Ordnung dieser Struktur. Nach der Verteilungsphase, die sich nicht von der vorher behandelten unterscheidet, erfolgt die nächste Vereinigung (wieder beim rückwärtigen Lauf des Bandes). Dieses Vereinigen ändert wieder die Reihenfolge ins Entgegengesetzte — diesmal erfolgt also die Rückkehr zur natürlichen Reihenfolge, die in diesem Kontext *steigende Reihenfolge* zu nennen wäre.

Wie aus dem betrachteten Beispiel zu sehen ist, hängt die Effektivität des Prozesses des externen Ordnens sehr stark von den Eigenschaften der Ausrüstung ab. Wenn sie ein rückwärtiges Lesen des Bandes erlaubt, verkleinert sich die Zahl der notwendigen Aufspulungen um die Hälfte, aber dafür erscheint die Forderung nach einem Algorithmus des internen Ordnens (des Zwei-Wege-Mischens), der Sequenzen, die fallend oder steigend geordnet sind, verbinden könnte.

Die Beschreibung praktisch angewandter Methoden beginnen wir bei den Methoden, die für Bänder bestimmt sind, die nur in einer Richtung gelesen werden können.

### *Die ausgewogene Methode und der Begriff der Mächtigkeit*

Die ausgewogene Methode ist eine funktionell geschickte Entwicklung des am Anfang des jetzigen Punktes beschriebenen Vorgehens. Die Urheberschaft schreibt man allgemein J. von Neumann zu, obwohl Andeutungen existieren, die es erlauben würden, sie auch H. H. Goldstine [25] oder J. W. Maulchey [38] zuzuschreiben. Auf jeden Fall ist sie bekannt seit „prähistorischen" Zeiten, d. h. seit 1946.

Diese Methode setzt, wie fast alle im weiteren besprochenen Methoden, voraus, daß wir auf einem Band die nach einem Schlüssel geordneten Datenfolgen gesammelt haben. Die Art wie diese anfängliche Datenordnung erreicht wird, interessiert uns in den weiteren Betrachtungen nicht, obwohl sie nicht ohne Einfluß auf die Effektivität des weiteren Vorgehens sein muß.

Die Überlegenheit der ausgewogenen Methode über die oben betrachtete Beispielmethode besteht darin, daß man die Wiederholungen der Verteilungsphase vermeidet, allerdings auf Kosten der Erhöhung der Anforderungen an die Ausrüstung. Die einfachste Variante dieser Methode setzt das Benutzen von vier Bandgeräten voraus. Nach der anfänglichen Verteilung auf zwei Bänder, z. B. der Geräte I und II, erfolgt das paarweise Verbinden der Folgen von diesen Bändern, wobei die entstehenden verbundenen Folgen wechselseitig auf die Bänder der Geräte III und IV verteilt werden. Nach dem Erschöpfen der Folgen von den Bändern der Geräte I und II sowie nach dem Aufspulen aller Bänder in die Anfangslage vertauschen sich die Rollen der Gerätepaare: dem Vereinigen unterliegen die Folgen aus den Geräten III und IV und die verbundenen Folgen sind auf die Bänder der Geräte I und II verteilt.

Wenn die Daten anfangs $n$ geordnete Folgen bilden, so erhalten wir nach $\lceil \log_2 n \rceil$ „Übertragungen" von einem Gerätepaar aufs andere eine Folge — eine Struktur, die bezüglich der Schlüssel geordnet ist.

Dieses Verfahren kann man verallgemeinern auf eine beliebige gerade Zahl von Magnetbandgeräten. Wenn wir über $2k$ Geräte disponieren, so verteilen wir tatsächlich die anfänglichen Folgen auf $k$ von ihnen (z. B. jeweils $\text{E}(n/k)$ auf jedes sowie jeweils eine Folge zusätzlich auf $n - \text{E}(n/k)$ Geräte). Wenn wir das interne $k$-Wege-Vereinigen anwenden, so verbinden wir jeweils eine Folge aus diesen Geräten und die entstehende Folge senden wir auf das erste der $k$ leeren Bänder. Verbinden wir alle zweiten Folgen, dann erhalten wir eine Folge, die wir auf das zweite der leeren Bänder speichern usw. Nach dem Vereinigen der $k$-ten Partie von $k$ Folgen, erhält das letzte der leeren Bänder die erste Eintragung. Dieses Verfahren führen wir fort bis die Folgen auf den Bändern der Geräte erschöpft sind, zwischen denen sie anfangs verteilt waren. Wir spulen alle Bänder in die Anfangslage, und wie vorher vertauschen wir die Rollen der beiden Komplexe der $k$ Geräte. Diese Variante benötigt $[\log_k n]$ Umspeicherungen, bevor wir eine vollständig geordnete Struktur erhalten.

Allgemein gesagt, ist diese Methode um so wirkungsvoller, im Sinne der Verringerung der Gesamtzahl der Umspeicherungen, je mehr Bandgeräte wir bei ihrer Realisierung einsetzen können. Die Zahl der Folgen $n$, die Zahl der zugänglichen Bandgeräte $t$ und die Anzahl der Umspeicherungen der ganzen Information $p$ sind verbunden durch den Zusammenhang $p = \lceil \log_{t/2} n \rceil$, oder angenähert

$$t/2 = n^{1/p} . \tag{5.3.3.2}$$

Die Größe $k = t/2$ wird *Mächtigkeit der Methode des ausgewogenen Ordnens* genannt.

Eine weitere Art der Qualitätsbewertung anderer Ordnungsmethoden ist das Bestimmen der Größe $n^{1/p}$ für die gegebene Methode und daraus das Bestimmen der Zahl der Geräte, die notwendig wären zur Realisierung einer ausgewogenen Methode der gleichen Vielfachheit der Umspeicherungen der Information. Leider ist die Bestimmung von $p$ für komplizierte Methoden, die wir weiter unten beschreiben werden, im allgemeinen Fall unmöglich.

Die Abschätzung $k = n^{1/p}$ für eine gegebene Methode trägt die Bezeichnung *effektive Mächtigkeit* der Methode. Unter dem Begriff der *Mächtigkeit der Methode* versteht man im allgemeinen Fall die Zahl der Sequenzen, die man intern während der Verbindungsphase vereinigen kann, die in jeder bekannten Methode des externen Ordnens auftritt (die deshalb auch manchmal Ordnen durch Vereinigen oder Sortieren durch Mischen genannt wird). Für die ausgewogene Methode fallen die Begriffe der Mächtigkeit und der effektiven Mächtigkeit zusammen, und jede von ihnen beträgt $t/2$, wobei $t$ die (gerade!) Zahl der Bandgeräte ist, die zu ihrer Realisierung benutzt sind. Wenn wir zum externen Ordnen $t$ Geräte verwenden und das Ordnungsergebnis (die nach den Schlüsseln geordnete Struktur) auf einem Band konstruieren, das auf einem dieser Geräte aufgelegt ist, so ist offensichtlich, daß die maximale Mächtigkeit der Methoden nicht $t - 1$ überschreiten kann.

### *Die Kaskadenmethode*

Fast über zehn Jahre lang war die ausgewogene Methode eigentlich die einzige praktisch angewandte Methode des externen Ordnens. Erst am Ende der fünfziger Jahre erschienen andere Vorschläge, die in der Form wirkungsvoller Prozeduren realisiert wurden. Die chronologisch erste von ihnen war die Kaskadenmethode, die von B. K. Betz und W. C. Carter im Jahre 1959 vorgeschlagen wurde (vergl. die Arbeiten [71] sowie [Gotlieb, 1]); in der zweiten dieser Publikationen ist die Kaskadenmethode zusammen mit der Polyphasenmethode (s. unten) beschrieben.

Da die Kaskadenmethode jetzt keine Rolle mehr spielt, behandeln wir sie sehr kurz, vor allem unter Berücksichtigung dessen, daß sie eine Gedankenbrücke ist zwischen der ausgewogenen Methode und den Methoden, die wir im weiteren betrachten werden.

Nach der anfangs zufällig vorliegenden Verteilung der Daten teilen wir die geordneten Datenfolgen zwischen $t - 1$ Bänder auf, die auf den $t$ uns zugänglichen Geräten aufgelegt sind. Die Verteilung der Folgen auf die einzelnen Bandgeräte bestimmt ein zusätzlicher Algorithmus, den wir jetzt auslassen. Einen ähnlichen Algorithmus besprechen wir weiter unten.

Direkt nach der Verteilung vereinigen wir durch Mehrwege-Sortieren mit $t - 1$ Sequenzen die Folgen von den beschriebenen Bändern bis zum Ausschöpfen der Folgen auf einem der Bänder, dabei die Ergebnisse auf das leere Band speichernd. Danach vereinigen wir durch Mehrwege-Sortieren mit $t - 2$ Sequenzen die Folgen von den Bändern, auf denen noch die anfänglichen Folgen stehen, wobei die Ergebnisse der Verbindungen auf das (vorher zurückgespulte) während des vorher-Schritt „entleerte“ Band gespeichert werden; das Bandgerät, auf dessen Band wir die Ergebnisse des $(t - 1)$-Wege-Sortieren generierten, „entleert“ sich während dieses Schrittes. Weiter führen wir ein $(t - 3)$-, $(t - 4)$-, ..., bis zu einem Zwei-Wege-Mischen durch und sammeln jedesmal die Ergebnisse auf dem Band von dem wir die Folgen des vorherigen Schritts ausschöpften. Wenn nach Beendigung dieser Kaskade auf einer der Bänder noch nicht vereinigte Folgen verblieben[1]), kopieren wir sie auf das letzte freigewordene Band. Auf diese Weise haben wir wieder $t - 1$ besetzte Bänder und ein freies Band. Wir können jetzt die ganze Kaskade von neuem beginnen (im rückwärtigen Lauf, wenn es die Ausrüstung erlaubt oder nach vorherigem Aufspulen aller Bänder).

---

[1]) Sie können höchstens auf einer vorkommen!

Die Mächtigkeit dieser Methode ändert sich während der Kaskade von $t - 1$ bis 2, die effektive Mächtigkeit hängt von der Anfangsverteilung der Folgen ab.

### *Die Polyphasenmethode*

Die Polyphasenmethode ist eigentlich eine Variante der Kaskadenmethode, die sich dadurch auszeichnet, daß die Mächtigkeit die ganze Zeit auf dem Niveau $t - 1$ gehalten wird. Autor dieser Methode ist R. L. Gilstad (vgl. Arbeit [71]), obgleich erst nach einer Überarbeitung von S. W. Reynolds [61] der Algorithmus der Anfangsverteilung der Folgen allgemeine Anerkennung fand.

Die Polyphasenmethode leiten wir recht ausführlich („vom Ende aus") her in der Überzeugung, daß diese Herleitung lehrreich ist, da sie eine für unser Gebiet charakteristische Art des Denkens illustriert. Wir benutzen bei diesem Beispiel $t = 4$.

Während des letzten Schritts der Methode (in der letzten Phase) erhalten wir im Ergebnis der Vereinigung der Folgen von drei Bändern die Ergebnisstruktur. Direkt vor diesem Vereinigen mußte also folgende Verteilung der Folgen vorliegen:

| I | II | III | IV |
|---|---|---|---|
| 0 | 1 | 1 | 1 |

(die Wahl der Nummern der Bandgeräte ist in diesem Moment beliebig). Die schematische Operation der letzten Phase ist folgende:

| I | II | III | IV | $\Delta$ |
|---|---|---|---|---|
| 1 | 0 | 0 | 0 | |
| 0 | 1 | 1 | 1 | 1 |

In der Spalte $\Delta$ tragen wir die Zahl der Folgen ein, die durch ein Drei-Wege-Mischen zu der gewünschten Ergebnisfolge auf Gerät I zusammengefaßt wurden. Um sich einen Schritt zurück zu versetzen, müssen wir feststellen, wieviel Folgen wir jeweils vereinigten und wie die Verteilung der Folgen zwischen den einzelnen Geräten war:

| I | II | III | IV | $\Delta$ |
|---|---|---|---|---|
| 1 | 0 | 0 | 0 | 1 |
| 0 | 1 | 1 | 1 | $\delta$ |
| $x$ | $y$ | $z$ | $u$ | |

Das heißt, wir haben dem Anschein nach fünf Unbekannte: $\delta$, $x$, $y$, $z$, $u$. Unschwer ist jedoch sofort festzustellen, daß $x = \delta$ (weil nach dem „Entfernen" von $\delta$ Folgen das Band des Gerätes I ausgeschöpft wurde) und daß eine der Zahlen $y$, $z$ oder $u$ Null sein muß, denn irgendein Band muß frei sein, damit es als Empfänger der Ergebnisse des Vereinens dienen kann. Wir nahmen an, daß

$y = 0$ ist. Für die folgenden Unbekannten haben wir $z = 1 + \delta$ und $u = 1 + \delta$, oder auch

| I | II | III | IV | $\Delta$ |
|---|---|---|---|---|
| 1 | 0 | 0 | 0 | 1 |
| 0 | 1 | 1 | 1 | 1 |
| 1 | 0 | 2 | 2 | . |

In ähnlichem Sinne überlegend können wir dieses Schema folgendermaßen fortsetzen:

| I | II | III | IV | $\Delta$ |
|---|---|---|---|---|
| 1 | 0 | 0 | 0 | |
| | | | | 1 |
| 0 | 1 | 1 | 1 | |
| | | | | 1 |
| 1 | 0 | 2 | 2 | |
| | | | | 2 |
| 3 | 2 | 0 | 4 | |
| | | | | 4 |
| 7 | 6 | 4 | 0 | |
| | | | | 7 |
| 0 | 13 | 11 | 7 | |
| | | | | 13 |
| 13 | 0 | 24 | 20 | |
| | | | | 24 |
| 37 | 24 | 0 | 44 | |
| ... | ... | ... | ... | ... |

Wenn wir die sogenannten $s$-verallgemeinerten FIBONACCI-Zahlen [53] betrachten, die durch die Formeln

$$\left.\begin{aligned} f_{sj} &= 0 \qquad 0 \leqq j \leqq s-2 \\ f_{s,s-1} &= 1 \\ f_{sj} &= \sum_{l=1}^{s} f_{s,j-l} \end{aligned}\right\} \qquad (5.3.3.3)$$

gegeben sind, sehen wir ohne Mühe, daß sie für $s = 3$ die Folge $\{f_{3i}\} = 0, 0, 1, 1, 2, 4, 7, 13, 24, \ldots$ bilden, die von $i = 2$ an mit der Zahlenfolge in der Spalte $\Delta$ unseres Schemas übereinstimmen.

Die einzelnen Zeilen des Schemas stellen die zahlenmäßige Verteilung der Folgen auf die vier Bänder dar, von denen ausgehend wir endgültig die geordnete Struktur konstruieren, wenn die ganze Zeit das Drei-Wege-Mischen angewandt wird.

Zur Vereinfachung der weiteren Betrachtungen legen wir fest, daß wir in der durch die gegebene Zeile dargestellten Situation die einzelnen Verteilungen in Übereinstimmung mit der Nummer bezeichnen, mit der in der Folge der

3-verallgemeinerten FIBONACCI-Zahlen die Zahl der Folgen bezeichnet ist, die von jeder der nichtleeren Bänder genommen wird (wobei sie dem Drei-Wege-Mischen unterliegt). So zum Beispiel versehen wir die Zeile

| I | II | III | IV |
|---|---|---|---|
| 0 | 13 | 11 | 7 |

mit der Nummer 6, denn ausgehend von der gegebenen Situation vereinigen wir je 7 Folgen und $f_{36} = 7$.

Es ist nicht schwer festzustellen, daß, wenn wir die von Null verschiedenen Elemente der Zeile mit der Nummer $i$ durch $c_{i1}$, $c_{i2}$ und $c_{i3}$ bezeichnen sowie annehmen, daß $c_{i1} \geqq c_{i2} \geqq c_{i3}$ ist, daß dann $c_{i3} = f_{3i}$, $c_{i2} = f_{3i} + f_{3,i-1}$, $c_{i1} = f_{3i} + f_{3,i-1} + f_{3,i-2}$ für $i = 2, 3, \ldots$ gilt.

Wenn wir im allgemeinen Fall von $t$ Bändern ähnlich vorgehen und $s = t - 1$ setzen, erhalten wir folgende Formel für „erfolgreiche" Verteilungen der Folgen:

$$c_{ik}^s = \sum_{\mu=i+k-s}^{i} f_{s\mu}, \qquad k = 1, 2, \ldots, s; \quad i \geqq s - 1, \tag{5.3.3.4}$$

wobei die Zahlen der Folgen auf den einzelnen Bändern die Bedingung

$$c_{i1}^s \geqq c_{i2}^s \geqq \cdots \geqq c_{is}^s \tag{5.3.3.5}$$

erfüllen.

Wenn wir uns an die Definition der $s$-verallgemeinerten FIBONACCI-Zahlen — die Formel (5.3.3.3) — erinnern, stellen wir ohne Schwierigkeiten fest, daß beim kleinsten „zulässigen" Wert $i$, d. h. bei $i = s - 1$, aus Formel (5.3.3.4) $c_{s-1,k}^s = 1$ für alle $s$ und $k$ folgt. Die Verteilung der Folgen, die $i = s - 1$ entspricht, ist also die Anfangsphase für die letzte Phase: für das $s$-Wege-Mischen der Folgen von $s$ Bändern auf ein Band.

Angenommen, der Prozeß des internen Ordnens hat $n$ Folgen gebildet und zu unserer Verfügung befinden sich $t$ Bandgeräte, dann können wir fragen, wie sie auf diese Bänder zu verteilen sind, damit man die Polyphasenmethode anwenden kann. Die Antwort auf diese Frage erfolgt in zwei Etappen.

Wenn solch ein $i$ existiert, das die Bedingung

$$\sum_{k=1}^{t-1} c_{ik}^{t-1} = n \tag{5.3.3.6}$$

erfüllt, so sind die $n$ Folgen, die gegeben sind, auf die $t - 1$ Bänder in Übereinstimmung mit Formel (5.3.3.4) zu verteilen; im entgegengesetzten Fall ist eine Anfangsadjustierung der Zahl der Folge vorzunehmen (mit diesem Fall beschäftigen wir uns später). Das Aufsuchen des $i$, das die Beziehung (5.3.3.6) erfüllt, erleichtert eine Tabelle der auf der linken Seite auftretenden Summen, die für verschiedene $t$ und $i$ angefertigt wurde, z. B. siehe Tab. 5.2.

Beispiel

Wenn $n = 349$ ist und wir wenigstens 5 Bandgeräte zur Verfügung haben, finden wir aus Tab. 5.2 in der Spalte $t = 5$ das gesuchte $i$ gleich 10. Aus Formel

Tabelle 5.2. Gesamtzahl der Folgen für verschiedene Varianten der Polyphasenmethode

| $i$ | $t$ | | | |
|---|---|---|---|---|
| | 3 | 4 | 5 | 6 |
| 1 | 2 | – | – | – |
| 2 | 3 | 3 | – | – |
| 3 | 5 | 5 | 4 | – |
| 4 | 8 | 9 | 7 | 5 |
| 5 | 13 | 17 | 13 | 9 |
| 6 | 21 | 31 | 25 | 17 |
| 7 | 34 | 57 | 49 | 33 |
| 8 | 55 | 105 | 94 | 65 |
| 9 | 89 | 193 | 181 | 129 |
| 10 | 144 | 355 | 349 | 253 |
| 11 | 233 | 653 | 673 | 497 |

(5.3.3.3) erhalten wir: $f_{40} = f_{41} = f_{42} = 0$, $f_{43} = f_{44} = 1$, $f_{45} = 2$, $f_{46} = 4$, $f_{47} = 8$, $f_{48} = 15$, $f_{49} = 29$, $f_{4,10} = 56$, und aus Formel (5.3.3.4) haben wir: $c^4_{10,1} = 108$, $c^4_{10,2} = 100$, $c^4_{10,3} = 85$, $c^4_{10,4} = 56$. Wir verteilen also die Folgen folgendermaßen:

| I | II | III | IV | V |
|---|---|---|---|---|
| 108 | 100 | 85 | 56 | 0 |

und werden beim Verarbeiten von vier Sequenzen jeweils 56, 29, 15 usw. Folgen vereinigen.

Es sind noch zwei Bemerkungen zu ergänzen:

(1) Während die Arbeitsweise der Polyphasenmethode beschrieben wurde, haben wir bis jetzt, um die Abhandlung nicht zu verschleiern, die Tatsache ausgelassen, daß im Moment des „Ausschöpfens" der Folgen auf irgendeinem Band (in unserem Schema bezeichneten wir das durch eine Null in der entsprechenden Spalte) dieses Band abgespult ist. Da aber dieses Band als Empfänger während der nächsten Verbindungsphase zu dienen hat, ist es in die Ausgangslage zu spulen. Ähnlich ist das Band, das zuletzt als Empfänger gedient hatte in solcher Lage, daß alle (verbundenen) Folgen hinter dem Lesekopf sind. Dieses Band ist aufzuspulen. Die Leseköpfe der übrigen $t - 2$ Geräte sind hinter den ausgenutzten Folgen, aber vor den Folgen, die in der nächsten Phase zu verbinden sind. So müssen also nach jeder Verbindungsphase nur zwei Bänder aufgespult werden, die anderen setzen ihre Bewegung ohne Veränderung fort.

(2) Wie aus der obigen Bemerkung sowie aus der vorher gegebenen Beschreibung der Methode folgt, nimmt an einer Verbindungsphase nicht notwendig die gesamte Datenmenge, die dem Ordnen unterliegt, teil (allein die letzte Phase betrifft alle Daten, weil dann auf jedem der Bänder *genau eine* Folge vorliegt und alle diese Folgen verarbeitet werden). Deshalb verbraucht eine Phase der Polyphasenmethode allgemein weniger Zeit als eine Phase

der ausgewogenen Methode, denn bei der letzteren durchlaufen wir immer alle Daten. Daraus folgt auch unter anderem die Schwierigkeit des Vergleichs dieser Methoden.

Uns verbleibt noch, den (leider überaus häufigen) Fall zu behandeln, bei dem die Zahl der während des anfänglichen internen Ordnens gebildeten Folgen sich nicht unter den Zahlen befindet, die in Summanden zerfällt, die irgendeine der Anfangssituationen der Polyphasenmethode beschreiben. Wie wir früher bemerkt haben, wenden wir in dieser Situation eine Methode zur Anfangsadjustierung an, deren Ziel es ist, die Gesamtzahl der Folgen in eine „Idealzahl" zu überführen, die der Gesamtzahl am nächsten liegt. Das kann durch zweierlei Art erreicht werden: entweder es wird durch das Zugeben leerer Folgen, d. h. solcher, die keinerlei Daten enthalten, die Zahl der Folgen erhöht [MALCOLM, 1] oder durch die Vereinigung von Teilen der Folgen wird die Gesamtzahl der Folgen auf die nächst kleinere Idealzahl reduziert [MANKER, 1]. Wir beschreiben nun in Kürze diese zweite Adjustierungsmethode am Beispiel von vier Bandgeräten.

Der Prozeß des anfänglichen internen Ordnens generiert wechselseitig auf das Band der Geräte III und IV Folgen. Nach dem Generieren von $n$ Folgen haben wir auf dem Band des Gerätes IV $a = \mathsf{E}(n/2)$ Folgen und auf dem Band des Gerätes III $n - a$. In Tabelle 5.2 wählen wir für $t = 4$ die größte Zahl $n^*$, die $n$ nicht überschreitet, sowie das entsprechende $i$ aus. Wir bezeichnen jetzt $k = n - 2a$, $b = n - n^*$, $y = \mathsf{E}(b/3)$, $x = b - 2y$ und berechnen $c_{ij}^3$, $j = 1, 2, 3$. Anschließend bestimmen wir

$$p_1 = c_{i1}^3 - y$$
$$p_2 = a - x - c_{i1}^3$$
$$p_3 = a + k - x - y - c_{i3}^3$$

und führen folgende Operationen durch:

(1) $p_1$ Folgen kopieren wir vom Band des Gerätes IV auf das Band des Gerätes II;

(2) $p_2$ Folgen kopieren wir vom Band des Gerätes IV auf das Band des Gerätes I;

(3) $p_3$ Folgen kopieren wir vom Band des Gerätes III auf das Band des Gerätes I;

(4) wir vereinigen je $x$ Folgen von den Bändern der Geräte III und IV, die entstehenden Folgen werden auf das Band des Gerätes I dazugeschrieben;

(5) wir vereinigen je $y$ Folgen von den Bändern der Geräte I, III und IV, die entstehenden Folgen werden auf das Band des Gerätes II dazugeschrieben;

Einfache Rechnungen überzeugen uns, daß wir eine Verteilung erhalten haben, die zum Beginn der Polyphasenmethode auf vier Geräten nötig ist.

Beispiel

Sei $n = 51$, dann ist $n^* = 31$, $i = 6$, $c_{61}^3 = 13$, $c_{62}^3 = 11$, $c_{63}^3 = 7$, $a = 25$, $k = 1$, $b = 20$, $y = 6$, $x = 8$, $p_1 = 7$, $p_2 = 4$, $p_3 = 5$.

Das untere Schema, in dem wir am linken Rand bezeichnet haben, nach welcher Operation die aufgezeigte Verteilung auftritt, illustriert den Verlauf der Adjustierung:

| | I | II | III | IV |
|---|---|---|---|---|
| | 0 | 0 | 26 | 25 |
| (1) | 0 | 7 | 26 | 18 |
| (2) | 4 | 7 | 26 | 14 |
| (3) | 9 | 7 | 21 | 14 |
| (4) | 17 | 7 | 13 | 6 |
| (5) | 11 | 13 | 7 | 0 |

***Die Oszillationsmethode***

Die Oszillationsmethode, die speziell Magnetbandgeräten mit Lesemöglichkeit in beiden Bewegungsrichtungen des Bandes angepaßt ist, schlug 1962 S. Sobel [71] vor. Der Name der Methode kommt daher, daß die Bänder, auf denen sie realisiert wird, ihre Bewegungsrichtung ändern. In dieser Methode vermischt sich das interne Ordnen mit dem externen im Unterschied zu den oben beschriebenen Verfahren.

Wenn wir zur Realisierung der Methode $t$ Bänder benutzen (wir übergehen ein eventuelles Eingangsband, das die rohen Daten enthält, denn genauso gut können wir an seiner Stelle einen Lochkarten- oder Lochstreifenleser benutzen), so ist der erste Schritt der Oszillationsmethode ein internes Ordnen, das die geordneten Datenfolgen abwechselnd auf $t - 1$ Bänder verteilt, wobei die Leseköpfe der Bandgeräte hinter diesen Folgen liegen.

Der zweite Schritt beruht auf einem $(t - 1)$-Wege-Mischen dieser Folgen bei rückwärtiger Bewegung der Bänder. Daraus folgt die Notwendigkeit der Anwendung einer Methode des internen Ordnens in jedem Schritt, die im entgegengesetzten Sinn im Verhältnis zur Reihenfolge sortiert, die den generierten Folgen im Prozeß des internen Ordnens gegeben wurde. Im weiteren nehmen wir an, daß das interne Ordnen Folgen bildet, die bezüglich der Schlüssel fallend geordnet sind, während das Vereinigen der Folgen sie aufsteigend ordnet.

Das Ergebnis des zweiten Schrittes ist also das Vereinigen (auf dem bisher nicht benutzen Band) von $t - 1$ fallenden Folgen in eine, aber dafür lange aufsteigende Folge. Das Band, das diese Folge enthält, ist so beschaffen, daß sich der Lesekopf hinter der Folge befindet, die übrigen Bänder sind in Anfangslage.

Der dritte Schritt ist wieder ein Prozeß des internen Ordnens, der $t - 1$ fallende Folgen generiert, die folgendermaßen verteilt sind: eine auf dem Band, das die Ergebnisfolge des vorherigen Vereinens enthält und jeweils eine auf den $t - 2$ „leeren“ Bändern.

Der vierte Schritt, bei rückwärtiger Bewegung der „belegten“[1]) Bänder, vereinigt diese Folgen auf dem übriggebliebenen „leeren“ Band in eine neue aufsteigende Folge.

Dieses Vorgehen wird solange wiederholt, indem man abwechselnd internes Ordnen und Verbinden ausführt, wie sich auf den $t - 1$ Bändern nicht je eine lange aufsteigende Folge (die aus $t - 1$ kurzen Folgen konstruiert wurde) bildet. Der folgende Schritt ist das Vereinigen dieser Folgen in eine auf dem „leeren“ Band (wir erhalten eine fallende Folge).

Den ganzen Prozeß wiederholen wir jetzt von Anfang an (natürlich mit neuen Eingangsdaten), wobei wir uns erinnern, daß das Magnetband, auf dem wir die letzte „sehr lange“ fallende Folge gebildet hatten, schon nicht mehr über ihre Grenze hinaus zurückgespult wird.

Nach dem Bilden von „sehr langen“ Folgen auf $t - 1$ Bändern vereinigen wir sie in eine „sehr, sehr lange“ Folge usw.

Weiter unten ist ein Operationsschema der Oszillationsmethode für $t = 4$ angeführt. In diesem Schema sind folgende Bezeichnungen eingeführt:
W — aufsteigend geordnete Folge,
Z — fallend geordnete Folge;
die Zahlen in den Klammern zeigen die Zahl der Folgen einfacher Länge (generiert durch das interne Ordnen) an, die in der gegebenen Folge vereinigt wurden. Wenn auf dem Band zwei oder mehr Folgen gespeichert sind, sind sie durch einen waagerechten Strich getrennt. Die einzelnen Schritte der Methode sind voneinander getrennt durch eine unterbrochene Linie. Am rechten Rand ist der Name des Prozesses angegeben, als dessen Ergebnis das Folgensystem, bei dem dieser Name auftritt, entstanden ist.

| I | II | III | IV | |
|---|---|---|---|---|
| Z(1) | Z(1) | Z(1) | 0 | internes Ordnen |
| 0 | 0 | 0 | W(3) | Vereinigen |
| 0 | Z(1) | Z(1) | W(3)<br>Z(1) | internes Ordnen |
| W(3) | 0 | 0 | W(3) | Vereinigen |
| W(3)<br>Z(1) | Z(1) | 0 | W(3)<br>Z(1) | internes Ordnen |
| W(3) | 0 | W(3) | W(3) | Vereinigen |
| 0 | Z(9) | 0 | 0 | Vereinigen |

[1]) Das Band, das die lange aufsteigende und nach ihr die kurze fallende Folge enthält, nehmen wir nur um soviel zurück, um die Daten der kurzen Folge auszuschöpfen. Um das zu realisieren, ist auf dem Band die Grenze zwischen diesen Folgen deutlich zu kennzeichnen (siehe Abschn. 5.4).

| | | | | |
|---|---|---|---|---|
| Z(1) | $\begin{array}{c}Z(9)\\\hline Z(1)\end{array}$ | Z(1) | 0 | internes Ordnen |
| 0 | Z(9) | 0 | W(3) | Vereinigen |
| Z(1) | Z(9) | Z(1) | $\begin{array}{c}W(3)\\\hline Z(1)\end{array}$ | internes Ordnen |
| 0 | $\begin{array}{c}Z(9)\\\hline W(3)\end{array}$ | 0 | W(3) | Vereinigen |
| Z(1) | $\begin{array}{c}Z(9)\\\hline W(3)\\\hline Z(1)\end{array}$ | 0 | $\begin{array}{c}W(3)\\\hline Z(1)\end{array}$ | internes Ordnen |
| 0 | $\begin{array}{c}Z(9)\\\hline W(3)\end{array}$ | W(3) | W(3) | Vereinigen |
| Z(9) | Z(9) | 0 | 0 | Vereinigen |
| $\begin{array}{c}Z(9)\\\hline Z(1)\end{array}$ | $\begin{array}{c}Z(9)\\\hline Z(1)\end{array}$ | Z(1) | 0 | internes Ordnen |
| Z(9) | Z(9) | 0 | W(3) | Vereinigen |
| Z(9) | $\begin{array}{c}Z(9)\\\hline Z(1)\end{array}$ | Z(1) | $\begin{array}{c}W(3)\\\hline Z(1)\end{array}$ | internes Ordnen |
| $\begin{array}{c}Z(9)\\\hline W(3)\end{array}$ | Z(9) | 0 | W(3) | Vereinigen |
| $\begin{array}{c}Z(9)\\\hline W(3)\\\hline Z(1)\end{array}$ | Z(9) | Z(1) | $\begin{array}{c}W(3)\\\hline Z(1)\end{array}$ | internes Ordnen |
| $\begin{array}{c}Z(9)\\\hline W(3)\end{array}$ | $\begin{array}{c}Z(9)\\\hline W(3)\end{array}$ | 0 | W(3) | Vereinigen |
| Z(9) | Z(9) | Z(9) | 0 | Vereinigen |
| 0 | 0 | 0 | W(27) | Vereinigen |

Ein wesentlicher Vorteil dieser Methode ist der, daß nach gewissen Zeitabschnitten alle geordneten Folgen auf einem Band gesammelt sind, was das Vorgehen im Falle einer Havarie des Systems erleichtert. Leider treten die Situationen, in denen die gesamte Information auf einem Band gesammelt wird, mit fortschreitender Realisierung der Methode immer seltener auf.

***Die Polyphasenmethode mit rückwärtigem Lesen***

Die grundlegende Schwierigkeit beim Anwenden von Bandgeräten in der Polyphasenmethode, die die Information bei der Bewegung des Bandes in beide Richtungen lesen, liegt in der Unmöglichkeit des Vereinigens der im entgegengesetzten Sinn geordneten Folgen.

Zur Illustration betrachten wir ein einfaches Beispiel des externen Ordnens mit der Polyphasenmethode bei Anwendung von vier Bandgeräten. Sei $n = 17$; aus Tabelle 5.2 lesen wir $i = 5$ ab und aus Formel (5.3.3.4) bestimmen wir $c_{51}^3 = 7$, $c_{52}^3 = 6$, $c_{53}^3 = 4$. Die Anfangssituation zeigt also folgendes Schema der Verteilung der Zahl der Folgen:

| I | II | III | IV |
|---|---|---|---|
| 7 | 6 | 4 | 0, |

wobei alle Folgen im gleichen Sinn geordnet sind. Die erste Phase beruht, wie wir uns erinnern, auf dem Drei-Wege-Mischen von jeweils vier Folgen von den drei ersten Geräten. Normalerweise erfolgt dieses Vereinigen bei der gewöhnlichen Bewegung der Bänder, die sich aus der Anfangslage abspulen. Wollten wir die rückwärtige Bewegung der Bänder ausnutzen, was das Aufspulen der Bänder nach der Verteilungsphase (vor der ersten Vereinigungsphase) ersparen würde, erhielten wir auf dem Band des Gerätes IV vier fallend geordnete Folgen, während die restlichen noch nicht benutzten Folgen auf den Bändern der Geräte I und II aufsteigend geordnet sind, wobei sich in der nächsten Phase die Bänder der Geräte I, II und IV mit einheitlicher Richtung bewegen sollen. Natürlich kann nicht die Rede sein von einem Drei-Wege-Mischen der in verschiedener Ordnung „eintreffenden“ Datenfolgen, woraus folgt, daß die zweite Verbindungsphase höchstens mit zwei Sequenzen arbeiten kann (wie in der Kaskadenmethode).

Die obigen Betrachtungen sollten zusätzlich auf Abb. 5.3 verfolgt werden; auf ihr sind deutlich die Differenzen zwischen der Polyphasenmethode mit ausschließlichem Lesen in einer Richtung (Abb. 5.3a) und der selben Methode mit Lesen in beide Richtungen (Abb. 5.3b) zu sehen. Die Verteilungsphase endet in dem Moment, wenn sich die Leseköpfe von links nach rechts wandernd in Lage 1 auf beiden Abbildungen befinden. In der Methode ohne rückwärtiges Lesen spulen wir die Bänder zurück, und die Vereinigungsphase beginnen wir in dem Moment, wenn sich die Leseköpfe in Lage 2 befinden. Die Phase endet, wenn die Köpfe Lage 3 erreichen. (Wie wir uns erinnern, müssen vor Beginn der nächsten Phase die Bänder der Geräte III und IV zurückgespult werden.)

Das Ausnutzen der rückwärtigen Bandbewegung ist sehr interessant. Vor Beginn der Vereinigungsphase brauchen die Bänder nicht zurück gespult zu werden — das Vereinigen beginnen wir bei der Bewegung der Leseköpfe aus Lage 1 in 2. Es entstehen dabei jedoch vereinigte Folgen, die auf entgegengesetzte Art geordnet sind (das sind übrigens vollkommen andere Folgen als auf Abb. 5.3a, denn sie sind aus anderen Folgen konstruiert). Wenn wir den Prozeß

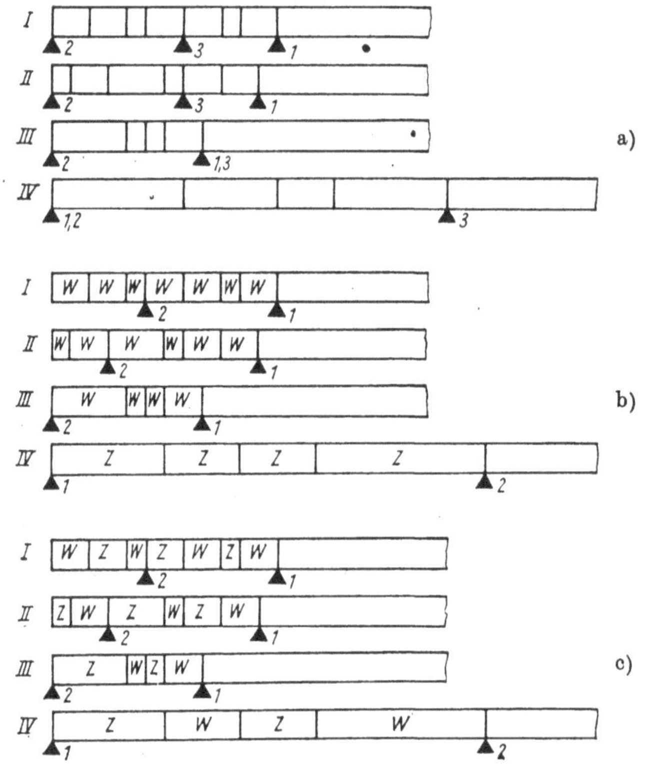


Abb. 5.3. Die Polyphasenmethode mit Rückwärtslesen

der Vereinigung fortsetzen wollten, müßten wir (auch jetzt), wenn auch nur ein Band, nämlich das des Geräts IV, zurückspulen.

Der Ausweg aus dieser unangenehmen Situation ist sehr einfach; man muß sich wundern, daß erst zwei Jahre nach der Polyphasenmethode eine Methode [Gilstad, 1], die das rückwärtige Lesen ausnutzt, veröffentlicht wurde. Die Lösung des Problems beruht darauf, daß das interne Ordnen Folgen mit beiden Richtungen der Reihenfolge generiert und daß während der Verteilungsphase darauf zu achten ist, daß sie auf jedes Band genau wechselseitig verteilt sind (Abb. 5.3c). Das Zurückspulen des Bandes zwischen den Vereinigungsphasen wird überflüssig, wovon man sich leicht überzeugen kann, wenn man die Abbildung analysiert.

Da, wie wir vorher erwähnt haben, die Umrüstung einer Methode des internen Ordnens aus einer Ordnungsrichtung in die entgegengesetzte nicht schwer ist, haben wir endgültig die Polyphasenmethode erhalten, die vollkommen auf die Möglichkeiten der Bandgeräte zugeschnitten ist, die während der Bewegung des Bandes in beide Richtungen lesen können.

***Der Vergleich der Methoden des externen Ordnens***

Trotz vieler Arbeiten zu diesem Thema (z. B. [12], [Hall, 1], [38]) bleibt das Problem der Wahl eines Vergleichskriterium für die Methoden des externen Ordnens weiterhin offen, und die Auswahl einer Methode ist oft durch Faktoren technischer Natur bestimmt.

Da das vorliegende Buch, obwohl wir soviel Raum der Beschreibung verschiedener Methoden gewidmet haben, kein Nachschlagwerk für Programmierer ist, lassen wir bewußt verschiedene spezielle Kriterien zur Bewertung der „Effektivität" der Methoden weg.

### 5.3.4. Integration und Ordnen durch Einteilung

Die Integration ist, wie wir in Abschnitt 5.3.1. ausgeführt haben, die letzte Etappe des Konstruktionsprozesses einer geordneten halbregulären Struktur im gemischten Medium. Die Startsituation tritt dann auf, wenn wir auf $r$ Spulen des Bandes natürliche Reihenfolgen von $r$ verschiedenen halbregulären Strukturen, je eine auf der Spule, gespeichert haben, und wenn wir eine Struktur erreichen wollen, die aus allen konstruiert ist und die in Übereinstimmung mit einem Schlüssel geordnet ist, wobei wir dabei $t$ Magnetbandgeräte zur Verfügung haben. Natürlich wird das $(t - 1)$-Wege-Mischen der grundlegende Prozeß sein; jedoch ist es nicht bei allen Kombinationen von $r$ und $t$ möglich, sich ausschließlich auf diesen Prozeß zu beschränken. Die Produktivität des Integrationsprozesses wird hierbei nicht sosehr durch die Möglichkeit des Vereinigens gemessen, als durch die Vielfachheit des Durchsuchens derselben Information: je kleiner sie ist, um so größer die Produktivität des Prozesses.

Es zeigt sich [Gotlieb, 1], daß es ausreicht, eine Vereinigung weniger als beim $(t - 1)$-Wege-Mischen durchzuführen, damit alle weiteren Vereinigungen schon durch das $(t - 1)$-Wege-Mischen ausführbar wären. Wenn wir $p = (r - 1) \bmod (t - 2)$ bezeichnen, vereinigen wir zuerst $p + 1$ Bänder, wenn $p \neq 0$ und $t - 1$ Bänder, wenn $p = 0$. Das Band, das die Ergebnisse der Vereinigung enthält, stellen wir an das Ende der Schlange, die aus den noch nicht gelesenen Bändern gebildet wird. Anschließend, immer je $t - 1$ Bänder vom Anfang der Reihe nehmend, vereinigen wir sie durch das $(t - 1)$-Wege-Mischen, und das Ergebnisband schließen wir an das Ende der Schlange an. Diesen Prozeß wiederholen wir bis zur Integration aller Bänder.

Beispiel

Wenn $t = 4$ und $r = 12$ ist, so haben wir $p = 11 \bmod 2 = 1$. Das erste Vereinigen umfaßt zwei Bänder, die weiteren je drei nach dem Schema:

| | | | | | |
|---|---|---|---|---|---|
| a | k # l | h # i # j | e # f # g | b # c # d | h # i # j # k # l # a } |
| b | a | h # l | h # i # j | e # f # g | b # c # d } |
| c | b | a | k # l | h # i # j } | e # f # g } |
| d | c | b | a | k # l } | |
| e | d | c | b } | a } | |
| f | e | d | c } | | |
| g | f | e } | d } | | |
| h | g | f } | | | |
| i | h } | g } | | | |
| j | i } | | | | |
| k } | j } | | | | |
| l } | | | | | |

h # i # j # k # l # a # b # c # d # e # f # g

in dem die einzelnen Bänder mit Buchstaben bezeichnet sind und das Zeichen der Konstruktionsoperation zur Bezeichnung des Ergebnisses der Operation des Mehr-Wege-Mischens benutzt wurde.

Das oben beschriebene Schema kann man günstig in Gestalt eines Wurzelbaums (Abb. 5.4) darstellen, in dem jedem Knoten die Zahl der verbundenen Folgen an der entsprechenden „Stelle“ des Schemas zugeordnet ist.

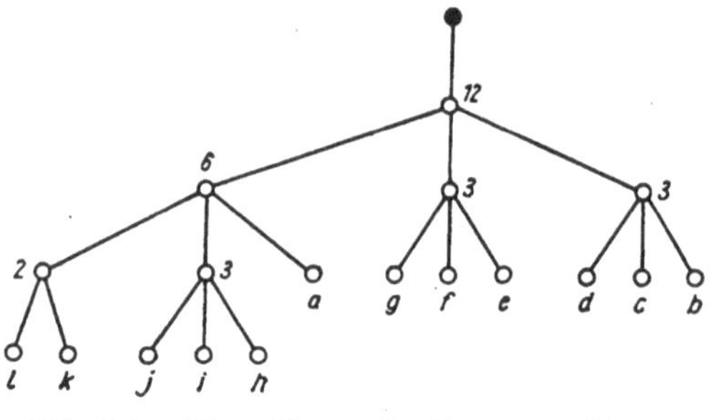


Abb. 5.4. Wurzelbaum des Zusammenfügens

Die Darstellung des Schemas in Gestalt des Urbaumes erlaubt die Möglichkeit des rückwärtigen Benutzens dieses Schemas mit dem Ziel des Auffindens einer optimalen Methode der gleichmäßigen Verteilung der Datenfolge auf die geforderte Zahl der Bänder. Wenn wir zum Beispiel eine lange ungeordnete Datenfolge mit einer unbekannten Anzahl von Elementen haben, die wir zwischen zwölf Bändern aufteilen wollen, so daß auf jedem eine (praktisch) gleiche Datenzahl erhalten wird, und wenn wir über vier Magnetbandgeräte verfügen, so können wir auf folgende Weise vorgehen, in dem wir den Urbaum aus Abb. 5.4 „von oben nach unten“ interpretieren. Das Eingangsband mit der langen

Folge legen wir im Gerät I auf und — nachdem ein Datenblock eingelesen ist — verteilen wir sie auf die Bänder der Geräte II, III und IV im Verhältnis 6:3:3 (oder 2:1:1). Nach dem Erschöpfen (blockweise) der Daten auf Gerät I, nehmen wir die Bänder aus den Geräten III und IV, spulen das Band auf Gerät I auf und legen auf die Geräte III und IV „leere" Bänder auf. Die Daten des Bandes II verteilen wir im Verhältnis 3:2:1 auf die Bänder der Geräte I, III, IV usw.

Das Ziel solch einer Unterteilung der Folge auf kürzere kann z. B. das Erhalten ungeordneter Unterfolgen von einer Länge sein, die das interne Ordnen einer jeden erlaubt. Häufiger jedoch führen wir eine Unterteilung nicht einfach zur Reduzierung der Länge der Folge aus, sondern deshalb, um auf einem Band alle Daten zu sammeln, deren Schlüssel eine gewisse Eigenschaft haben. Wenn es mehr verschiedene Eigenschaften als freie Magnetbandgeräte gibt (ein Gerät wurde für das Eingangsband benutzt!), kann man nicht direkt vom Eingangsband auf die Bänder sortieren, die für die Daten mit Schlüsseln der angegebenen Eigenschaft vorgesehen wurden. Würden wir zum Beispiel die Daten nach der ersten Ziffer des Zwölferschlüssels auf zwölf Bänder aufteilen wollen[1]), wobei wir vier Bandgeräte zur Verfügung haben, würde uns der Urbaum aus Abb. 5.4 ein Hinweis dafür sein, auf welche größere Gruppen die Schlüssel im ersten und in den weiteren Niveaus der Unterteilung zu verteilen sind.

Die Vorteile des Ordnens, das sich auf ein Operationsschema stützt, das die Umkehrung eines Integrationsschemas ist, wachsen mit der sich verkleinernden Zahl der zugänglichen Magnetbandgeräte. In Datenverarbeitungssystemen, die mit vielen Bandgeräten ausgerüstet sind, wird die Methode eines solchen Ordnens durch Unterteilung in der Regel nicht angewandt. (Vgl. jedoch die interessante Arbeit [74]).

## 5.4. Methoden der Verteilung halbregulärer Strukturen

Im Teil über die regulären Strukturen bildete Abschnitt 4.2., der den Methoden ihrer Verteilung gewidmet war, den zentralen Punkt unseres Interesses. Das folgte daraus, daß man für reguläre Strukturen und homogene Medien vollkommen allgemeine Formeln für die Abbildungsfunktionen aufstellen konnte, wobei diese Formel ausgesprochen praktische Bedeutung hatten. Anders sieht es leider mit den halbregulären Strukturen aus. Aus praktischen Voraussetzungen ist bekannt, daß brauchbare halbreguläre Strukturen zu groß sind, um sie im homogenen Medium zu verteilen, und aus der Natur inhomogener Medien (Magnetbandspeicher eingeschlossen) folgt, daß der Aufbau analytischer Formen der Abbildungsfunktionen im Prinzip nicht ausführbar ist. Aus diesen Gründen unterteilen wir die in diesem Punkt enthaltenen Betrachtungen. Zuerst stellen wir einige Bemerkungen vor, die die Verteilung halbregulärer Strukturen im inhomogenen (und im gemischten homogen-inhomogen) Medium be-

[1]) Mit dem Ziel einer analogen externen Realisierung der Methode der positionellen Verteilung.

treffen, und danach konzentrieren wir uns auf das Problem der Verteilung solcher Strukturen im halbhomogen (und gemischten: homogen-halbhomogen) Medium. Wir setzen voraus, daß dem Leser die Prinzipien der Ausnutzung von Magnetbänder als Datenträger in Rechensystemen bekannt sind[1]), wir beschränken uns also nur auf die Erinnerung, daß die Informationen auf dem Magnetband gruppiert sind in Eintragungen, die Eintragungen in Blöcke, die Blöcke in Stöße[2]). Die Unterteilung der Spulen in Stöße tritt verhältnismäßig selten auf: in der Regel dann, wenn das Rechensystem nicht mit einer ausreichenden Zahl von Magnetbandgeräten (oder Spulen) ausgerüstet ist, bei sehr spezifischen Anwendungen oder in der Anfangsphase des Informationsverarbeitungsprozesses. Die Unterteilung des Blocks in Eintragungen ist im gewissen Sinn wahlfrei und setzt, abhängig vom konkreten System, entweder Eintragungen konstanter oder variabler Länge voraus, oder erlaubt auch beide Formen gleichzeitig (wenn auch nicht im selben Block).

Eine gemeinsame Eigenschaft der Systeme, die einen Bandspeicher benutzen, ist eigentlich die Unterteilung der Stöße in Blöcke, die getrennt sind durch Start-Stop-Lücken, d. h. durch leere Abschnitte des Bandes mit fester Länge.

Den einzelnen Stößen geht ein sogenannter *Vorblock* (*Marke*) voraus, d. h. ein spezieller Block, der Informationen enthält, die für die Bedienungsprogramme bestimmt sind und die den Aufbau und die Zugehörigkeit des Stoßes beschreiben. Ähnlich tritt in einigen Systemen am Ende des Stoßes der *Nachblock* auf. Aus Systemgründen hat jede Spule auch ihre Metrik (innere Marke), die in einen Spulenkennsatz und einen Spulenendsatz zerfällt — diese jedoch sind nicht Gegenstand unserer Ausführungen. Darüberhinaus können auf der Spule verschiedenste *Kennzeichen* (*tape marks*) eingetragen sein, die zur Bezeichnung der physikalischen Grenzen der einzelnen Eintragungen und ihrer Gruppierungen dienen. Ergänzen wir, daß ein internationaler Standard [49] der Kennsätze und Bezeichnungen der Unterteilung der Information auf dem Magnetband existiert, jedoch deckt sich dieser Standard nicht vollständig mit der Anwendungspraxis der Bänder in den Rechenmaschinen in Polen [44].

Sogar aus der kurzen Aufzählung grundlegender Fakten, die die Art der Informationsspeicherung auf dem Magnetband betreffen, folgt, daß nicht nur die Positionen des Datenträgers mit solchem Speicher nichtadressierbar sind (was wir schon aus Abschnitt 2 wissen) sondern auch, daß man außer einer physikalischen Nachfolge von einer Position auf eine andere im allgemeinen Fall keine Relation zwischen ihnen festlegen kann[3]). So können wir weder eine

[1]) Genaue Informationen zu diesem Thema enthält u. a. das Buch von FISHER und SWINDLE [23].

[2]) Wenn wir diese Termine benutzen, sind wir uns bewußt, daß (1) sie nicht allgemein akzeptiert sind und (2) sie mit den von uns vorher angenommenen Bedeutungen einiger von ihnen kollidieren; wir behalten sie jedoch bei, da wir diese Termini ausschließlich lokal in diesem Punkt benutzen und darüberhinaus in einem speziellen Kontext: als Namen von Informationsgruppierungen auf den Magnetbandspulen.

[3]) Natürlich können wir auch eine ganze Familie von abgeleiteten Relationen eines „folgt physikalisch nach" festlegen, aber dies bringt in unsere Betrachtungen nichts Neues.

zweite noch eine dritte Abbildungsfunktion aufbauen (da diese beiden Funktionen nur für adressierbare Medien definiert sind), und die einzige Gestalt der ersten Abbildungsfunktion, die wir untersuchen können, ist die durch den *Umspulalgorithmus* gegebene Funktion.

Sei $S$ eine halbreguläre Struktur vom Rang 1, $\langle\langle S, \sigma\rangle\rangle$ ihre natürliche Reihenfolge, $n$ der Name einer Dateneinheit[1]), $n \in H_s^1$ sowie sei $n(S) = \langle\langle S, \sigma\rangle\rangle_i$.

In Abhängigkeit davon, ob wir die erste Abbildungsfunktion zum Abspeichern oder Ablesen der Daten benutzen wollen, nimmt der Umspulalgorithmus verschiedene Formen an.

Angenommen, die Eintragungen — als Elemente der physikalischen Unterteilung der auf dem Band untergebrachten Information — bilden Felder einfacher Daten der betrachteten Struktur, gruppiert in den Blöcken $B_j$, $j = 1, 2, \ldots, l$, zu je $m_j$ Eintragungen im Block. Wir finden dann eine ganze Zahl $t$, daß $\sum_{j=1}^{t} m_j < i \leqq \sum_{j=1}^{t+1} m_j$ ist (wir erinnern, daß oft $\sum_{r=d}^{g} a_r = 0$ für $g < d$ definiert wird), dann stellen wir das Band so um, daß der Lesekopf sich direkt vor dem ersten Block befindet, und spulen $t$ Blöcke ab, wobei wir danach den $(t + 1)$-ten Block ablesen[2]); in diesem Block ist die Eintragung mit der Nummer $i - \sum_{j=1}^{t} m_j$ die Position (Eintragung), die das Feld der Dateneinheit mit dem Namen $n$ bildet.

Beim Abspeichern der Daten ist dieses Problem bedeutend schwieriger und im allgemeinen Fall unlösbar. Wenn wir jedoch voraussetzen, daß wir die Längen der Eintragungen aller einfacher Dateneinheiten $\lambda(n)$ der betrachteten Struktur kennen, so können wir, wenn wir die Länge der einzelnen Blöcke $\lambda(B_j) = \sum_{n \in N_j} \lambda(n)$ berechnen, wobei $N_j$ die Menge der Namen der einfachen Dateneinheiten ist, deren Eintragungen im Block $B_j$ gruppiert werden sollen, anfangs auf das Band Blöcke „leerer“ Eintragungen abspeichern und im weiteren wie im Falle des Lesens verfahren, mit dem Unterschied, daß nach dem Ablesen des entsprechenden Blocks an die entsprechende Position (im zum homogenen Medium gehörigen Puffer) eine Information zu setzen ist, die ein Bild der einfachen Dateneinheit mit dem Namen $n$ ist, und daß anschließend der ergänzte Block zurück aufs Band zu übertragen ist.

Natürlich benutzen wir die oben angegebenen Algorithmen in der Praxis in Anbetracht ihrer radikalen Uneffektivität nicht. Sie wurden einzig deshalb angeführt, um zu zeigen, wie die erste Abbildungsfunktion für die durch die Inhomogenität des Mediums aufgezwungenen Art der Verteilung der halbregulären Struktur des Ranges 1 realisiert werden kann. Bemerken wir noch, daß, wollten wir halbreguläre Strukturen des Ranges 2 betrachten, bei gewissen Beschränkungen, die die Anzahl (und die Längen der Abbilder) der die Unterstruktur

---

[1]) Zur Vereinfachung unterlassen wir ein eventuelles Umrechnen der Namen in Schlüssel.

[2]) Die Information vom Band kann man nur in ganzen Blöcken ablesen und abspeichern.

bildenden Daten betreffen, eine hierarchische Gruppierung der Information auf dem Magnetband sehr nützlich sein kann: die Abbilder der einzelnen Unterstrukturen würden die Blöcke bilden und die einfachen Dateneinheiten die Eintragungen.

Wenn die betrachtete Struktur vom Rang 1 ist, so ist das Sammeln der Eintragung in der einfachen Dateneinheiten in Blöcke ein rein mechanischer Vorgang, der erzwungen ist durch das Streben zur effektiven Ausnutzung der Ausrüstung und im Prinzip nur den einfachen Zusammenhang zwischen den Namen (Schlüsseln) und den Positionen kompliziert, die durch die entsprechenden einfachen Dateneinheiten in der Eintragung in der natürlichen Reihenfolge der Struktur auf dem Magnetband eingenommen werden. Da die physikalische Operation des Lesens (Speicherns) immer den ganzen Block betrifft, so ist, den Fall ausschließend, daß der ganze Block aus einer Eintragung besteht, der Block in die einzelnen Eintragungen aufzuteilen (aus den einzelnen Eintragungen zu bilden). Die existierende Hilfsprogrammierung kann diesen Vorgang ausführen, wenn entweder alle Eintragungen des Blocks gleicher Länge sind oder durch spezielle Kennzeichen getrennt sind (einige Operationssysteme benötigen die Anwendung einer Kombination dieser Lösungen).

Am Ende dieser Bemerkungen ergänzen wir, daß Programmiersysteme existieren (z. B. für die Maschinen der Familie ICL 1900), die eine physikalische Unterteilung der Information auf dem Band nicht nur in Eintragungen, Blöcke und Stöße voraussetzen, sondern auch in Stöße eines höheren Niveaus (ausgerüstet mit ihren Kennsätzen). Solche Betrachtungsweise erlaubt es, die halbregulären Strukturen der Daten direkt zu modellieren: in den Kennsätzen kann man die Namen der Stöße, Unterstöße usw. plazieren.

Zusammenfassend ist zu unterstreichen, daß das Abspeichern einer halbregulären Datenstruktur im halbhomogenen Medium die Bedingung der inhaltlichen Datenverarbeitung in solcher Ordnung, in der sie im Medium verteilt sind, aufzwingt. Daraus folgt die außergewöhnliche Bedeutung der richtigen Auswahl des natürlichen Selektors und der möglichst besten Methode des Ordnens der Daten im Einklang mit der durch ihn bestimmten Ordnung.

Anders gesagt, sofern wir im Falle regulärer Strukturen und homogener Medien die Verteilungsform so gewählt haben, daß man bei Benutzung einer günstigen Abbildungsfunktion die Daten in der Reihenfolge speichern und lesen konnte, die durch außerstrukturelle Erwägungen bestimmt wurden, so sind wir im Falle halbregulärer Strukturen und inhomogener Medien gezwungen, die Struktur in der gleichen Ordnung zu speichern und zu lesen, wobei wir dabei ausschließlich strukturelle Auswirkungen beachten. Zum Glück können wir im Einklang mit dem, was wir in den vorangegangenen Punkten dieses Abschnitts gesagt haben, dank der Eigenschaften des systematischen Namenraums diese Auswirkungen ohne Analyse der ganzen Struktur auf einmal festlegen.

Wenn das Rechensystem über ein entsprechend umfangreiches halbhomogenes Medium verfügt (mit rotierendem Speicher, meist Plattenspeicher), so kann das Aufbewahren der verarbeiteten halbregulären Strukturen in ihm eine ökonomisch begründete Alternative zur Benutzung eines inhomogenen Mediums sein. Da das halbhomogene Medium adressierbar ist, hat das Betrachten sowohl einer zweiten als auch einer dritten Abbildungsfunktion der ausgewählten Verteilungsformen einen Sinn.

In Abschnitt 5.2. stellten wir Methoden vor, die es erlaubten, Schlüssel in ganze Zahlen aus einem gegebenen Intervall umzuformen. Wenn wir uns an die Definition der Adresse erinnern, sehen wir ohne Schwierigkeit, daß man die Methode der charakteristischen Funktionen zur Bestimmung der zweiten Abbildungsfunktion anwenden kann; die so definierte Art der Verteilung eignet sich für Strukturen des Ranges 1, deren einfachen Daten sich einheitlich in adressierbare Positionen des halbhomogenen Mediums eintragen lassen. Wenn die einheitliche Verteilungsform sich nicht für unsere Ziele eignet (z. B. wenn die einfachen Daten verschiedene Informationsgehalte haben), was als seltener Fall in der Praxis des Operierens mit halbregulären Strukturen zu bezeichnen ist, so müssen wir die Verteilungsform auf der Grundlage der dritten Abbildungsfunktion konstruieren. In diesem Falle können wir jedoch die charakteristischen Funktionen benutzen, wobei die aufgebauten Listen der Abbildungen der Schlüssel auf die ganzen Zahlen nicht direkt die Adresse der Position angeben werden, die die einfache Dateneinheit mit dem gegebenen Schlüssel enthält, sondern die Adresse der Zelle (oder die Anfangsadresse der zwei- oder mehrzelligen Folge), die die Plattenadresse (oder Trommeladresse) des Anfangs des Feldes der einfachen Dateneinheit und ihre Länge enthält. Die Plattenadressen selbst kann man beliebig auswählen, z. B. so, daß zuerst nacheinander die Positionen eines Zylinders (siehe Anhang A) ausgeschöpft werden, dann eines anderen usw. Eine derartige Hierarchie von Zeigern, ähnlich der in Abschnitt 4.2. behandelten Methode von HELLERMAN, hat viele Vorteile [SUSSENGUTH, 1] und ist in modernen Operationssystemen Grundlage der angewandten Methode des Aufbaus von Katalogen der Datenmengen (z. B. in Operationssystemen für Maschinen der Familie IBM 360).

Da das Aufschreiben der Gestalt der zweiten und dritten Abbildungsfunktion viel Platz einnehmen würde und nichts Neues einbringt im Verhältnis zu dem, was wir in den Abschn. 5.2. und 4.2. vorstellten (sofern es um die Technik des Verfahrens geht), resignieren wir vor diesem Vorhaben in der Überzeugung, daß der interessierte Leser ohne Mühe die notwendigen Rechnungen ausführt[1]).

Es ist bemerkenswert, daß wir, wenn wir eine Verteilungsform benutzen, die sich auf die charakteristische Funktion der Schlüssel stützt, einen leichten Zugriff zur Dateneinheit mit der angegebenen Adresse (oder zu ihrem Feld, z. B. mit dem Ziel des Speicherns der Dateneinheit) garantiert haben, aber die so verteilte halbreguläre Struktur ist nicht in der natürlichen Reihenfolge der Schlüssel geordnet, höchstens, daß wir eine charakteristische Funktion benutzt haben, die die natürliche Ordnung der Daten erhält (z. B. die in Abschn. 5.2. erwähnten

[1]) Dabei kann man im Notfall die pragmatischen Hinweise im Teil 5 des Buchs von FISHER und SWINDLE [23] benutzen.

geometrischen Methoden). In vielen Anwendungen, z. B. in Informationssystemen, ist das nicht nötig; in anderen dagegen müssen wir sortieren können, d. h. die so verteilten Strukturen ordnen.

Beispiel

In einem einfachen Banksystem betrachten wir eine Struktur einfacher Daten (Namen des Kunden, Saldo seines Kontos). Wenn wir die Struktur im Plattenspeicher nach der charakteristischen Funktion verteilen, können wir ohne Mühe eine Aktualisierung der Salden der Kunden vornehmen: die eingehende Information über die durchgeführte Transaktionen enthält den Namen des Kunden mit der Summe, die mit einem Zeichen versehen ist, das anzeigt, ob die Transaktion eine Einzahlung (+) oder Auszahlung (—) ist. Dank der Anwendung der charakteristischen Funktion erhalten wir einen sofortigen Zugriff zur Dateneinheit mit der entsprechenden Bezeichnung (Name), verändern in der angezeigten Form das Saldo und senden die aktualisierte Dateneinheit zurück zum Plattenspeicher. Wenn wir jedoch ein alphabetisches Verzeichnis der Bankkunden und ihrer Konten anfertigen wollen, müssen wir die im Plattenspeicher verteilte Struktur ordnen.

Mit dem Problem des Ordnens halbregulärer Strukturen in halbhomogenen Medien beschäftigen wir uns in Abschn. 5.5.

Einige Worte sollen für halbreguläre Strukturen mit variabler Datenzahl verwendet werden. Wenn die Struktur im halbhomogenen Medium verteilt ist, so führt das Hinzufügen einer neuen Dateneinheit zur in Abschn. 5.3. beschriebenen Methode des Vereinigens (deshalb vermeiden wir das Zuschreiben der Daten einzeln!); das Entfernen einer Dateneinheit erfordert ein Abschreiben der Eintragung der Struktur mit dem Auslassen der entfernten Dateneinheit (deshalb entfernen wir auch selten Daten einzeln). Ein oft angewandtes praktisches Verfahren bei halbregulären Strukturen mit hohem Veränderungstempo ist folgendes Vorgehen: wenn die geordnete Struktur auf dem Band gespeichert ist, so sammeln wir die Daten, die auf ihm hinzugefügt werden sollen, vorläufig im Operationsspeicher, bis wir soviele gesammelt haben, daß es sich lohnt, den Vereinigungsprozeß zu starten. Den Abruf der Daten der Struktur betrachten wir zweistufig — zuerst prüfen wir, ob sich die Dateneinheit nicht in der vorläufigen Gruppe befindet und erst danach, ob nicht Teile von ihr auf dem Band gespeichert sind. Dieses Verfahren benutzen wir übrigens auch, wenn wir die Werte einiger Daten der Struktur verändern (aktualisieren) sollen; bevor wir diese Veränderungen im Bandinhalt durchführen, sammeln wir die neuen „Versionen" der Datenwerte im Operationsspeicher und benutzen sie beim Abruf dieser Daten (natürlich lohnt es sich nur dann so vorzugehen, wenn die Information, die den Wert der Dateneinheit aktualisiert, vollständig diesen Wert bestimmt).

Wenn die halbreguläre Struktur im halbhomogenen Medium gespeichert und in Übereinstimmung mit der charakteristischen Funktion der Datenschlüssel verteilt ist, hängt die Einfachheit des Ergänzens (oder Entfernens) der Daten von der gewählten Konstruktionsmethode dieser Funktion ab. So benötigen zum Beispiel die geometrischen Methoden die Kenntnis aller Schlüssel; das Ergänzen oder Entfernen eines Schlüssels verursacht das Durchzählen aller Koeffizienten und eine Änderung der Verteilung der Struktur (was ein grundsätzlicher Nachteil der Methode ist). Bei der Methode der zusätzlichen Zeilen verursacht das Hinzufügen von Daten keinerlei Komplikationen (da das genauso wie ein nächster Konflikt im Bereich der Äquivalenzklasse ist und genauso gelöst wird), das Entfernen jedoch benötigt Operationen, die für das Entfernen von Daten aus nichtregulären Strukturen charakteristisch sind (Abschn. 6. und Bemerkungen am Ende des Abschn. 5.2.).

## 5.5. Das Ordnen halbregulärer Strukturen in halbhomogenen Medien

Wir werden jetzt systematisch das Modell eines halbhomogenen Mediums mit Plattenspeicher (Anhang A) benutzen.

Es existieren zwei prinzipiell verschiedene Arten des Ordnens halbregulärer Strukturen[1]), die auf Plattenspeichern vorliegen: die erste Art, die wir *direktes Ordnen* nennen werden, setzt voraus, daß wir während des Ordnens die gesamten Daten von Position zu Position übertragen, die zweite Art, die wir das *Ordnen von Auszügen* nennen werden, setzt voraus, daß wir für jede Dateneinheit einen Auszug bilden, der aus dem Schlüssel (Namen) der Dateneinheit und der Adresse, von der aus die Eintragung der Dateneinheit im Plattenspeicher beginnt, besteht, danach ordnen wir die Auszüge und erst am Schluß, wenn wir schon die geordnete Menge der Auszüge haben, ordnen wir die Daten selbst.

***Direktes Ordnen***

Die erste, anfängliche Phase des Ordnens ist das Bilden von Datenfolgen im Plattenspeicher, die durch ein internes Ordnen sortiert sind. Die Länge dieser Folgen hängt vom Fassungsvermögen des Operationsspeichers ab, den wir zum internen Ordnen bestimmen können. Das eigentliche interne Ordnen unterscheidet sich überhaupt nicht vom Ordnen, das wir im Abschnitt 5.3. besprochen haben; die Ergebnisse des internen Ordnens, d. h. die geordneten Datenfolgen, speichern wir so ab, daß nacheinander die einzelnen Zylinder des Plattenspeichers aufgefüllt werden (auf diese Weise sparen wir Schreibzeit, denn wir verschieben den Schreibkopf der Platte möglichst wenig). Die Zahl der geordneten Folgen ($l$), die wir nach Beendigung der Etappe des internen Ordnens erhalten, hängt also von der Gesamtzahl der Daten ($s$) in der Struktur sowie von der Zahl der Daten ($p$) ab, die man einmalig im zugeteilten Gebiet des Ope-

[1]) Die ganze Zeit wird von halbregulären Strukturen mit Rang 1 gesprochen, deren Daten gleiche Längen haben.

rationsspeichers während des internen Ordnens unterbringen kann. (Wir erinnern daran, daß nicht alle Methoden die vollständige Ausnutzung dieses Gebiets erlauben!) Nehmen wir an, daß $l = s/p$ und daß die Länge jeder geordneten Folge $p$ Daten beträgt (es kann sein, daß eine der Folgen kürzer ist, wenn $s$ nicht ohne Rest durch $p$ teilbar ist).

Im Gegensatz zum Magnetbandsystem haben wir keine zusätzlichen Beschränkungen, die darin bestehen, daß unter Berücksichtigung der im Vergleich mit $l$ kleinen Zahl der verfügbaren Bandgeräte ($t$) das externe Ordnen (Vereinigen) nur höchstens durch Anwendung des $(t - 1)$-Wege-Mischens verlaufen kann, wobei wir vielfaches Durchlaufen der ganzen Information verlangen müssen (vgl. Formel (5.3.3.2)). Es könnte also den Anschein haben, daß wir, wenn wir das Vereinigen mit der größtmöglichen Zahl der Eingangssequenzen (gleich[1]) min $(l, p)$) ausführen, dadurch die Gesamtzahl des Durchlaufens der ganzen Information minimalisierend, die kleinste Gesamtzeit des Ordnens erhalten.

Je größer jedoch die Mächtigkeit (Zahl der Sequenzen) des Vereinigens sein wird, desto kleinere Blöcke jeder Folge, werden wir in den Operationsspeicher einlesen (im äußersten Fall, wenn wir die Mächtigkeit $p$ auswählen, werden wir nur jeweils eine Dateneinheit einlesen), und dadurch werden wir gleichzeitig am Eingang des Vereinigungsprozesses von Folge zu Folge springen, dabei mit großer Wahrscheinlichkeit die Lage der Leseköpfe verändernd, was als mechanische Operation ziemlich viel Zeit in Anspruch nimmt.

Die Auswahl der optimalen Mächtigkeit des Vereinigens ist also ein zentrales Problem des direkten Ordnens. Zur Illustrierung der Bedeutung dieses Problems führen wir experimentelle Daten an, die in der Arbeit [Hubbard, 1] vor-

Tabelle 5.3. Abhängigkeit der Sortierzeit von der ausgewählten Mächtigkeit des Vereinigens

| Mächtigkeit des Vereinigens | Zahl der Durchläufe | Zeit des Lesens (s) | | Zeit des Speicherns (s) | Gesamtzeit (s) |
|---|---|---|---|---|---|
| | | | davon Zeit der Transmission allein | | |
| 2 | 6 | 132 | 52 | 264 | 396 |
| 4 | 3 | 93 | 26 | 132 | 225 |
| 8 | 2 | 107 | 18 | 88 | 195 |
| 16+4 | 2 | 129 | 18 | 88 | 217 |
| 32+2 | 2 | 207 | 18 | 88 | 295 |
| 64 | 1 | 365 | 9 | 44 | 409 |

gestellt wurden und die das direkte Ordnen von 4096 Daten in einer Einheit des Plattenspeichers IBM 1301 betreffen. Jede Dateneinheit besteht (zusammen mit den notwendigen Hilfsinformationen) aus 175 Zeichen; die Daten sind zu je

[1]) Die Zahl der Sequenzen kann weder $l$ überschreiten, weil wir nur soviel geordnete Folgen haben, noch $p$, weil wir nur soviel Daten im abgetrennten Gebiet des Operationsspeichers auf einmal unterbringen können; meist ist jedoch $l < p$.

16 auf einer Spur verteilt und nehmen insgesamt 64 Informationszylinder ein. Im Ergebnis des internen Ordnens wurden die Daten in 64 Folgen gruppiert, zu je 64 Daten in jeder Folge. In Tab. 5.3 sind die zeitlichen Abhängigkeiten des Plattensortierens von der ausgewählten Mächtigkeit (der Zahl der zu vereinigenden Sequenzen) angegeben. In dieser Tabelle sind die Ergebnisse des 2-, 4-, 8- und 64-Wege-Mischen sowie des (16 + 4)- und (32 + 2)-Wege-Mischen untergebracht. Beim letzteren waren die ersten Durchläufe 16- und 32-Wege-Mischen, und die zweiten Durchläufe waren entsprechend 4- und 2-Wege-Mischen. In der Spalte „Zeit des Lesens“ ist die Zeit der Transmission während des Lesens allein ausgesondert, die sich mit dem Wachsen der Mächtigkeit des Vereinigens verkleinert, da sie ausschließlich von der Länge der gelesenen Information abhängt, die mit der sich verkleinernden Zahl der Durchläufe fällt; ähnlich (und das aus demselben Grund) sinkt die Zeit des Speicherns, die zur Produktion der Ergebnisse des Vereinigens notwendig ist. Wie zu sehen ist, ist für das von Hubbard betrachtete Beispiel das 8-Wege-Mischen optimal.

Das Bestimmen der optimalen Mächtigkeit des Vereinigens beim Plattensortieren hängt im allgemeinen Fall von den Eigenschaften des Rechensystems ab, und es gibt bis jetzt keine hinreichend generellen Formeln, die es erlauben würden, dieses Problem formal zu entscheiden.

Bemerkung: Schon während der redaktionellen Bearbeitung der polnischen Ausgabe des Buchs erschien der Artikel N. A. Black: „Optimum merging from mass storage“ (*CACM, 13,* 1970, S. 745–749), der das Problem der Bestimmung der optimalen Mächtigkeit des Vereinigens des Plattensortierens aufgreift, wobei als Optimalitätskriterium die Minimalisierung der Zeit des Ordnens bei einem feststehenden Verhältnis der Zeit des Aufsuchens der Information im Plattenspeicher zur Zeit der Transmission dieser Information angenommen wurde. Für das von Hubbard betrachtete Beispiel gibt die analytische Theorie von Black Ergebnisse, die im Prinzip mit den oben angeführten übereinstimmen.

### *Das Ordnen von Auszügen*

Das Ordnen von Auszügen unterscheidet sich vom direkten Ordnen dadurch, daß die zu ordnenden Objekte bedeutend kürzer sind, und, was daraus folgt, auch die durch das interne Ordnen sortierten Anfangsfolgen wie auch die Blöcke dieser Folgen, die beim Vereinigen abgelesen werden, bedeutend größer sind bei der gleichen Zuteilung des Operationsspeichers. Daraus muß eine bedeutend kürzere Zeit des Ordnens folgen, wäre nicht zu berücksichtigen, daß nach dem Durchordnen der Auszüge noch die Daten selbst zu ordnen sind. Vom Gesichtspunkt der Wirkung der geordneten Auszüge aus sind die durch die Daten im Plattenspeicher eingenommenen Plätze vollkommen zufällig, so daß wir mit großer Wahrscheinlichkeit[1]) die Lage der Leseköpfe ändern müssen, wenn wir von einer durch einen Auszug aufgezeigten Dateneinheit, zur durch den nächsten Auszug bestimmten Dateneinheit übergehen. Im Endeffekt ist die Gesamtzeit der Produktion geordneter Strukturen sehr groß. Dagegen kann man sich durch den folgenden Programmiertrick helfen: Nach dem Ordnen (im Sinne der Schlüssel) der Auszüge, lesen wir in den Operationsspeicher solch einen Block der Ordnung ein, daß Platz für soviel Daten verbleibt, wie dieser Block Auszüge enthält. Die Auszüge der Blöcke gruppieren wir jetzt in Übereinstimmung mit den in ihnen enthaltenen Adressen und lesen in den Speicher die Daten nach dieser umgruppierten Ordnung. Auf diese Weise sind die Daten, die durch einen Block von Auszügen beschrieben werden, mit einer kleinstmöglichen Zahl der Veränderung der Lagen der Leseköpfe der Platte eingelesen. Wenn der Block $x$ Auszüge enthält und die Daten $n$ Informationszylinder einnehmen, so wird das Lesen der $x$ Daten ohne Anwendung des beschriebenen Tricks im Mittel $x(n - 1)/n$ Veränderungen der Lagen der Leseköpfe benötigen, aber bei seiner Anwendung nicht mehr als $n - 1$ solcher Veränderungen; bei $x > n$ ist die Sparsamkeit offensichtlich. Die in den Speicher eingeführten Daten eines Blocks sind jetzt in Übereinstimmung mit dem Schlüssel zu sortieren, wonach man sie als Fragment der natürlichen Reihenfolge der Struktur ausgeben kann; danach gehen wir zum nächsten Block der Ordnung der Auszüge über. Wie zu sehen ist, verkleinert die Anwendung des beschriebenen Tricks die Zahl der Lagen des Lesekopfes und deshalb auch die Zeit des Aufsuchens der Daten im Plattenspeicher, vergrößert jedoch die Arbeitszeit der Zentraleinheit durch das zusätzliche interne Ordnen.

Auch diesmal hängt die allgemeine Analyse des sich Bezahltmachens der Anwendung des Ordnens von Auszügen und im besonderen des erwähnten Tricks von mehreren Faktoren ab, so daß sie wohl nicht möglich ist. (Es reicht darauf hinzuweisen, daß abhängig von der Art der Ausnutzung des Rechensystems die Arbeitszeit der gleichen Zentraleinheit einen relativ unterschiedlichen Wert hat, der viel größer ist in Vielfachzugriffssystemen mit time-sharing als im System der Stapelverarbeitung.) Schick [66], als er Kosten des direkten Ordnens und des Ordnens von Auszügen bei unveränderter Form der Ausnutzung des Rechensystems und des gleichen Plattenspeichers analysierte, kam jedoch zur Schlußfolgerung, daß für Zentraleinheiten mit kleinerem Operationsspeicher das Ordnen von Auszügen günstiger ist. Diese Folgerung zog er aus den Bewertungen der Zeiten des Ordnens in einem System mit der Maschine IBM 1401, indem er das direkte Ordnen mit (gefundener) optimaler Mächtigkeit des Vereinigens mit dem Ordnen von Auszügen, das den beschriebenen Trick der Verringerung der Zahl der Veränderungen der Lagen des Lesekopfes anwendet,

---

[1]) Wenn die Daten mehr als einen Informationszylinder einnehmen, ist diese Wahrscheinlichkeit nicht kleiner als $\frac{1}{2}$; im Allgemeinfall kann sie durch $(n - 1)/n$ approximiert werden, wobei $n$ die Zahl der durch Daten (wenigstens teilweise) besetzten Zylinder ist.

und indem er eine optimale Verteilung der Daten im Bereich eines Informationszylinders voraussetzt, so daß wir es nicht nur mit einer kleinstmöglichen Zahl der Veränderungen der Lagen des Lesekopfes zu tun haben, sondern auch die Rotationsverzögerungen möglichst klein sind; deshalb sollte man auch bei der Verallgemeinerung dieser Beobachtung vorsichtig sein. Andererseits bemerkt HUBBARD in dem schon zitierten Artikel, das das Ordnen von Auszügen besonders nützlich dann ist, wenn unser Ziel ein Anfertigen einer geordneten Unterfolge der Daten der betrachteten Struktur ist, d. h. dann, wenn wir eine Extraktionsoperation mit geordneter Ergebnisstruktur realisieren. Beide Folgerungen weisen darauf hin, daß man die Methode des Ordnens von Auszügen wahrscheinlich dann empfehlen kann, wenn wir es mit einem (in irgendeinem Sinne) beschränkten Problem des Ordnens einer halbregulären Struktur im halbhomogenen Medium zu tun haben.

# 6. NICHTREGULÄRE DATENSTRUKTUREN

Oft denkt man bei Betrachtungen über Datenstrukturen vor allem an solche Mengen, in denen die Aufeinanderfolge der Daten ausschließlich im Kontext der betrachteten Menge definiert ist. Beispiele solcher Strukturen liefern vor allem Programmiersprachen und natürliche Sprachen. Sie fehlen aber auch nicht in anderen Gebieten der Informationsverarbeitung, obwohl man es in der Regel mit einer beschreibenden Sprache zu tun hat, die einem gegebenen Fach eigen ist (z. B. mit der Sprache der Symbole der organischen Chemie, mit der Sprache der Stammbäume, mit der Notenschrift u. ä.). Im Abschn. 3. führten wir den Begriff des nichtsystematischen Namenraums und des nichtsystematischen Datenraums als allgemeines Mittel der Beschreibung solcher Gegenstände des Datenverarbeitungsprozesses ein. In der Fachliteratur widmet man diesem Problem viel Aufmerksamkeit, konstruiert man viele Spezialsprachen, die helfen, nichtreguläre Strukturen zu beschreiben und ihre Verarbeitungsprozesse zu programmieren. Diese Sprachen nennen wir oft *Sprachen zur Listenverarbeitung* oder *Sprachen zur Manipulierung mit Symbolen* [3], [4], [36], [72]. Beispiele solcher Sprachen betrachten wir im nächsten Abschnitt. In diesem Abschnitt dagegen konzentrieren wir uns auf folgende

Probleme:

die Verteilung nichtregulärer Strukturen im homogenen Datenträger,
Arten der Realisierung einiger oft auftretender Operationen auf im Medium verteilte Strukturen
und Probleme der Verwaltung des Speichers eines Datenträgers.

In Abschn. 6.4. diskutierten wir ein Beispiel der vollständigen Lösung des Problems des Operierens mit nichtregulären Datenstrukturen im Rechnersystem.

## 6.1. Die Verteilung nichtregulärer Strukturen im homogenen Datenträger

### 6.1.1. Die Namen der Daten aus nichtregulären Strukturen

Hinsichtlich des Charakters der Anwendungen nichtregulärer Strukturen werden wir alle Betrachtungen, die ihre Verteilung betreffen, unter Berücksichtigung der Anforderungen einer ständigen Modifikation der im Speicher eingetragenen Struktur führen. Im Gegensatz zu den regulären Strukturen (und in geringem Grade zu den halbregulären) gehen wir bei der Analyse der Arten der Verteilung nichtregulärer Strukturen nicht von den Eigenschaften des Datenträgers aus. Diese Umkehrung des Gesichtspunktes folgt aus der Tatsache, daß die Datenträger der überwiegenden Mehrheit der Rechnersysteme „nach" den regulären Strukturen konstruiert sind. Erst in der letzten Zeit gibt es Anzeichen dafür, daß die Produzenten der Rechnerausrüstung das Problem der nichtregulären Strukturen bemerkt haben. Die folgenden Betrachtungen werden wir vielleicht in einer den entsprechenden Punkten des Abschn. 4. und 5. ähnlichen Auffassung wiederholen können. Zur Zeit müssen wir jedoch bei Bemerkungen beginnen, die homogene Datenträger betreffen.

Die im Abschn. 2. beschriebenen Adressiermechanismen erlauben den Zugriff zu Speicherzellen mit angegebener Adresse. Dabei ist es möglich, automatisch die Adresse auf zweierlei Art zu verändern, indem wir zum Adressenteil von Instruktionen eine gewisse Konstante (relative Adressierung mit Benutzung eines Basisregister) oder eine Variable (nach einem festgelegten Programm der Veränderung der Inhalte der Indexregister) addieren. Im Falle regulärer Strukturen genügt uns das vollkommen. Denn wenn wir die Parameter kennen, die die Struktur charakterisieren, können wir die konkrete Gestalt der Abbildungsfunktion für die Namen in Adressen finden und sie automatisch in ein Programm zur Veränderung der Inhalte der Indexregister umformen. Im Falle halbregulärer Strukturen ist die Situation noch insofern vereinfacht, daß wir die im Prinzip geordnete Struktur — oder besser ihr betrachtetes Fragment — in aufeinanderfolgenden Einheiten des Speichers unterbringen. Unter Umständen werden dabei ganze Blöcke verschoben (Pufferung!). Im allgemeinen kann man zu den nichtregulären Strukturen keine solche Parametermenge auswählen, die es erlaubt, den Platz „auszurechnen", den die Dateneinheit $d$ in der Struktur einnimmt. Deshalb können wir keine Formel für die Abbildungsfunktionen angeben, wie das für reguläre Strukturen getan wurde. Wir sind also nicht in der Lage, ein Programm zur Veränderung der Inhalte der Indexregister festzulegen. Andererseits erscheint die Voraussetzung, daß die geordnete Struktur benachbarte Speicherzellen einnehmen wird[1]), nicht besonders vernünftig, wenn man die Wirkung oftmaliger struktureller Veränderungen bedenkt, die die inhaltliche Verarbeitung solcher Strukturen begleiten. Denn recht oft müßte man dann die schon im Speicher verteilten Daten verschieben. Wenn das aber so ist, so können wir die fertigen Adressiermechanismen des Mediums nicht besonders gut benutzen. Aber da wir die Adressen irgendwie angeben müssen, ist es unumgänglich, sie explizit zusammen mit den Daten zu speichern.

[1]) Wir weisen jedoch darauf hin, daß es sich immer lohnt, diese Voraussetzung zu benutzen, wenn wir die Voraussetzung über die strukturelle Unveränderlichkeit der Unterstruktur annehmen können, indem wir solche Unterstruktur einer nichtregulären Struktur als halbreguläre oder reguläre Struktur auffassen — vergl. auch die Betrachtungen im Abschn. 6.2.

Die obigen Bemerkungen sind es wert, noch unter einem anderen Aspekt durchdacht zu werden. Für reguläre Strukturen war das Speichern der Datennamen eigentlich überflüssig. Es reichte, allein die Werte zu speichern, denn für die benutzten Abbildungsfunktionen konnte man ohne Schwierigkeit die inverse Funktion finden. Bei den halbregulären Strukturen mußten wir die Namen (Schlüssel) zusammen mit den Werten aufbewahren, denn in Hinsicht auf das Nichterfüllen der Dichtebedingung der Namensmenge wäre das Bilden der Namen aus den Adressen unmöglich. Würden wir also die natürliche Reihenfolge einer Konstruktion aus zwei im Speicher vorhandenen Strukturen ausführen, könnten wir nicht feststellen, wie man die Daten aus den Ausgangsstrukturen „verflechten" muß.

Für nichtreguläre Strukturen scheint es bei Berücksichtigung der Nichtsystematik des Namenraums sinnlos, Namen unabhängig von der konkreten Struktur zu betrachten. Für die konkrete im Speicher des Datenträgers verteilte Struktur sind Namen scheinbar schon nicht nötig, weil die Adressen der einzelnen Elemente der Struktur (in entsprechender Form) zusammen mit den Elementen der Struktur gespeichert sind. Würden wir jedoch konsequent auf die Hervorhebung des Begriffs des Namen für in eine nichtreguläre Struktur gruppierte Daten verzichten, dafür den Begriff der Adresse benutzend, so würden wir auf logische Schwierigkeiten treffen. Zum ersten ist die Adresse ein Begriff, der sich auf den Datenträger bezieht und nicht auf die Daten selbst. Würden wir also die Struktur im Bereich des Speichers verschieben, d. h. die Adressen ändern, würden wir so handeln, als ob wir die Daten selbst verändern, was natürlich absurd ist. Wenn wir zweitens von einem konkreten Element reden mit dem Ziel, es aufzufinden, können wir nicht immer die Adresse der (ersten) von ihm eingenommenen Position benutzen. Das wäre wieder abhängig von der konkreten Verteilung und würde nicht in ausreichendem Grade die strukturelle Abhängigkeit abbilden, die wir ausdrücken wollen, wenn wir diese und nicht eine andere Gruppierung der Daten betrachten. Zum dritten müssen wir, wie wir im weiteren sehen werden, wenigstens zwei „Typen" von Adressen unterscheiden, die zusammen mit den Elementen der Struktur gespeichert sind, nämlich Adressen, die Unterstrukturen bezeichnen und solche, die die Werte der Elemente sind. Die Adressen des ersten Typs hängen selbstverständlich mit der natürlichen Reihenfolge der Elemente zusammen, dahingegen beziehen sich die Adressen des zweiten Typs auf die Hierarchie der Elemente.

Aus all diesen Gründen behalten wir eine unveränderte Definition der Daten als Paar (*Name, Wert*) bei mit der Einschränkung, daß wir zwei Formen annehmen: die externe und die interne. Die *interne Form des Namens* ist ein Zeiger auf die durch die Dateneinheit besetzte Einheit, die *externe Form* der Identifikator der Dateneinheit. Hier muß deutlich die Form des Namens von seiner Repräsentation unterschieden werden. Eine *Repräsentation* des Objekts nennen wir eine Folge von Symbolen, die mit diesem Objekt in den betrachteten Bedingungen identifiziert wird (z. B. eine Bitfolge oder eine Folge von Symbolen auf dem Papier). Jede der Formen des Datennamens kann viele verschiedene

Repräsentationen haben — soviel nämlich, wie wir verschiedene Bedingungen haben, in denen wir die gegebene Form des Namens betrachten. Natürlich fordern wir, daß unter gleichen Bedingungen verschiedene Namen (der gleichen Form) verschiedene Repräsentationen haben und daß sich verschiedene Formen desselben Namens, wenn sie unter gleichen Bedingungen zu betrachten sind, durch ihre Repräsentationen unterscheiden. Einige Namen, auf die wir treffen werden, werden in beiden Formen auftreten, andere nur in der internen Form. Die interne Form des Namens wird meist die Adresse sein.

Den Leser kann es verwundern, warum wir einen so fundamentalen Begriff wie die Namensform und die Repräsentation „versteckt" im Abschnitt über nichtreguläre Strukturen statt im allgemeinen Teil des Buches einführen. Wir tun dies jedoch nicht so unüberlegt, wie es im ersten Augenblick scheinen mag: die Unterscheidung der beiden Namensformen benötigten wir bisher nicht und sie wäre auch jetzt nicht notwendig, wenn wir über eine reichere Theorie des Namenraums verfügen würden. Die Einführung des Begriffs der Namensformen folgt also aus einer augenblicklichen Notwendigkeit, und der Begriff selbst ist nicht so elegant, daß er es wert wäre, zu den Grundbegriffen gezählt zu werden. Man kann die Hoffnung haben, daß im Ergebnis der weiteren Entwicklung der allgemeinen Theorie der Datenstrukturen der Begriff der Namensform auch aus dem Zusammenhang eliminiert wird, in dem wir zur Zeit ohne ihn nicht auskommen. Was den Begriff der Repräsentation betrifft, so haben wir ihn bisher im intuitiven Sinn benutzt, fest davon überzeugt, daß das nicht zu Mißverständnissen führt. Erst die Einführung des Begriffs der internen und externen Form könnte mit dem Begriff der Repräsentation kollidieren („Worin unterscheidet sich die interne Repräsentation von der internen Form?"). Deshalb waren wir gezwungen, diesen Begriff zu präzisieren.

### 6.1.2. Die Speicherung der Daten

Die Speicherung einer nichtregulären Struktur besteht im homogenen Datenträger aus einzelnen *Elementen*. Jedes Element enthält eine oder mehrere Zellen. Wir bezeichnen als *Adresse des Elements* die Adresse seiner ersten Zelle. Im Bereich eines Elements unterscheiden wir — abhängig von der Notwendigkeit — zwei oder mehr Felder. Zwei grundlegende Felder, die immer in allen Typen der Speicherung auftreten werden, werden wir *Inhaltsfeld* $t$ (*t-Feld*) und *Verlängerungsfeld* $p$ (*p-Feld*) nennen. Der Inhalt des $t$-Feldes kann entweder eine entsprechende Repräsentation der externen Namensform der Dateneinheit oder eine entsprechende Repräsentation der internen Namensform der Dateneinheit sein, in spezifischen Fällen jedoch auch eine entsprechende Repräsentation des Wertes einer einfachen Dateneinheit. Der Inhalt des $p$-Feldes ist immer eine entsprechende Repräsentation der internen Namensform der Dateneinheit, die in der Reihenfolge der betrachteten Struktur direkt nach der Dateneinheit folgt, deren Name oder Wert durch den Inhalt des $t$-Feldes repräsentiert wird, oder, wenn diese Dateneinheit die letzte in der natürlichen Reihenfolge der Struktur ist, eine entsprechende Repräsentation des Endzeichens !.

***Grafische Darstellung der Speicherung der Struktur***

Die folgenden Darlegungen benötigen die Einführung einer gewissen grafischen Konvention. Wir verabreden, die Elemente der Speicherung der Struktur in Form von Rechtecken darzustellen, die in Teile, die den einzelnen Feldern entsprechen, zerlegt werden. Die Tatsache, daß ein Objekt Inhalt eines Feldes ist, bezeichnen wir, indem wir eine symbolische Repräsentation dieses Objekts im Rechteck, das dieses Feld abbildet, eintragen. Leider können wir uns nicht erlauben (in Rücksicht auf die Lesbarkeit der angenommenen Konvention), zu viele Arten von Symbolen zur Bezeichnung der Repräsentation zu benutzen. Im besonderen werden wir in den Schemen die verschiedenen „Repräsenta-

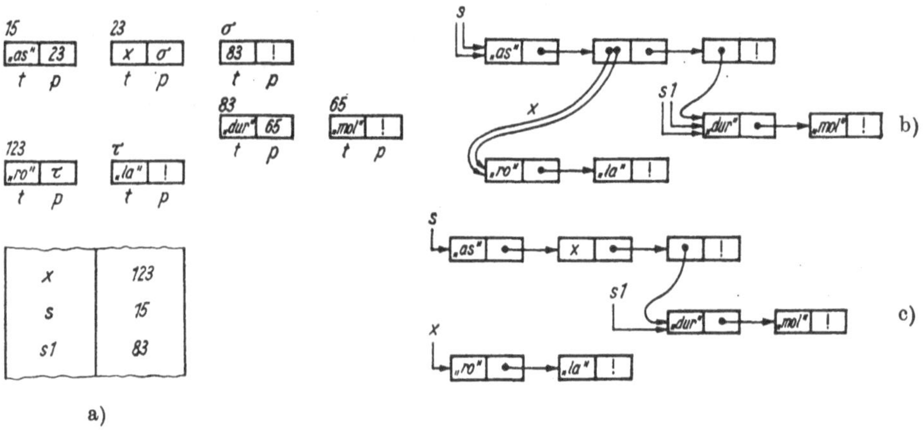

Abb. 6.1. Arten der grafischen Darstellung der Speicherung einer nichtregulären Struktur

tionen" des gleichen Objekts nicht unterscheiden. In der Praxis bedienen wir uns des folgenden „Codes". Die Werte der einfachen Dateneinheiten bezeichnen wir so, wie sie auf dem Papier repräsentiert sind. Dabei schließen wir sie aber in Anführungszeichen ein (es ist daran zu erinnern, daß das Anführungszeichen nicht Teil des Wertes der einfachen Dateneinheit ist, sondern ein Paar von Klammern, die die Repräsentation des Wertes der einfachen Dateneinheit einschließen).

Die externen Formen der Datennamen werden wir durch kleine Buchstaben oder Folgen kleiner Buchstaben und Ziffern, die mit einem Buchstaben beginnen, bezeichnen, d. h. so, wie die Identifikationen „auf dem Papier" gebaut sind. Die internen Namensformen bezeichnen wir mit kleinen griechischen Buchstaben, mit Folgen kleiner griechischer Buchstaben oder Ziffernfolgen. Genauso werden wir die Adressen der Zellen des Datenträgers notieren. In das $p$-Feld des letzten Elements der Struktur werden wir das Zeichen ! (vgl. Abschn. 3.1.) eintragen.

Abb. 6.1 illustriert die angenommenen Konventionen. Im Teil (a) der Abbildung sind sieben Elemente der Speicherung der Struktur dargestellt. Die $t$-Felder der Elemente, die bei den Adressen *15*, *65*, *83*, *123* und $\tau$ beginnen, enthalten die Werte der Daten. Das $t$-Feld des Elements, das bei Adresse *23* beginnt, enthält die externe Form des Datennamens und das $t$-Feld des Elements, das von Adresse $\sigma$ an gespeichert ist, die interne Form des Datennamens. Die $p$-Felder enthalten die internen Namen der Daten, aufgeschrieben entweder als Zahlen oder als griechische Buchstaben. Es muß unterstrichen werden, daß zwischen diesen beiden Arten der Bezeichnungen keine wesentlichen Gattungsunterschiede bestehen. (Die Bezeichnung mit Buchstaben kann einzig dann bequemer sein, wenn wir die Bezeichnungen mit Zahlen so anordnen, daß sie das Schema einem zusammenhängenden Fragment des Speichers mit Adressen ähneln lassen. In irgendeinem konkreten Fall aber wollen wir einen Zeiger auf die Adresse angeben, die numerisch nicht weiter präzisiert ist.)

Man sollte darauf hinweisen, daß wir uns einer Abbildungsliste der externen in die interne Form bedienen müssen, um die entsprechende interne Form zu finden, wenn der Inhalt des $t$-Feldes eines gewissen Elements die externe Namensform ist. Ein Fragment solcher Liste[1]) ist im unteren Teil der Abb. 6.1a angebracht. Aus diesem Fragment lesen wir ab, daß der externen Form $x$ die interne Form *123* entspricht. Wenn wir schon bei der Behandlung der Liste des Zusammenhangs der externen und internen Form der Namen sind, so lenken wir die Aufmerksamkeit des Lesers auf die restlichen Zeilen dieser Liste, in denen der Zusammenhang der in Abb. 6.1a nicht auftretenden externen Formen $s$ und $s1$ mit den internen Formen (Adressen) *15* und *83* hergestellt wird. Das sind äußere Namensformen, die als „Zugang“ von außen (z. B. aus dem Pogrammtext) zu den in den Elementfolgen abgespeicherten Daten dienen und entsprechend bei den Elementen unter der Adresse *15* und *83* beginnen.

Die Abb. 6.1b illustriert gewisse Verbesserungen der grafischen Darstellung der Speicherung der nichtregulären Struktur. In dieser Version wurden alle Namen in der internen Form weggelassen (außer !), die für uns nicht wichtig sind, wobei wir sie durch stetige Pfeile ersetzt haben, die in dem Feld beginnen, in dem die internen Formen eingetragen waren, und die zur Zelle mit der entsprechenden Adresse führen. Doppelte Pfeile zeigen den „Zugang“ durch externe Namensformen an und führen entweder von dem Feld, in dem diese Namensform eingetragen war, oder „von außen“ zur entsprechenden Adresse. Anders gesagt, doppelte Pfeile führen nicht direkt zur Adresse, sondern über die Liste des Zusammenhangs der Namensformen.

Eine weitere Verbesserung der grafischen Darstellung der Speicherung der Struktur wurde in Abb. 6.1c gezeigt, wo wir auf die doppelten Pfeile verzichtet haben. Das sollte jedoch nicht zu Konflikten führen, denn die von außen zur Struktur führenden Zeiger beginnen nicht in Feldern der Elemente der Struk-

---

[1]) Wenn der Leser diese Liste mit der Identifikatorliste, die vom Compiler konstruiert wird, in Verbindung bringt, so ist ihm zu den richtigen Verknüpfungen zu gratulieren.

tur, und diejenigen, die auf Abb. 6.1b durch die Liste ($x \rightarrow 123$) führten, wurden entfernt, wofür wir als Ersatz die äußere Namensform im entsprechenden Feld des Elements der Speicherung der Struktur beibehalten haben. Das Benutzen der Anführungszeichen, die die Werte der einfachen Daten umfassen, schließt Konflikte bei der Notation aus. Zeichnungen, die ähnlich der durch Abb. 6.1c gegeben sind, werden wir im weiteren Teil dieses Abschnitts anwenden.

Bemerken wir schließlich noch, daß es (wenn wir für die auf Abb. 6.1c dargestellte Struktur keine Namen in externer Form außer $s$, $s1$ und $x$ haben) zu keinem Element der Speicherung der Struktur einen anderen Zugang gibt als in der Form von Zeigern, die in den Elementen der Speicherung der Struktur eingetragen sind. Eine Ausnahme bilden die Elemente, zu denen die Pfeile $s$, $s1$ und $x$ führen.

### *Gemeinsame Unterlisten*

Im Hinblick auf praktisch wichtige Anwendungen, in denen oft verschiedene Strukturen auftreten, die gemeinsame und identisch geordnete Untermengen der Daten besitzen, läßt die Verteilung nichtregulärer Strukturen die Möglichkeit eines einmaligen Speicherns der entsprechenden Elemente mit ihrer Zu-

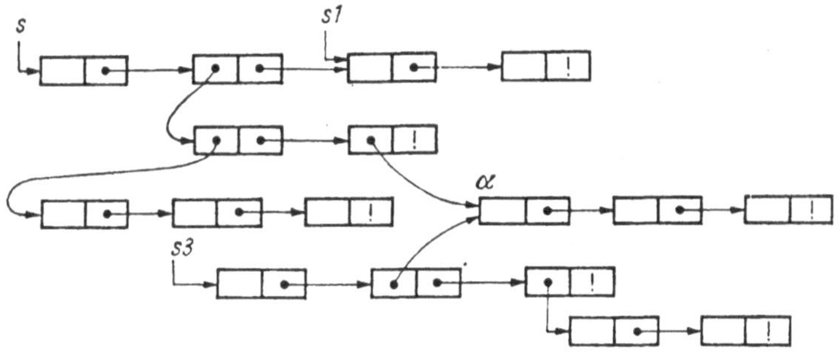


Abb. 6.2. Nichtreguläre Strukturen mit gemeinsamen Unterstrukturen

griffsmöglichkeit für alle Strukturen zu, die sie gespeichert enthalten sollen. Die Abb. 6.2 illustriert eine solche Situation, in der die Folge der Elemente, die mit dem Element, das in der Zelle mit der Adresse $\alpha$ gespeichert ist (d. h. kurz die Folge der Elemente von $\alpha$), zu den Speicherungen der Strukturen des Wertes der Dateneinheit mit den Namen $s$ und $s3$ (in externer Form) gehört. Ergänzen wir, daß diese Folge von Elementen eine Speicherung einer Struktur vom Rang 1 ist. Diese Struktur ist Wert von zwei verschiedenen Dateneinheiten, einer, die eine Dateneinheit ersten Ranges der Struktur $s3$ ist, und einer zweiten, die eine Dateneinheit zweiten Ranges der Struktur $s1$ ist.

Natürlich könnten die Pfeile, die in Abb. 6.2 zur Adresse $\alpha$ führen, verschwinden, wenn zur Folge der Elemente von $\alpha$ ein Zeiger von außen führen würde,

d. h., wenn die entsprechende Struktur Wert einer Dateneinheit wäre, also eine externe Namensform (z. B. *s2*) hätte. Damit würde gleichzeitig eine Quelle möglicher Mißverständnisse entfernt werden, die auf dem Zweifel beruht, ob wir bei der Zulassung gemeinsamer Unterstrukturen nicht das Eindeutigkeitsprinzip der Datenstrukturen berühren. Würden wir statt der Pfeile, die zu $\alpha$ führen, in die entsprechenden zwei Inhaltsfelder *s2* schreiben, so würde sich das tatsächlich nicht von einer Betrachtung als reguläre Struktur, z. B. einer Matrix mit gleichwertigen Elementen, unterscheiden.

Wollten wir in ähnlicher Weise die Struktur *s1* in Abb. 6.2 als Teil (nicht als Unterstruktur !!!) der Struktur *s* und gleichzeitig als selbständige Struktur betrachten, so hätten wir es mit einem Benutzen derselben Speicherung in zwei „verschiedenen" Strukturen zu tun, was keineswegs mit dem Eindeutigkeitsprinzip kollidiert.

### 6.1.3. Wichtige Arten der Speicherungen nichtregulärer Strukturen

Die Speicherungen, die wir bisher betrachtet haben, tragen in der Fachliteratur den Namen *Kettenlisten* (*chained lists*) oder *Einweg-Listen* (*one-way lists*). Manchmal unterscheidet man noch *Listen* und *Listenstrukturen*. In Listen treten in den *t*-Feldern keine internen Namensformen der Daten auf (sondern nur einfache Werte und eventuell externe Namensformen), in Listenstrukturen sind auch interne Namensformen der Daten zugelassen. Diese Unterteilung werden wir jedoch nicht anwenden, um das Wort „Struktur" nicht durch eine zusätzliche Bedeutung zu belasten.

In einigen Anwendungen sind Einweg-Listen eine recht wenig elastische Organisationsform der Speicherung nichtregulärer Strukturen. Indem wir kompliziertere Speicherungsformen einführen, werden wir in Beispielen Argumente anwenden, die diese oder jene Modifikation motivieren.

Wenn die Daten aus der nichtregulären Struktur Fragmente eines Bildes beschreiben, das auf dem Bildschirm eines Ausgangsgeräts eines Rechnersystems[1]) gezeigt wird, so muß man, da solch ein Bild mehrfach im Verlauf einer Sekunde wiederholt werden muß (um ein Flimmern des Bildes zu vermeiden), nach der Transmission des letzten Fragments (d. h. nach dem Erreichen des letzten Elements der entsprechenden Kettenliste) zum ersten Element zurückkehren. Damit beginnt gleichzeitig die nächste Wiederholung des Bildes. Die Einweg-Liste erleichtert diese Rückkehr an den Anfang nicht, denn als Ganzes ist sie nur erreichbar durch eine externe Form des Datennamens, deren Wert sie ist. Würden wir jedoch im *p*-Feld des letzten Elements statt ! die interne Form eines Datennamens eintragen, wäre die Liste „im Kreis" geschlossen. Ein solcher

---

[1]) Die Werte solcher Daten werden meist Unterprogramme sein, die ein gegebenes Fragment des Bildes oder Parameter für ein universelles Transmissionsprogramm generieren, bedeutend seltener jedoch binäre Modelle der Bildfragmente.

Übergang wäre eine natürliche Verlängerung des Prozesses des Durchlaufens der aufeinanderfolgenden Elemente der Liste. Eine solche Form der Speicherung nichtregulärer Strukturen nennen wir *Einweg-Ring*[1]) (siehe Abb. 6.3).

Es sei noch darauf hingewiesen, daß die im Einweg-Ring gruppierten Datenwerte nicht notwendig Strukturen sein müssen, die als Einweg-Ringe gespeichert sind. In Abb. 6.3 bilden die Elemente von $\beta$ solch einen Ring, die Elemente von $\alpha$ jedoch eine gewöhnliche Kettenliste. Manchmal ist es bequem, ein Bit

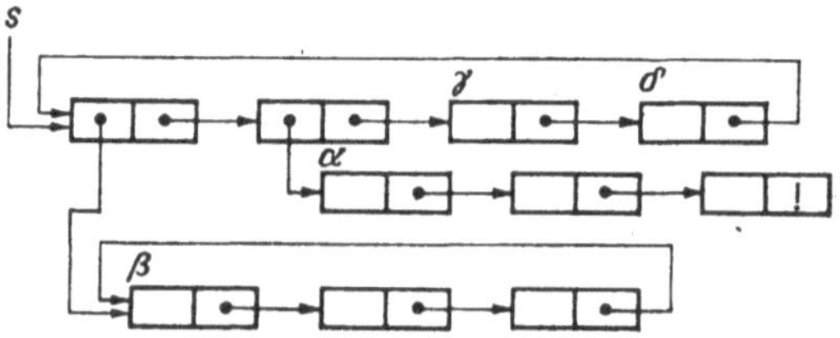


Abb. 6.3. Einweg-Ring

(z. B. das Vorzeichenbit) für die Kennzeichnung der Elemente zu verwenden, die in den Bestand des Ringes eingehen. Wir hätten dann (auf der Abbildung nicht gekennzeichnet) eine Unterteilung des Elements in drei Felder: $t$, $p$ und ein Zusatzfeld $z$ ($z$-Feld), dessen Inhalt die Art der Speicherung charakterisieren würde, zu der das gegebene Element gehört. Wie wichtig solche Unterscheidung sein kann, zeigt folgendes Beispiel. Wenn die Elemente von $\gamma$ der Speicherung der Struktur aus Abb. 6.3 auch zur Speicherung einer anderen Struktur gehören oder zu ihnen überhaupt ein Zugriff von außen möglich ist, so könnten wir, wenn wir nach so einem Zeiger gehen, überraschend in den Ring eintreten und außer zwei Elementen ($\gamma$ und $\delta$) die ganze Struktur erhalten. Wenn wir jedoch eine dreifeldrige Unterteilung des Elements benutzen, werden wir zumindest darüber informiert, daß der Zeiger uns zu einem Ringfragment geführt hat.

Wir werden im Abschn. 6.2. sehen, daß wir bei der Realisierung gewisser oft angetroffener Operationen auf Strukturen, die listenmäßig gespeichert sind, außer zum nächsten Element der Speicherung (gegeben durch den Inhalt des $p$-Feldes) auch zum vorherigen Element gelangen wollen. Für Listen und Einweg-Ringe ist das recht schwierig und verschlingt recht viel Arbeit, denn zum Vorgänger des gegebenen Elements kann man ausschließlich durch eine Rückkehr an den Anfang (der Kettenliste) und ein Durchlaufen der Elemente (mit dem Aufbewahren der Adresse des betrachteten Elements und des Elements, dessen Vorgänger wir suchen) oder durch einen Umlauf „fast rundherum“ (des Einweg-Ringes) gelangen. Zur Verbesserung des Rücklaufs werden *Zweiweg-Listen* und *-Ringe*[2]) eingeführt (Abb. 6.4). Die Elemente dieser Speicherungen

[1]) Anmerkung des Herausgebers: Im Deutschen wird häufiger der Begriff *zyklische Liste* benutzt.

[2]) Anmerkung des Herausgebers: Im Deutschen werden auch die Begriffe *doppelt-gekettete lineare Listen* bzw. *doppelt-gekettete zyklische Listen* benutzt.

der nichtregulären Struktur haben jeweils 3 Felder: die uns gut bekannten Felder *t* und *p* sowie neue Felder *w* (*w*-Felder), die die internen Namensformen der Dateneinheiten enthalten, die mit dem Vorgänger des betrachteten Elements verbunden sind. Insofern es möglich war, daß die Elemente der Listen und Einweg-Ringe, sogar mit einem abgeteilten *z*-Feld, Wörter des Speichers der Maschine (einzellige Einheiten) waren, ist es nur schwer vorstellbar, daß man in

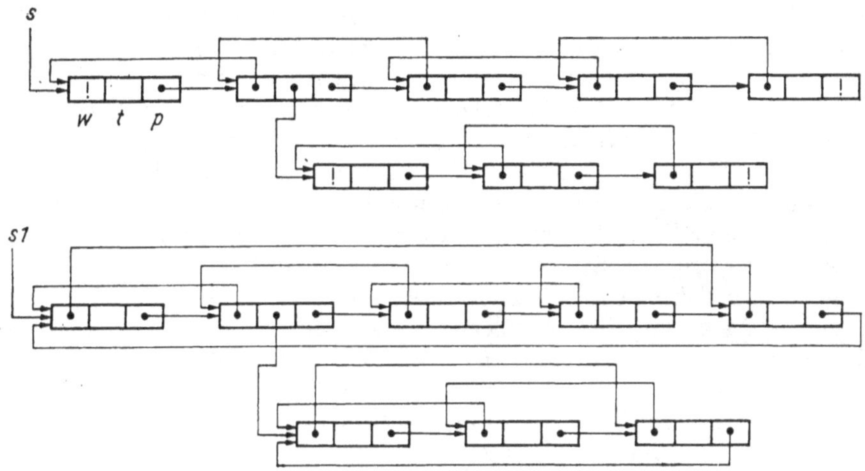


Abb. 6.4. Zweiweg-Liste (a) und Zweiweg-Ring (b)

einer Zelle drei Adressen speichern könnte. Aber soviele benötigt die Einteilung des Elements in die Felder *t*, *p* und *w*. So werden also die Elemente von Zweiweg-Speicherungen sicherlich zwei- (oder mehr-)zellig sein.

Um die Abb. 6.4 nicht zu sehr zu verwirren, haben wir Beispiele ausgewählt, in denen nur eine Dateneinheit in jeder der beiden Strukturen, die Werte der Daten mit den Namen (in externer Form) *s* und *s1* sind, vom Rang größer als 1 ist. In beiden Fällen ist die Speicherung der Struktur, die Wert dieser Dateneinheit ist, von gleicher Art wie die Speicherung der Überstruktur, d. h. im Fall (a) wird der Wert als Zweiweg-Liste gespeichert und im Fall (b) als Zweiweg-Ring. In einem ausreichend elastischem Datenverarbeitungssystem sollte man Beschränkungen vermeiden, die eine Übereinstimmung der Speicherungsform der Unterstruktur mit der ihrer Überstruktur erzwingen. Man müßte also die Elemente um ein weiteres Zusatzfeld bereichern, dessen Inhalt über die Form der Speicherung informieren würde, aus der das betrachtete Element stammt. Diesmal würde uns jedoch ein einzelnes Bit nicht ausreichen. Wir sehen also, daß wir gezwungen sind, mit jedem Schritt immer mehr Felder hinzuzugeben, wenn wir ein elastischeres „Baumaterial" für die Speicherung von Strukturen liefern wollen, und daß wir zur Aufbewahrung der strukturellen Information einen immer größeren Speicherplatz opfern müssen. Im Grunde enthalten nur die *t*-Felder Informationen mit inhaltlicher Bedeutung.

Die Informationen mit strukturellem Charakter (und allgemein mit Hilfscharakter), die alle Elemente der Speicherung der vollen Struktur betreffen, gruppieren wir oft an einer einzigen Stelle[1]), statt sie in jedem Element zu wiederholen. Dieser Kennsatz wird im allgemeinen mit dem ersten Element[2]) der Struktur verbunden und der Zeiger auf dieses Element kann den Inhalt des $t$-Feldes bilden. In diesem Zusammenhang, aber auch im Zusammenhang damit, daß man dem Hauptelement gewöhnlich (durch einen Zeiger in seinem $t$-Feld) andere mit der ganzen Struktur zusammenhängende Objekte zuordnet (z. B. die Repräsentationen dekodierende und kodierende Unterprogramme), wäre es bequem, außer durch eine grundsätzliche Durchsicht der Elemente der Speicherung in der Reihenfolge des Nachfolgens und Vorausgehens schnell vom betrachteten Element zum Hauptelement „zurückkehren" zu können. Natürlich könnten wir zu diesem Zweck die einzelnen Elemente durch ein Feld vergrößern, dessen Inhalt in allen Elementen ein Zeiger auf das Hauptelement wäre. Diese Lösung würde eine Vergrößerung der Kosten der Darstellung der Struktur um 30% beim Übergang von Elementen „mit drei Adressen" zu solchen „mit vier Adressen" nach sich ziehen. Deshalb führen wir auch noch eine Speicherungsform ein — die *C-Ringe*[3]). Die Elemente des C-Ringes enthalten zwar vier Felder, aber eins von ihnen hat gerade zwei Bits und enthält eine charakterstische Zahl 0, 1 oder 2 des Typs des Elements. Die beiden $t$-Felder und $p$-Felder des Elements des C-Ringes haben die gleiche Bedeutung wie vorher, das $w$-Feld enthält einen Zeiger (interne Namensform):

— Im Falle eines Elements vom Typ 0, von ihm gibt es nur eins im ganzen C-Ring, enthält das $w$-Feld einen Zeiger auf das gleiche Element.
— Im Falle eines Elements vom Typ 1 enthält das $w$-Feld einen Zeiger auf das letzte Element vom Typ 1, das dem betrachteten Element vom Typ 1 vorausgeht.
— Im Falle eines Elements vom Typ 2 enthält das $w$-Feld einen Zeiger auf das Element vom Typ 0 (das Hauptelement des C-Ringes).

So erlauben also „dreiadressige" Elemente des C-Ringes im Prinzip, sich nach den Zeigern vorgehend nach vorn ($p$-Feld), zurück ($w$-Feld der Elemente vom Typ 1) und mit einem Sprung zum Hauptelement ($w$-Feld der Elemente vom Typ 2 und im gewissen Sinne des Elements vom Typ 0) zu bewegen. — Siehe Abb. 6.5. Zu jedem Element vom Typ 1 führen im C-Ring zwei Zeiger, zum Element vom Typ 2 einer, zum Hauptelement drei mehr als die Zahl der Elemente vom Typ 2 beträgt (einer dieser zusätzlichen Zeiger kommt von außen,

---

[1]) Anmerkung des Herausgebers: Zusammenfassung der strukturbeschreibenden Informationen in einem Kennsatz.

[2]) Für Ringe ist der Begriff des ersten Elements recht irreführend, es ist vielleicht besser von einem Hauptelement zu reden. Diesen Begriff werden wir weiter im Wechsel mit dem ersteren benutzen.

[3]) Der Name der C-Ringe leitet sich aus der Sprache CORAL her, in der sie zum ersten Mal benutzt wurden [73].

der zweite vom $w$-Feld des Hauptelements selbst und der dritte vom $p$-Feld des letzten Elements).

Wenn wir das Element $e$ des C-Ringes betrachten und zum Hauptelement übergehen wollen, so benutzen wir in dem Fall, daß $e$ vom Typ 2 ist, den Zeiger, der im $w$-Feld gespeichert ist. Wenn $e$ dagegen vom Typ 1 ist, benutzen wir den Zeiger im $p$-Feld und gehen zu dem durch ihn aufgezeigten Element $e^+$ über, wonach wir die obigen Betrachtungen wiederholen.

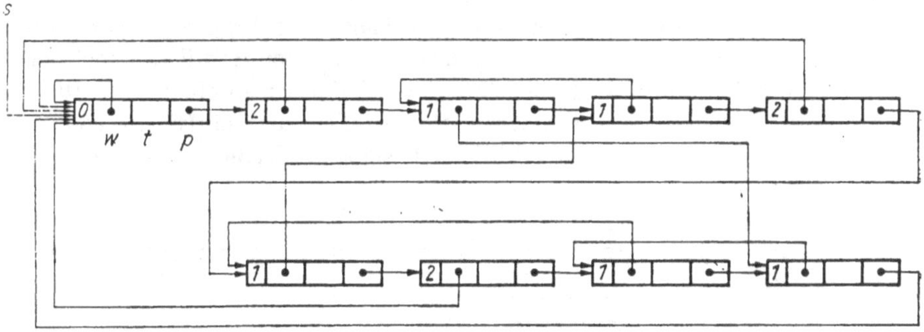


Abb. 6.5. C-Ring

Wollen wir zu dem Element, das $e$ vorausgeht, ohne Berücksichtigung des Typs dieses Vorgängers übergehen, so benutzen wir in dem Fall, daß $e$ vom Typ 1 ist, den Zeiger aus dem $w$-Feld, gehen zum aufgezeigten Element $e'$ (natürlich vom Typ 1) über und untersuchen, ob der Inhalt des $p$-Feldes des Elements $e'$ der Zeiger auf $e$ ist. Ist das der Fall, so ist $e'$ der Vorgänger von $e$, d. h. $(e')^+ = e$, was wir als $e^- = e'$ schreiben können ($x^-$ bezeichnet den Vorgänger, so wie $x^+$ den Nachfolger des Elements $x$ bezeichnet). Wenn der Inhalt des $p$-Feldes des gefundenen Elements $e'$ nicht der Zeiger auf $e$ ist, so befinden sich zwischen $e'$ und $e$ im C-Ring ein oder mehr Elemente vom Typ 2. Im Zusammenhang damit gehen wir zu $e'' = (e')^+$ über, indem wir den Zeiger vom $p$-Feld des Elements $e'$ nutzen. Unser Vorgehen wiederholen wir, nachdem wir dieses Element als $e'$ angenommen haben. Wenn dagegen das Element $e$, dessen Vorgänger wir finden wollen, vom Typ 2 ist, beginnen wir das Suchen beim Übergang zu dem Element $e^+$, das durch den Zeiger aus dem $p$-Feld des Elements $e$ aufgezeigt wurde. Danach, wenn $e^+$ vom Typ 1 ist, gehen wir weiter entsprechend dem Zeiger $w(e^+)$ vor und wiederholen das oben beschriebene Vorgehen. Wenn sich $e^+$ auch vom Typ 2 erweist, gehen wir zu seinem Nachfolger über usw., bis wir auf ein Element vom Typ 1 treffen, das uns erlaubt, uns zu $e^-$ zu bewegen (oder zu einem noch früheren Element).

Aus der oben angeführten Analyse des Vorgehens ist zu sehen, daß der Preis (im Sinne der Zahl der ausgeführten Operationen ) der Rückkehr zum Hauptelement um so kleiner ist, je mehr Elemente vom Typ 2 wir im betrachteten C-Ring plazieren. Der Preis (wieder im gleichen Sinne) des Aufsuchens des Vorgängers ist jedoch um so kleiner, je mehr Elemente vom Typ 1 wir im C-Ring einschließen. Da die inhaltliche Information (die $t$-Felder), die in den Elementen des Ringes enthalten ist, nicht von der zahlenmäßigen Verteilung der Elemente des Typs 1 und 2 abhängt, die auch keinen Einfluß auf den prinzipiellen strukturellen Zusammenhang hat (auf die Aufeinanderfolge nach den Inhalten der $p$-Felder), wählen wir das Verhältnis der Zahl der Elemente dieser beiden Typen in Übereinstimmung damit, welches der beiden Probleme das Aufsuchen von $e^-$ oder das Aufsuchen des Hauptelementes häufiger im Verarbeitungsprozeß der im C-Ring gruppierten Daten auftritt.

Zum Abschluß müssen wir beachten, daß anscheinend die einfachen Daten der Struktur, die wir in der Form der betrachteten Listen und Ringe speichern, solche Werte haben müssen, die ihr sinnvolles Auffassen in einer einheitlichen Art erlauben, d. h., daß die Repräsentationen aller ihrer einfachen Werte in gleichartige $t$-Felder passen. In Wirklichkeit sieht die Sache etwas anders aus.

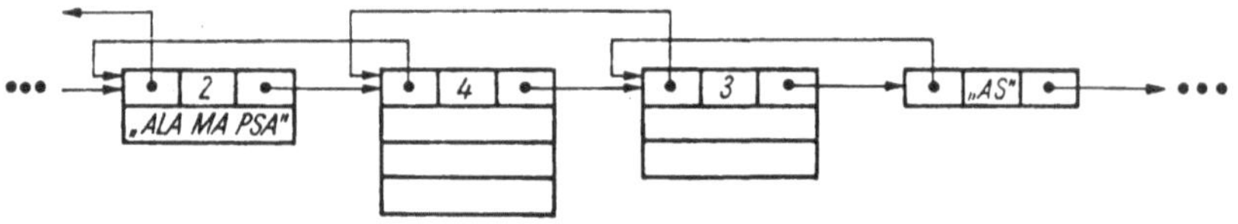


Abb. 6.6. Speicherung mit ungleichen Elementen

Die beschriebenen Arten der Speicherung setzen keinen gleichartigen Informationsgehalt der einzelnen Felder voraus (weder im Bereich eines einzelnen Elements, noch beim Übergang von Element zu Element). Im besonderen können die $t$-Felder umfangreicher als die $p$-Felder und die $w$-Felder sein, und die $t$-Felder der einzelnen Elemente können sich voneinander unterscheiden. Wenn wir uns entscheiden, solche Speicherung zu benutzen, wird die einzige Bedingung, die die Elemente erfüllen müssen, die sein, daß die einzelnen Felder an der gleichen Stelle der Speicherung jedes Elements beginnen. Da die $p$-Felder und $w$-Felder von gleichem Umfang sind (jedes enthält eine und nur eine Adresse), erfüllen wir die obige Bedingung automatisch, wenn wir die $p$-Felder und $w$-Felder an den Anfang der Speicherung setzen. Es ist zu ergänzen, daß es aus praktischen Gründen bei solch elastischer Bauweise der einzelnen Elemente zweckmäßig ist, in jedem von ihnen die Zahl der benachbarten Zellen, die durch dieses Element besetzt sind, zu speichern.

Auf diese Weise erhalten wir eine Speicherung wie auf Abb. 6.6, auf der ein Fragment der Speicherung der Struktur in Form einer Zweiweg-Liste dargestellt ist. In der ersten Zelle eines jeden Elements unterscheiden wir drei Felder: zwei für die Zeiger „vorwärts" und „zurück" sowie ein Zusatzfeld, das entweder die Zahl der das Element bildenden Zellen (wenn in das Element mehr als eine Zelle eingehen) oder einen einfachen Wert enthält, wenn ihre Repräsentation in dieses in der Regel nicht große Feld „paßt". Es kann die Frage auftauchen, die übrigens leicht zu beantworten ist, wie die Zahl der Zellen von einem einfachen Wert und der internen Namensform der Dateneinheit zu unterscheiden ist. In diesen Fällen nehmen wir an, daß die generischen Repräsentationen verschiedener Objekte sich voneinander soweit unterscheiden, daß die nötige Unterscheidung aus der Repräsentation folgt. In der Praxis heißt das z. B., daß die Binärzahlen, die generisch verschiedene Objekte repräsentieren, zu verschiedenen Intervallen gehören.

Es ist bemerkenswert, daß wir, wenn wir einen elastischen Aufbau der Elemente der Speicherung der nichtregulären Struktur zulassen, das dann ausnutzen können, wenn die Werte der Daten reguläre oder halbreguläre Strukturen sind. Diese Strukturen kann man in der für sie typischen Form verteilen und den ganzen durch ihre Speicherung besetzten Speicherbereich als Element einer Speicherung einer übergeordneten nichtregulären Struktur auffassen. Solch ein Herangehen, das erlaubt, Strukturen von verschiedenem „Regularitätsgrad" aufzubauen, ist ein allgemein angewandtes Mittel für das Umgehen mit Datenmengen in großen kommerziellen Operationssystemen (z. B. in Operationssystemen für die Maschinen der Familie IBM 360).

Ergänzen wir, daß der Preis, den wir für die Elastizität der Dimensionen der Elemente der Speicherung zahlen, recht hoch ist und sich in einer bedeutenden Erschwerung der Verwaltung des Speichers des Datenträgers (siehe Abschn. 6.3.) ausdrückt.

Wir haben hier nicht alle bekannten Arten der Speicherung nichtregulärer Strukturen behandelt. Eine bedeutend reichere Übersicht kann der Leser in der Abhandlung von Frau D'IMPERIO [36] finden.

## 6.2. Einige Operationen auf nichtregulären Strukturen, die im homogenen Datenträger verteilt sind

Die Operationen, mit denen wir uns jetzt beschäftigen werden, sind weitaus spezifischer mit den angenommenen Arten der Verteilung der nichtregulären Struktur verbunden als die allgemeinen, „theoretischen" Operationen, die im Abschn. 3. behandelt wurden. Es werden uns nicht so sehr die gegenständlichen Resultate und die Anwendung der besprochenen Operationen interessieren als vielmehr die Art der Realisierung dieser Operationen, d. h. die Vorgänge, die direkt mit der Art der Speicherung nichtregulärer Strukturen zu tun haben.

Die einfachste Operation, die wir betrachten, ist die *Verkettung* zweier Strukturen, d. h. das einfache Hinzufügen einer Struktur zu einer anderen, so, daß in der entstehenden Struktur die Reihenfolgen der Elemente die gleichen sind wie in den Ausgangsstrukturen. Um ein Unterprogramm zu schreiben, das die Verkettung von in Form von Listen und Ringen gespeicherten Strukturen realisiert, müssen wir uns entsprechender Bezeichnungen bedienen[1]). Vor allem müssen wir annehmen, daß wir das Auftreten von Variablen des Typs **ref** zulassen, deren Werte Namen sind (gleichgültig, ob in der internen oder in der

[1]) Wir werden uns auf eine geringfügige Erweiterung der Sprache ALGOL 60 stützen.

externen Form), d. h., sie sind Zeiger auf die Elemente der Struktur. Wenn $x$ eine Variable ist, deren Wert ein Zeiger ist, und $n$ der Name des Feldes desjenigen Elements, zu dem dieser Zeiger führt, so bezeichnet $n(x)$ das Feld selbst und $n(x.)$ seinen Inhalt. Natürlich bezeichnet $x.$ den Inhalt des Elements der Speicherung, auf das der Zeiger führt, der der Wert von $x$ ist.

Die Verkettungsoperation stellen wir für alle im Abschn. 6.1. behandelten Arten der Speicherung nichtregulärer Strukturen vor. Wir setzen jedoch voraus, daß alle Strukturen, die als Argumente der Verkettungsoperation auftreten, auf gleiche Weise gespeichert sind. Mit *s1* und *s2* werden wir immer Zeiger auf die Speicherungen zweier verschiedener Argumentstrukturen bezeichnen (sowohl in der Rolle formaler als auch aktueller Parameter).

Darüber hinaus wird vorausgesetzt, daß alle Umformungen einer Repräsentation in eine andere, die wir im Programm benötigen, immer und überall dort ausgeführt sind, wo sie erforderlich sind.

Wenn beide an der Verkettung beteiligten Argumentstrukturen als Einweg-Listen gespeichert sind, realisiert z. B. folgende Prozedur die Verkettung:

```
procedure conc1(s1, s2); ref s1, s2; value s1, s2;
    begin ref x;
          x := s1;
      P:  if p(x.) ≠ ! then begin x := p(x.); go to P end;
          p(x) := s2
    end
```

Wir sehen, daß *conc1*(*s1*, *s2*) verschieden von *conc1*(*s2*, *s1*) ist; die Verkettungsoperation ist nicht kommutativ.

Wenn durch *s1* und *s2* Zweiweg-Listen festgelegt wurden, nimmt die Prozedur *conc* folgende Form an:

```
procedure conc2(s1, s2); ref s1, s2; value s1, s2;
    begin ref x;
          x := s1;
      P:  if p(x.) ≠ ! then begin x := p(x.); go to P end;
          p(x) := s2; w(s2) := x
    end
```

Im Ergebnis (nach der Ausführung) der beiden obigen Prozeduren ist die Ergebnisstruktur der Verkettung durch den Zeiger *s1* zu erreichen. Die Struktur, zu der der Zeiger *s1* führte, wurde verändert (das bezieht sich auch auf die Struktur, die im Falle von Zweiweg-Listen durch *s2* angezeigt wurde). Der Leser möchte sich an Stelle von Übungen überlegen, warum wir trotzdem in den Köpfen beider Prozeduren *s1* und *s2* in den Werteteil gesetzt haben.

Wollten wir als Ergebnis die Kopie der Anfangsstrukturen erhalten, ohne die Anfangsstrukturen irgendwie zu verändern, müßten wir eine andere Prozedur anwenden, die eine externe Prozedur *get* benutzt. Aufgabe dieser Prozedur ist es, ein „leeres" Element zu liefern, das fähig ist, ein beliebiges Element der Speicherung der betrachteten Strukturen aufzunehmen. Nehmen wir an, daß das eine Funktionsprozedur ist, die als Ergebnis einen Zeiger auf ein neues, leeres Element liefert.[1])

Die Funktionsprozedur *conc3* verkettet zwei Strukturen, die als Zweiweg-Listen gespeichert sind, und bildet aus ihnen eine dritte, zu der über den Zeiger *conc3* zugegriffen werden kann, wobei die Speicherung der Anfangsstrukturen nicht verändert wird.

```
ref procedure conc 3(s1, s2); ref s1, s2; value s1, s2;
    begin ref x, y, z; boolean first;
          x := !; y := s1; conc3 := z := get; first := true;
      P:  w(z) := x; t(z) := t(y.); x := z; z := get;
          if p(y.) ≠ ! then begin p(x) := z;
                                  y := p(y.); go to P
                            end;
          if first then begin y := s2; p(x) := z;
                              first := false; go to P
                        end
                   else p(x) := !
    end
```

Nach einer kleinen Modifikation kann diese Prozedur zur „Umarbeitung" einer Speicherung in Form einer Einweg-Liste in eine Zweiweg-Liste dienen, denn eigentlich generieren wir in dieser Prozedur außer dem Inhalt des *t*-Feldes, das in die erzeugte Liste kopiert wird, alle weiteren Informationen von neuem. Wir könnten also auch die Inhalte der *w*-Felder „addieren".

Im weiteren Verlauf stellen wir Prozeduren vor, die die Verkettung ohne Kopieren realisieren, d. h. mit einer Zerstörung der anfänglichen Speicherungen arbeiten.

Die Verkettung von Strukturen, die in Form eines Ringes gespeichert sind, unterscheidet sich wesentlich von den oben vorgestellten Prozeduren. Das folgt daraus, daß wir für Einweg-Ringe, die wir genauso wie Listen ganz durchmustern müssen, um das „Ende" zu finden, die einfache Bedingung

$$p(x.) \neq\ !$$

nicht nutzen können, denn kein Element enthält !. Für Zweiweg-Ringe und C-Ringe hat die Technik der Ausführung der Verkettung einen anderen Charakter.

Die Prozedur *conc4* arbeitet mit Strukturen, die als Einweg-Ringe gespeichert sind, folgendermaßen:

---

[1]) Im Abschn. 6.3 behandeln wir die Arbeitsweise der Prozedur *get* und zeigen, auf welche Weise man sie verallgemeinern kann.

```
procedure  conc4(s1, s2); ref s1, s2; value s1, s2;

    begin  ref x;
           x := s1;
       P:  if p(x.) ≠ s1 then begin x := p(x.); goto P end;
           p(x) := s2; x := s2;
       Q:  if p(x.) ≠ s2 then begin x := p(x.); goto Q end;
           p(x) := s1
    end
```

Für Zweiweg-Ringe haben wir:

```
procedure  conc5(s1, s2); ref s1, s2; value s1, s2;

    begin  ref x, y;
           x := w(s1.); y := w(s2.); p(x) := s2;
           w(s2) := x; p(y) := s1; w(s1) := y
    end
```

Für zwei C-Ringe haben wir schließlich unter der Annahme, daß die Felder, die den Typ des Elements enthalten, mit $z$ bezeichnet wurden,

```
procedure conc6(s1, s2); ref s1, s2; value s1, s2;

   begin ref x, y, u, v;
         ref procedure last(s); ref s; value s;
               begin ref x;
                     x := p(s);
                  P: if z(x.) ≠ 1 then begin x := p(x.); go to P end;
                     x := w(x.);
                  Q: if p(x.) ≠ s then begin x := p(x.); go to Q end;
                     last := x
               end   last;

         ref procedure last1(s); ref s; value s;
               begin ref x;
                     x := last(s);
                     if z(x.) = 1 then last1 := x
                                  else begin x := p(s.);
                                             P: if z(x.) ≠ 1 then
                                                          begin x := p(x.);
                                                                go to P
                                                          end;
                                                last1 := w(x.)
                                       end
               end last1;
```

```
ref procedure first1(s); ref s; value s;
        begin ref x;
                x := p(s.);
            P: if z(x.) ≠ 1 then begin x := p(x.); go to P end;
                first1 := x
        end first1;
    x := last1(s1); y := last1(s2);
    u := first1(s1); v := first1(s2);
    p(last(s1)) := s2; p(last(s2)) := s1;
    w(v) := x; w(u) := y;
    x := p(s2.);
    Q: if z(x.) ≠ 0 then begin
                              if z(x.) = 2 then w(x) := s1;
                              x := p(x.); go to Q
                         end;
    z(s2) := 2; w(s2) := s1
end conc6
```

Bemerkung 1: In der Prozedur *conc6* wurde vorausgesetzt, daß in den Speicherungen der beiden C-Ringe, die an der Verkettungsoperation teilnehmen, wenigstens einmal Elemente beider Typen 1 und 2 auftreten. Bei Nichterfüllung dieser Voraussetzung endet die Ausführung der Prozedur *conc6* niemals.

Bemerkung 2: In der Prozedur *conc6*, wie auch in allen fünf vorhergehenden Prozeduren, muß man die Bedeutung der Instruktionen $x := y$ und $x := y.$, wobei $x$ und $y$ Variable vom Typ **ref** sind, genau unterscheiden. Im ersten Fall ($x := y$) wird der Wert der Variablen $x$ gleich dem Wert der Variablen $y$, d. h., wenn $y$ ein Zeiger auf ein gewisses Element war, so wird $x$ im Ergebnis der Ausführung dieser Instruktion ein Zeiger auf dasselbe Element. Im zweiten Fall dagegen ($x := y.$) wird der Wert der Variablen $x$ aus dem Inhalt des Wertes der Variablen $y$ gebildet, d. h., wenn $y$ ein Zeiger auf ein gewisses Element war[1]), so wird $x$ im Ergebnis der Ausführung dieser Instruktion ein Zeiger, der vorher in dem Element enthalten war, auf das sich $y$ bezieht.

Das sorgfältige Verfolgen der Arbeitsweise der oben angegebenen sechs Verkettungsprozeduren erlaubt dem Leser, sich soweit in der Form des Operierens mit Speicherungen nichtregulärer Strukturen zu orientieren, daß wir uns bei der Behandlung anderer Operationen entschuldigt fühlen werden, wenn wir technische Einzelheiten der Realisierung weglassen.

Eine zweite oft benutzte Operation bei der Verarbeitung nichtregulärer Strukturen ist die Operation des *strukturellen Einsetzens*. Sie beruht auf dem Einfügen einer Struktur $S'$ in die Struktur $S$ an die Stelle einer festgelegten Dateneinheit $d \in S$. Die Realisierung dieser Operation (in den Einzelheiten abhängig

---

[1]) Der Inhalt dieses Elements muß in diesem Falle ein Zeiger sein, anders nämlich hätten wir einen Fehler, ähnlich wie bei **begin real** $x$; $x :=$ **true**; . . .

von der angenommenen Form der Speicherung beider Strukturen) verläuft folgendermaßen:

1. Wir suchen die „angezeigte (Anm. d. Hsg.: dynamische) Dateneinheit" in der Speicherung der Struktur $S$, d. h., wir stellen den Zeiger fest, der zum Element führt, das den Wert dieser Dateneinheit enthält. Dieses Element enthält auch den Zeiger (Namen) der nächsten Dateneinheit in der Struktur $S$.
2. Wir suchen das Element, das dem in Punkt 1 festgelegten Element unmittelbar vorausgeht. Dieses Element kann im Falle von Zweiweg-Listen und -Ringen explizit gefunden werden; wenn das nicht der Fall ist, muß man zu ihm „hinkommen".
3. In das $p$-Feld des im Punkt 2 festgelegten Elements tragen wir den Zeiger auf das erste Element der Speicherung der Struktur $S'$ ein. In das $p$-Feld des letzten[1]) Elements in der Speicherung der Struktur $S'$ tragen wir den Zeiger auf den Nachfolger des im Punkt 1 festgelegten Elements ein. Wenn die angenommene Form der Speicherung das fordert, ergänzen wir die entsprechenden $w$-Felder des ersten Elements der Speicherung der Struktur $S'$ und des Nachfolgers des im Punkt 1 festgelegten Elements sowie vielleicht auch andere Felder, z. B. bei C-Ringen.

Wie zu sehen ist, benötigt die Realisation dieser Operation ähnlich wie im Fall der Verkettung ohne Kopieren keine Verschiebungen der Speicherungen im Datenträger. Das ist eine allgemeine Eigenschaft von Listen- und Ringspeicherungen, die weitgehend Zeiger als Mittel zur Feststellung der Nachfolge benutzen: Operationen, die die Datengruppierungen verändern, werden ohne Veränderung der Verteilung der Daten realisiert.

Außer der Operation des strukturellen Einsetzens bedienen wir uns oftmals der Operation der *Wertsubstitution*, d. h. einer Veränderung des Wertes, die darauf beruht, daß einer einfachen Dateneinheit (die zur betrachteten Struktur gehört) ein neuer Wert gegeben wird. Die Realisation dieser Operation führt auf die Änderung des Inhalts des $t$-Feldes einer der Elemente der Speicherung der Struktur. Diese Operation kann man zum Austauschen der Inhalte der $t$-Felder durch interne oder externe Namensformen der (nicht notwendig einfachen) Daten anwenden.

Die Operation zum Entfernen (Löschen) einer aufgezeigten Dateneinheit aus der Struktur $S$ ist ähnlich organisiert wie die Operation des strukturellen Einsetzens, wobei wir natürlich keine Struktur $S'$ einsetzen. Man kann sagen, daß die Operation des Entfernens einer Dateneinheit ein strukturelles Einsetzen der leeren Struktur darstellt. Im Falle von Einweg-Speicherungen führt das Entfernen einer Dateneinheit zur Änderung eines Zeigers aus dem $p$-Feld, im Falle von Zweiweg-Speicherungen dagegen wird auch ein $w$-Feld eine Veränderung erfahren.

---

[1]) Im Falle von Ringen geht es um das Element, dessen $p$-Feld den Zeiger auf das Hauptelement des Ringes enthält.

Manchmal kann man auch die Operation der Ergänzung einer Struktur durch eine neue Dateneinheit betrachten (analog zur Konstruktionsoperation aus Abschn. 3.). Da man jedoch im Gegensatz zu regulären und halbregulären Strukturen aus dem Namen der hinzugefügten Dateneinheit im allgemeinen nicht folgern kann, welche Stelle diese Dateneinheit in der natürlichen Reihenfolge der Ergebnisstruktur einnehmen soll, muß diese Stelle bei der Realisierung dieser Operation explizit angegeben werden. Wir bemerken noch, daß es zur Bestimmung des Platzes der Dateneinheit in der Struktur nicht ausreicht, die interne oder die externe Namensform anzugeben, denn im nichtsystematischen Namensraum liefern sie keine Information über die gegenseitige „Lage" der Daten, die durch sie bezeichnet sind. Wir müssen also wissen, nach welcher der schon zur Struktur gehörenden Daten die neue Dateneinheit direkt hinzugefügt werden soll. Nach dem Feststellen dieses Parameters verläuft die Realisierung der Operation des Einfügens der Dateneinheit nach dem schon gut bekannten Schema.

Das Beispiel der letzten Operation zeigt deutlich die Besonderheit der Speicherung nichtregulärer Strukturen, die wir bisher verschwiegen haben. Wir hoffen, daß sich der Leser, der sich mit den behandelten Speicherungen und den Operationen auf ihnen vertraut gemacht hat, leichter die Rationalität des Prinzips akzeptiert, nach dem die Speicherung der Dateneinheit auf zwei Elemente der Speicherung der Struktur aufgeteilt wurde: Der Name der Einheit (genauer: die interne Namensform) wird als Inhalt des $p$-Feldes eines Elements eingetragen, und der Wert der Dateneinheit in dieser oder jener Form wird gebildet durch den Inhalt des $t$-Feldes des nächsten Elements, welches wiederum den Namen der folgenden Dateneinheit enthält[1]).

Im Abschn. 6.3., der der Verwaltung des Speichers für nichtreguläre Strukturen gewidmet ist, lernen wir andere auf die Speicherungen der Strukturen einwirkende Operationen kennen. Das werden jedoch mehr „Systemoperationen" (administrative Operationen) als Auswertungsoperationen sein.

## 6.3. Speicherverwaltung und die Rückgewinnung von Speicherplatz

In der Prozedur *conc3* benutzen wir die externe Prozedur *get*, deren Aufgabe in der Bereitstellung leerer Elemente der Speicherung bestand, d. h. in der Bereitstellung von Bausteinen, aus denen die Speicherung der Struktur entstanden war. Im einfachsten Fall wirkt diese Prozedur unter folgenden Bedingungen: Alle im Augenblick freie Zellen des Speichermediums bilden eine Einweg-Liste, die sogenannte Freiliste. Die Prozedur *get* trennt von ihr das Hauptelement ab,

---

[1]) Das betrifft natürlich nicht die erste (im Sinne des natürlichen Selektors) Dateneinheit einer Struktur, die in Form einer Einweg-Liste gespeichert ist. In Zwei-Weg-Listen ist der Name der Dateneinheit, deren Wert im $t$-Feld des Hauptelements enthalten ist, im $w$-Feld des zweiten Elements angegeben, in Ringen dagegen im $p$-Feld des „letzten" Elements.

das durch einen äußeren Zeiger zur Freiliste angezeigt wird. Anders gesagt: *get* erhält einen Wert, der gleich dem momentanen Zeiger auf den Anfang der Liste ist, und der Inhalt des $p$-Feldes des aktuellen Hauptelements der Freiliste wird der neue Zeiger auf den Anfang der Freiliste. Solche an die Stapelverarbeitung erinnernde Organisation der Freiliste setzt voraus, daß die benötigten Elemente einzellig sind, oder allgemeiner, daß die Freiliste Elemente enthält, die aus so vielen (im Sinne der Adressen benachbarten) Zellen bestehen, wie für die benötigten Elemente verbraucht werden.

Lassen wir zu, daß die Speicherungen der Strukturen Elemente mit verschiedener Zellenzahl benutzen, so müssen wir annehmen, daß die Prozedur *get* von einem Parameter abhängt, der die Dimension (Zellenzahl) des benötigten leeren Elements angibt. Man muß außerdem voraussetzen, daß in der Freiliste ein leeres Element von dieser oder größerer Dimension vorkommt. Die Prozedur *get*($l$), wobei $l$ die Zahl der Zellen ist, die für das Element von der geforderten Dimension benötigt werden, wird nacheinander alle Elemente der Freiliste untersuchen, bis sie auf ein $l$-zelliges Element trifft. Wenn solch ein Element gefunden wird, dann wird es aus der Freiliste entfernt und der Zeiger auf dieses Element wird nach außen gegeben. Wenn wir beim Durchlaufen der ganzen Freiliste kein $l$-zelliges Element antreffen, sondern wir bei der erneuten Durchsicht ein Element mit $l_1 > l$ Zellen ab (dabei sollte ein möglichst kleines $l_1$ ausgewählt werden). Wir zerlegen es dann in zwei Elemente. Eins der Elemente, das $l$-zellige, geben wir nach außen ab, das andere ($l_1 - l$)-zellige, fügen wir wieder in die Freiliste ein. Die Einfügung von Elementen in die Freiliste wird am bequemsten realisiert, indem man das einzufügende Element zum Hauptelement der Freiliste macht. Es ist unschwer zu sehen, daß wir den prozentualen Anteil kurzer Elemente (d. h. mit einer kleinen Anzahl von Speicherzellen) vergrößern, wenn wir die Freiliste derartig benutzen. Außerdem bleibt das Problem offen, was zu tun ist, wenn die Gesamtzahl der freien Zellen zwar $l$ überschreitet, aber sich unter den Elementen der Freiliste nicht ein einziges mit einer Dimension $\geqq l$ findet (z. B. wenn die Freiliste eine Menge ein- und zweizelliger Elemente enthält und wir ein Element benötigen, das drei Zellen einnimmt). Ein Ausweg aus dieser Situation ist oft das Finden solcher Elemente der Freiliste, die im Speicher des Mediums aneinander anschließen. Nach dem Auffinden erfolgt die Vereinigung der Elementpaare in größere Elemente. Wir müssen jedoch dazu sagen, daß das Suchen aneinanderliegender Paare von Elementen der Freiliste zeitaufwendig ist. Es beruht nämlich auf dem Vergleich der Adresse der ersten Zelle des ausgewählten Elements mit den Adressen der letzten Zellen aller übrigen Elemente sowie auf dem Vergleich der Adresse der letzten Zelle dieses ausgewählten Elements mit den Adressen der ersten Zellen aller übrigen Elemente. Danach würde dieser Prozeß wiederholt werden, wobei für das „ausgewählte Element" nacheinander alle Elemente der Freiliste gesetzt werden[1]) (in der

[1]) Es existieren andere Lösungen des Problems der Verwaltung des Speichers, die nicht das Sammeln freier Zellen in Listen voraussetzen. In diesen Lösungen wird eine Verdichtung (siehe im folgenden) freier Zellen angewandt.

praktischen Realisierung kann man die Zahl der Vergleiche durch eine bessere Organisation als bei den obigen erreichen).

Wenn der Prozeß der Auswahl der Bausteine für die gebildeten und kopierten Speicherungen der Strukturen hinreichend lange fortgesetzt wird, wird die Freiliste ausgeschöpft. Das heißt aber nicht immer, daß das ganze Speichermedium, das zum Aufbewahren der nichtregulären Strukturen vorgesehen ist, momentan durch die Elemente der Speicherungen der Strukturen besetzt ist. Im Gegenteil, wenn die Operationen des strukturellen Einsetzens und des Entfernens von Daten genau realisiert wurden, wie wir das im Abschn. 6.2. beschrieben haben, so gehören die freigewordenen Elemente, zu denen schon kein Zeiger mehr führt, weder zur Speicherung der Struktur noch zur Freiliste. Eine ähnliche Erscheinung, wenn auch im größeren Maßstab, tritt dann auf, wenn die Speicherung der Struktur, zu der ein Zeiger von einem Namen in externer Form geführt hat, dadurch ihre Aktualität verliert, daß der Variablen, deren Wert dieser Name war, ein neuer Wert gegeben wird, und wenn zur Speicherung kein anderer Zugang bestand. Alle Zellen solcher nutzloser Elemente (und ganzer Listen oder auch Ringe) nennen wir *Abfall* (*garbage*).

Natürlich kann man die Speicherverwaltung so organisieren, daß die Abfälle sofort nach ihrem Entstehen zurückgewonnen werden, indem die aus der Speicherung der Struktur entfernten Elemente sofort in die Freiliste aufgenommen werden. Ähnlich kann man sofort deaktualisierte Speicherungen aufnehmen, aber nur unter der Bedingung, daß die $t$-Felder keine Zeiger enthalten. Wenn das nicht der Fall ist, so ist das direkte Hinzufügen der Speicherung zur Freiliste (z. B. durch Ausführung einer Prozedur, die ähnlich zur Realisierung der Verkettungsoperation ist) sinnlos. Das tritt dann ein, wenn die Speicherung zu einer Struktur vom Rang größer als 1 gehört oder wenn die Benutzung von Elementen mit gleicher Zellenzahl die einfachen Werte nicht ins $t$-Feld des Elements sondern einzeln eingetragen sind. Die Elemente der Speicherung der Unterstruktur der freigewordenen Struktur sind nämlich beim Abtrennen von Elementen aus der Freiliste nicht zugänglich. Solche „verzweigten" Speicherungen muß man vor ihrer Aufnahme in die Freiliste in selbständige Listen (Ringe) ohne Verzweigungen zerlegen und erst diese in die Freiliste aufnehmen. Der Preis dieses Verfahrens ist recht hoch und deshalb wird das Hinzufügen der Abfalliste meist als Teil des allgemeinen Prozesses der Rückgewinnung von Speicherplätzen durchgeführt. Dieser Prozeß wird dann vorgenommen, wenn die Freiliste ausgeschöpft ist.

Bevor wir zur Behandlung dieses Prozesses übergehen, der das zentrale Problem der folgenden Untersuchungen ist, halten wir uns für einen Moment bei einer gewissen Kontroverse auf, die auf dem verschiedenen Herangehen an das Problem der Rückgewinnung von Speicherplatz beruht. Es geht nämlich darum, daß wir es entweder dem Benutzer (Programmierer) überlassen können, daß er uns die schon nicht mehr benötigten Elemente und ganze Speicherbereiche zurückgibt, oder wir müssen ein automatisches System der Rückgewinnung von

Speicherplatz aufbauen. Es gibt viele Argumente, die für jede dieser beiden Auffassungen sprechen, und beide sind auch nicht frei von Nachteilen.

Für die erste Methode, d. h. für eine vom Benutzer selbst gesteuerte Rückgewinnung von Speicherplatz, spricht vor allem die Tatsache, daß dann die Freiliste ständig alle nicht belegten Elemente enthält. Diese Methode ist auch deshalb bequemer, weil der Benutzer, in dessen Programm die Freigabe eines Elements erfolgt, ganz abgesehen von der gesamten Speicherplatzbelegung, direkten Zugang zu diesem Element hat. Er kann den freiwerdenden Bereich also ohne zusätzliches Suchen aufnehmen. Gegen diese Methode erhebt sich vor allem ein Vorwurf psychologischer Natur: Wenn der Programmierer systematisch „vergißt", die Operation der Rückgabe der freigewordenen Elemente zu berücksichtigen, wird ein Teil des freien Speicherplatzes nicht zurückgewonnen. Wenn wir die Rückgabe des Speicherplatzes den Benutzern anvertrauen, müssen wir darüber hinaus damit rechnen, daß die entsprechenden Unterprogramme nicht optimal sind. Diesen Vorwurf kann man übrigens mit dem Argument abschwächen, daß das Hinzufügen der Abfälle selbst Standardunterprogramme des Systems ausführen werden, die durch das Programm des Benutzers aufgerufen werden und ihm den Zeiger zum freigewordenen Element vermitteln. So oder so ist die Ausführung des Programms des Benutzers mit der Ausführung von Systemunterprogrammen verflochten.

Die zweite Auffassung befreit den Benutzer von der Pflicht der Rückgabe von Speicherplatz und stützt sich vollständig auf die Unterprogramme des Speicherverwaltungssystems. Die Rückgewinnung von Speicherplatz ist also ein globales Suchen freier Zellen, das in dem Moment begonnen wird, in dem sich die Freiliste erschöpft. Die offensichtlichen Vorteile dieser Methode sind: die Gewißheit der Rückgewinnung aller freier Zellen und die Möglichkeit, optimale Systemunterprogramme zu benutzen. Da dieser Prozeß erst nach dem Erschöpfen der Freiliste erfolgt, verliert außerdem der Benutzer, dessen Programm nicht alle Elemente der Freiliste benötigt, keine Zeit für die Rückgewinnung von Speicherplatz. Die Nachteile der Methode folgen daraus, daß dann, wenn die Unterprogramme zur Rückgewinnung von Speicherplatz arbeiten, im allgemeinen schon die Adressen dieser Abfälle nicht mehr bekannt sind. Im Endergebnis muß jede Zelle als potentieller Abfall untersucht werden, was den Arbeitsumfang erhöht. Wir bemerken noch, daß Zwischenlösungen möglich sind, die die Rückgabe der Abfälle durch Arbeitsprogramme voraussetzen, wobei in gewissen Zeitabständen ein globales Suchen freier Zellen durchgeführt wird, die vielleicht von unaufmerksamen Benutzern nicht zurückgegeben wurden.

Da die bei der Rückgewinnung von Speicherplatz (garbage collection) durch das System angewandte Technik alle grundlegenden Lösungen dieser Methode umfaßt, behandeln wir nur die Freispeichersammlung durch das System.

Garbage collection unterteilt man in drei Etappen. In der ersten Etappe legen wir fest, welche Zellen momentan frei sind, in der zweiten bilden wir aus den freien Elementen eine Freiliste, in der dritten gruppieren wir die Speicherungen so um, daß die Freiliste einen zusammenhängenden Block von Zellen bildet.

Diese Etappen seien mit Identifizieren, Aneinanderreihen und Verdichten bezeichnet.

In den bekannten Speicherverwaltungssystemen treten die aufgezählten Etappen in der Regel nicht vollständig, sondern meistens überlappt auf: Identifizieren mit Verdichten und Identifizieren mit Aneinanderreihen. Wie zu sehen ist, ist das Identifizieren das verbreitetste Element der Systeme zur Rückgewinnung von Speicherplatz, deshalb beschäftigen wir uns auch mit ihm zuerst.

Wenn wir die Arbeitsweise des Identifizierens erläutern, setzen wir zur Vereinfachung voraus, daß alle nichtregulären Strukturen als Einweg-Listen gespeichert wurden. Die Listenelemente werden in der Regel gleichartig sein. Manchmal werden wir auch interessante Konsequenzen der Abweichungen von den angenommenen vereinfachenden Voraussetzungen besprechen.

In dem Moment, wo wir mit dem Identifizieren als erster Tätigkeit des Prozesses der Rückgewinnung des Speicherplatzes beginnen, wurde sie Freiliste ausgeschöpft und wir haben die Hoffnung, daß sich im Speicher des Mediums nicht benötigte Elemente oder ganze Listen befinden. Leider kann uns die Betrachtung eines einzelnen Elements nicht darüber informieren, ob es zu irgendeiner gültigen Liste gehört oder ob es Abfall ist. (Wir betrachten solche Systeme, in denen der Benutzer das freiwerdende Element nicht speziell bezeichnet.) Wenn wir aber überhaupt die Hoffnung haben, die gültigen Elemente von den Abfällen unterscheiden zu können, so müssen wir annehmen, daß wenigstens eine Möglichkeit des Zugangs zu allen gültigen Listen besteht. In der Tat existiert immer solch eine Möglichkeit. Wir benutzen zu diesem Zweck ein Wörterbuch, das das Verhältnis der externen und internen Namensformen angibt. Genauso wie bei der Realisierung der Gültigkeitsbereiche der Namen in der Blockstruktur von ALGOL 60 eine sorgfältige Aktualisierung der Abbildung der Identifikatoren auf die Adressen (vergl. z. B. die Arbeit [75]) bei jedem Übergang von Block zu Block nötig ist, so ist im Verwaltungssystem eines Speichers, der nichtreguläre Strukturen aufbewahrt, eine Aktualisierung des erwähnten Wörterbuchs bei jeder Bildung oder Freigabe einer Struktur notwendig. Wir nehmen also an, daß dieses Wörterbuch nur diejenigen Namen enthält, die sich auf augenblicklich existierende Strukturen beziehen. Auf diese Weise erhalten wir Zeiger auf die Hauptelemente der gültigen Listen. Betrachten wir jetzt das generelle Vorgehen, wobei wir auf Einzelheiten nicht eingehen, da wir sie im weiteren behandeln.

Nachdem wir einen Zeiger auf die Speicherung einer gültigen Struktur erhalten haben, durchsuchen wir diesen Speicherbereich Element für Element und setzen in ein abgetrenntes Feld (das speziell zu diesem Zweck reserviert wurde) eines jeden Elements ein vereinbartes Zeichen, z. B. eine Eins. Indem wir nach den Zeigern der $t$-Felder vorgehen, setzen wir diesen Prozeß für die Speicherungen aller Unterstrukturen der gegebenen Struktur fort. Sind schon alle Elemente der Speicherung einer Struktur identifiziert, dann gehen wir zur nächsten über, die durch die externe Form des nächsten Namen aus dem Wörterbuch angegeben wird. Wenn wir zum Ende des Wörterbuchs kommen, sind alle zugänglichen, also gültigen Elemente im Speicher bezeichnet worden und jedes von uns nicht erreichte Element hat auch keine Eins auf dem speziellen Feld. Der Speicher ist jetzt vorbereitet auf die nächste Etappe — das Aneinanderreihen oder Verdichten.

Bemerkt sei noch, daß wir einer ernsthaften Schwierigkeit ausweichen, mit der Systeme behaftet sind, die vom guten Willen des Benutzers abhängen, wenn wir zur Rückgewinnung von Speicherplatz mit dem Indentifizieren der Elemente der Speicherbereiche der Strukturen beginnen. Wenn sich der Benutzer entschließt, von zwei Strukturen, die eine gemeinsame Unterstruktur besitzen, nur eine zu entfernen, kann der Algorithmus zur Bildung der Freiliste (der in diesem Moment aufgerufen wird) den Speicherbereich einer noch benötigten Unterstruktur zur Freiliste hinzufügen, denn diese ist von der anderen noch gültigen Überstruktur aus zugänglich. Eine dem Anschein nach einfache Methode, diesen Komplikationen entgegenzuwirken, beruht darauf, daß man jedes Hauptelement einer Liste, also auch die Hauptelemente der Speicherungen der Unterstrukturen, mit einem Zähler versieht. Dieser wird jedesmal um 1 erhöht, wenn der Zeiger auf dieses Element irgendwo im System gespeichert wird. Diesen Zähler verringern wir um 1, sooft wir auf dieses Element stoßen und wir die Absicht haben, den Speicherbereich aus der Struktur zu entfernen. Faktisch entfernen wir das Hauptelement und mit ihm die ganze Liste (jedoch ohne Unterlisten) erst dann, wenn der Zähler Null wird. Diese Methode versagt leider für Ringe, denn wenn wir den Ring durchlaufen haben, kehren wir wieder zum Hauptelement zurück. Die Unterscheidung zwischen einer derartigen Rückkehr und Aufrufen außerhalb des Ringes kompliziert diese Methode.

Es wäre zu ergänzen, daß die Abtrennung eines speziellen Feldes in den Elementen der Speicherbereiche zur Speicherung des Aktivitätszeichens keine Notwendigkeit ist, vor der man nicht ausweichen kann. Eine Alternativlösung beruht auf der Zuteilung eines zusätzlichen Speichergebiets, das je ein Bit für ein Element vorsieht, wobei der Speicherung einer Eins in den Bits die aktiven Elementen entsprechen. Das verringert zwar nicht den Gesamtbedarf an Speicherplatz, erlaubt aber, alle Bits eines Listenelements zur Speicherung der mit der Struktur zusammenhängenden Informationen zu verwenden. Das kann wichtig sein, z. B. dann, wenn das Element nur aus einer Zelle besteht, die genau zwei Adressenfelder und nichts weiter aufnimmt, oder auch dann, wenn wir die „übriggebliebenen" Bits der Zelle zu anderen Zwecken benutzen müssen, wie z. B. im weiter unten angegebenen Algorithmus von Schorr-Waite.

Der Prozeß des Durchsuchens aktiver Listen selbst ist nicht trivial, vor allem, wenn wir — in irgendeinem Maße zumindest — auf Zeitersparnis achten wollen. Die Hauptschwierigkeit folgt aus den zahlreichen Verzweigungen, die in der Speicherung der Strukturen auftreten (und auf jeden Fall auftreten können). Wenn wir den Zusammenhang der Listenspeicherung mit der Datenstruktur außer acht lassen, können wir die Speicherung als Elementfolge betrachten. Dabei kann in jedem Element eine Abzweigung entstehen, die selbst wieder eine Folge von Elementen ist, von denen seinerseits wieder jedes eine Verzweigung hervorrufen kann usw.

Wenn wir alle Elemente der Speicherung durchgehen wollen, können wir auf verschiedene Weise vorgehen. Wir können z. B. vom Hauptelement zur nächsten Verzweigung wandern, von dort aus den Weg auswählen, der durch den Inhalt des $t$-Feldes angezeigt wird, auf ihm bis zur nächsten Verzweigung gehen usw., bis wir endlich zu einem Endelement kommen. Wir kehren jetzt zum anfänglichen Hauptelement zurück und wiederholen den ganzen Weg mit dem Unterschied, daß wir von der letzten Verzweigung, an der wir vorher den Weg gegangen sind, der durch den Inhalt des $t$-Feldes angegeben wurde, jetzt den Weg gehen werden, der durch den Inhalt des $p$-Feldes angegeben wird. Diesen Weg verfolgen wir aber nur bis zur ersten angetroffenen Verzweigung, von wo aus wir wieder den Weg weitergehen, der vom Inhalt des $t$-Feldes angegeben wird, usw. Die angetroffenen Elemente bezeichnen wir in diesem Algorithmus nicht dann, wenn wir zu ihnen das erste Mal kommen, sondern dann, wenn das Element weder einen $t$-Nachfolger noch einen $p$-Nachfolger (Ende des Weges) hat, oder wenn seine beiden Nachfolger schon bezeichnet sind, oder wenn sein einziger Nachfolger schon bezeichnet ist[1]).

Der Algorithmus durchläuft nach dem Identifizieren eines Elements und auch am Anfang seiner Ausführung nacheinander die Elemente der Speicherung, indem immer beim Hauptelement begonnen wird und, wenn möglich, der $t$-Weg ausgewählt wird. Treffen wir ein schon bezeichnetes Element, so zieht sich der Algorithmus auf das Element $e$ zurück, von dem aus er zum bezeichneten Element kam. Wenn vom Element $e$ aus nur ein Weg führt (nämlich zum angetroffenen schon bezeichneten Element), bezeichnet der Algorithmus das Element $e$ und kehrt zum Hauptelement zurück. Wenn dagegen vom Element $e$ aus zwei Wege ausgehen, probiert der Algorithmus, auf dem noch nicht untersuchten Weg fortzuschreiten (das wird natürlich der $p$-Weg sein). Wenn sich $p(e.)$ auch als Zeiger auf ein schon identifiziertes Element erweist, identifiziert der Algorithmus $e$ und kehrt zum Hauptelement zurück. Wenn sich dagegen das durch $p(e.)$ angezeigte Element als noch nicht identifiziert erweist, setzt der Algorithmus das Durchsuchen der Elemente fort, wobei er weiter $t$-Zweige so lange vorzieht, bis er entweder auf ein schon bezeichnetes Element trifft oder auf ein Element, von dem kein weiterer Weg ausgeht (letztes Element des Zweigs). Die Elemente der zuletzt erwähnten Kategorie werden ohne weitere Analyse identifiziert.

Dieser Algorithmus, der Wilkes zugeschrieben wird, dringt zu jedem Endelement der Speicherung allein vor und durchläuft einige Wege mehrfach, was bewirkt, daß er zeitlich sehr wenig effektiv ist.

Ein anderer Algorithmus beruht auf dem Speichern der Adressen der unterwegs angetroffenen Elemente, die eine Verzweigung enthalten, und erneut das

---

[1]) Exakt gesagt, muß man feststellen, daß ein $t$-Nachfolger nicht Nachfolger im strukturellen Sinn ist.

Suchen von der zuletzt gespeicherten Verzweigung. Dieser Algorithmus ist zeitlich sehr sparsam, verlangt aber recht viele zusätzliche Zellen zur Speicherung aller Verzweigungen.

Ein Algorithmus, der von SCHORR und WAITE [67] vorgeschlagen wurde, stellt einen Kompromiß dar. Er arbeitet gut 30% schneller als der WILKES-Algorithmus und benötigt praktisch keine zusätzlichen Speicherzellen, was seine Überlegenheit über den die Verzweigungsstellen speichernden Algorithmus ausmacht. Der Algorithmus von SCHORR-WAITE ist bis heute der beste Identifizierungsalgorithmus [9], [24].

Wir setzen voraus, daß sich im Element der Speicherung außer zwei Adressenfeldern $p$ und $t$ noch zwei Einbitfelder $f$ und $g$ befinden. Indem wir einem externen Zeiger folgen, kommen wir zum Hauptelement und indem wir ausschließlich weiteren Zeigern $p$ folgen, durchlaufen wir nacheinander die Elemente des Basisniveaus der Liste. Dabei kehren wir die Zeiger um und bezeichnen die Elemente im $f$-Feld. Das Umkehren der Zeiger (die grundlegende Eigenschaft des behandelten Algorithmus) beruht darauf, daß, wenn $e$ und $e^+$ weder ein erstes noch letztes Element sind, vor der Umkehrung der Zeiger also die Gleichung

$$p(e.) = e^+$$

bestand, nach der Umkehrung der Zeiger

$$p(e.^+) = e$$

gilt, d. h., das Element, das Nachfolger war, zeigt durch den Inhalt seines $p$-Feldes seinen Vorgänger an. Die Umkehrung der Zeiger beim Durchlaufen der Liste in der Reihenfolge, die durch die nicht umgekehrten Zeiger bestimmt ist, ist ein vollkommen elementarer Vorgang.

Nach der Umkehrung der Zeiger beginnen wir den zweiten Durchlauf der Elemente des Basisniveaus, diesmal jedoch in entgegengesetzter Richtung. Dabei wird unterwegs untersucht, ob das betrachtete Element nicht zufällig ein Verzweigungspunkt ist. Wenn das nicht der Fall ist, geben wir dem betrachteten Element den alten Wert des $p$-Feldes zurück, so daß alle Elemente, die nach dem betrachteten folgen, dieselben Zeiger haben, wie sie sie vor der Ausführung des Algorithmus hatten. Danach setzen wir den rückwärtigen Durchlauf fort. Wenn dagegen das Element, zu dem wir im rückwärtigen Durchlaufen der Liste vorgestoßen sind, ein Verzweigungspunkt ist, so geben wir ihm den alten Inhalt des $p$-Feldes wieder, tragen in das $t$-Feld (zeitweilig) einen Zeiger auf das vorhergehende Element ein (d. h. die Information, die wir beim ersten Durchlauf als rückwärtigen Zeiger in das $p$-Feld eingetragen hatten), bezeichnen das Element auf dem $g$-Feld und beginnen das Bezeichnen der Unterliste, indem wir nach dem alten Weg des $t$-Feldes gehen. Im ersten Element (Hauptelement) der Unterliste tragen wir im $p$-Feld einen „Rückwärtszeiger" auf das Element der Überliste ein, von dem aus wir zur Unterliste übergegangen sind.

Um die Beschreibung der Wirkungsweise des Algorithmus zu beenden, muß noch gesagt werden, was geschieht, wenn wir rückkehrend auf ein Element treffen, das im $g$-Feld bezeichnet ist. (Wenn wir diesen Fall betrachten wollen, muß man natürlich in die Operationen, die beim rückwärtigen Durchlauf ausgeführt werden, die Untersuchung des $g$-Feldes einfügen; wir haben darüber nicht früher gesprochen, um die Darlegung nicht durch eine Einzelheit zu verschleiern, deren Sinn erst jetzt klar wird.) Stößt man auf ein auf dem $g$-Feld bezeichnetes Element, so heißt das, daß wir das Identifizieren irgendeiner Unterliste beendet haben und daß wir auf ein höheres Niveau zurückgekehrt sind (siehe Abb. 6.7). Der Zeiger, der zur Fortsetzung des rückwärtigen Durchlaufs der Liste auf diesem Niveau, auf das wir eben zurückgekehrt sind, notwendig

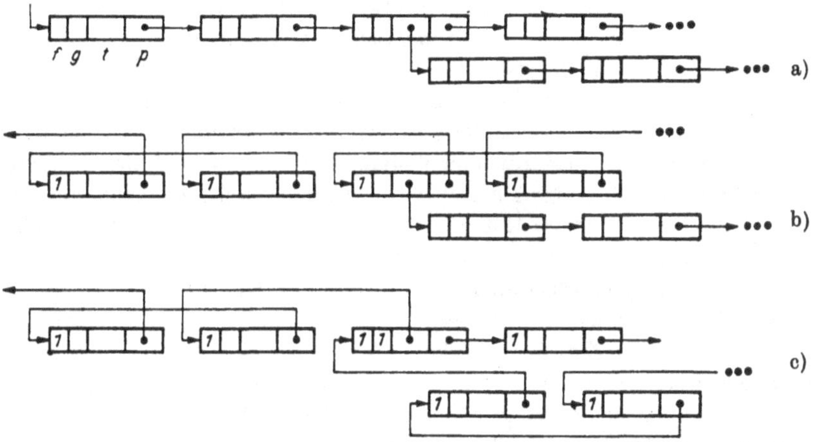


Abb. 6.7. Die drei Arbeitsetappen des Algorithmus von SCHORR-WAITE
a) Speicherung der Liste vor Beginn der Identifizierung, b) Speicherung dieser Liste nach der Umkehr der Zeiger auf dem grundlegenden Niveau, c) Speicherung dieser Liste nach der Umkehrung der Zeiger auf dem niederen Niveau

[Erarbeitet auf Grundlage der Abbildung in der Arbeit: H. SCHORR, W. M. WAITE, An Efficient Machine – Independent Procedure for Garbage Collection in Various List Structures. CACM, **10**, 1967, S. 501–506]

ist, befindet sich, wie wir uns erinnern, im $t$-Feld. Wir rekonstruieren also den Inhalt dieses Feldes derartig, daß sein Inhalt auf die schon bezeichnete Unterliste hinweist, und erneuern die Suche auf dem erreichten Niveau.

Die Abb. 6.7 zeigt den Stand der Zeiger in einem kleinen Listenfragment in verschiedenen Etappen der Ausführung des Identifizierungsalgorithmus. Man kann nachprüfen, daß zur Realisierung des Algorithmus nur drei Arbeitsplätze erforderlich sind, von denen jeder in der Lage ist, jeweils einen Zeiger aufzubewahren.

Nach dem Identifizieren aller aktiven, d. h. extern zugänglichen Listen, beginnt die zweite Phase der Rückgewinnung von Speicherplatz. Wir betrachten zuerst eine Situation, in der nach dem Identifizieren das *Aneinanderreihen* erfolgt, d. h. das Vereinigen der Abfallelemente in eine Freiliste. Dieser Prozeß ist im Falle gleichartiger Elemente extrem einfach und beruht auf dem Durchsuchen aller Speicherzellen mit einer Schrittweite, die gleich der Zahl der Zellen ist, die auf ein Element entfallen. Wir gehen also von der Adresse des Anfangs eines Elements zum anderen über. Wenn das betrachtete Element identifiziert ist, gehört es zu einer aktiven Liste. Ist das $f$-Feld leer (es enthält eine 0), so ist das Element frei. Wir tragen dann seine Adresse in das $p$-Feld des vorhergehenden Elements ein, das in der Freiliste aufgeführt ist, und gehen zum nächsten Element über (in der Reihenfolge der Adressen der Zellen!). Wenn wir Elemente mit variabler Zellenzahl zulassen und voraussetzen, daß ein (bezüglich der Anfangsadresse eines jeden Elements) festgelegtes Feld $l$ die Anzahl der das Element bildenden Zellen enthält, so bewegen wir uns beim Aneinanderreihen im Speicher nicht mit einer festen Schrittweite, sondern gehen nach der Untersuchung des nächsten (wieder im Sinne wachsender Adressen der Zellen) Elements zu der Zelle über, deren Adresse wir bilden, indem wir die Adresse des Anfangs des zuletzt betrachteten Elements und die Zahl, die den Inhalt des $l$-Feldes bildet, summieren. Wenn das $l$-Feld eine Doppelrolle erfüllt und vielleicht entweder die Zahl der Zellen, die auf ein mehrzelliges Element entfallen, oder einen einfachen Wert (im einzelligen Element) enthält, dann müssen wir darauf achten, daß die internen Repräsentationen verschieden interpretierbarer Inhalte des $l$-Feldes formal unterscheidbar sind (z. B. sich in den Größenordnungen unterscheidende Binärzahlen sind).

Während des Aneinanderreihens von Elementen verschiedener Länge können wir zusätzlich benachbarte (im Sinne der Aufeinanderfolge der Zellenadressen) Elemente in größere Einheiten vereinigen. Da wir uns beim Aneinanderreihen nach wachsender (oder fallender, aber stets in einer festen) Folge der Zellenadressen bewegen, erfordert das Vereinigen benachbarter Elemente kombinatorisch kaum zusätzlich viele Adressenvergleiche.

Stoßen wir während des Aneinanderreihens auf ein Element einer aktiven Liste, so entfernen wir aus ihm das Aktivitätszeichen (wir verändern den Wert des $f$-Feldes auf Null). Das tun wir deshalb, damit wir es bei der nächsten Zurückgewinnung von Speicherplatz, die nach gewisser Zeit wieder eintritt, nicht gleichzeitig mit „alten“ und „neuen“ Aktivitätszeichen zu tun haben.

Der schwierigste Prozeß, der mit der Rückgewinnung von Speicherplatz zusammenhängt, ist das *Verdichten.* Unabhängig davon, ob es als zweite Etappe auftritt, d. h. direkt nach dem Identifizieren, oder auch nach dem Aufbau der Freiliste, beschreiben wir das Verdichten in der allgemeinsten Form. Es wird dann ausgeführt, wenn wir feststellen, daß die Freiliste kein ausreichend großes Element enthält, obwohl sie in der Summe ausreichend viele Zellen umfaßt. Wir setzen auf jeden Fall voraus, daß die Gebiete des Speichers, die zu aktiven Speicherungen gehören, von den Gebieten unterscheidbar sind, die zu den Elementen der Freiliste gehören. Außerdem nehmen wir zur Vereinfachung der Betrachtungen an, daß in einer Zelle ein Element untergebracht werden kann.[1])

[1]) Diese Voraussetzung beschränkt die Allgemeinheit unserer Betrachtungen in keinem wichtigen Aspekt. Um sich davon zu überzeugen, genügt es festzustellen, daß die Abhandlung ihre Gültigkeit nicht verliert, wenn wir annehmen, daß die Elemente mindestens je eine Zelle enthalten, und wenn sich in der Zelle genügend Platz findet, daß man zwei Adressen speichern kann, genauer, daß man zwei Zahlen speichern kann, die die maximale Adresse nicht überschreiten.

Den Verdichtungsprozeß stellen wir in zwei Varianten vor, die erste stammt von HADDON und WAITE [30], die zweite, die sich übrigens auf andere Prinzipien der Listenspeicherung stützt, stammt von HANSEN [31].

Die Methode von HADDON-WAITE enthält zwei prinzipielle Momente: das Verdichten selbst, zusammen mit der notwendigen Veränderung der internen Zeiger, und eine Technik des Aufbaus von Hilfstabellen, die es erlaubt, keine zusätzlichen Speichergebiete des Datenträgers benutzen zu müssen. Wenn wir als Kriterium der Aktualität der Methode neuere[1]) Arbeiten nehmen, die die Realisierung von ALGOL 68 betreffen, sehen wir, daß die Verdichtungstechnik nach dieser Methode allgemein angewandt wird, die Hilfstechnik jedoch nicht so breit akzeptiert ist [9], [24].

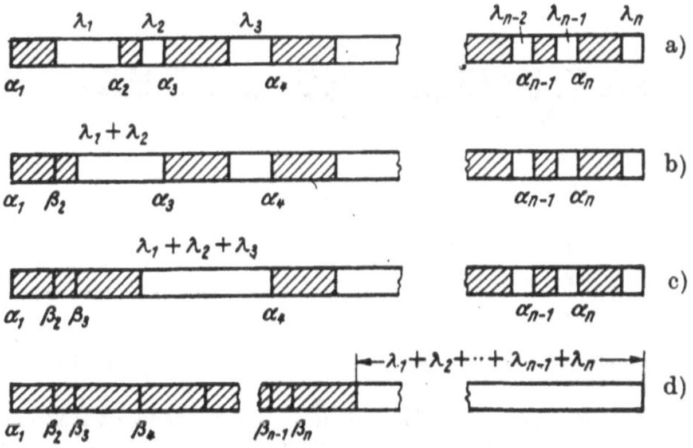

Abb. 6.8. Aufeinanderfolgende Phasen des Verdichtungsprozesses

Das Speichergebiet des Datenträgers, das zur Aufbewahrung der nichtregulären Strukturen abgeteilt ist, zerfällt in dem Moment, in dem wir mit dem Verdichten beginnen, in zwei nichtzusammenhängende Teilgebiete von belegten und freien Zellen (siehe Abb. 6.8a). Das Verdichten beruht auf einer Verschiebung der aktiven Speicherbereiche (schraffierte Rechtecke), so daß sie einen zusammenhängenden Zellenblock im bezüglich der Adressen kleineren Bereich des Gebiets einnehmen (linker Teil der Zeichnungen). Nach dem Verdichten werden sie die auf Abb. 6.8d gezeigte Lage einnehmen.

Der Algorithmus von HADDON-WAITE verschiebt nacheinander die Blöcke, besetzter Zellen (genauer: die Inhalte dieser Zellen), wobei ständig die Lücke, d. h. die Folge freier Zellen, vergrößert wird, die nach dem verdichteten Teil der Speicherungen auftritt. Auf Abb. 6.8 ist in aufeinanderfolgenden Bändern das Schema eines solchen Vorgehens dargestellt. Der Block freier Zellen von der Adresse $\alpha_1$ an wird nicht verschoben, denn er nimmt schon die äußerste Lage im abgeteilten Gebiet ein. Die Folge belegter Zellen von der Adresse $\alpha_2$ an bildet

[1]) Frühjahr 1970.

den ersten verschobenen Block. Nach seinem Verschieben, d. h. nach der Kopierung der Zelleninhalte dieses Blocks auf die freien Zellen, die ihn vom kompakten Block der belegten Zellen trennt, entsteht in Richtung wachsender Adressen eine Lücke der Länge $\lambda_1 + \lambda_2$, wobei $\lambda_1$ und $\lambda_2$ entsprechend die Längen der Lücken sind, die von links und rechts am verschobenen Block anlagen. Wenn die Länge des verschobenen Blocks $\lambda_1$ überschreitet, werden beim Kopieren auch die Zellen ausgenutzt, die vorher durch die ersten Zellen des verschobenen Blocks eingenommen wurden und deren Inhalt auch schon in die ersten Zellen der linken Lücke übertragen wurde.

Diesen Prozeß wiederholen wir mit dem Block der ab Adresse $\alpha_3$ belegten Zellen, indem wir ihn zum kompakten Block am linken Rand des abgeteilten

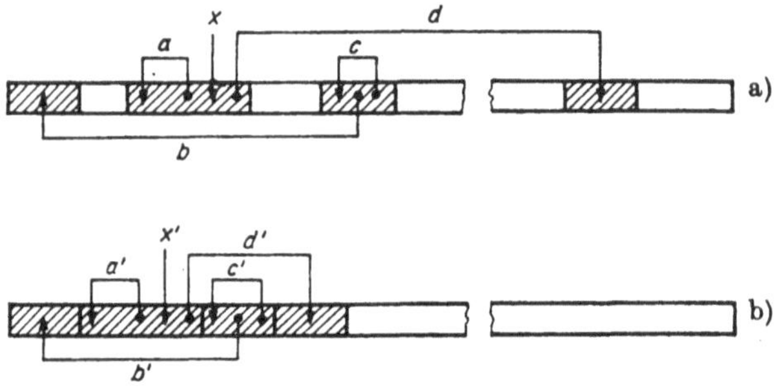


Abb. 6.9. Die Veränderung der Zeiger im Ergebnis der Verdichtung der Speicherung

Bereichs hinzufügen, was das Entstehen einer Gesamtlücke von der Länge $\lambda_1 + \lambda_2 + \lambda_3$ bewirkt, die dann die linke Lücke des nächsten Blocks belegter Zellen bildet usw.

Wenn wir von Blöcken freier oder belegter Zellen gesprochen haben, so sind wir bewußt ihrer Verbindung mit den Speicherbereichen der Datenstrukturen ausgewichen. Das kommt daher, daß ein zusammenhängender Block belegter Zellen Elemente der Speicherungen verschiedener Strukturen enthalten kann und die Speicherung einer Struktur aus Elementen bestehen kann, die zu verschiedenen Blöcken gehören. Wie wir uns erinnern, wurde die Verbindung der Elemente der Speicherung untereinander explizit durch Zeiger realisiert, die das nächstfolgende Element anzeigen, und nicht implizit durch Nachbarschaft im Sinne der Aufeinanderfolge der Zelladressen.

Eine gewisse Vorstellung von der Abhängigkeit (oder eher von ihrem Fehlen) zwischen der Zugehörigkeit eines Elements zur Speicherung einer Struktur und der Zugehörigkeit zu einem ausgewählten Block belegter Zellen gibt Abb. 6.9a, wenn wir annehmen, daß die durch die Pfeile a, b, c und d repräsentierten Zeiger z. B. Zeiger der Aufeinanderfolge in der Speicherung der Struktur sind (natürlich sind das nicht alle Zeiger in der Speicherung dieser Struktur).

Während des Verdichtens verschoben wir Blöcke belegter Zellen, genauer gesagt, Blöcke im Speicher benachbarter Elemente von Speicherungen nicht regulärer Strukturen. Dabei wurden die Inhalte der einzelnen Zellen kopiert.

Natürlich kopierten wir dabei auch ohne Veränderung die Inhalte der Felder, in denen Zeiger eingetragen waren. Die Kopien, die so entstanden sind, enthalten jetzt Zeiger auf Stellen, die die Elemente der Speicherung der Strukturen im Speicher vor dem Verdichten eingenommen hatten. Sie sind jetzt also vollkommen nutzlos. Damit die ausgeführte Verdichtung nicht die strukturell vorher konstruierten und weiterhin benötigten (aktiven) Listen ruiniert, sind alle Zeiger zu aktualisieren, d. h. in solche umzuändern, daß sie die derzeitig eingenommenen Positionen der Elemente anzeigen, auf die sie sich vor dem Verdichten bezogen haben (siehe Abb. 6.9b).

Die Aufgabe der Aktualisierung der Zeiger, die dem Anschein nach äußerst schwierig ist, vereinfacht sich außerordentlich, wenn wir beachten, daß wir zur Ausführung keine Information darüber benötigen, was für eine Rolle in der Speicherung der Struktur das Element spielt, von der der Zeiger kommt. Wir benötigen einzig eine Information darüber, um wieviel Zellen nach links das Element verschoben wurde, zu dem der aktualisierte Zeiger führt. Wir müssen natürlich auch zu allen Zeigern vorstoßen können, aber bei der Kenntnis des Aufbaus der Elemente stellt das kein Problem dar: Wir durchsuchen den ganzen verdichteten Block Element für Element und aktualisieren alle in seine Felder eingetragene Zeiger.

Aus der eben gemachten Beobachtung folgt, daß wir die Aktualisierung ausführen können, wenn wir für jedes Element die Differenz der Adressen der vom Element eingenommenen Zellen vor und nach dem Verdichten kennen. Wenn wir zur Abb. 6.8 zurückkehren, sehen wir, daß alle Zeiger, die zu den Zellen mit der Adresse von $\alpha_2$ bis $\alpha_3 - 1$ führen, um $\alpha_1$ zu verkleinern sind, da die Zeiger nicht zu Zellen führen, die in den Lücken liegen. Zeiger, die zu Zellen mit der Adresse von $\alpha_3$ bis $\alpha_4 - 1$ führen, sind um $\lambda_1 + \lambda_2$ zu verkleinern usw. Es entsteht also die Tabelle

$$\begin{array}{ll} \alpha_1 & 0 \\ \alpha_2 & \lambda_1 \\ \alpha_3 & \lambda_1 + \lambda_2 \\ \cdots & \cdots \\ \alpha_n & \lambda_1 + \lambda_2 + \cdots + \lambda_{n-1} \end{array}$$

die wir folgendermaßen benutzen. Wenn der betrachtete Zeiger den Wert $\alpha$ hat (d. h. wenn er zum Element führt, das vor dem Verdichten von der Zelle $\alpha$ an gespeichert war), so treffen wir, wenn wir $\alpha$ nacheinander mit $\alpha_1, \alpha_2, \ldots$ vergleichen, auf eine Zeile $i$ derart, daß $\alpha_i \leqq \alpha < \alpha_{i+1}$, wonach wir den Wert dieses Zeigers auf

$$\alpha' = \alpha - \sum_{j=1}^{i-1} \lambda_j$$

aktualisieren.

Da wir in der Tabelle direkt die Werte der benötigten Summen speichern, ist die Aktualisierung ein recht sparsamer Vorgang. Wir ergänzen noch, daß sowohl die einzelnen $\alpha_i$ als auch die ihnen entsprechenden Summen Zahlen sind, die nicht größer als die größte Adresse sind, die im abgeteilten Bereich auftritt (warum?). Jede Zeile der behandelten Tabelle kann man also in einer Zelle unterbringen.

Die einzelnen Zeilen der Tabelle entstehen beim Verschieben aufeinanderfolgender Blöcke belegter Zellen. Da das Verschieben eines jeden Blocks von einer Vergrößerung der rechten Lücke begleitet wird, und zwar durch Zugabe so vieler Zellen zu ihr, wie die linke Lücke des verschobenen Blocks zählte, können wir die Tabelle in der aktuellen rechten Lücke aufbewahren. Wenn zur Tabelle die nächste Zeile dazuzugeben ist, heißt das, daß wir den nächsten Block verschoben haben. Die neue rechte Lücke muß also mindestens eine Zelle mehr enthalten. Das bedeutet, daß die vergrößerte Tabelle in diese neue Lücke paßt. Auf diese Weise benötigten wir zur vollständigen Realisierung des Verdichtens nach dem Haddon-Schorr-Algorithmus keine zusätzlichen Arbeitsplätze. Wir bezahlen das jedoch mit der Notwendigkeit des Verschiebens nicht nur der Blöcke belegter Zellen, sondern auch der entstehenden Tabelle. Hier kann es sich erweisen, daß der verschobene Block Plätze einnimmt, die bisher von der Tabelle besetzt waren. Bei der Programmierung des Algorithmus ist also besondere Vorsicht einzuhalten.

Bemerkung: Außer der Aktualisierung der Zeiger, die in den Elementen der Speicherung der Strukturen enthalten sind, d. h. in der internen Namensform auftreten, sind auch die externen Zeiger zu aktualisieren (z. B. der Zeiger $x$ aus Abb. 6.9). Die eigentliche Technik der Aktualisierung wird in diesem Fall nicht verändert. Anders ist dagegen das Verfahren, das zum Finden dieser Zeiger führt. Wir erinnern daran, daß Namen in der externen Form, die in den Elementen der Speicherungen der Strukturen auftreten, nicht direkt zu den Unterstrukturen führen, sondern erst über eine Tabelle des Zusammenhangs beider Namensformen. Diese Tabelle ist meist nicht im Speicherbereich des Mediums aufbewahrt, das zur Speicherung nichtregulärer Strukturen reserviert wurde. Wenn wir die in dieser Tabelle enthaltenen internen Namensformen aktualisieren, führen wir letztlich die Aktualisierung der externen Zeiger aus. Man muß auch ergänzen, daß wir meist durch die gleiche Tabelle von den Programmanweisungen zu den in den nichtregulären Strukturen enthaltenen Daten vorstoßen.

Wie aus dem vorgestellten Algorithmus zu sehen ist, ist das Verdichten ein Prozeß, der viele Informationsverschiebungen im Speicherbereich des Datenträgers, das Aufstellen (und Verschieben) der Tabelle, die zur Aktualisierung dient, und die Aktualisierung selbst benötigt. Im Zusammenhang damit wird manchmal die These aufgestellt, daß das Verdichten ein „recht teurer" Vorgang ist. Diese These ist jedoch fehlerhaft, auf jeden Fall soweit, daß man ohne Verdichten aufgrund des Fehlens eines entsprechend großen Speicherbereichs zur Unterbrechung der Ausführung des Programms gezwungen sein kann, obwohl sich eine entsprechende Zahl freier Zellen in der Freiliste befindet.

Die *Methode von* Hansen setzt voraus, daß die Datenstrukturen im Speicher so verteilt sind, daß man in möglichst hohem Grade die Nachbarschaft von Zellen zur Bestimmung der Aufeinanderfolge ausnutzen kann. Sie stützt sich also auf andere Voraussetzungen als die bisherigen Betrachtungen.

Im System SWYM zur Repräsentation von Strukturen, das von Hansen vorgeschlagen wurde, strebt man die Reduzierung der Zahl der Zeiger im Bereich der Speicherung einer Struktur an. Das Verdichten beruht vor allem darauf, daß die ganze Struktur in einer zusammenhängenden Zellenfolge untergebracht wird. Bevor wir einen Abriß der Wirkungsweise des Verdichtungsalgorithmus des Systems SWYM darlegen, wird es gut sein, die grundlegenden Eigenschaften der Speicherungen der Strukturen in diesem System zu illustrieren. Auf Abb. 6.10 sind Beispiele für Strukturspeicherungen in Form von Einweg-Listen und SWYM-Listen dargestellt.

Der Leser kann an dieser Stelle fragen, ob die Beispiele aus dieser Abbildung nicht zufällig eine große Lücke in unserer Theorie der Datenstrukturen aufzeigen, denn im Teil (a) der Zeichnung haben wir eine andere Zahl von Daten

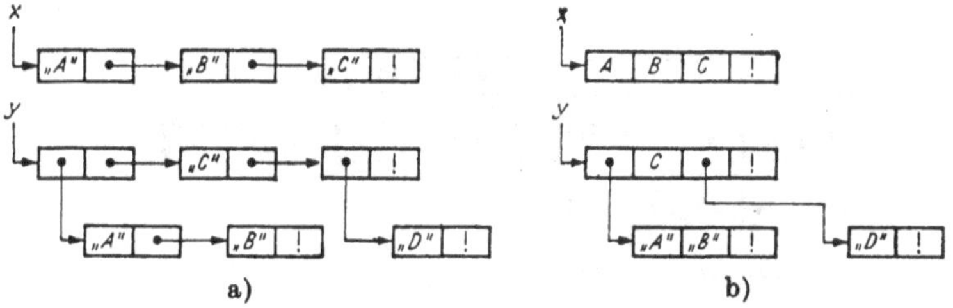

Abb. 6.10. Beispiele für Strukturspeicherungen
a) in Listenform, b) in der Form, wie sie im System SWYM angenommen werden
[Erarbeitet auf Grundlage der Abbildung aus der Arbeit: W. J. HANSEN, Compact List Representation: Definition Garbage Collection and System Implementation. *CACM*, 12, 1969]

als im Teil (b), und verschiedene Verteilungsarten sollen die verteilte Struktur nicht verändern, auf keinen Fall aber nicht die Anzahl ihrer Elemente. Das Mißverständnis beruht hier jedoch auf etwas anderem: die Strukturen $x$ und $y$, so gezeichnet wie im Teil (a) der Abbildung, unterscheiden sich von den Strukturen $x$ und $y$, die im Teil (b) eingetragen sind. Wenn uns nur die Folge interessiert, die die einfachen Werte der Daten beider Strukturen bilden, aufgeschrieben in der natürlichen Reihenfolge der Daten in der Struktur, so unterscheiden wir die Fälle (a) und (b) natürlich nicht. Wenn uns jedoch die Form der Unterteilung dieser Folge (d. h. ihre Struktur in der intuitiven Auffassung dieses Worts) interessieren wird, so bemerken wir ohne Schwierigkeit die Differenzen, die aus der Verteilungsform folgen.

Das Verdichten der Speicherbereiche bildet das grundlegende Element der Rückgewinnung von Speicherplatz im System SWYM. Im Unterschied zum oben beschriebenen zwei- (oder drei-)phasigen Vorgehen, verläuft das Sammeln der Abfälle im System SWYM einphasig. Eigentlich ist das kein Rückgewinnen von Speicherplätzen, denn die Methode von HANSEN operiert nur auf den Elementen aktiver Speicherbereiche.

Der grundsätzliche Algorithmus der Methode, der faktisch ein Linearisierungsalgorithmus der „zweidimensionalen“ Speicherung des Raums (vgl. z. B. die Arbeit [37, S. 65ff.]) ist, wurde in der Arbeit [31] in Form eines Pseudo-ALGOL-Algorithmus angegeben. Die Wirkungsweise dieses Algorithmus beschreiben wir, indem wir das Beispiel aus Abb. 6.11 benutzen und den Leser dabei auf die zitierte Arbeit von HANSEN verweisen.

Indem wir in dem Feld beginnen, das einen Zeiger auf den Wert der Dateneinheit enthält, stoßen wir zu den „frühesten" einfachen Daten („A", „B") vor, die wir in zwei aufeinanderfolgenden Zellen kopieren. In die dritte Zelle kopieren wir !, was das Ende des Zweiges bezeichnet. Wir kehren jetzt zum zuletzt durchlaufenen Verzweigungspunkt zurück. Nach den gebildeten Kopien der einfachen Werte tragen wir einen Zeiger auf die Adresse des Anfangs ihrer Speicherbereiche ein. Danach bewegen wir uns einen Schritt auf dem noch nicht durchlaufenen Zweig vorwärts und wiederholen das oben beschriebene Vor-

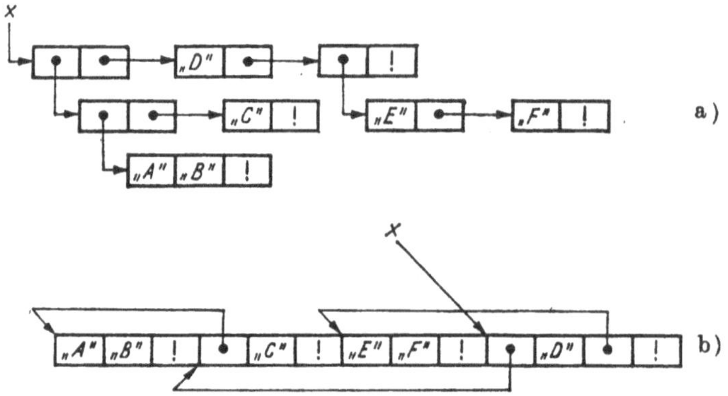


Abb. 6.11. Speicherung der Struktur SWYM
a) vor dem Verdichten, b) nach dem Verdichten

gehen, wenn wir im ersten angetroffenen Element eine Verzweigung feststellen. Da in unserem Fall keine Verzweigungen auftreten, kopieren wir den Inhalt des Wertefeldes und das nach ihm vorkommende Zeichen !, das diesmal das Ende der Speicherung einer Unterstruktur signalisiert, die mehr als ein Element zählt. Wäre im Feld, das den Nachfolger definiert, statt ! ein Zeiger auf das nächste Element, dann würden wir die Inhalte der Wertefelder nicht kopieren, sondern zuerst den Nachfolger dieses Elements untersuchen, damit die Kopien der Werte des tieferen Niveaus den Kopien der Werte, die auf einem höherem Niveau auftreten, vorausgehen. Solche Situation treffen wir nach der Rückkehr auf das grundlegende Niveau an, und deshalb gehen in der Kopie die Speicherungen der Werte „E" und „F" der Speicherung des Werts „D" voraus.

Auf diese Weise entstand eine verdichtete Speicherung, die alle einfachen Werte der Ausgangsstruktur enthält. Die Speicherung ist jetzt in aufeinanderfolgenden Zellen verteilt und zählt 13 Zellen an Stelle von vorher 17 (die eben beschriebene Verdichtungsmethode spart nach HANSEN im Mittel 25% Zellenanzahl ein.) Ergänzen wir noch, daß die in der verdichteten Speicherung enthaltenen Zeiger es erlauben, alle strukturellen Abhängigkeiten der anfänglichen Speicherung zu rekonstruieren. Um sich davon zu überzeugen, reicht es aus, Abb. 6.11b zu „durchwandern". Wir richten uns dabei nach den Zeigern und dem Prinzip, daß die nächste Zelle die Zelle mit der um 1 größeren Adresse ist, wenn in der gegebenen Zelle kein Zeiger eingetragen ist. Wenn die Zelle dagegen ! enthält, kehren wir auf das höhere Niveau zurück, d. h., wir gehen zur Zelle über, deren Adresse um 1 größer ist als die Adresse der Zelle, in der der letzte Zeiger eingetragen war, von dem aus wir uns in der Speicherung nach links (in die Richtung kleinerer Adressen) bewegt hatten. Die „Wanderung" durch den Speicherbereich beginnen wir natürlich bei der Zelle, die durch den externen Zeiger $x$ angegeben wird.

Der Algorithmus von HANSEN in seiner ausführlichen Form entwirrt nicht nur Einweg-Listen sondern auch Ringe, Listen mit gemeinsamen Unterlisten und viele andere zusammengesetzte Speicherungsarten, wobei er sie in Form einer Folge von Speicherungen einfacher Werte und Zeiger darstellt, die in benachbarten Zellen verteilt sind.

HANSEN schlägt auch eine sehr elegante Lösung des Problems fehlender freier Zellen vor. Es geht nämlich darum, daß in dem Moment, wo wir das Verdichten als Etappe der Zurückgewinnung von Speicherplatz beginnen, das deshalb tun, weil die Freiliste entweder schon keine einzige freie Zelle enthält, oder aber von ihnen im Verhältnis zu den Forderungen des Benutzers zu wenig vorhanden sind. Würden wir in dieser Situation das beschriebene Verdichten für jede aktive Struktur ausführen, die im abgeteilten Speichergebiet des Datenträgers verteilt ist, so wäre es nicht klar, woher wir die Blöcke freier Zellen nehmen sollten, die zur Anfertigung der linearisierten Speicherungen notwendig sind. Die von HANSEN vorgeschlagene Lösung beruht darauf, daß wir diese Speicherbereiche im Speicher des halbhomogenen oder sogar des inhomogenen Mediums bilden (wobei wir die sequentielle Form des Aufbaus dieser Speicherbereiche ausnutzen). In diesen Speichern entsteht auf diese Weise ein Abbild des neuen Werts des abgeteilten Speichergebiets des homogenen Mediums. Erst nach dem Verdichten aller Speicherbereiche aktiver Datenstrukturen, d. h. nach dem Aufbau ganzer „externer Abbilder", kopieren wir dieses Abbild in den Speicher des homogenen Mediums. Diese Lösung können wir natürlich nur dann anwenden, wenn wir über einen entsprechenden gemischten Datenträger verfügen.

## 6.4. Die Speicherverwaltung im System AED — Ein Beispiel einer plexen Lösung

Das System AED (*Automated Engineering Design* — Automatisierte Ingenieurprojektierung oder auch *ALGOL Extended for Design* — Erweiterung von ALGOL für Projektierungszwecke) wurde in den Jahren 1959—1969 von einer Gruppe von Mitarbeitern des Labors für Elektronische Systeme des MIT, das von D. T. Ross [64] geleitet wurde, entwickelt. Das Hauptziel der Schöpfer des Systems AED war das Anfertigen von Hilfsmitteln bei der Konstruktion der Service-Programme von Rechenmaschinen. Die grundlegende Eigenschaft der Methodologie war die allgemeine Anwendung einer Plexkonzeption. Indem wir auf genaue Betrachtungen, die zwar attraktiv und lehrreich sind, aber doch die Rahmen dieses Buches überschreiten, nicht eingehen, stellen wir nur fest, daß Plexe Elemente sind, aus denen Komplexe konstruiert werden. Da der Begriff des Komplexes ausreichend verbreitet ist, kann man annehmen, daß auch der Begriff des Plexes klar ist[1]). Auf jeden Fall ist es zweckmäßig, sich vorzustellen, daß im System AED die Probleme der Programmierung und der Benutzung der Rechenmaschinen nicht in die folgende Kategorien zerlegt werden — Probleme, die die Programme selbst betrreffen, Probleme, die Datenstrukturen betreffen, Probleme, die die Systemverwaltung betreffen —, sondern in sinnvoll bestimmte Mikroprobleme, die ganze Ensemble dieser Probleme betreffen. So treten also Aspekte der Anwendungsprogrammierung, der Organisation des Rechnersystems und der Datenstrukturen in jedem Teil auf, in dem wir das zusammengesetzte Problem zerlegt haben. Bildlich gesprochen beruht das plexe Vorgehen auf der Zerlegung des Problems in kleinere Fragmente der gleichen Art wie das Ausgangsproblem und nicht auf dem Hervorheben spezialisierter Elemente. Der sofortige Vorteil, den wir erhalten, ist eine vereinfachte interne Kommunikation des menschlichen Kollektivs, das das gegebene Problem bearbeitet; wir vermeiden nämlich die für die geistige Arbeit fruchtlose „Geheimniskrämerei".

Wenn wir jetzt zu den uns direkt interessierenden Problemen der Repräsentation von Datenstrukturen übergehen, zählen wir nach Ross [36] zuerst Bedingungen auf, die ein System der Speicherverwaltung eines Datenträgers erfüllen soll:

1. Das System soll Elemente von beliebiger Größe bereitstellen.

2. Der zur Aufbewahrung nichtregulärer Strukturen zugeteilte Speicherbereich soll in Fragmente, sogenannte *Sphären* geteilt sein, so daß das Herausnehmen und Zurückgeben von Elementen bezüglich der Sphären lokalisiert werden kann. Auf diese Weise werden nach dem „Entfernen" einer Struktur die Abfälle nicht im ganzen Bereich verstreut liegen, sondern in einer Sphäre lokalisiert sein, wenn wir zum Aufbau der Speicherung dieser Struktur die Bausteine nur aus einer Sphäre genommen hatten. Ein zusätzliches Argument, das für solche Unterteilung spricht, ist die Möglichkeit ihres Verbindens mit einer Seiteneinteilung des Datenträgers.

3. In Übereinstimmung mit der in Punkt 1 gegebenen Bedingung kann das System Elemente beliebiger Größe bereitstellen. Wenn der Benutzer aber von vornherein weiß, daß zu seinen Zwecken solche Allgemeinheit nicht nötig ist, so soll er vereinfachte Mechanismen benutzen können, die Elemente von einer Standardgröße liefern.

4. Die Speicherzellen, die eine gewisse Sphäre bilden, sind ihr aus der Menge der Zellen zugeteilt worden, die eine übergeordnete Sphäre bilden, die Muttersphäre genannt wird. Hierarchie muß rekursiv bis auf eine Urmuttersphäre aller Sphären ausgedehnt sein. Die Urmuttersphäre, auch unendliche Sphäre ge-

---

[1]) Betrachtungen zu diesem Thema enthält die Arbeit: D. T. Ross, A Generalized Technique for Symbol Manipulation and Numerical Calculation (*CACM*, **4**, 1961, S. 147—150).

nannt, umfaßt das ganze abgeteilte Speichergebiet. Mit jeder Sphäre hängt eine Menge von Anwendungsprozeduren und den Status der Sphäre beschreibenden Parametern zusammen, die u. a. den Zugang zu allen Zellen der Sphäre erlauben (im besonderen durch den Zugang zu allen Tochtersphären, Enkelsphären usw.). Die Menge der Prozeduren und Parameter bildet den *Mechanismus der Sphäre*. Alle Mechanismen der Sphären sind in einem besonderen Bereich des Speichers eingetragen. Auf diese Weise entsteht eine Trennung der Bausteine der Strukturspeicherbereiche von den Mechanismen der Speicherung der Strukturen, was eine notwendige Bedingung ist, wenn wir uns vor einen unerwünschten Eingriff des Benutzers in Systemangelegenheiten schützen wollen.

5. Nichts steht dem im Wege, daß der Benutzer, der einen Baustein zum Aufbau der Speicherung von Datenstrukturenen fordert, sich direkt an die Mechanismen der unendlichen Sphäre wendet. In Übereinstimmung mit den allgemeinen Prinzipien der Bedienungstheorie ist es jedoch besser, daß das System zwei Arten von Transaktionen mit Speicherfragmenten vorsieht — eine stapelweise, wenn Sphären gebildet (oder liquidiert) werden, und eine detaillierte, wenn einzelne Elemente ausgewählt (und zurückgegeben) werden. Daraus folgt die Bedingung der Organisierung gut funktionierender Mechanismen von stapelweisen Transaktionen.

6. Das System muß ständig darauf achten, daß (sogar lokal) nicht eine Zerstreuung des Speichers zugelassen wird.

7. Das System soll dem Benutzer fertige Mechanismen zur Administration des Speichers zur Verfügung stellen, aber der Benutzer soll die Möglichkeit haben, (zur eigenen Nutzung) ein beliebiges Element dieser Mechanismen durch eine von ihm geschriebene Prozedur zu ersetzen, unter der Bedingung, daß diese Prozedur einige festgelegte Prinzipien der Zusammenarbeit mit den restlichen Elementen der Systemmechanismen erfüllen wird.

Die Abbildung 6.12 zeigt schematisch die Relationen zwischen dem Hauptelement der Sphäre und den zu ihm gehörigen Speichermechanismen. Im linken Teil der Abbildung, die die Sphäre der Aufbewahrung der Mechanismen der Sphären darstellt, befindet sich ein Schema des Hauptelements der Sphäre. Das Hauptelement ist eine Menge von Zeigern, die zu folgenden Teilen führen:

- zur Muttersphäre;
- zur Schwesternsphäre, d. h. zur „jüngsten" unter den „ältesten" Schwestern;
- zur Tochtersphäre, d. h. zur „ältesten" Tochter
- zur Liste (oder zu einer komplizierten Form der Speicherung, siehe im weiteren) aller freien Elemente, die der gegebenen Sphäre zur Verfügung stehen (aber nicht ihrer Töchter, Enkel usw.);
- zur Liste der Hauptelemente „der Speicherzuteilungen", die von der Muttersphäre erhalten wurden;
- zur Rettungsprozedur (d. h. zu einem Unterprogramm, das standardisiert ist oder durch den Benutzer speziell für die gegebene Sphäre konstruiert wurde), die angerufen wird, so oft irgendwelche Schwierigkeiten in der

normalen Benutzung der Sphäre auftreten (z. B. bei Forderung eines Elements von solcher Größe, über die die Sphäre nicht verfügt);

– zur Strategie, d. h. zu einem (standardisierten oder vom Benutzer speziell für die gegebene Sphäre geschaffenen) Mechanismus, der über den Baustein verfügt, der der Sphäre zugeteilt wurde;

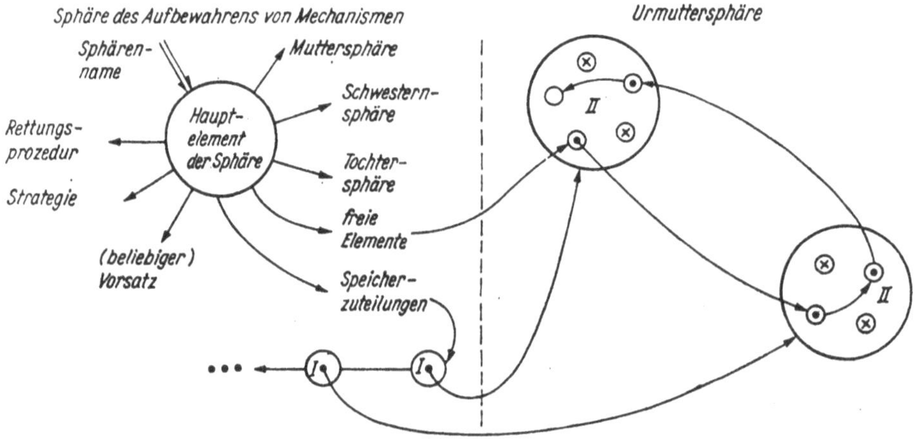


Abb. 6.12. Sphären des Systems AED
*I* – Hauptelemente der einzelnen Zuteilungen, *II* – Speicherzuteilungen aus der Muttersphäre

Berichtigung: Statt Vorsatz lies Zusatz

[Die Abbildung stammt aus der Arbeit: D. T. Ross, The AED Free Storage Package. *CACM*, **10**, 1967. Copyright © 1967.]

– zum Kennsatz (Zusatz), d. h. zu einem Block von Zellen, die auf Wunsch des Benutzers während der Einrichtung einer Sphäre in ihrem Kopfteil eingetragen werden. Der Inhalt der im Zusatz enthaltenen Information ist vollkommen beliebig vom Standpunkt des Systems aus, das sich niemals selbständig auf den Zusatz beruft. Auf den Zusatz kann sich z. B. eine spezielle Rettungsprozedur oder ein spezieller Mechanismus einer Strategie beziehen.

Im rechten Teil der Abbildung sind schematisch zwei aufeinanderfolgende Speicherzuteilungen dargestellt, die von der Muttersphäre der betrachteten Sphäre zugeteilt wurden. Jede Zuteilung enthält eine gewisse Menge von Baustoff, der sich in Übereinstimmung mit der in der gegebenen Sphäre geltenden Strategie (kleine Kreise innerhalb der großen Kreise, die Zuteilungen symbolisieren) auf die Elemente verteilt. In dem Moment, der unserer Abbildung entspricht, ist ein Teil der Elemente noch frei und in die Freiliste der gegebenen Sphäre eingetragen. Die restlichen Elemente (angekreuzte Kreise) wurden den Programmen des Benutzers übergeben, die über sie verfügen.

Im Moment, wenn die Sphäre die Zuteilung von Baustoff fordert (diese Forderung folgt aus der Tätigkeit der Rettungsprozedur der gegebenen Sphäre), gibt ihr die Muttersphäre eine neue Zuteilung, wenn sie über eine entsprechende Zahl von Zellen verfügt. Im entgegengesetzten Fall wird die Rettungsprozedur der Muttersphäre aufgerufen, und der Baustein wird aus der Großmuttersphäre entnommen usw. bis zur unendlichen Sphäre.

Manchmal wird der Benutzer zur besseren Modellierung des Problems neben der existierenden Sahäre eine Sphäre von anderer Struktur bilden wollen, welche den Baustein aus der gleichen Sphäre nimmt, aus der ihn auch die schon existierenden Sphäre nimmt. Es wird dann eine „jüngere“ Schwester entstehen, aus der zur betrachteten Sphäre ein „Schwesternzeiger“ führen wird. In anderen Fällen kann der Benutzer das Bilden einer Tochtersphäre vorziehen. Die Entscheidung in diesem Bereich gehört vollkommen dem Benutzer und folgt daraus, welche Lösung dem Modell des betrachteten Problems besser entspricht.

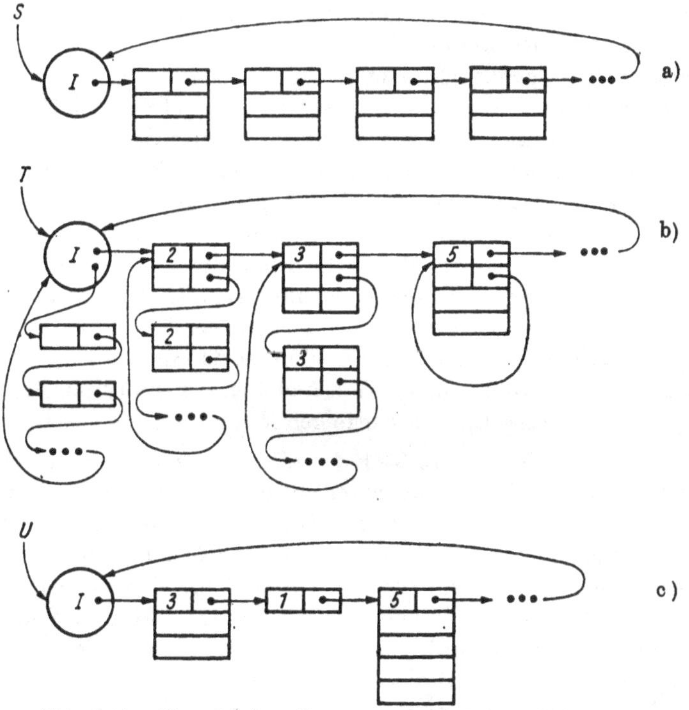


Abb. 6.13. Verschiedene Strategien der AED – Sphären
a) Strategie SPEC, b) Strategie REG, c) Strategie GARB, $I$ – Hauptelemente der Sphären
[Die Abbildung stammt aus Arbeit: D. T. Ross, The AED Free Storage Package, *CACM*, **10**, 1967. Copyright © 1967.]

Im Speicherverwaltungssystem AED sind drei grundlegende Strategien zur Verfügung über die freien Sphärenelemente vorgesehen. Diese Strategien tragen die Namen SPEC (special, d. h. speziell), REG (regular, d. h. gewöhnlich) und GARB (garbage, d. h., sie setzt eine ständige Rückgewinnung von Speicherplatz voraus).

In den sich auf die Strategie SPEC (siehe Abb. 6.13a) stützenden Sphären zählen alle Elemente gleichviel Zellen, und die freien Elemente sind in einem Einweg-Ring gesammelt. Die Anforderung eines freien Elements aus dieser Sphäre wird durch die Abtrennung des ersten Elements der Freiliste realisiert.

In den sich auf die Strategie REG (siehe Abb. 6.13b) stützenden Sphären treten Elemente verschiedener Größe auf. Alle freien Elemente der gleichen Dimension sind in einem Einweg-Ring zusammengefaßt. Die Hauptelemente dieser Ringe, die in einem festen Feld eine Zahl enthalten, die die Anzahl der Zellen in den einzelnen im gegebenen Ring zusammengefaßten Elementen angeben, bilden den Hauptring der freien Elemente. Der Ring freier einzelliger Elemente hat aus offensichtlichen Gründen keine eigene Repräsentation im Hauptring. Das Bereitstellen eines Elements von einer bestimmten Größe wird durch das Aufsuchen des entsprechenden „Unterrings" und durch das Abtrennen des Hauptelements von ihm realisiert. Die Rolle des Hauptelements übernimmt das nächstfolgende Element des Unterrings. Befindet sich unter den freien Elementen der Sphäre kein Element von der geforderten Größe, so erfolgt ein Abtrennen eines Elements mit möglichst kleiner Zellenzahl (von den Elementen mit einer größeren als der angeforderten Zellenzahl). Dieses Element wird in zwei Teile zerlegt: der erste, der die geforderte Zellenzahl enthält, wird dem Benutzer zur Verfügung gestellt, der zweite (der „Rest") wird dem entsprechenden Unterring hinzugefügt. Die Elemente, die in die Sphäre zurückkehren, werden zu „ihren" Unterringen hinzugefügt. Auf diese Weise können Elemente mit geforderter Größe recht gut aufgesucht werden. Diese Strategie läßt die Unterteilung von Elementen in kleinere zu, so daß im besonders unangenehmen Fall eine vollständige Verschiebung der Bausteine der Sphäre in den Ring der einzelligen Elemente erfolgen kann.

Der Mechanismus der Sphäre GARB realisiert eine ständige Rückgewinnung von Speicherplatz. Ein vom Benutzer zurückgegebenes Element (das System AED läßt die aktive Rolle des Benutzers nicht nur in der Transaktion des Nehmens zu, sondern auch in der Transaktion der Rückgabe der Elemente) wird zu solch einem sich in der Freiliste der Sphäre befindenden Element hinzugefügt. Es schließt sich dabei an das Element an, zu dem es im Sinne aufeinanderfolgender Zellen benachbart ist (natürlich nur dann, wenn man ein solches Element in der Freiliste finden kann). Deshalb enthält die Freiliste einer Sphäre von der Strategie GARB, die in einem Einweg-Ring organisiert ist, in jedem Moment (bzgl. der Zellenzahl) möglichst große freie Elemente. Es ist nicht schwer festzustellen, daß die Strategie GARB die teuerste in der Realisierung unter allen drei Standardstrategien des Systems AED ist.

Ergänzen wir noch, daß die unendliche Sphäre in Übereinstimmung mit der Strategie GARB organisiert ist.

Um den plexen Charakter der Speicherverwaltung im System AED zu zeigen, muß man zumindest einige Prozeduren behandeln, mit deren Hilfe der Benutzer mit dem System in Verbindung tritt.

***Die Sphärenkonstruktion***

Der Aufruf der Prozedur, die die Sphären konstruiert (die also ihre Elemente bildet), hat folgende Gestalt:

$$z2 := \mathcal{P}(init, ext, tlsiz, fhelp, z1, a) \quad ,$$

wobei $\mathcal{P}$ entweder *SETFR1* oder *SETFRE* bedeutet und entsprechend der Namen der Prozedur ist, die entweder eine neue Sphäre mit der Strategie SPEC oder der Strategie REG oder GARB bildet.
Die Parameter haben folgende Bedeutung:

*init* — für die Prozedur *SETFR1*: Zahl der freien Elemente
für die Prozedur *SETFRE*: Zahl der freien Zellen, die für die Sphäre bei ihrer Bildung zugeteilt werden;

*ext* — für die Prozedur *SETFR1*: Zahl der Elemente
für die Prozedur *SETFRE*: Zahl der Zellen, um die falls nötig, die Speicherzuteilung für die gegebene Sphäre vergrößert werden soll;

*tlsiz* — Zellenzahl, die für den Zusatz bestimmt ist (siehe Abb. 6.12);

*fhelp* — Name der Rettungsprozedur, die nach dem Willen des Benutzers für die eben gebildete Sphäre angewandt werden soll; wenn der Benutzer sich mit der Anwendung der Standardrettungsprozedur einverstanden erklärt, so ist an die Stelle dieses Parameters 0 einzutragen;

*z1* — Name der Muttersphäre;

*a* — für die Prozedur *SETFR1*: Zellenzahl im Standardelement der gebildeten Sphäre;
für die Prozedur *SETFRE*: eine Kennziffer, die die Strategie der Sphäre anzeigt (der Wert dieser Kennzahl zeigt die Strategie REG oder GARB an).

Der Wert der Variablen *z2* wird im Ergebnis der Arbeit der Prozedur $\mathcal{P}$ die interne Namensform der gebildeten Sphäre (ein Zeiger auf das Hauptelement dieser Sphäre) sein.

***Das Erhalten und Zurückgeben von Elementen***

Wenn wir die Prozedur *FREE*

$$e := FREE\ (n, z)$$

aufrufen, geben wir der Variablen *e* einen Wert, der ein Zeiger auf ein freies Element mit *n* Zellen aus der Sphäre (von der Strategie REG oder GARB) ist, auf die der Wert der Variablen *z* hinweist. Wenn diese Sphäre nicht über freie Elemente der geforderten Größe verfügt, wird die Rettungsprozedur dieser Sphäre aufgerufen, die wiederum die Rettungsprozedur der Muttersphäre aufrufen kann usw.

Ähnlich funktioniert die Prozedur *FREZ* mit dem Unterschied, daß die Zellen des gelieferten freien Elements zusätzlich Null gesetzt werden. Die Prozedur *FREC*, die wir mit drei aktuellen Parametern aufrufen ($e := FREC\ (n, e1, z)$), arbeitet genauso wie *FREE*. Unterschiedlich ist nur, daß das erhaltene Element eine Kopie der Information enthält, die in den $n$ ersten Zellen des Elements gespeichert sind, worauf der Wert des Parameters $e1$ hinweist.

Für Sphären mit der Strategie SPEC benutzen wir die Prozeduren *FREE1*, *FREZ1* und *FREC1*, die mit einer um 1 verkleinerten Anzahl von Parametern aufgerufen werden, denn wie wir uns erinnern, ist die Größe der Elemente im Bereich dieser Sphären für jede Sphäre festgelegt.

Die Prozeduren *FRET*$(n, e, z)$ und *FRET1*$(e, z)$ geben das Element, das durch den Wert $e$ aus der Sphäre $z$ angezeigt wird, zurück. Der Parameter $n$ der Prozedur *FRET*, der für Sphären mit der Strategie REG und GARB benutzt wird, informiert über die Zahl der Zellen, aus denen das zurückgegebene Element besteht.

Da, wie wir schon gesagt hatten, die unendliche Sphäre in der Strategie GARB arbeitet, können wir bei Benutzung der Prozeduren *FREE* und *FRET* alle notwendigen Operationen zum Erhalten und zur Rückgabe der Bausteine ausführen. Die restlichen behandelten Prozeduren sind in diesem Zusammenhang als zusätzliche Erleichterung zu betrachten.

***Die Rückgabe ganzer Sphären***

Wenn wir der Muttersphäre stapelweise freie Elemente zurückgeben wollen, die sich zur Verwendung in einer Sphäre befinden, rufen wir die Prozeduren *FFLUSH*$(z)$ oder *FKILL*$(z)$ auf. Der Effekt dieser Prozedur ist das Hinzufügen der Liste der freien Elemente der durch den Wert $z$ angezeigten Sphäre zur Liste der freien Elemente ihrer Mutter. Die Wirkungsweise beider Prozeduren dehnt sich automatisch auf alle Tochtersphären, Enkelsphären usw. der durch $z$ angegebenen Sphäre aus. Der Unterschied zwischen den beiden Prozeduren besteht darin, daß die Prozedur *FFLUSH* in der Sphäre des Aufbewahrens der Mechanismen das Hauptelement der durch den Wert $z$ angezeigten Sphäre ablegt (sowie die Hauptelemente ihrer „Nachkommenschaft"), während die Prozedur *FKILL* auch die Hauptelemente entfernt.

Bemerkung: Im Speicherverwaltungssystem des Systems AED treten bedeutend mehr Prozeduren auf als diejenigen, die wir aufgezählt haben. Wir haben auch vollkommen die Möglichkeit des Bildens von Sphärenstapeln ausgelassen, was u. a. beim Prozeduraufruf erlaubt, den Zeiger auf die Sphäre wegzulassen, die momentan die Spitze des Stapels einnimmt. Wir haben auch die Mittel ausgelassen, die dieses System den Benutzern anbietet, die mehrere Strategien oder auch Rettungsprozeduren zusammenstellen wollen. Unser Ziel bestand nur darin, ein Beispiel eines Speicherverwaltungssystems für ein Medium zum Speichern nichtregulärer Datenstrukturen darzustellen.

# 7. DATENSTRUKTUREN IN PROGRAMMIERSPRACHEN

In diesem Abschnitt wird die Beschreibung von Datenstrukturen in Programmiersprachen erörtert. Im Abschn. 7.1. werden wir uns mit der Sprache ALGOL 68 als einem Vertreter der Gruppe der sogenannten *universellen Sprachen* beschäftigen. Die Auswahl von ALGOL 68 ist durch mehrere Faktoren bedingt. Als wichtigster Faktor ist zu nennen, daß die Arbeitsgruppe der International Federation for Information Processing (IFIP)[1]), die diese Sprache ausgearbeitet hat, die Erfahrungen sehr vieler Programmiersprachen berücksichtigte. Diese Gruppe gab eine einheitliche Darstellung übernommener Eigenschaften und nahm Sprachelemente mit bestimmten Eigenschaften hinzu, damit die Sprache als Ganzes zusammenhängend und harmonisch strukturiert ist.

Im Abschn. 7.2. werden wir uns mit Beispielen von speziellen Sprachen beschäftigen, die zu dem Zweck geschaffen worden sind, das Operieren mit Datenstrukturen (vor allem nichtregulären) zu erleichtern.

## 7.1. Datenstrukturen in ALGOL 68

Die Behandlung von Datenstrukturen durch ALGOL 68 [78] hat viele gemeinsame Eigenschaften mit anderen Programmiersprachen. Es wäre sehr nützlich, wenn sich der Leser vor der weiteren Lektüre mit wenigstens einigen Beispielen der Behandlung von Datenstrukturen in den allgemein angewandten Sprachen bekanntmachen würde. Besonders zu empfehlen ist, in diesem Sinne die von J. Borowiec [6] zum Thema PL/I[2]) und die Firmenschrift [50, Abschn. 5] zum Thema COBOL (für diese Sprache kann man auch das Buch von Fischer und Swindle [23, Abschn. 7] benutzen) durchzuarbeiten. Die klassischen Programmiersprachen für numerische Anwendungen — ALGOL 60 und FORTRAN [56], [75] behandeln Probleme von Datenstrukturen auf eine sehr vereinfachte Weise. Sie beschränken sich *de facto* ausschließlich auf reguläre Strukturen (Tabellen) und führen die Möglichkeit einer Notation von nichtregulären Strukturen (in

---

[1]) Diese Gruppe zählte in den Jahren 1962—1968 über dreißig Experten aus zehn Ländern. Sie arbeitete unter der Leitung von Prof. W. van der Poel und bildete ein Autorenkollektiv, das sich zusammensetzte aus: A. van Wijngaarden, C. H. A. Koster, B. Mailloux, J. E. L. Peck. Dieses Kollektiv erarbeitete den Text des Reports [78].

[2]) Anmerkung der Herausgeber: Von den deutschsprachigen Veröffentlichungen sind [13] und [25] aus dem Literaturverzeichnis der Herausgeber zu nennen.

Form von Ketten) ohne Berücksichtigung von Operationen auf derartigen Notationen ein. Diese Sprachen sind mehrfach erweitert worden, um Möglichkeiten für ein Operieren mit weniger regulären Strukturen zu erhalten (z. B. die auf FORTRAN beruhende Sprache FORMAC [5] sowie die auf ALGOL 60 beruhende Sprache FORMULA ALGOL [57], [58] und auch die von VAN DE RIET [62] vorgeschlagene Darstellung von Operationen mit symbolischen Formeln in ALGOL 60 selbst). Diese Entwicklungen erlangten jedoch keine größere Bedeutung.

Es ist nicht möglich, den uns hier interessierenden Aspekt von ALGOL 68 so formal darzustellen, wie das in der offiziellen Beschreibung dieser Sprache [78] geschehen ist. Die Einführung der dafür erforderlichen Symbolik und die Erläuterung der recht komplizierten Art ihrer Handhabung, die die Verfasser des ALGOL-68-Reports benutzen, würde zu viel Platz einnehmen und uns unserem Ziel — der Darstellung der Behandlung von Datenstrukturen in dieser Sprache — nicht näherbringen. Wir werden also einen mehr intuitiven Weg benutzen und uns sehr auf die didaktischen Gedanken von LINDSEY und VAN DER MEULEN [52] stützen.

Bevor wir zum Kern unserer Betrachtungen kommen, müssen wir kurz auf einige Grundbegriffe eingehen, die mit ALGOL 68 zusammenhängen. (Man kann dabei annehmen, daß der Leser in ihnen schon früher eingeführte Begriffe erkennt, für die jedoch — absichtlich — andere Termini verwendet wurden. Eine Festlegung von konkreten Entsprechungen überlassen wir dem Leser als interessante Übung.)

Ein in ALGOL 68 geschriebenes Programm besteht aus einer Folge von Zeichen, sogenannten schriftlichen Repräsentanten von *externen Objekten.* Externe Objekte sind z. B. Identifikatoren, Deklarationen u. ä. (d. h. das, was wir mitunter syntaktische Einheiten nennen, in die wir ein Programm syntaktisch zerlegen). Die Ausführung eines Programms durch einen Computer[1]) besteht aus einer durch das Programm definierten Menge von *Aktionen,* an denen *interne Objekte* beteiligt sind.

Zwischen einem externen und einem internen Objekt kann eine Beziehung *besitzen* bestehen; wir werden dann sagen, daß *ein externes Objekt ein internes Objekt besitzt.* Ein Beispiel für externe Objekte, die interne Objekte besitzen, sind derartige Identifikatoren, die Namen besitzen. (Namen sind in der Terminologie von ALGOL 68 interne Objekte!)

Zwischen einem Namen und einem anderen internen Objekt kann eine Beziehung *verweisen auf* bestehen: die Ausführung einiger Deklarationen ist eine Aktion, die darin besteht, zwei interne Objekte in diese Beziehung zu setzen. Beispiele für derartige Deklarationen sind unten angegeben.

Jedes interne Objekt besitzt zwei *Attribute*: einen *Modus* und einen *konkreten Wert.*

Der *Modus* eines internen Objekts und genauer: der Modus zur Interpretation der Darstellung des konkreten Wertes dieses Objekts legt fest, wie man die

[1]) In der Darstellung der Autoren von ALGOL 68 ist unter diesem Terminus nicht unbedingt eine Ziffernmaschine zu verstehen.

Kombination der Elemente interpretieren soll, die im Computer den konkreten Wert des Objekts darstellt. Einige Modi der Interpretation sind in der Ziffernmaschine fest eingebaut — z. B. der Modus **int**, der bseagt, daß man entsprechende Folgen von Bits als ganze Zahlen interpretieren soll. Andere Modi können im Ergebnis der Ausführung sogenannter *Modusdeklarationen* festgelegt werden, die einen charakteristischen Bestandteil von ALGOL 68 bilden. Eine Modusdeklaration gestattet, aus früher eingeführten Modi einen neuen Modus zu bilden. Letztlich reduzieren sich alle Modi auf die Grundmodi. Von diesen gibt es vier: **int** (ganze Zahlen), **real** (sog. reelle Zahlen), **boolean** (logische Werte **true** und **false**) und **char** (interne Repräsentanten von alphanumerischen Zeichen und Sonderzeichen).[1]) Als Beispiel kann man erwähnen, daß in ALGOL *68* der Modus **compl** als geordnetes Paar von zwei Objekten mit dem Modus **real** deklariert und die Bedeutung der Operatoren $+$, $-$, $\times$ und / für Operanden mit dem Modus **compl** definiert wird.

Ein Name, der auf ein Objekt mit dem Modus $\mathcal{T}$ verweist, hat den Modus **ref** $\mathcal{T}$.

So legt also ein Modus zur Interpretation der Darstellung eines konkreten Wertes eines Objekts eine gewisse Menge fest. Diese Mengen sind nicht einmal für die Grundmodi gleichmächtig: der Modus **boolean** läßt nur zwei verschiedene Werte zu, der Modus **int** weit mehr, z. B. können es für eine gegebene Ziffernmaschine alle ganzen Zahlen aus dem Intervall $[-2^{32}, 2^{31} - 1]$ sein. Jedes interne Objekt hat jedoch in einem festen Zeitpunkt von den Werten, die der Modus dieses Objekts zuläßt, nur einen konkreten Wert.

Den Zugriff zu einem internen Objekt kann man in ALGOL 68 auf zweierlei Weise erreichen: entweder durch ein externes Objekt (z. B. einen Identifikator), von dem das interne Objekt besessen wird, oder durch ein anderes internes Objekt (Namen), das auf dieses interne Objekt verweist, wobei für einige interne Objekte beide Wege möglich sind.

Das Analogon zum Begriff einer Variablen ist in ALGOL 68 ein Paar von externen Objekten (Name, Objekt, auf das der Name verweist) und das Analogon zum Begriff einer Konstanten ein Paar (externes Objekt, internes Objekt, welches von dem externen Objekt besessen wird). So ist ein Indentifikator, der einen Namen besitzt, welcher auf ein internes Objekt verweist, das Analogon eines Identifikators einer Variablen. Ein Identifikator, der ein internes Objekt besitzt, dessen konkreter Wert eine Zahl ist, ist das Analogon eines Identifikators einer Zahlenkonstanten.

Bei einer Substitution auf der linken Seite des Zeichens := kann nur ein solches externes Objekt auftreten, das einen Namen besitzt (z. B. ein Identifikator einer Variablen).

Zum besseren Verständnis der oben eingeführten Begriffsbildungen betrachten wir vier typische Situationen.

---

[1]) Außerdem tritt noch ein Modus **format** auf, der bei unseren Betrachtungen keine Rolle spielt.

(S1) Deklaration
Schreiben wir im Programm
**int** *i*;,
so führt das während der Ausführungen dieses Programms zu einer Aktion, die aus folgendem besteht:
(1) der Bildung eines internen Objekts mit dem Modus **ref int**, welches vom externen Objekt *i* besessen wird;
(2) der Bildung eines internen Objekts mit dem Modus **int**, auf den der Name verweist, den der Identifikator *i* besitzt.

(S2) Deklaration mit Wertzuweisung
Schreiben wir im Programm
**int** *i1* := *1*;,
so führt das während der Ausführung dieses Programms zu einer Aktion, die darin besteht, daß außer der Bildung derselben internen Objekte wie unter (S1) dem internen Objekt mit dem Modus **int** der ganzzahlige Wert 1 zugewiesen wird.

(S3) Deklaration einer Konstanten
Schreiben wir im Programm
**int** *ic* = *i1*;,
so führt das während der Ausführung dieses Programms zu einer Aktion, die darin besteht, daß ein internes Objekt mit dem Modus **int** gebildet wird, das der Identifikator *ic* besitzt. Der konkrete Wert dieses Objekts ist der konkrete Wert des internen Objekts mit dem Modus **int**, auf den der Name verweist, den schon der Identifikator *i1* besitzt.

(S4) Deklaration der Äquivalenz von Namen
Schreiben wir im Programm
**ref int** *ir* = *i*;,
so führt das während der Ausführung dieses Programms zu einer Aktion, die darin besteht, daß ein internes Objekt mit dem Modus **ref int** gebildet wird, das der Identifikator *ir* besitzt. Dieser Name verweist auf dasselbe interne Objekt mit dem Modus **int**, auf das der Name verweist, den der Identifikator *i* besitzt.

Bemerkung. In den obigen Beispielen stützen wir uns auf die sogenannte *erweiterte Sprache* ALGOL 69. In der *Grundsprache* ist (S1) ein Spezialfall von (S4).

Wie man sieht, entstehen während der Ausführung des Programms in jeder der vier Situationen neue interne Objekte (die Identifikatoren *i* in (S1), *i1* in (S2), *ic* in (S3) und *ir* in (S4) besitzen diese Objekte). In allen Situationen außer (S3) haben die internen Objekte, die von den eingeführten Identifikatoren besessen werden, den Modus **ref int**. Es sind also folgende Substitutionen zugelassen:

(P1) *i* := *5* ;
(P2) *i1* := *i1* + 1 ;
(P3) *ir* := *7* ;

dagegen kann *ic* := *3* nicht in ein Programm in ALGOL 68 eingehen (natürlich im Gültigkeitsbereich der Deklaration der Konstanten *ic*).

Wir bemerken zum Schluß, daß im Ergebnis der Aktion, die die Ausführung von (P1) ist, sowohl die Relation *i* = *5* als auch die Relation *ir* = *5* wahr ist, wenn die Substitution (P1) im Gültigkeitsbereich der Deklarationen (S1) und (S4) vorkommt. Unter ähnlichen Voraussetzungen sind nach der Ausführung der Substitution (P3) sowohl *ir* = *7* als auch *i* = *7* wahr. Die Deklaration (S4) legt fest, daß die internen Objekte, die von *i* und *ir* besessen werden, auf dasselbe Objekt mit dem Modus **int** verweisen werden. Die Ausführung der Substitution (P2) ändert nicht die Richtigkeit von *ic* = 1, denn *ic* besitzt im ganzen Gültigkeitsbereich der Deklaration (S3) ein internes Objekt mit dem Modus **int** und mit dem Wert, den man ihm während der Ausführung der Deklaration zugewiesen hat.

ALGOL 68 sieht zwei Gruppierungsarten von internen Objekten vor. Die erste Art, die zur Erzeugung von *strukturierten Werten* (Strukturen)[1]) führt, dient zur Gruppierung von Objekten mit beliebigen (also möglicherweise unterschiedlichen) Modi. Die zweite Art dagegen, die zur Erzeugung von *Mehrfachwerten* führt, dient zur Gruppierung von Objekten desselben Modus. Bevor wir die beiden Arten einzeln erörtern, lohnt es sich, auf den Hauptunterschied im Mechanismus der Auswahl von Objekten innerhalb der entstehenden Gruppierungen hinzuweisen. Die Objekte, die in die Zusammensetzung eines Mehrfachwertes eingehen, werden *Elemente des Mehrfachwertes* genannt und durch Angabe einer ganzen Zahl, genannt *Index des Elements*, ausgewählt (statt einer Zahl kann z. B. ein Ausdruck angegeben werden, der einen ganzzahligen Wert hat). Die Objekte, die in die Zusammensetzung einer Struktur eingehen, werden *Felder der Struktur* genannt und durch Angabe eines sogenannten *Feldselektors* ausgewählt. Ein Feldselektor, der ein externes Objekt ist, von dem kein internes Objekt besessen wird, hat dieselbe Gestalt wie ein Identifikator, d. h., er ist eine Folge von Buchstaben und Ziffern, die mit einem Buchstaben beginnt.

Im Zusammenhang mit den unterschiedlichen Auswahlmechanismen entsteht ein wesentlicher Unterschied im Anwendungsbereich beider Gruppierungsarten von Objekten. Es geht nämlich um folgendes: Haben wir mit einer Datenstruktur zu tun, die man sowohl als Mehrfachwert als auch als Struktur darstellen kann, so kann ein Vorziehen der Darstellung als Struktur dadurch bedingt sein, daß die Felder der Struktur schon während der Übersetzung des Programms ausgewählt werden können. Die Elemente des Mehrfachwertes dagegen werden dynamisch ausgewählt, d. h. während der Ausführung des Programms.

***Strukturen***

Die Einführung einer Struktur einer bestimmten Bauart ist mit der Modusdeklaration zur Interpretation der Objekte, die Teil dieser Struktur sind, verbunden.

---

[1]) Der hier verwendete Begriff „Struktur“ ist nicht zu identifizieren mit dem Begriff „Datenstruktur“.

Eine solche Deklaration hat folgende Gestalt:

$$\textbf{struct}\ \mathcal{T} = (\mathcal{T}_1\mathcal{S}_1, \ldots, \mathcal{T}_n\mathcal{S}_n),$$

wobei $\mathcal{T}, \mathcal{T}_1, \ldots, \mathcal{T}_n$ Bezeichnungen der Modi und $\mathcal{S}_1, \ldots, \mathcal{S}_n, \mathcal{S}_i \neq \mathcal{S}_j$, Bezeichner von Feldselektoren sind. Die obige Deklaration führt einen neuen Modus zur Interpretation der Objekte, nämlich $\mathcal{T}$ ein. Die Objekte dieses Modus werden Strukturen mit $n$ Feldern sein, die einzelnen Felder werden die Modi $\mathcal{T}_1, \ldots, \mathcal{T}_n$ haben und die Bezeichner $\mathcal{S}_1, \ldots, \mathcal{S}_n$ werden die Felder auswählen.

Wenn $\mathcal{T}_i = \mathcal{T}_{i+1} = \cdots = \mathcal{T}_{i+k}$ gilt, so kann man die Modusdeklaration abkürzen:

$$\textbf{struct}\ \mathcal{T} = (\mathcal{T}_1\mathcal{S}_1, \ldots, \mathcal{T}_{i-1}\mathcal{S}_{i-1}, \mathcal{T}_i\mathcal{S}_i, \mathcal{S}_{i+1}, \ldots$$
$$\ldots, \mathcal{S}_{i+k}, \mathcal{T}_{i+k+1}\mathcal{S}_{i+k+1}, \ldots, \mathcal{T}_n\mathcal{S}_n).$$

Beispiel

Wenn wir einen Modus zur Interpretation von Paaren von reellen Zahlen als komplexe Zahlen einführen wollen, so können wir schreiben

**struct compl** = (**real** *re*, *im*) .

Die Variablen und Konstanten mit dem Modus $\mathcal{T}$ führen wir genauso ein wie oben in den Beispielen (S1) bis (S4). Zum besseren Verständnis dessen, was bei der Ausführung derartiger Deklarationen geschieht, betrachten wir eine Deklaration einer Variablen mit dem Modus **compl**

**compl** *z*;

Das externe Objekt *z* (Identifikator) besitzt ein internes Objekt mit dem Modus **ref compl**, das auf ein internes Objekt mit dem Modus **compl** verweist, welches aus zwei Feldern mit dem Modus **real** besteht. Verbinden wir einen Feldselektor mit einem Identifikator (z. B. *re* **of** *z*), so erhalten wir ein externes Objekt, von dem ein internes Objekt mit dem Modus **ref real** besessen wird, welches auf das Feld verweist, das durch *re* aus der Struktur *z* ausgewählt wird. Wenn wir nicht eine Variable, sondern eine Konstante deklarierten (wie oben in (S3)), **compl** *z1* = = *z*, wobei *z* der Identifikator einer Variablen mit dem Modus **compl** ist, so wäre das interne Objekt, das vom externen Objekt mit dem Modus *re* **of** *z1* besessen wird, nicht der Name des Feldes, sondern das Feld selbst. Denn das interne Objekt, das von *z1* besessen wird, wäre nicht der Name, sondern das Objekt selbst mit dem Modus **compl**. Wir könnten also für *re* **of** *z1* nichts einsetzen.

Da Modi, die mit **ref** beginnen, Modi von Felstrukturen sein können, gestatten die Strukturen von ALGOL 68, die aus dem Abschn. 6 her bekannten Notationen von Datenstrukturen zu modellieren. Wir betrachten z. B. eine Modusdeklaration:

**struct Liste** = (**string** *Inhalt*, **ref Liste** *Nachfolger*);

und eine Deklaration von Variablen dieses Modus:

**Liste** *a*, *b*, *c*, *d*;

Als Aktion, die die Ausführung dieser beiden Deklarationen ist, wird die Entstehung von vier Strukturen mit dem Modus **Liste** und (zunächst) nichtbekannten

Werten sein. Wir führen jetzt die Substitutionen aus:

*Nachfolger* **of** *a* := *b*;
*Nachfolger* **of** *b* := *c*;
*Nachfolger* **of** *c* := *d*;
*Nachfolger* **of** *d* := **nil**;

Da der Modus der internen Objekte, die von *b*, *c* und *d* besessen werden, derselbe ist wie der Modus der Felder *Nachfolger* **of** *a*, *Nachfolger* **of** *b*, und *Nachfolger* **of** *c*, so sind die konkreten Werte dieser internen Objekte, d. h. die Verweise auf die Objekte *b*, *c* und *d* vom Modus **Liste** als Werte den entsprechenden Feldern zugewiesen. Das Symbol **nil**, das in der letzten Substitution auftritt, ist ein universelles „Endzeichen". Ein internes Objekt, das von **nil** repräsentiert wird, ist von einem derartigen Modus, daß „es immer paßt".

Wir erhielten auf diese Weise eine Einwegliste. Wenn wir diese Liste in einen Einwegring ändern wollten, dann hätten wir geschrieben *Nachfolger* **of** *d* := *a* oder (etwas phantastisch, aber vollkommen richtig):

*Nachfolger* **of** *Nachfolger* **of** *Nachfolger* **of** *Nachfolger* **of** *a* := *a* .

Als Übung für den Leser legen wir folgende Deklaration vor:

**struct pandora** = ($\mathcal{T}$ *a*, **pando** *p*);
**struct pando** = ($\mathcal{T}$ *a*, **pan** *p*);
**struct pan** = ($\mathcal{T}$ *a*, **ref pandora** *Nachfolger*);
**pandora** $\mathcal{P}$;

Es soll gezeigt werden, daß

*a* **of** *P* , *a* **of** *p* **of** *P* und *a* **of** *p* **of** *p* **of** *P*

auf die Werte mit dem Modus $\mathcal{T}$ verweisen, während

*a* **of** *p* **of** *p* **of** *p* **of** *P*

eine sinnlose Fusion von Zeichen ist.

Bemerkung. Die Deklarationen der Strukturen im obigen Beispiel sind völig richtig.

In ALGOL 68 können wir den Strukturen Werte entweder simultan, d. h. allen Feldern gleichzeitig oder jedem Feld einzeln, zuweisen. Die Klausel *z* := (*3.14*, *2.72*) ist ein Beispiel für eine simultane Zuweisung von konkreten Werten beiden Feldern der Struktur *z*, während die Klauseln *re* **of** *z* := *3.14*; *im* **of** *z* := *2.72* ein Beispiel für die zweite Möglichkeit sind.

### *Mehrfachwerte*

Alle Elemente eines jeden Mehrfachwerts sind — wie wir früher gesagt haben — von demselben Modus.

Die Deklaration eines Mehrfachwerts (wir betrachten nur das Entsprechende des Falles (S1), obwohl die übrigen Situationen auch zulässig sind) hat die Gestalt

$$[\mathcal{L}_1 : \mathcal{U}_1, \ldots, \mathcal{L}_n : \mathcal{U}_n]\ \mathcal{T}\mathcal{W} ,$$

in der der in den eckigen Klammern enthaltene *Deskriptor* aus einer Folge von Grenzenpaaren[1]) besteht, $\mathcal{T}$ den Modus der Elemente des Mehrfachwerts bezeichnet und $\mathcal{W}$ den Identifikator des Mehrfachwerts.

Die einzelnen Grenzenpaare bestimmen die Anzahl der Schichten eines Mehrfachwerts in den entsprechenden Dimensionen und definieren ihre Numerierung. Die Ausführung der Deklaration [*3*:*7*, *15*:*20*] **real** *A* bewirkt die Erzeugung des Mehrfachwerts *A*, der aus fünf Schichten der ersten Dimension besteht, von denen jede je sechs Schichten der zweiten Dimension (Elemente) enthält. Die Schichten der ersten Dimension sind numeriert mit 3, 4, 5, 6, 7 und die Schichten der zweiten Dimension mit 15, 16, 17, 18, 19, 20. Die Elemente des Mehrfachwerts *A* haben den Modus **real**.

In ALGOL *68* betrachtet man Variablen mit einem Mehrfachwertmodus. Die Variable *A*, die durch obige Deklaration eingeführt worden ist, ist eben eine derartige Variable und kann in Klauseln, z. B. $A := B$, auftreten, wenn *B* eine Variable mit demselben Modus ist, d. h. ein zweidimensionaler Mehrfachwert, der ebensoviel Schichten hat wie *A* in seinen beiden Dimensionen. Diese Schichten sollten überdies genauso numeriert sein, d. h., im Falle der Deklaration [*4*:*8*, *13*:*18*] **real** *B* wäre die Klausel $A := B$ nicht zulässig.

Um den Aufbau von Mehrfachwerten komplizierteren Anwendungen anzupassen, sehen die Autoren von ALGOL 68 vor, daß man außer den festgelegten Werten von Grenzenpaaren (solchen wie in den angegebenen Beispielen und solchen, die wir erhalten, wenn wir Grenzenpaare aus arithmetischen Ausdrücken bilden), sogenannte *flexible Grenzenpaare*, benutzen kann. Es gibt zwei Arten von flexiblen Grenzenpaaren.

Die erste Art drückt sich dadurch aus, daß wir nach dem Wert des Elements des Grenzenpaares das Symbol **flex** schreiben. Das bedeutet, daß der entstehende Mehrfachwert eine Anzahl von Schichten entsprechender Dimension hat, und zwar eine solche, wie sie sich aus dem gegebenen Wert ergibt. Aber diese Anzahl kann sich während der Ausführung des Programmteils ändern, in dem die betrachtete Deklaration gültig ist. Der letzte Satz unterstreicht die Differenzen zwischen der Veränderung des Umfangs (Anzahl der Schichten) eines Mehrfachwerts in ALGOL 68 und der Veränderung des Umfangs von Tabellen in ALGOL 60. Wir bemerken, daß Mehrfachwerte mit flexiblen Grenzen die Speicherverwaltung erheblich belasten. Sie sind faktisch dynamische reguläre Datenstrukturen und erfordern entsprechende Speicherreservierungsarten.

Beispiel

[*1*:*10* **flex**] **int** *I* ist eine Deklaration eines Mehrfachwerts, der anfangs zehn Elemente hat; der Mehrfachwert *I* kann später mehr Elemente (mit größeren Nummern als 10) enthalten.

---

[1]) Der Terminus „Grenzenpaar" wird nicht in der Beschreibung von ALGOL 68 benutzt, wir verwenden ihn jedoch wegen der großen Anschaulichkeit und offensichtlichen Ähnlichkeit mit ALGOL 60.

Die zweite Art von Grenzenpaaren tritt in sogenannten *formalen Deklarierern* auf, die zum Definieren (Deklarieren) eines Modus dienen. Formale Deklarierer werden z. B. bei der Spezifikation des Modus von formalen Parametern in Prozedurdeklarationen[1]) benutzt und in Deklarationen, die in der Grundsprache ALGOL 68 ausgedrückt werden.

Der Deklarierer [**flex**:**flex**] **real** legt gewissermaßen das gemeinsame Skelett der Modi von eindimensionalen Mehrfachwerten fest, und zwar mit beliebigen Grenzen und Elementen vom Modus **real**. Dagegen legt der Deklarierer [*1*:**flex**] **real** das gemeinsame Skelett der Modi von eindimensionalen Mehrfachwerten mit beliebiger Anzahl von Elementen vom Modus **real** fest, die aber von 1 aufwärts numeriert sind.

Bemerkung. Die Notation [**flex**:**flex**] kann man in kurzer Form darstellen als [], ähnlich kann man für [**flex**:**flex**, **flex**:**flex**] kurz [,] schreiben.

Da wir in ALGOL 68 Namen von Mehrfachwerten an Prozeduren übergeben können, kann es nötig sein, den Charakter der einzelnen Grenzen (fest oder flexibel) und ihre aktuellen Werte zu untersuchen. Dazu dienen die speziellen Operationen **lwb**, **upb**, **lws**, **ups**, deren Wirkungsweise die Klauselbeispiele

$$i := n\ \mathbf{lwb}\ A;\quad j := n\ \mathbf{upb}\ A;\quad lo\ 1 := n\ \mathbf{lws}\ A;\quad lo\ 2 := n\ \mathbf{ups}\ A$$

erläutern. Als Ergebnis dieser Klauseln erhält *i* den Wert des laufenden Werts der unteren Grenze der *n*-ten WSchicht des Mehrfachwerts *A*, *j* — der oberen Grenze dieser Schicht (wenn diese Werte definiert sind). Die logischen Variablen *lo 1* und *lo 2* nehmen den Wert **true** an, wenn entsprechend die untere und obere Grenze der *n*-ten Schicht des Mehrfachwerts *A* konstante Werte haben, **false** in den anderen Fällen.

Wir betrachten die Deklaration

$$[1{:}100, 1{:}100]\ \mathbf{real}\ X;$$

Die Elemente des Mehrfachwerts erhalten wir genauso wie in ALGOL 60, indem wir *X*[*i*, *j*] schreiben. Aber in ALGOL 68 können wir auch *Ausschnitte* (*slices*) eines Mehrfachwertes erhalten. Schreiben wir beispielsweise *X*[*1*, *1*:*100*], so erhalten wir alle einhundert Elemente der Schicht der ersten Dimension. Schreiben wir aber *X*[*3*:*5*, *1*:*4*], so erhalten wir einen zweidimensionalen Mehrfachwert, der drei Schichten der ersten Dimension enthält, die je vier Elemente (Schichten der zweiten Dimension) zählen. Das sind konkret die folgenden Elemente:

$$\begin{array}{l} X[3,1],\ X[3,2],\ X[3,3],\ X[3,4] \\ X[4,1],\ X[4,2],\ X[4,3,\ X[4,4] \\ X[5,1],\ X[5,2],\ X[5,3],\ X[5,4] \end{array}$$

Die Bildung von Ausschnitten aus einem Mehrfachwert gestattet es, die Werte von Teilen von Mehrfachwerten anderen Mehrfachwerten zuzuweisen. Um diesen Prozeß noch leistungsfähiger zu machen, führt man einen speziellen Opera-

[1]) Die hier benutzte Terminologie knüpft mehr an ALGOL 60 als an ALGOL 68 an.

tor **at** ein, der die Grenzen der Numerierung verschiebt. Bei der obigen Deklaration zum Beispiel enthält der Ausschnitt *X*[*2*, *7*:*12* **at** *5*] die Elemente, die in der zweiten Dimension numeriert sind, von *5* an: [*2*, *5*], [*2*, *6*], [*2*, *7*], [*2*, *8*], [*2*, *9*], [*2*, *10*]. Wenn wir bei der Bildung eines Ausschnitts keinen Wert angeben, von dem aus die Elemente des entstehenden Mehrfachwerts zu numerieren sind, so nimmt man an, daß ihre Numerierung mit 1 beginnt.

Bemerkung. Es ist daran zu denken, daß die Numerierung, die sich aus der Anwendung des Operators **at** ergibt, in dem erzeugten Ausschnitt verbindlich ist, in den die aus dem Ausgangsmehrfachwert gemäß den angegebenen Indexpaaren (in diesem Kontext *Trimmer* genannt) fixierten Elemente eingehen.

Beispiel

Die Ausführung des Programmteils

```
[1:n] real x1, y1;
. . . . . . . . . . . . . . . .
y1[1:n - 1] := x1[2:n];
y1[n] := x1[1];
x1 := y1;
```

in dem die Wertzuweisung zu den Elementen des Mehrfachwerts *x1* punktiert ist, bewirkt eine zyklische Permutation der Elemente *x1*. In der ersten Klausel tritt auf der rechten Seite des Zeichens := der Ausschnitt des Mehrfachwerts *x1* auf. Da es dort keinen Operator **at** gibt, werden sie numeriert von 1 bis $n - 1$, d. h., man erhält eine Übereinstimmung mit der Numerierung der Elemente des aus *y1* auf der linken Seite vom Zeichen := gebildeten Ausschnitts. Die zweite Klausel ordnet den Wert[1]) des ersten Elements des Mehrfachwerts *x1* dem letzten Element des Mehrfachwerts *y1* zu, und die letzte Klausel gibt die permutierten Werte dem Mehrfachwert *x1* zurück. In anderen Programmiersprachen (z. B. in ALGOL 60) wäre zur Ausführung einer derartigen zyklischen Permutation der Aufbau eines zyklischen Programmstücks (z. B. durch eine Laufanweisung) erforderlich[2]).

## 7.2. Datenstrukturen in speziellen Programmiersprachen

Wir veranschaulichen jetzt die Behandlung von Datenstrukturen in einigen speziellen Programmiersprachen, die Operationen mit nichtregulären Strukturen angepaßt sind. Die bekannteste dieser Sprachen ist LISP [75], die wir deshalb hier übergehen. Die Anzahl derartiger Sprachen ist sehr groß, und sie vergrößert sich mit jedem Jahr (eine von Frau SAMMET im Jahre 1967 zusammengestellte

---

[1]) Wenn wir hier vom Wert eines Elements sprechen, so denken wir an konkrete Werte von Objekten, auf die interne Objekte verweisen, die von den Elementen des Mehrfachwerts besessen werden.

[2]) Anmerkung des Herausgebers: Das Konzept des *slices* stellt eine Erweiterung des Konzepts der Strukturausdrücke aus PL/1 dar.

Bibliographie, die in der Arbeit [3] enthalten ist, umfaßt einige Dutzend derartiger Sprachen). Zwei dieser Sprachen sind von polnischen Autoren geschaffen worden: LOGOL [3] von J. Mysior und S. Waligórski sowie EOL [48] von L. Łukasziewicz.

Die Auswahl der hier behandelten Sprachen wurde so getroffen, daß die charakteristischsten Merkmale des Gegenstandes erörtert werden. Sie beschränkt sich daher auf frühere Sprachen, da die später entstandenen im großen Maße die einzelnen in den Sprachen der „ersten Generation"[1]) enthaltenen Konzeptionen benutzten. Da die die Sprachen beschreibenden Originalpublikationen von Autoren geschrieben sind, die (manchmal äußerst) verschiedenen „Schulen" angehören, sind Fragen der Abstimmung der Terminologie und auch der Darstellungsart leider nicht nebensächlich. In der vorliegenden Übersicht machen wir Gebrauch von den beiden schon erwähnten Übersichtsarbeiten: Bobrow und Raphael [4] (siehe auch den ersten Artikel in der Arbeit [3]) sowie Frau D'Imperio [36].

***IPL (Information Processing Language)***

Die Sprache IPL ist wohl die früheste von den Sprachen, die speziell dafür entworfen worden sind, die Ausführung von Operationen mit nichtregulären Datenstrukturen zu erleichtern. Die verschiedenen Versionen dieser Sprache wurden nach und nach seit dem Jahre 1956 von Newell, Simon, Shaw und Tonge dargestellt. Das Buch [55] enthält die endgültige Definition der Sprache IPL-V. Es erschien zu einem Zeitpunkt, in dem das von den Autoren vorgeschlagene Herangehen am weitesten verbreitet war. Heute sieht man die Sprache IPL (und ihre „Mutationen") schon als veraltet an, vor allem deshalb, weil sie wenig Operationen anbietet, und auch wegen einer relativ geringen Elastizität im Bereich der zugelassenen Strukturnotationen.

Ein grundlegendes Sprachelement für die Darstellung von Strukturarten in der Sprache IPL sind Einwegringe. Die Ringe, die Datenstrukturen repräsentieren, bestehen aus Elementen mit drei Feldern. Eines dieser Felder enthält eine Information, die als Wert der Dateneinheit interpretiert wird. Ein zweites Feld enthält einen Verweis zum nächsten Ringelement (interne Gestalt eines Namens). Ein drittes Feld dient zur Speicherung einer Information, die von den in die Sprache eingebauten Organisationsprozeduren benutzt wird. Der Gehalt des Inhaltsfeldes kann ein entsprechender Repräsentant eines einfachen Wertes, ein Verweis zu einem anderen Ring (interne Gestalt eines Namens) oder ein Verweis zu einer sogenannten *Beschreibungsliste* sein. Diese ist eine Einwegkettenliste, deren Elemente in den Inhaltsfeldern Werte verschiedener Attri-

---

[1]) In einem kurzen Übersichtsartikel unter dem Thema: „Sprachen zur Verarbeitung von Listenstrukturen" (Maszyny Matematyczne, 6, Nr. 5, 1970, S. 3–7), der schon nach der Fertigstellung dieses Abschnitts erschienen ist, stellt Jowita Koncewicz die Sprachen COMIT, IPL, LISP und SLIP dar. Dieser Artikel enthält auch eine Teilbibliographie zu dem Thema.

bute enthalten, die der Dateneinheit zugeschrieben sind, welche sich auf die betrachtete Beschreibungsliste bezieht.

Außer Strukturnotationen in Form von Ringen und Beschreibungslisten sieht die Sprache IPL auch sogenannte *Arbeitsregister* vor, d. h. ausgesonderte Bereiche des internen Speichers, die als Stapelmedien organisiert sind. Die Arbeitsregister sind Programmierern nicht direkt zugänglich. Sie werden aber von den fest eingebauten Hilfsprozeduren benutzt, die zur Bildung neuer Strukturen und anderer Operationen mit Strukturen dienen (z. B. Substitution, Aufsuchen von Daten mit angezeigten Namen oder Attributen).

Die Speicherverwaltung ist in der Sprache IPL auf eine möglichst einfache Art gelöst worden. Die freie Liste verwaltet der Programmierer selbst, indem er ihr bei Bedarf Baumaterial entnimmt und Unbrauchbares nach Möglichkeit wiedergibt. Um die Übersetzung und die Anordnung zur Programmausführung zu erleichtern, ist der interne Speicher in disjunkte Bereiche eingeteilt, die für die Speicherung von Listenniederschriften verschiedener Arten bestimmt sind. Auf diese Weise kann man z. B. allein auf Grund der Adresse eines Elements feststellen, ob es der Beschreibungsliste angehört.

Bei der Programmierung in der Sprache IPL benutzt man ein über hundertelementiges festgelegtes Verzeichnis von Anweisungen, von denen jede eine entsprechende Bedienungsprozedur hervorruft. Die Programmierungstechnik hat also eine Ähnlichkeit mit der Programmierung in der internen Sprache einer Maschine, die in einer konkreten Ziffernmaschine durch den Übersetzer der Sprache IPL realisiert wird.

### *COMIT*

Die Sprache COMIT [15] ist etwa 1959 unter der Leitung von Yngve im Massachussetts Institute of Technology geschaffen worden, und zwar als Hilfsmittel bei Arbeiten, die mit maschineller Übersetzung von Texten in natürlichen Sprachen zusammenhängen. Da das Grundproblem bei einer derartigen Arbeit in der Durchführung einer strukturellen Analyse eines Satzes besteht, ist die Sprache COMIT zur Erleichterung dieses Prozesses entworfen worden. Etwas später wurde COMIT für andere informationsverarbeitende Prozesse angewandt, vor allem für Probleme des Information Retrieval [79]. Der Kern des Information Retrieval ist eine Analyse einer Folge von Symbolen. Diese Analyse wird durch Vergleichen der Komponenten der Folge mit festgelegten Mustern durchgeführt.

Entsprechend der funktionalen Grundvoraussetzung teilt COMIT den Datenspeicher:

(1) *Arbeitsbereich,* der zur Speicherung der analysierten Struktur während der Analyse dient,

(2) Menge sogenannter „*Fächer*“, die dann zur Speicherung von Strukturen (und Unterstrukturen, die während der Analyse entstehen) dienen, wenn das gegebene Objekt keiner Analyse unterliegt und

(3) *Wörterverzeichnis,* d. h. eine Einwegliste von Notationen spezieller Daten, die als Muster bei der Analyse dienen. Unterprogramme, die das Wörterverzeichnis bilden und aktualisieren, ordnen die Daten nach Schlüsseln (am häufigsten alphabetisch). Deshalb sollte man eine im Wörterverzeichnis verteilte Struktur eher als halbreguläre Struktur ansehen.

Eine analysierte Struktur, deren Notation den Arbeitsbereich einnimmt, ist in Form einer Einwegliste dargestellt, wobei alle Elemente auf den Inhaltsfeldern entweder Zeichen oder Wörter des analysierten Textes (aber nicht gleichzeitig Zeichen und Wörter!) enthalten. Das ist also scheinbar eine Struktur vom Rang 1. Zu jeder einfachen Dateneinheit dieser Struktur kann jedoch eine zusätzliche Struktur assoziiert sein, die Informationen über dieses Element enthält. Derartige Strukturen, die in Form von Einweglisten geschrieben sind (auch im Arbeitsbereich), werden identifiziert durch die laufende Nummer der einfachen Daten in der Grundstruktur, auf die sie sich beziehen und können Verweise zu den in Fächern verteilten Strukturen enthalten.

Das Eintragen von Strukturen in Fächer kann entweder elementweise (und dann kann man Elemente an beiden Listenenden hinzufügen) oder mit ganzen Listen erfolgen. Ähnlich kann das Ablesen der Strukturnotation vom Fach entweder global erfolgen, d. h. mit dem ganzen Inhalt des Faches auf einmal, oder mit jedem Element einzeln, aber nur von einer Seite (vom Listenanfang). Außer dem Eintragen und Ablesen sieht man keine anderen Operationen mit Listen in Fächern vor.

Eine im Arbeitsbereich in Form einer Einwegliste dargestellte Struktur kann dagegen verändert werden, indem man sowohl Elemente an beiden Listenenden hinzuschreibt als auch Strukturen für Elemente einsetzt.

Ein Programm in der Sprache COMIT besteht aus einer Folge von Mustern und Anweisungen, die mit einzelnen Mustern assoziiert sind, und aus Organisationsanweisungen, die hauptsächlich zur Eingabe und Ausgabe von Informationen dienen. Die Ausführung eines Programms besteht darin, in der im Arbeitsbereich verteilten Struktur Teile zu erkennen, die mit gegebenen Mustern übereinstimmen und, nach Identifizierung des Musters, die Anweisungen durchzuführen, die diesem Muster entsprechen. Diese Anweisungen können Umgruppierungen der Struktur, Ersetzungen von Dateneinheiten und dergleichen beschreiben.

### *TEMAC*

Die Sprache TEMAC (TExt MAcro Compiler) [36] ist ein Beispiel für eine Sprache, die Operationen mit nichtregulären Datenstrukturen durch ihre teilweise Regularisierung erleichtert. Da die Sprache hauptsächlich für die Anwendung bei Arbeiten bestimmt sein sollte, die mit redaktioneller Bearbeitung von Texten in natürlichen Sprachen zusammenhängen, knüpft ein Teil der Terminologie, die mit der Sprache in Verbindung steht, an einen Verlagswortschatz an.

Ein von TEMAC-Programm betrachteter Text zerfällt in *Kapitel, Sätze* und *Wörter*. Dabei wird eine Struktur vom Rang 3 gebildet und die gleiche strukturelle Tiefe (vgl. Abschn. 3.) erhalten, wenn auch nicht unbedingt die gleiche Breite, d. h. die Gleichmächtigkeit einzelner Unterstrukturen. Die Regularisierung, die durch Einführung festgelegter Strukturniveaus erreicht wird, gestattet es, eine bequemere Benennung von Daten einzuführen, eine gewissermaßen teilweise Systematisierung des Namenraumes[1]). Und zwar numeriert man Daten, ähnlich wie wir es im Abschn. 4.3, für halbreguläre Strukturen getan haben. Außerdem können wir uns auf einzelne Unterstrukturen berufen, sowohl durch Namen entsprechender Daten als auch durch Bildung von zusammengesetzten „Schlüsseln", z. B. „das dritte Wort des zweiten Satzes im achten Kapitel".

Einzelne Buchstaben eines angezeigten Wortes kann man in TEMAC-Programmen durch die Herausnahme (indizierte Adressierung!) aufeinanderfolgender Elemente einer Einwegliste erhalten. Wenn wir also als einfache Werte Repräsentanten einzelner Buchstaben annehmen, so können wir sagen, daß TEMAC-Strukturen vom Rang 4 sind.

Bei der Realisierung von TEMAC auf der Ziffernmaschine IBM 7094 ist die Regularisierung von Datenstrukturen für die Organisierung einer derartigen Verteilungsart ausgenutzt worden, die sich auf die Hierarchie von Tabellen stützt. Die Tabelle der Kapitel enthält die Adressen der Anfänge der Tabellen einzelner Kapitel, die Tabelle der Sätze eines angezeigten Kapitels die Adressen der Anfänge der Tabellen einzelner Sätze dieses Kapitels, die Tabelle der Wörter eines angezeigten Satzes eines angezeigten Kapitels die Adressen der Anfänge von Folgen von Buchstabenrepräsentanten (in disjunkten Speicherbereichen verteilt).

Die Programmierung TEMAC erinnert ein wenig an die Programmierung in COBOL mit dem Unterschied, daß man außer Ausdrücken des TEMAC selbst auch Anweisungen in der Assembler-Sprache des Rechnersystems zuläßt, auf dem TEMAC realisiert worden ist (z. B. die Sprache IBMAP für die Ziffernmaschine IBM 7094).

Die drei behandelten Sprachen bilden Beispiele für drei unterschiedliche Arten des Herangehens, die durch verschiedene Voraussetzungen, die ihre Bestimmung betreffen, bedingt sind. IPL (ähnlich wie z. B. LISP) ist eine Sprache, die speziell zur Beschreibung von Operationen auf nichtregulären Datenstrukturen (Listen) bestimmt ist. Dabei ist IPL eine Sprache von „niedrigem Niveau", die im Hinblick auf die Programmierungsart Maschinensprachen nahesteht und LISP eine Sprache von „hohem Niveau", die algorithmischen Sprachen nahesteht.

---

[1]) Diesen Begriff benutzen wir hier rein intuitiv, obwohl man ihn ganz formal entwickeln könnte.

COMIT, ähnlich wie z. B. SNOBOL [19], [20], ist eine Sprache, die vor allem für die Beschreibung von Operationen auf Symbolketten bestimmt ist. TEMAC schließlich dient zur Beschreibung von allgemeinen Datenaufbereitungsfunktionen.

Wir erwähnten oben Sprachen, die auf der Basis von universellen Sprachen entstanden sind. Es muß noch hinzugefügt werden, daß auch Sprachen geschaffen wurden, die speziell für eine bequeme Speicherverwaltung bestimmt sind. Zu derartigen Sprachen gehören z. B. die Sprache CORAL [40] sowie $L^6$ [73] und auch AED; eine beträchtliche Menge der im Abschn. 6. dargebotenen Informationen stützt sich auf Ideen, die aus diesen Sprachen geschöpft worden sind.

# ANHANG A

## Aufbau eines Plattenspeichers

Es existieren mehrere verschiedene technische Lösungen von Plattenspeichern. Die Unterschiede zwischen den einzelnen Modellen beziehen sich sowohl auf die mechanische Konstruktion (Anzahl und Größe der Platten, Anzahl der Rahmen und der Schreib-/Leseköpfe, Austauschbarkeit oder Nichtaustauschbarkeit sogenannter *Moduln* usw.) als auch auf die Methode der Adressierung der Speicherpositionen.

In diesem Anhang wird in vereinfachter Form der Aufbau eines Plattenspeichers beschrieben, der den serienmäßig produzierten Plattenspeichern der Firma IBM (Plattenspeichereinheiten IBM 1405 und IBM 1301) ähnelt.

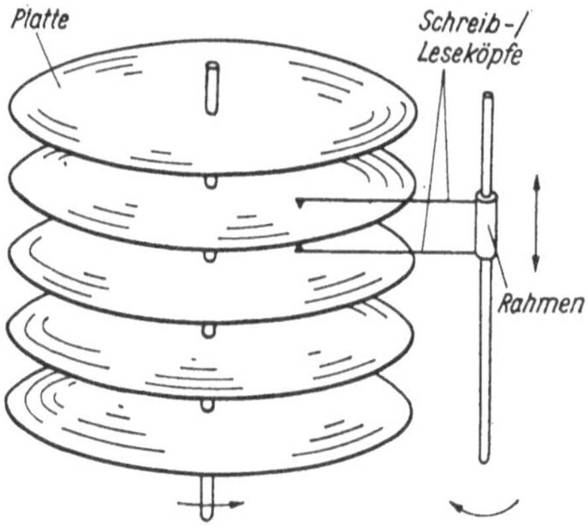


Abb. A1. Schema über den Aufbau eines Plattenspeichers

Ein Plattenspeichermodul setzt sich aus $n$ runden Platten zusammen, die auf beiden Seiten mit einem Trägermedium (magnetischer Anstrich) beschichtet sind. Jede Platte hat also zwei Seiten, die im Modul in der Reihenfolge von 0 bis $2n - 1$ numeriert werden, so daß sich auf der ersten Platte die Seiten 0 und 1, auf der zweiten die Seiten 2 und 3 usw. befinden.

Das Schreiben und Lesen von Information führen *Schreib-/Leseköpfe* aus, die auf einem *Rahmen* angebracht sind (Abb. A1). Der Rahmen ist mit zwei Schreib-/Leseköpfen ausgestattet. Nachdem die Lage des Rahmens festgelegt ist, der sich entlang einer zur Modulachse parallelen Achse bewegen und sich „in das Innere“ zwischen die Platten senken kann, befindet sich ein Schreib-/Lesekopf auf der ausgewählten Platte und der andere unter dieser. Somit sind beide Seiten der Platte gleichzeitig für die Übertragung von Informationen zugänglich.

Infolge der Rotationsbewegung der Platte bei einer festen Lage des Rahmens „beschreibt" der Schreib-/Lesekopf einen kreisförmigen Streifen auf der Oberfläche der Seite. Da der Rahmen *m* feste Lagen einnehmen kann, existieren auf jeder Plattenoberfläche *m* solche Streifen, die *Spuren* genannt werden.

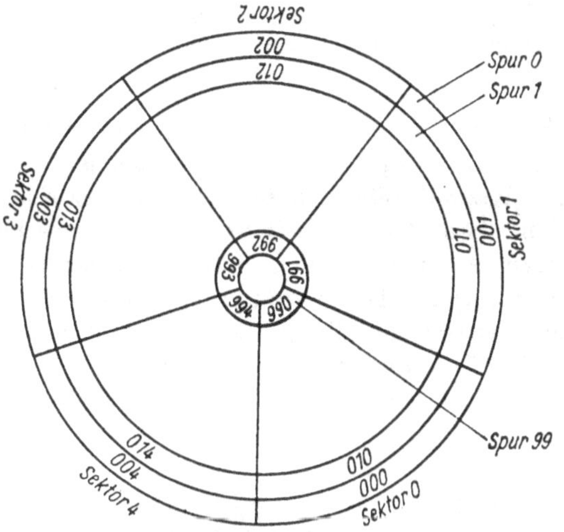


Abb. A2. Schema über die Einteilung einer Seite einer Platte

Die Oberfläche einer Platte (Abb. A2) wird vereinbarungsgemäß in *k* Sektoren eingeteilt. Jedes der $k \times m$ Teile der Plattenoberfläche hat ein gleichgroßen Informationsfassungsvermögen. Das bedeutet, daß die innere (dichter zum Mittelpunkt der Platte gelegenen) Spuren dichter beschrieben werden als die äußeren Spuren.

Im einfachsten Fall der Benutzung eines Plattenspeichers stellt ein solches selbständiges Teil, das aus dem Durchschnitt eines Sektors mit einer Spur entsteht, eine Plattenspeicherzelle dar und enthält ein ganzzahliges Vielfaches von Zellen des operativen Speichers (z. B. 200 Zeichen). Nimmt man an, daß die Nummer (Adresse) einer Zelle als ganze Zahl in einem Positionssystem dargestellt wird (wobei die geringwertigsten Positionen den sich am schnellsten verändernden Teilen entsprechen werden), dann kann man die Zellen des Plattenspeichers einheitlich durchnumerieren.

So entspricht z.B. die Adresse 12853 der Zelle, die im dritten Sektor der fünfundachtzigsten Spur der zwölften Seite liegt.

Wenn in dem Rechnersystem mehr als ein Modul vorhanden sind, so wird die Nummer des Moduls als wichtigste Gruppe von Ziffern der Adresse der Zellen berücksichtigt. Die Adresse 203010 wird so z. B. die Zelle bezeichnen, die im nullten Sektor der ersten Spur der dritten Seite im zweiten Modul liegt.

Das gesamte Informationsfassungsvermögen eines Plattenspeichers mit $l$ Moduln beträgt

$$l \text{ Module} \times n \frac{\text{Platten}}{\text{Modul}} \times 2 \frac{\text{Seiten}}{\text{Platte}} \times m \frac{\text{Spuren}}{\text{Seite}} \times k \frac{\text{Sektoren}}{\text{Spur}} \times s \frac{\text{Zeichen}}{\text{Sektor}}$$

$$= 2lnmks \text{ Zeichen} .$$

Wenn man $l = 2$, $n = 25$, $m = 200$, $k = 5$, $s = 200$ annimmt (Werte für die Plattenspeichereinheit IBM 1405), so erhält man als Gesamtfassungsvermögen 20 Millionen Zeichen.

Eine wesentliche Leistungssteigerung bei der Konstruktion eines Plattenspeichers wird durch Erhöhen der Anzahl der Rahmen erreicht. So würden die Rahmen einen „Kamm“ bilden, dessen „Zähne“ zwischen die Platten des Moduls ragen. Wenn dieser Kamm so dicht wäre, daß zwischen je zwei Platten zwei Schreib-/Leseköpfe (einer für die Operation auf der darüberliegenden und der andere für die Operation auf der darunterliegenden Platte) vorhanden wären, so würde man bei einer festen Stellung des Kamms (Versenkung in das Innere des Moduls) ein Zugriff zu allen Spuren des Moduls erreichen, die die gleiche Nummer tragen. Bei einem solchen Plattenspeicher werden die beiden äußeren Seiten des Moduls (mit den Nummern 0 und $2n - 1$) gewöhnlich nicht für die Informationsspeicherug ausgenutzt.

Die Spuren des Moduls, die bei einer bestimmten Stellung des Kamms von den Schreib-/Leseoperationen zugänglich sind, bilden einen *Informationszylinder*. Den gesamten Modul können wir als eine Menge solcher konzentrischer Zylinder ansehen und die Bewegung des Rahmens mit den Schreib-/Leseköpfen als eine Auswahl eines Zylinders.

Das Informationsfassungsvermögen des Zylinders eines Moduls der Plattenspeichereinheit IBM 1301 beträgt 112000 Zeichen (40 Seiten × 2800 Zeichen pro Spur), der gesamte Modul dieses Speichers enthält 250 solcher Zylinder.

Unter Berücksichtigung des relativ großen Fassungsvermögens der Informationszylinder erfährt die oben angegebene Adressierungsmethode oftmals eine Veränderung: Auf die mit der höchsten Wertigkeit (unmittelbar nach der Modulnummer) gelangt die Zylindernummer (die vorher der Spurnummer entsprach), dahinter folgen Seitennummer und Sektornummer. Dann kennzeichnet zum Beispiel 1173122 den zweiten Sektor auf der zwölften Seite des hundertdreiundsiebzigsten Zylinders des ersten Moduls.

Es ist zu bemerken, daß ein Plattenspeicher nicht immer mit Hilfe vorgegebener Regeln adressiert wird, die ein konstantes Fassungsvermögen der Informationspositionen voraussetzen. Insbesondere wird bei einem System der Einteilung eines Moduls in Zylinder zugelassen, daß jede Spur eine eigene Einteilung in Positionen besitzt. In einem Zylindersystem wird diese Einteilung, die für alle Spuren desselben Zylinders gleich ist, auf einer zusätzlichen Seite beschreiben, die *Formatseite* genannt wird. Vom Format der Einteilung der Spuren des Zylinders machen elektronische Systeme zur Erkennung von Anfang und Ende der einzelnen Informationspositionen einer Spur Gebrauch. Diese Methode der Beschreibung von Informationen macht aus dem Plattenspeicher ein nichthomogenes Speichermedium (richtiger gesagt vielleicht ein *quasi*-nichthomogenes Speichermedium).

Einige Standardplattenspeicher (z. B. die Speichereinheit IBM 1301) können sowohl in adressierter Form als auch unter Benutzung einer Formatseite angewandt werden.

# ANHANG B

## Mathematische Ergänzungen

Mengen. Der *Mengenbegriff* ist einer der Begriffe, der in der Mathematik als Grundbegriff angesehen wird. Wir werden ihn daher nicht formal definieren. Häufig definieren wir dagegen konkrete Mengen, z. B. die Menge aller ganzen Zahlen, die Menge aller Buchstaben eines Alphabets.

Die Objekte, die eine Menge bilden, nennt man ihre *Elemente*. Die Tatsache, daß ein Objekt $x$ Element der Menge $X$ ist, bezeichnen wir gewöhnlich mit $x \in X$. Ist $y$ ein Objekt, das nicht zur Menge $X$ gehört, so schreiben wir $y \notin X$.

Als *leere Menge* bezeichnen wir die Menge, die kein Element enthält. Diese Menge symbolisieren wir häufig mit $\emptyset$. Wenn wir hervorheben wollen, daß eine uns interessierende Menge $A$ wenigstens ein Element enthält, d. h. nicht die leere Menge ist, so schreiben wir dafür $A \neq \emptyset$.

Sind zwei Mengen $X$ und $Y$ gegeben, so sind folgende vier Fälle möglich:

(1) Kein Element der Menge $X$ ist gleichzeitig Element der Menge $Y$. Dann sagen wir, die Mengen $X$ und $Y$ sind *disjunkt*.

(2) Für beide Mengen existieren gemeinsame Elemente.

(3) Alle Elemente der Menge $X$ sind gleichzeitig Elemente der Menge $Y$. Dann sagen wir, die Menge $X$ ist *Teilmenge* der Menge $Y$ und schreiben dafür $X \subset Y$.

(4) Alle Elemente der Menge $Y$ sind gleichzeitig Elemente der Menge $X$. Dann sagen wir, die Menge $Y$ ist Teilmenge der Menge $X$, und schreiben dafür $Y \subset X$.

Die Menge aller Teilmengen einer gegebenen Menge $X$ bezeichnen wir mit $2^X$ und nennen sie die *Potenzmenge* der Menge $X$. Elemente der Menge $2^X$ sind insbesondere die Menge $\emptyset$ und $X$. Die Elemente der Menge $2^X$, die von den Mengen $\emptyset$ und $X$ verschieden sind, nennen wir manchmal *eigentliche Teilmengen* der Menge $X$.

Wenn die Fälle (3) und (4) gleichzeitig eintreten, so bezeichnen $X$ und $Y$ dieselbe Menge. Dafür schreiben wir $X = Y$. In der Mathematik benutzen wir häufig für die Redeweise *wenn ... so* das Symbol $\Rightarrow$ und statt des Bindewortes *und* das Symbol $\wedge$. Wir können also schreiben

$$(X \subset Y \wedge Y \subset X) \Rightarrow (X = Y)$$

Ähnlich benutzen wir häufig für das Bindewort *oder* das Symbol $\vee$ und für die Redeweise *genau dann, wenn* das Symbol $\Leftrightarrow$.

Operationen mit Mengen. Eine ausgezeichnete Abkürzung für viele Aussagen erreichen wir, wenn wir Operationen mit Mengen einführen. Statt von der Menge der Objekte zu sprechen, von denen jedes Objekt Element der Menge $X$ oder Element der Menge $Y$ ist (was nicht ausschließt, daß es gleichzeitig Element beider Mengen ist), sprechen wir von der *Vereinigungsmenge* der Mengen $X$ und $Y$ oder von der *mengentheoretischen Summe* der Mengen $X$ und $Y$. Die Operation der Vereinigung von Mengen bezeichnen wir mit dem Symbol $\cup$. Benutzt man die eingeführte Symbolik, so kann man dafür schreiben

$$z \in X \cup Y \Leftrightarrow z \in X \vee z \in Y .$$

*Mengentheoretisches Produkt* der Mengen $X$ und $Y$ oder *Durchschnitt* dieser beiden Mengen nennen wir die Menge aller Objekte, die sowohl Elemente der Menge $X$ als auch Elemente der Menge $Y$ sind. Die Operation des Durchschnitts von Mengen bezeichnen wir mit dem Symbol $\cap$. Wir schreiben also

$$z \in X \cap Y \Leftrightarrow z \in X \wedge z \in Y .$$

Aus obigen Definitionen folgt, daß $X \cap Y = Y \cap X$ und $X \cup Y = Y \cup X$ ist. Sind die Mengen $X$ und $Y$ disjunkt, so ist ihr Durchschnitt leer, wofür wir $X \cap Y = \emptyset$ schreiben. Ist dagegen wenigstens eine der Mengen $X$ und $Y$ nicht leer, so ist ihre Vereinigung nicht leer. Anders ausgedrückt

$$(X \cup Y = \emptyset) \Leftrightarrow (X = \emptyset \wedge Y = \emptyset)$$

Die Menge der Elemente, die zur Menge $X$, aber nicht zur Menge $Y$ gehören, nennen wir *nichtsymmetrische Differenz der Mengen* $X$ und $Y$ und bezeichnen sie mit $X \setminus Y$. Wir haben also

$$z \in X \setminus Y \Leftrightarrow z \in X \wedge z \notin Y .$$

Allgemein ist offensichtlich $X \setminus Y \neq Y \setminus X$. Man führt jedoch mitunter auch die *symmetrische Differenz* von Mengen ein (das Symbol der entsprechenden Operation ist $\dot{-}$), die wie folgt definiert ist:

$$z \in X \dot{-} Y \Leftrightarrow z \in X \cup Y \wedge z \notin X \cap Y$$

und für die $X \dot{-} Y = Y \dot{-} X$ gilt.

Bilden wir bei gegebenen Mengen $X$ und $Y$ diejenige Menge, die aus allen derartigen Paaren von Objekten besteht, deren erstes Element der Menge $X$ und deren zweites Element der Menge $Y$ angehört, so nennen wir diese Menge das *kartesische Produkt* der Mengen $X$ und $Y$ und schreiben dafür $X \times Y$. Um die Definition für das kartesische Produkt in symbolischer Form hinzuschreiben, benutzen wir noch eine Abkürzung der mathematischen „Stenographie". Die Redeweise *die Menge aller x, für die gilt* ... ersetzen wir durch $\{x: ...\}$ (in einigen einfachen Fällen, in denen wir alle Elemente der Menge explizit aufzählen, verwenden wir die Bezeichnung $\{\cdots\}$, in der anstelle der Punkte die Liste der Elemente der Menge auftritt, z. B. ist $\{a\}$ eine einelementige Menge, die aus dem Objekt $a$ besteht). Die Definition des kartesischen Produkts können wir jetzt wie folgt schreiben

$$X \times Y = \{(x, y) \colon x \in X \wedge y \in Y\} .$$

Die Operationen der Vereinigung, des Durchschnitts und des kartesischen Produkts von Mengen können wir verallgemeinern.

In diesem Buch verwenden wir häufig die abkürzenden Bezeichnungen

$$\bigcup_{i=1}^{n} X_i \text{ für } X_1 \cup X_2 \cup \cdots \cup X_n \qquad \text{und} \qquad \bigcap_{i=1}^{n} X_i \text{ für } X_1 \cap X_2 \cap \cdots \cap X_n .$$

Es ist offenbar

$$z \in \bigcup_{i=1}^{n} X_i \Leftrightarrow (z \in X_1 \vee z \in X_2 \vee \cdots \vee z \in X_n)'$$

und

$$z \in \bigcap_{i=1}^{n} X_i \Leftrightarrow (z \in X_1 \wedge z \in X_2 \wedge \cdots \wedge z \in X_n .$$

Abbildungen. Sind $X$ und $Y$ nichtleere Mengen, und ist $p$ eine Vorschrift, nach der jedem Element der Menge $X$ genau ein Element der Menge $Y$ zugeordnet wird, so sagen wir, *$p$ ist eine Abbildung von der Menge $X$ in die Menge $Y$*, oder *$p$ ist eine Funktion von der Menge $X$ in die Menge $Y$*. Für diese verbalen Formulierungen schreiben wir häufig $p \colon X \leftarrow Y$. Das Element $y$ der Menge $Y$, das durch die Funktion $p$ dem Element $x$ der Menge $X$ zugeordnet ist, bezeichnen wir mit $p(x)$, also $y = p(x)$, und nennen es das *Bild* von $x$. Die Teilmenge von $Y$, die aus allen Bildern von Elementen der Menge $X$ (und nur von diesen) besteht, bezeichnen wir mit $p(X)$. Ist $p(X) = Y$, so sagen wir, *$p$ ist eine Abbildung von der Menge $X$ auf die Menge $Y$*.

Sind Abbildungen

$$p \colon X \to Y \qquad \text{und} \qquad q \colon Y \to Z$$

gegeben, so existiert für jedes Element $x \in X$ ein (und nur ein) Element $z \in Z$, so daß $z = q\big(p(x)\big)$ ist. Die Abbildungen $p$ und $q$ definieren also eine neue Abbildung

$$r \colon X \to Z ,$$

so daß $r(x) = q\big(p(x)\big)$ ist. Diese Abbildung nennen wir die *Superposition* der Abbildungen $p$ und $q$ und bezeichnen sie mit $q \circ p$.

Ist eine Abbildung $f$ nur für eine Teilmenge $\hat{X} \subset X$ definiert, so sagen wir, $f \colon \hat{X} \to Y$ ist eine *Teilabbildung der Menge $X$ in die Menge $Y$*. Ist dagegen $g \colon X \to Y$ und wir betrachten nur die durch $g$ definierte Abbildung der Teilmenge $\hat{X} \subset X$, so sagen wir (indem wir $h \colon \hat{X} \to Y$ so definieren, daß $h(x) = g(x)$ für $x \in \hat{X}$ gilt) $h$ ist eine *Einschränkung der Abbildung $g$* auf die Menge $\hat{X}$.

Eine Abbildung $p \colon X \to Y$ heißt *umkehrbar eindeutig*, wenn verschiedenen Elementen der Menge $X$ verschiedene Elemente der Menge $Y$ zugeordnet werden. Eine Abbildung $p$ ist also umkehrbar eindeutig, wenn $(x_1 \neq x_2) \Rightarrow \big(p(x_1)\big) \neq p(x_2)\big)$ für beliebige $x_1 \in X$ und $x_2 \in X$ gilt.

Die Mächtigkeit einer Menge und abzählbare Mengen. Zwei Mengen $X$ und $Y$ heißen *gleichmächtig*, wenn es eine umkehrbar eindeutige Abbildung $p: X \to Y$ von der Menge $X$ auf die Menge $Y$ gibt.

Jeder Menge $X$ ordnet man ein Objekt, genannt *Kardinalzahl* oder *Mächtigkeit* der Menge, zu und bezeichnet es mit $\overline{\overline{X}}$. Diese Zuordnung erfolgt so, daß zwei Mengen $X$ und $Y$ die gleiche Mächtigkeit dann und nur dann zugeordnet wird, wenn die Mengen $X$ und $Y$ gleichmächtig sind.

Ist $X$ eine endliche Menge, die $n$ Elemente enthält, so ist $\overline{\overline{X}} = n$. Ferner sei festgesetzt: $\overline{\overline{\emptyset}} = 0$.

Statt zu sagen, zwei Mengen sind gleichmächtig, können wir auch sagen, daß sie die gleiche Kardinalzahl besitzen.

Endliche Mengen und Mengen, die mit der Menge aller natürlichen Zahlen gleichmächtig sind, heißen *abzählbare Mengen.* Alle abzählbaren unendlichen Mengen sind also von der gleichen Mächtigkeit, die gleich der Mächtigkeit der Menge der natürlichen Zahlen ist. Die Kardinalzahl der Menge der natürlichen Zahlen bezeichnen wir mit $\aleph_0$ (Aleph Null). Man kann zeigen, daß Teilmengen abzählbarer Mengen, Vereinigungen von (endlich vielen) abzählbaren Mengen, Durchschnitte von abzählbaren Mengen und kartesische Produkte von endlich vielen abzählbaren Mengen abzählbare Mengen sind.

Relationen und Ordnungen. *Relationen,* genauer: *zweistellige Relationen* nennt man Teilmengen des kartesischen Produkts zweier Mengen. Sind also Mengen $X$ und $Y$ und eine Teilmenge $R$ ihres kartesischen Produkts $R \subset X \times Y$ gegeben, so sagen wir, $x$ steht in der Relation $R$ zu $y$ (und schreiben dafür $xRy$) dann und nur dann, wenn das geordnete Paar $(x, y) \in R$ ist. Es ist also $xRy \Leftrightarrow (x, y) \in R$.

Wir betrachten eine Relation $R \subset X \times X$. Dann heißt $R$ *reflexiv,* wenn für alle $x \in X$ gilt $xRx$ und *symmetrisch,* wenn für alle $x, y \in X$ gilt $xRy \Rightarrow yRx$. Eine Relation $R$ heißt *irreflexiv,* wenn für kein $x \in X$ $xRx$ gilt und *asymmetrisch* wenn die Bedingungen $xRy$ und $yRx$ sich gegenseitig ausschließen für jedes $x, y \in X$. Eine Relation $R$ heißt *antisymmetrisch,* wenn aus den Bedingungen $xRy$ und $yRx$ für alle Elemente $x, y$ der Menge $X$ $x = y$ folgt. Für eine antisymmetrische Relation haben wir also $(xRy \wedge yRx) \Rightarrow x = y$. Eine Relation $R$ heißt schließlich *transitiv,* wenn $(xRy \wedge yRz) \Rightarrow xRz$ für alle $x, y, z \in X$ gilt.

Ist eine Relation $R$ reflexiv, transitiv und antisymmetrisch, so heißt $R$ eine *Halbordnung* über der Menge $X$. Für $xRy$ schreiben wir in diesem Falle häufig $x \leq y$. Ist eine Relation $R$ eine Halbordnung über der Menge $X$ und erfüllt sie außerdem die Bedingung

$$x \leq y \quad \text{oder} \quad y \leq x \quad \text{für jedes } x, y \in X$$

(*Konnexitätsbedingung*), so heißt sie eine *Ordnungsrelation* über der Menge $X$. In diesem Falle schreiben wir für $xRy$ häufig $x < y$.

Eine durch eine Relation $<$ geordnete Menge nennen wir mitunter eine *Kette.*

Bemerkung. Einige Autoren nennen Halbordnungsrelationen Ordnungsrelationen und Ordnungsrelationen — lineare Ordnungsrelationen.

Relationen und Äquivalenzklassen (Abstraktionsklassen). Ist eine Relation $R \subset X \times X$ reflexiv, symmetrisch und transitiv, so heißt sie *Äquivalenzrelation* über der Menge $X$. Derartige Relationen bezeichnen wir gewöhnlich mit dem Symbol $\approx$.

Mit $||x||$ bezeichnen wir die Menge aller Elemente $y \in X$, die zu dem Element $x \in X$ in der Äquivalenzrelation $\approx$ stehen, d. h.

$$||x|| = \{y: y \in X \wedge x \approx y\}$$

oder anders

$$(y \in ||x||) \Leftrightarrow (x \approx y)$$

für jedes $x, y \in X$.

Die Mengen $||x||$ heißen *Äquivalenzklassen* oder *Abstraktionsklassen* über der Menge $X$ nach der Relation $\approx$.

Man kann zeigen, daß eine beliebige Äquivalenzrelation $\approx$ über der Menge $X \neq \emptyset$ eine Zerlegung der Menge in disjunkte und nichtleere Teilmengen festlegt, und zwar in Abstraktionsklassen nach dieser Relation derart, daß zwei Elemente $x, y$ der Menge $X$ derselben Abstraktionsklasse dann und nur dann angehören, wenn $x \approx y$ ist.

Bemerkung. Eine ausführliche Darstellung der in diesem Anhang eingeführten Begriffe und Operationen sowie viele Beispiele, die diese Begriffsbildungen veranschaulichen, kann man in dem Buch von H. RASIOWA [60] finden. (Siehe Anmerkung [1]) S. 219.)

Relationen und Graphen. Es seien gegeben eine nichtleere Menge $X$ und eine Relation $G$ über $X$. Jedes geordnete Paar von Elementen $x, y \in X$, die zueinander in der Relation $G$ stehen, nennen wir einen *Bogen des Graphen der Relation G* und jedes Element $x \in X$ einen *Knoten des Graphen der Relation G*. Der *Graph einer Relation G* ist also das Paar $(X, U)$, wobei $U$ die Menge aller Bögen des Graphen oder die Menge aller Paare, die in der Relation $G$ stehen, bezeichnet.

Eine Folge (abzählbare Menge) von Bögen mit der Eigenschaft, daß das Ende eines jeden Bogens der Folge (mit Ausnahme vielleicht des letzten Bogens) Anfang des folgenden Bogens ist, nennen wir einen *Weg* im Graphen $(X, U)$. (In dieser Definition verstehen wir unter dem Anfang des Bogens $(x, y)$ den Knoten $x$ und unter seinem Ende den Knoten $y$). Ein endlicher Weg, in dem der Anfangsknoten des ersten Bogens Endknoten des letzten Bogens des Weges ist, heißt ein *Kreis*.

Für den Graphen $(X, U)$ definieren wir eine Relation $\lesssim$ wie folgt:

(1) $x \lesssim x$ für alle $x \in X$

(2) $\mathbf{x} \lesssim y$ für $x \neq y,\ x, y \in X$

dann und nur dann, wenn es einen Weg von $x$ nach $y$ gibt. Die Relation $\lesssim$ ist eine Halbordnungsrelation im Graphen $(X, U)$.

Als *Länge eines Weges* im Graphen $(X, U)$ bezeichnen wir die Anzahl der Bögen der Folge, die den Weg bildet. Ist der Weg unendlich, so nehmen wir $\aleph_0$ als Länge des Weges an.

Jedes Knotenpaar $\{x, y\}$ mit der Eigenschaft, daß $(x, y)$ oder $(y, x)$ ein Bogen ist, heißt *Kante* im Graphen $(X, U)$.

Der Begriff einer Kante unterscheidet sich also von dem Begriff eines Bogens dadurch, daß eine Kante ungerichtet ist. Das Analogon im ungerichteten Falle zum Begriff eines Weges im Graphen $(X, U)$ ist der Begriff einer *Kette*, d. h. einer Folge (abzählbaren Menge) von Kanten mit der Eigenschaft, daß je zwei aufeinanderfolgende Kanten dieser Folge einen gemeinsamen Knoten haben und das Analogon im ungerichteten Falle zum Begriff eines Kreises ist der Begriff eines *Zyklus*, d. h. einer endlichen Kette, in der das erste und letzte Knotenpaar einen gemeinsamen Knoten haben.

Ein Graph $(X, U)$ heißt *zusammenhängend*, wenn je zwei seiner Knoten durch eine Kette verbunden sind.

Einen Graphen, bei dem wir ausschließlich die Menge der Knoten und die Menge der Kanten (aber nicht die Menge der Bögen) betrachten, nennen wir *ungerichtet*.

Bäume und Wurzelbäume. Ein endlicher und zusammenhängender (ungerichteter) Graph heißt Baum, wenn er wenigstens zwei Knoten enthält.

Ein endlicher Graph $(X, Y)$ heißt *Wurzelbaum*, wenn

(1) in jeden Knoten, mit Ausnahme von $x_1$, nur ein Bogen hineingeht;

(2) in den Knoten $x_1$ kein Bogen hineingeht;

(3) $(X, U)$ keine Kreise enthält.

In der obigen Definition verstehen wir unter einem in den Knoten $y \in X$ *hineingehenden* Bogen einen Bogen $u = (x, y)$.

Der in der Definition des Wurzelbaums ausgezeichnete Knoten $x_1 \in X$ heißt *Wurzel*. Jeder Wurzelbaum ist offensichtlich ein Baum.

Bemerkung. Den Leser, der seine graphentheoretischen Kenntnisse erweitern möchte, verweisen wir auf die Arbeit von W. Pulczyn [59][2].

[1]) Anmerkung: Die englischsprachige Ausgabe ist unter dem Titel "Introduction to Modern Mathematics" bei North Holland Publ. Company, Amsterdam 1973, erschienen.

[2]) Anmerkung der Herausgebers: Vgl. etwa: Sachs, H.: Einführung in die Theorie der endlichen Graphen. BSB B. G. Teubner Verlagsgesellschaft, Leipzig 1970.

# BIBLIOGRAPHISCHE ANMERKUNGEN DES AUTORS

Einige Bücher und Artikel beeinflußten den Inhalt dieses Buches mehr als man das durch gewöhnliche an entsprechenden Stellen des Textes gemachte Verweise auf die Originalliteratur ausdrücken kann. Aus diesem Grunde werden sie in dieser Anmerkung einzeln angeführt.

An erster Stelle ist der Artikel „Another Look at Data" von Gorge Mealy [51] zu nennen. Dieser Artikel unterstreicht klarer als irgendeine andere Quelle die Vorteile, die sich aus einer unabhängigen Behandlung von Prozeduren der inhaltlichen Informationsverarbeitung ergeben und aus solchen Prozeduren, die mit Daten als unteilbaren semantischen Einheiten (ohne Berücksichtigung ihrer Werte) operieren. Auf Mealy geht auch der Gedanke zurück, Daten als geordnete Paare zubehandeln und Datenordnungsprobleme auf die Untersuchung einer Komponente derartiger Paare zurückzuführen.

Das berühmte, obwohl sehr schwierig lesbare Buch von K. E. Iverson [38] erlaubte mir, das Wesen vieler Datenordnungsprozeduren zu verstehen.

Die Dissertation von T. A. Standish [72] und die Monographie von Frau D'Imperio [36] lieferten viele interessante Beispiele. Sehr wenige davon habe ich in den Text des Buches aufgenommen. Aber ohne eine Konfrontation meines Herangehens mit diesen beiden Arbeiten, hätte mein Buch nicht die jetzige Form.

Ich benutzte auch viel die (bisher) nicht publizierten Aufzeichnungen aus Vorlesungen über Datenstrukturen von Prof. F. Tonge und Prof. B. Galler.

Diese Anmerkung wäre unvollständig, wenn ich den Leser nicht auf das großartige Werk von Don Knuth [41] aufmerksam machen würde. Der erste Band dieses Werkes gelangte jedoch allzuspät in meine Hände, um eine Vereinheitlichung der Begriffe oder eine genauere Interpretation der Unterschiede zu gestatten.

Ich möchte auch gern hier hinzufügen — obwohl das eigentlich keine bibliographische Information ist — daß eine mehrjährige Tätigkeit in der Arbeitsgruppe ALGOL meinen Gedankengang zweifellos beeinflußt hat. Damals hatte ich die Möglichkeit, mich mit Ansichten vieler hervorragender Persönlichkeiten vertraut zu machen. Ein Verweis auf ALGOL-68-Report [78] erweist ihnen nur teilweise und indirekt, was ihnen gebührt, zumal viele Arbeiten (z. B. die Ergebnisse des Wiener Laboratoriums der Firma IBM) *in statu nascendi* übermittelt wurden und somit vor ihrer Veröffentlichung auf meinen Gedankengang Einfluß ausübten (vgl. z. B. den Artikel [80], der Ergebnisse der Mitarbeitergruppe von Prof. H. ZEMANEK darstellt).

Zum Schluß ist es angebracht zu erwähnen, daß die erste Darstellung der vorgeschlagenen Theorie der Datenstrukturen in einer embryonalen Form in der Arbeit [76] enthalten ist, die auch in der Reihe *Arbeiten des Rechenzentrums der Polnischen Akademie der Wissenschaften* (Nr. 2, 1970) erschienen ist.

# LITERATURVERZEICHNIS DES AUTORS


[1] ACM Sort Symposium. *CACM*, **6**, 1963, pp. 194–282.

[2] BERGE, C.: *Théorie des Graphes et ses Applications.* 2-ème éd. Paris, Dunod 1967.

[3] BOBROW, D. G. (ed.): *Symbol Manipulation Languages and Techniques.* Amsterdam, North-Holland 1968.

[4] BOBROW, D. G., RAPHAEL, B.: A Comparison of List Processing Languages. *CACM*, 7, 1964, pp. 231–240.

[5] BOND, E. et al.: FORMAC — An Experimental Formula Manipulation Compiler. *Proc. ACM Nat. Conf.* 1964 (preprint).

[6] BOROWIEC, J.: Wprowadzenie do języka PL/I. *Problemy przetwarzania informacji.* T. 1. Warszawa, WNT 1970.

[7] BOSAK, R. i in.: An Information Algebra. *CACM*, **5**, 1962, pp. 190–204.

[8] BRANQUART, P., LEWI, J.: *On the Implementation of Local Names in* ALGOL *68.* M.B.L.E. Laboratoire de Recherches, Report R 121, 1969.

[9] BRANQUART, P., LEWI, J.: *A Scheme of Storage Allocation and Garbage Collection for* ALGOL *68.* M.B.L.E. Laboratoire de Recherches, Report R 133, 1970.

[10] BRONSZTEIN, I. N., SIEMIENDIAJEW, K. A.: *Poradnik encyklopedyczny. Matematyka.* Warszawa. PWN 1959.

[11] BURSTALL, R. M.: Data Structures and Induction. *Proc. of the Conference on Mathematical Theory of Computation.* New York 1967 (preprint).

[12] CARTER, W. C.: Mathematical Analysis of Merge-Sorting Techniques. *Proc. IFIP 62 Congress*, pp. 62–66.

[13] CHANDY, K. M., RAMAMOORTHY, C. V.: Optimization of Information Storage Systems. *Information and Control*, **13**, 1968, pp. 509–526.

[14] CHAPIN, N.: Parsing of Decision Tables. *CACM*, **10**, 1967, pp. 507–512.

[15] *COMIT Programmers' Reference Manual.* The Research Laboratory of Electronics and the Computation Centre MIT. Cambridge, Mass., 1961.

[16] DENNING, P. J.: Thrashing: Its Causes and Prevention. *Proc. FJCC* 1968, pp. 915–922.

[17] DRYZEK, H.: *Organizacja pamięci w systemach liczących (problemy podziału).* Warszawa, Centrum Obliczeniowe PAN, PWN 1970.

[18] VAN EMDEN, M. H.: Increasing the Efficiency of Quicksort. *CACM*, **13**, 1970, pp. 563–567 und *ibid.*, Algorithm No. 402, pp. 693–694.

[19] FARBER, D. J., GRISWOLD, R. E., POLONSKY, I. P.: SNOBOL, A String Manipulation Language. *JACM*, **11**, 1964, pp. 21–30.

[20] FARBER, D. J., GRISWOLD, R. E., POLONSKY, I. P.: The SNOBOL 3 Programming Language. *Bell System Technical Journal*, **45**, 1966, pp. 895–944.

[21] FELDMAN, J. A., ROVNER, P. D.: An ALGOL-Based Associative Language. *CACM*, **12**, 1969, pp. 439–449.

[22] FELLER, W.: *An Introduction to Probability Theory and Its Applications.* 2nd ed., Vol. 1. New York, Wiley 1960.

[23] FISHER, F. P., SWINDLE, G. F.: *Systemy programowania maszyny cyfrowej.* Warszawa, WNT 1971.

[24] Fites, P.: Storage Organization and Garbage Collection in ALGOL 68. *Proc. of an Informal Conference on ALGOL 68 Implementation.* University of British Columbia 1969.
[25] Flores, I.: Analysis of Internal Computer Sorting, *JACM*, 8, 1961, pp. 41–80.
[26] Garwick, J. V.: Data Storage in Compilers. *BIT*, 4, 1964, pp. 137–140.
[27] Garwick, J. V.: *Gargoyle User's Manual.* Forsvarets Forskningsinstitutt Intern. Rapport S-24, 1965.
[28] Glore, J. B.: Sorting Nonredundant Files – Techniques Used in FACT Compiler· *CACM*, 6, 1963, pp. 231–240.
[29] Greniewski, M., Turski, W. M.: The External Language KLIPA for the URAL-2 Digital Computer. *CACM*, 6, 1963, pp. 321–324.
[30] Haddon, B. K., Waite, W. M.: A Compaction Procedure for Variable-Length Storage Elements. *Comp. J.*, 10, 1967, p. 161.
[31] Hansen, W. J.: Compact List Representation: Definition, Garbage Collection and System Implementation. *CACM*, 12, 1969, pp. 499–506.
[32] Harrand, Y.: *Traitement des Files et des Listes.* Paris, Dunod 1967.
[33] Hellerman, H.: Addressing Multidimensional Arrays. *CACM*, 5, 1962, pp. 205–207.
[34] Hoare, C. A. R.: Algorithm 64. *CACM*, 4, 1961, p. 321.
[35] Hoare, C. A. R.: Quicksort. *Comp. J.*, 5, 1962, pp. 10–15.
[36] D'Imperio, M. E.: Data Structures and Their Representation in Storage. *Annual Review of Automatic Programming*, 5, 1968, pp. 1–75.
[37] Ingerman, P. Z.: *A Syntax Oriented Translator.* New York, Academic Press 1967.
[38] Iverson, K. E.: *A Programming Language.* New York, Wiley 1962.
[39] Johnson, L. R.: An Indirect Chaining Method for Addressing on Secondary Keys. *CACM*, 4, 1961, pp. 218–222.
[40] Knowlton, K. C.: A Programmer's Description of $L^6$. *CACM*, 9, 1966, pp. 616–625.
[41] Knuth, D. E.: *The Art of Computer Programming.* Vol. 1. Menlo Park, Addison-Wesley 1968.
[42] Lang, C. A., Gray, J. C.: ASP – A Ring Implemented Associative Structure Package. *CACM*, 11, 1968, pp. 550–555.
[43] Laski, J. G.: Segmentation and Virtual Address Topology, an Essay in Virtual Research. *Comp. J.*, 11, 1968, pp. 35–40.
[44] Ligięza-Sadowska, D.: *Metody oprogramowania taśm magnetycznych w maszynach dostępnych w Polsce.* Rozprawa magisterska, Wydz. Mat.-Mech. UW 1969.
[45] Linnik, J. W.: *Metoda najmniejszych kwadratów i teoria opracowania obserwacji.* Warszawa, PWN 1962.
[46] McGee, W. C.: The Property Classification Methods of File Design and Processing. *CACM*, 4, 1961, pp. 450–458.
[47] McIlroy, M. D.: A Variant Method of File Searching. *CACM*, 6, 1963, p. 101.
[48] Łukaszewicz, L.: EOL – Język do przetwarzania symboli. *Maszyny Matematyczne*, 6, nr 2, 1969, s. 8–11.
[49] *Magnetic Tape Labelling and File Structure for Information Interchange.* Geneva, International Organization for Standardization 1967.
[50] Maszyna ZAM 41, *Oprogramowanie* (*System 141*), T. 3, *Język* COBOL. Warszawa, Instytut Maszyn Matematycznych 1970.
[51] Mealy, G. H.: Another Look at Data. *Proc. FJCC* 1967, pp. 525–534.
[52] van der Meulen, S. G., Lindsey, C. H.: *Informal Introduction to* ALGOL *68.* 4th draft, Working Paper of IFIP/W.G. 2.1, August 1968.
[53] Miles, E. P.: Generalized Fibonacci Numbers and Associated Tables. *American Math. Month.*, 67, 1960, pp. 745–752.
[54] Morris, R.: Scatter Storage Techniques. *CACM*, 11, 1968, pp. 38–44.
[55] Newell, A. (ed.): *Information Processing Language – V Manual.* Englewood Cliffs, N.J., Prentice-Hall 1961.

[56] PASZKOWSKI, S.: *Język ALGOL 60*. Wyd. 3. Warszawa, PWN 1970.
[57] PERLIS, A. J.: Formula ALGOL. *Proc. IFIP 65 Congress*, Vol. 2, pp. 454–455.
[58] PERLIS, A. J., ITURRIAGA, R.: An Extension to ALGOL for Manipulating Formulae. *CACM*, 7, 1964, pp. 127–130.
[59] PULCZYN, W.: *Elementy teorii grafów*. Warszawa, Centrum Obliczeniowe PAN, PWN 1968.
[60] RASIOWA, H.: *Wstęp do matematyki współczesnej*. Wyd. 2. Warszawa, PWN 1969.
[61] REYNOLDS, S. W.: A Generalized Polyphase Merge Alogrithm. *CACM*, 4, 1961, pp. 347–349.
[62] VAN DE RIET, R. P.: *Formula Manipulation in ALGOL 60*. Amsterdam, Matematisch Centrum 1968.
[63] ROSS, D. T.: The AED Free Storage Package. *CACM*, 10, 1967, pp. 481–492.
[64] ROSS, D. T.: The AED Approach to Generalized Computer-Aided Design. *Proc. ACM Nat. Conf.*, 1967, pp. 367–385.
[65] RUSSEL, B.: *Wstęp do filozofii matematyki*. Warszawa, PWN 1958.
[66] SCHICK, T.: Disk File Sorting. *CACM*, 6, 1963, pp. 330–339.
[67] SCHORR, H., WAITE, W. M.: An Efficient Machine-Independet Procedure for Garbage Collection in Various List Structures. *CACM*, 10, 1967, pp. 501–506.
[68] SCOWEN, R. S.: Private communic.
[69] SCOWEN, R. S.: Algorithm 271. *CACM*, 8, 1965, p. 669.
[70] SIERPINSKI, W.: *Cardinal and Ordinal Numbers*. 2nd ed. revised. Warszawa, PWN 1965.
[71] SOBEL, S.: Oscillating Sort – a New Sort Merging Technique. *JACM*, 9, 1962, pp. 371–374.
[72] STANDISH, T. A.: *A Data Definition Facility for Programming Languages*. Doctoral Thesis, Carnegie Institute of Technology, Pittsburgh 1967.
[73] SUTHERLAND, W. R.: *The CORAL Language and Data Structures*. Techn. Report 405. Lexington, Mass., MIT Lincoln Laboratory 1966.
[74] Тимофеев В. В.: Литвинов В. А.: Способ повышени производительности алгоритмов внешней сортировки, использующих метод разделения. *Кибернетика*, № 1, 1969, стр. 50-52.
[75] TURSKI, W. M.: *Podstawy użytkowania maszyn cyfrowych*. Warszawa, PWN 1968.
[76] TURSKI, W. M.: Data Structures and Their Ordering. *IAG Journal*, 3, 1970, pp. 141 to 150.
[77] WALLACE, V. L., ROSENBERG, R. S.: Markovian Models and Numerical Analysis of Computer System Behavior. *Proc. SJCC*, 1966, pp. 141–147.
[78] VAN WIJNGAARDEN, A. (ed.): Report on the Algorithmic Language ALGOL 68. *Num. Math.*, 14, 1969, pp. 79–218.
[79] YNGVE, V. H.: COMIT as an Information Retrieval Language. *CACM*, 5, 1962, pp. 19 –28.
[80] ZEMANEK, H.: Abstrakte Objekte. *Elektron. Rechenanl.*, 10, 1968, S. 209–217.

# LITERATURVERZEICHNIS DER HERAUSGEBER

[1] Bell, D. A., The Principles of Sorting, Computer J., vol. 1 (1958) pp. 71–77.

[2] Berztiss, A. I., Data Structures – Theory and Practice, New York/London: Academic Press 1971.

[3] Boehm, C., Sortierprozesse auf elektronischen Rechenanlagen, Blätter der Deutschen Gesellschaft für Versicherungsmathematik. Bd. 5 (1961) Heft 2.

[4] Cenfetelli, A.-R., Data managent concepts for DOS/360 and TOS/360, IBM System Journal, vol. 6, 1–67.

[5] Clark, Dateibehandlung, München, Carl Hanser Verlag, 1970.

[6] Evans, D., van Dam, A., The data structure programming language, IFIP Congress 1968.

[7] Flores, Ivan, Computer Sorting, Englewood Cliffs, N.J.: Prentice-Hall Int. 1969.

[8] Foster, J. M., Listenverarbeitung, München, Carl Hanser Verlag, 1970.

[9] Germain, C. B., Das Programmierhandbuch der IBM/360, München, Hauser Verlag, 1969.

[10] Goetz, Martin A., Organization and Structure of Data on Disk File Memory Systems for Efficient Sorting and Other Data Processing Programs, CACM, Vol. 6, (1963) No. 5.

[11] Gotlieb, C. C., Sorting on Computers, CACM, Vol. 6 (1963) No. 5, pp. 194–200.

[12] Gould, I. H. (Ed.), IFIP Guide to Concepts and Terms in Data Processing, Amsterdam-London, North-Holland Publ. Comp. 1971.

[13] Grützner, R., Priem, E., PL/1. Daten–Anweisungen–Programme, RA 148. PL/1. Blöcke–Strukturen–Prozeduren, RA 149, Berlin, VEB Verlag Technik 1973.

[14] Harrison, M. C., Set comparison using hashing techniques, AEC Res. and Develop. Rep. NYO-1480-155, Courant Inst., New York University, New York, June 1970.

[15] Hopgood, F. R. A., A solution to the table overflow problem for Hash tables. Computer Bulletin, Vol. 11, (1968) No. 3.

[16] Kitow, U. A., Пгораммирование информатионнолошческих задеч, Москва, Советское радио. 1967. (Deutsche Übersetzung: Programmierung und Bearbeitung großer Informationsmengen, Leipzig, B. G. Teubner, 1972).

[17] Kreuzer, I. K., Sortieren in datenverarbeitenden Anlagen, Elektronische Rechenanlagen Bd. 3, (1961) H. 1, S. 7–13.

[18] Lehmann, E., LISP – eine Programmiersprache zur nichtnumerischen Informationsverarbeitung, Rechentechnik/Datenverarbeitung, Jg. 10 (1973), Heft e3 und 5.

[19] McCarthy, J. etol., LISP 1.5. Programm's Manual, Cambr., Mass.: MIT Computation Centers Research Laboratory of Electronics, 1962.

[20] Maurer, H., Theoretische Grundlagen der Programmiersprachen, Theorie der Syntax, Mannheim/Wien/Zürich, Bibliographisches Institut 1969.

[21] Noltemeier, H., Datenstrukturen und die höheren Programmiertechniken, Berlin, New York, Walter de Gruyter 1972, Sammlung Göschen, Band 5012.

[22] Reynolds, J. C., Automatic Computation of Data Set Definitions, Inf. Processing 1968, Amsterdam North-Holl. Publ. Comp., 1909 p. 456–462.

[23] Rich, R., Internal sorting methods illustrated by PL/1-Program, Englewood Cliffs, N.J., Prentice-Hall, 1971.
[24] Rooner, P. D., Feldman, J. A., The LEAP Language and Data Structures, Inform. Proc. 1968, Amsterdam, North-Holland Publ. Com., 1969 p. 579–586.
[25] Schoch, H., Programmierung in PL/I. Leipzig, BSB B. G. Teubner Verlagsgesellschaft 1972.
[26] Storm, E. F., CHAMP – Character Manupulation, Procedures, CACM 1968, Vol. 11, Heft 6.
[27] Symposium on Data Structures in Programming Languages, SINGPLAN Notices, Febr. 1971.
[28] Wedekind, H., Datenorganisation, Berlin, Walter de Gruyter 1970.
[29] Wegner, P., (Hrsg.), Introduction to System Programming. Academic Press, New York 1964.
[30] Wegner, P. (Ed.), Programming Languages, Information Structures and Machine Organization, McGraw-Hill, 1968.
[31] Wegner, P., Information Structure Models for Programming Languages, Center for Computer and Information Sciences. Brown University Sept., 1970.
[32] Wirth, N., The Programming Language PASCAL (Revised Report), Zürich, Eidgen. Techn. Hochschule, Bericht der Fachgruppe Computerwissenschaft, Nr. 5, 1972.

# SACHWORTVERZEICHNIS


Abbildung 97, 216
—, umkehrbar eindeutige 216
Abbildungsfunktion, erste 62
—, dritte 78
—, zweite 84
Abbildungstabellen 110
Abfall 173
Adjustierung 134
Adresse 155
—, absolute 22
Adressenfeld 85, 176
Adresssenkonflikt 107
Adressiermechanismen 153
Adressierung, einfache 22
—, indirekte 29, 84
—, indirekte indizierte 92
—, indizierte 81
—, relative 27, 45
Adressierungsart 11
Adreßfeld 22
Adreßteil 29
Akkumulator 14, 21
ALGOL-60 89, 195
ALGOL-68 195
Algorithmus 119
Alphabeth 100
Aneinanderreihen 175
Anfangsadjustierung 131
Anordnung 48
Anweisungen 207
Arbeitsbereich 206
Arbeitsphasen 41
Assoziativspeicher 37
Ausgabepuffer 44
Ausschnitt 204
Austauschmethode 112
Auswahlaxiom 47
Auswahlprinzip, allgemeines 47
Äquivalenzklasse 105, 218
Äquivalenzrelation 218
Äquivalenz von Namen 189

Bandbewegung, rückwärtige 138
Bandgeräte 131
Bandoperationen 132
Basisregister 24, 28
Basisspeicher 12
Bäume 219
Befehlszähler 21
Belegungskoeffizienten 107
Bernoulli-Experiment 106
Bimärschlüssel 112
Binärsystem 113
Binärzahlen 165
Bitgruppen 104
Block 34, 190
Blöcke 142
Bündel 69

Charakteristik des Hauptspeichers 12
COBOL 195, 208
COMIT 206
*C*-Ring 162

Daten 12, 52
—-einheit 6, 33
—, einfache 143, 156
Datengruppierungen 9
Datennamen 90
Datenraum 10, 55
Datenspeicher, homogener 76
-medium 42
—, induziert homogenes 26
Datenstrukturen 4
—, dynamisch, reguläre 88, 202
—, halbreguläre 94
—, nichtreguläre 207
—, reguläre 72
Datenträger, homogener 153, 165
—-medium 4, 16
—, gemischtes 33
Deklaration 198
Dienstprogramme 35
Differenz, nichtsymmetrische 215

disjunkt 214
Dualzahl 104
Durchschnitt 215
Drei-Wege-Mischen 130, 137

Eigenschaftsraum 67
1-Bit-Zelle 15
1-Zeichen-Zelle 15
Einfügemethode 117
Eingabepuffer 44
Eingangsinformationen 4
Einsetzen, strukturell 169
Einweg-Listen 159, 201
—-Ring 167
Elemente, einfache 51
Endzeichen 48
EOL 205
Erwartungswert 107
Erfolgswahrscheinlichkeit 106
Extraktion 57
-soperation 151

Feldselektor 199
Ferritspeicher 11
FIBOUACCI-Zahlen 130
Flattern von Seiten 34
Folge, fallende 135
Formatseite 213
FORTRAN 108, 195
Freiliste 176, 192
Funktion, charakteristische 99, 145
einer Linie 69
— eines Bündels 69
— von Gebieten 69

Garbage collection 174
Gebiet 69
Generierung von Namen 90
Gleitkommaarithmetik 15
Graph 218
Grenzenpaare 202
Gruppierungsart 72

Halbordnung 217
-srelation 218
Hashkodierung 103, 108
Hauptcharakteristiken, funktionelle 20
Hauptelement 163, 172
Hauptspeicher 13
HELLERMANNsche Methode 84
Hilfsspeicher 13

Identifikatoren 196
Identifizieren 175

Index 121, 199
—-adressierung 25
—-feld 24
—-modifizierungsprogramm 31
—-register 24, 76, 153
Informationsalgebra 67
Informationsaufnahmepuffer 41
Informationsgruppen, nichtreguläre 3
Informationsposition 11
Informationszylinder 149
Inhaltsfeld 155
Instruktion 21
Integration 139
IPL 205

Kante 219
Kapitel 208
Kardinalzahl 217
Kaskade 128
—-nmethode 128
Katalog 94
Kennzahl 190
Kennzeichen 142
Kernspeicher 39
Kettenlisten 159
Knoten 219
Konnexitätsbedingungen 217
Konstruktion 57, 114
—soperation 140
Kooptierungsprinzip 95, 118

Laufanweisung 204
Lesekopf 137, 143, 150
Linien 68
Linearisierung 81
Linearisierungsalgorithmus 185
LISP 204, 208
Listen 94, 159, 194
—, doppeltgekettete zyklische 160
—form 185
—, gekettete lineare 160
—ringe 160
—strukturen 159
—speicherung 181
—verarbeitung 152
—, zyklische 160
LOGOL 205
Lochkartenleser 134
Lochstreifenleser 134

Mächtigkeit 126, 217
— der Menge 48
—, maximale 128
—, optimale 148

Magnetbandspeicher 18
Magnetkernspeicher 13
Maschinendarstellung des Schlüssels 104
—, interne 104
Matrizen 86
Medium, adressierbares 143
—, gemischtes 44, 139
—, halbhomogenes 14
—, homogenes 84, 141
—, inhomogenes 19, 122
— mit direktem Zugriff 17
—, stapelartiges 16
Mehrfachprogrammierung 39
Mehrfachwert 199
Mehr-Wege-Mischen 116, 140
Menge 214
—, leere 214
—n, abzählbare 217
Metrik 142
Mittelwert 107
der Gesamtzahl der Vergleiche 118
Modul 210
Modus 196
—deklaration 197
Mustern 107

Nachbarschaft 184
Nachfolger 27
Nachindizierung, indirekte 31
Namen 48, 147, 198
—, primäre 98
— der Daten 7
—mengen 72
—, reguläre 9
Namenraum 48
Namenräume, systematische 49
Namensform, interne 164, 193

Objektiv, externes 196
—, internes 196
Operation, administrative 171
Operationsspeicher 11
—system 165
Ordnung 8, 97
Ordnen, direktes 147
—, externes 109, 121
—, internes 110, 131, 147
Ordnungsdefinition 8
Ordnungsrelation 8, 217
Ordnen von Auszügen 147
Oszillationsmethode 134

Plattenadresse 145
Plattensortieren 110, 149
Plattenspeicher 39, 210
Polyphasenmethode 129, 210
Position 12
—skapazität 12
—länge 12
Postludium 26, 31
Potenzmenge 214
Präludium 26, 31
Produkt, kartesiches 215
Programmiersprache 195
Prozedur *conc* 167
— *qsort* 119
— *sort* 121
Prozedurdeklaration 203
Pseudozufallszahl 106
Puffer 143
Puffern 40
—, zyklisches 44
Pufferung 153

Raum von Namen 8
—, struktureller 55
—, systematischer 9
Rang einer Dateneinheit 65
Rangfolge 95, 114, 126
Ring 165, 187, 205
record 94
Refrain 26
Registerfeld 21
Relation, asymmetrische 217
—, irreflexive 217
—, symmetrische 217
—, zweistellige 217
Regularitätsmerkmale 3
Reihenfolge, natürliche 145
—, steigende 126
Rotationsspeicher 110
Rückgewinnung von Speicherplatz 174

Sätze 70, 208
Schlange 139
Schlüssel 96, 108, 112
Schlüssel, primärer 98
Schlüsselmenge 97, 125
Schlüsselräume 98
Schreib-Leseköpfe 210
Segmentierung 39
Seite 34, 211
—neinteilung 34
—nummer 212
Seite, virtuelle 36
Sektornummer 36, 212
Sektionen, lineare 117

Selektor 47, 211
—, natürlicher 48, 94, 171
Sequentialität 13
slices 204
SNOBOL 209
Software 11
Sortieren, internes 109
Sortierzeit 148
Speicher 11
— mit direktem Zugriff 13
— — sequentiellem Zugriff 13
—adressierungsregister 20
—, interner 12
—medium, gemischtes 35
—, homogenes 34
—, nichthomogenes 34, 213
—, teilhomogenes 34
Speicher, rotierender 17, 144
—verwaltung 3
—, virtueller 34
Sphären 188
Sprachen, algorithmische 208
—, universelle 195
Spur 211
—nummer 36
Stapelmedium 15, 206
Stapeltechniken 91
Stapelverarbeitung 150
Stapel von Daten 10
Start-Stop-Lücken 142
Steuerregister 21
Stöße (files) 70
Struktur 75, 199
—, eindeutige 55
—, reguläre 56, 91
—en, dynamisch reguläre 72
—, halbreguläre 56, 108, 151
—, nichtreguläre 57, 152, 171
SWYM 185

TEMAC 207
Teilabbildung 216
Teilmenge 214
transitive, Relation 217
Trimmer 204
Trommelspeicher 39

Umordnen der Schlüssel 110
Umspeicherung 127
Umspulalgorithmus 143
Unterlisten 158
Unterprogramm, geschlossenes 32
Unterstruktur 53, 72
Urbaum 140
Überstruktur 161

Verarbeitungszeit 41
Veränderlichkeitsindex 13
Verdichten 180
Verdichtungsalgorithmus 185
Vereinigen 135, 217
Vereinigungsmenge 215
Verkettung 165
—soperation 166
Verlängerungsfeld 155
Verteilung 99
— der Folgen 123
— — Struktur S 62
—, positionelle 111
Verteilungsart 63, 91
Verteilungsform 144
Vielfachzugriffssystem, time-sharing 150
Vorblock 142
Vorinduzierung, indirekte 31

Wert 154, 196
— der Dateneinheit 146
-e, einfache 10
Wertmenge der Eigenschaft 67
Werterraum 53
—, struktureller 53, 199
Wertsubstitution 170
Wertzuweisung 189
Wörterverzeichnis 207
Wurzel 65
—baum 65, 219

Zelle 12
Zeiger 162, 175, 178
Zugriff 160
Zurückgewinnung von Speicherplatz 180
Zusammenfügen 109
Zweig-Wege-Mischen 114, 124
Zweiweg-Listen 160, 166
Zweiweg-Ring 167
Zwölferschlüssel 141
Zylinder 212
Zyklus 26

FSC
www.fsc.org
MIX
Papier | Fördert gute Waldnutzung
FSC® C083411

Kolibri 360 GmbH
Ferdinand-Jühlke-Straße 7
99095 Erfurt, Deutschland
produktsicherheit@kolibri360.de